综合报告

中国
长期低碳发展战略与转型路径研究

CHINA'S LONG-TERM LOW-CARBON DEVELOPMENT STRATEGIES AND PATHWAYS

COMPREHENSIVE REPORT

清华大学气候变化与可持续发展研究院　等 / 著

中国环境出版集团 · 北京

图书在版编目（CIP）数据

中国长期低碳发展战略与转型路径研究：综合报告/清华大学气候变化与可持续发展研究院等著. —北京：中国环境出版集团，2021.5（2021.11 重印）
ISBN 978-7-5111-4692-2

Ⅰ. ①中… Ⅱ. ①清… Ⅲ. ①中国经济—低碳经济—经济发展战略—研究报告 Ⅳ. ①F124.5

中国版本图书馆 CIP 数据核字（2021）第 056289 号

出 版 人 武德凯
责任编辑 丁莞歆
责任校对 任 丽
封面设计 宋 瑞

出版发行 中国环境出版集团
（100062 北京市东城区广渠门内大街 16 号）
网 址：http://www.cesp.com.cn
电子邮箱：bjgl@cesp.com.cn
联系电话：010-67112765（编辑管理部）
010-67147349（第四分社）
发行热线：010-67125803，010-67113405（传真）
印 刷 北京中科印刷有限公司
经 销 各地新华书店
版 次 2021 年 5 月第 1 版
印 次 2021 年 11 月第 3 次印刷
开 本 787×1092 1/16
印 张 19.5
字 数 350 千字
定 价 118.00 元

综合报告撰写组

China's Long-term Low-carbon Development
Strategies and Pathways
Comprehensive Report

总指导

解振华

领衔作者

何建坤　李　政　张希良

撰写组成员（以姓氏笔画为序）

王　灿　王海林　王雪成　田智宇　白　泉
丛建辉　杜尔顺　李　政　杨　秀　何建坤
张希良　张　强　陈思源　欧训民　欧阳斌
周　丽　赵小凡　姚明涛　袁志逸　顾阿伦
郭偲悦　常世彦　董文娟　滕　飞

研究项目设置

China's Long-term Low-carbon Development
Strategies and Pathways
Comprehensive Report

研究项目名称

中国长期低碳发展战略与转型路径

研究项目主持单位

清华大学气候变化与可持续发展研究院

研究项目总指导

解振华

研究项目负责人

何建坤　李　政

课题设置、牵头单位及负责人

1. 中国经济社会发展的中长期目标、战略与路径：国家信息中心，祝宝良。
2. 中国东、中、西部经济协调发展及城市化进程中的低碳战略及实现路径：中国社会科学院城市发展与环境研究所，潘家华。
3. 全球化背景下国际贸易和产业转移对我国低碳发展的影响及对策：商务部国际贸易经济合作研究院，顾学明。
4. 中国能源系统转型的中长期战略与途径：国家发展和改革委员会能源研究所，王仲颖。

5. 中国低碳排放目标下电源及电网优化构成及技术路线图：清华大学能源与动力工程系，李政。
6. 中国中长期节能潜力、目标、政策及成本效益分析：国家发展和改革委员会能源研究所，戴彦德。
7. 中国中长期减排技术评价、成本效益分析及技术发展路线图：清华大学环境学院，王灿。
8. 中国工业部门转型升级与低碳排放战略与途径：国家发展和改革委员会能源研究所，白泉。
9. 中国建筑部门低碳排放战略与途径：清华大学建筑学院，江亿。
10. 中国交通部门低碳排放战略与途径：交通运输部科学研究院，欧阳斌。
11. 中国中长期能源基础设施转型发展投资战略研究：国家发展和改革委员会能源研究所，康艳兵。
12. 中国消费方式转型和低碳社会建设的对策与途径：生态环境部宣传教育中心，贾峰。
13. 中国非能源相关二氧化碳及其他温室气体与农林业及土地利用低排放增汇战略、措施与路径：清华大学能源环境经济研究所，滕飞。
14. 中国温室气体减排与环境治理的协同对策与效果分析：清华大学环境学院，贺克斌。
15. 中国实现低碳发展的政策保障体系建设：中国科学院科技战略咨询研究院，王毅。
16. 中国推动全球气候治理和国际合作的思想和对策：国家应对气候变化战略研究和国际合作中心，徐华清。
17. 中国中长期低碳排放的情景分析与实施路径：清华大学能源环境经济研究所，张希良。
18. 中国低碳发展战略与转型路径研究综合报告：清华大学气候变化与可持续发展研究院，何建坤。

研究项目管理办公室

麻林巍　孔　庚　洪　毅

注：本研究项目得到清华大学教育基金会全球绿色发展与气候变化专项基金和能源基金会的资助，特此感谢。

序 言

2020 年是一个特殊的年份，新冠肺炎疫情肆虐、席卷全球，对各国的公共卫生系统、公众健康、经济活动和居民生活造成了严重冲击，也深刻影响并将重塑世界政治经济格局。

与新冠肺炎疫情相似，气候变化也是人类面临的重大而紧迫的全球性挑战。新冠肺炎疫情是突发、紧迫的危机，影响人类的健康和生命；而气候变化是更为长期、深层次的挑战，威胁人类的生存和发展。过去几十年间，随着温室气体浓度的不断增加，气候变化和日益频发的极端气候事件越来越多地威胁到人类生存和健康，危害到陆地和海洋生态系统，带来生物多样性的丧失。IPCC 报告阐述了气候变化带来的八大灾难性风险，并提出气候变化已经不是未来的挑战，而是眼前的威胁。联合国秘书长古特雷斯指出，人类已经站在了事关存亡的十字路口，并呼吁世界各国努力应对气候变化这一人类最为重大和紧迫的问题。

面对新冠肺炎疫情、气候变化等重大危机，人类开始重新思考人与自然的关系，愈发认识到人与自然是一个休戚与共的命运共同体，我们要更加尊重自然、顺应自然和保护自然，更加重视人与自然和谐共生，统筹当前和长远，未雨绸缪地应对全球性挑战。这就意味着我们必须从根本上转变传统的生产方式、生活方式和消费模式，推动转型和创新，走绿色低碳循环发展道路；同时，不能就气候谈气候、就发展谈发展、就环境谈环境，而要将气候行动与经济、社会、环境、健康、就业、稳定、安全等问题作为一个大系统，实现协同发展，通过走可持续发展的道路来应对气候变化、保护环境，扭转生物多样性丧失趋势，确保人类的长期健康和安全。

2020 年的新冠肺炎疫情暴发后，通过绿色低碳发展实现经济复苏成为国际社会的普遍共识。联合国秘书长古特雷斯在 2020 年 4 月的“世界地球日”上提出绿色高质量复苏的倡议，号召世界各国确保气候行动处于经济复苏举措的核心。截至目前，全球已有 100 多个国家承诺在 2050 年实现碳中和。其中，欧盟于 2019 年年底发布了《欧洲绿色协议》，承诺于 2050 年以前实现碳中和，并出台了关于能源、工业、建筑、交通、食品、生态、环保共 7 个方面的政策和措施路线图，坚持绿色复苏。新任欧盟理事会主席国的德国在提议的“新冠肺炎疫情复苏计划”中提出大力支持绿色增长，并将应对气候变化列为三大优先事项之一。英国 2020 年实现了两个多月的“无煤发电”运行。美国众议院在 2020 年 6 月发布的《气候危机行动计划》报告中也提出，要为全球温升 1.5℃目标努力，将应对气候变化作为国家的首要任务，实现 2050 年温室气体排放比 2010 年减少 88%、CO_2 净零排放目标，并从经济、就业、基础设施建设、公共健康、投资等各个领域详细阐述了未来拟采取的措施，该计划得到了当时民主党总统候选人拜登的赞赏和支持。

中国始终高度重视应对气候变化，坚持绿色发展、循环发展、低碳发展，一直将其作为促进高质量可持续发展的重要战略举措。中国将应对气候变化融入社会经济发展全局，从“十二五”起以单位 GDP 的 CO_2 排放强度下降这一系统性、约束性目标为抓手促进低碳发展，并于 2015 年提出了碳排放在 2030 年前后达峰并尽早达峰等国家自主决定贡献（NDC）目标，采取了调整产业结构、节约能源和资源、提高能源资源利用效率、优化能源结构、发展非化石能源和循环经济、增加森林碳汇、建立并运行碳市场、开展南南合作等政策措施，推动全社会加速向绿色低碳转型。与 2005 年相比，2019 年中国单位 GDP 的 CO_2 排放量下降了 48%，相当于减少 CO_2 排放约 56.2 亿 t，相应减少 SO_2 约 1 192 万 t、NO_x 约 1 130 万 t。同期，中国的 GDP 增长超过 4 倍，实现 95%的贫困人口脱贫，第三产业占比从 41.3%增长到 53.9%，煤炭消费比重从 72.4%下降到 57.7%，非化石能源占一次能源的比重从 7.4%提高到 15.3%，居民人均预期寿命由 72.9 岁提高到 77.3 岁。由此可见，应对气候变化的政策行动不但不会阻碍经济发展，而且有利于提高经济增长的质量，培育带动新的产业和市场，可以扩大就业、改善民生、保护环境，提高人们的健康水平，发挥协同增效的综合效益。

然而，我们还应看到，中国的低碳发展转型还存在巨大的发展空间和发展潜力，也面临着巨大的挑战：①制造业在国际产业价值链中仍处于中低端，产品能耗、物耗高，增加值率低，经济结构调整和产业升级任务艰巨；②煤炭消费占比较高，仍超过 50%，单位能源的 CO_2 排放强度比世界平均水平高约 30%，能源结构优化任务艰巨；③单位 GDP 能耗仍然较高，为世界平均水平的 1.5 倍、发达国家的 2～3 倍，建立绿色低碳经济体系任务艰巨。

气候变化是中国可持续发展的内在需要。习近平总书记多次强调，应对气候变化不是别人要我们做，而是我们自己要做。展望未来，中国特色社会主义现代化建设已进入新时代，需要解决发展不平衡、不充分的问题，协同推进发展经济、改善民生、消除贫困、防治污染等工作任务，要实现到2020年年底全面建成小康社会、到2035年基本实现社会主义现代化、到2050年建成富强民主文明和谐美丽的社会主义现代化强国目标，绿色低碳转型发展是根本的解决之道。

应对气候变化是人类共同的事业。2017年10月18日，习近平总书记在党的十九大报告中指出，中国积极引导应对气候变化国际合作，是全球生态文明建设的重要参与者、贡献者、引领者。放眼全球，绿色低碳已成为各国经济体系、能源体系、技术体系、治理体系不可逆转的发展潮流，是应对人类共同危机的根本途径。以习近平生态文明思想为指导，推动世界范围内的绿色低碳转型，努力构建人类命运共同体，是中国作为发展中大国的责任担当。

因此，我们更要保持战略定力，在"十四五""十五五"以及未来更长的一段时期内，始终坚持绿色低碳的发展理念，推动生态文明建设，继续采取积极应对气候变化的政策和行动，百分之百落实已经提出的NDC目标，并努力做得更好。站在当前的历史方位上，面对日益复杂的国际形势，中国如何在新时代社会主义现代化建设的宏伟蓝图中规划低碳发展的战略、路径和措施，如何根据《巴黎协定》的原则履行符合本国国情和能力的国际责任和义务，如何推动和引领全球气候治理进程，是我们必须深入研究和思考的课题。

自2019年年初到2020年6月，针对以上课题，我作为创始院长的清华大学气候变化与可持续发展研究院与国家应对气候变化战略研究和国际合作中心、国家信息中心、中国社会科学院城市发展与环境研究所、中国科学院科技战略咨询研究院、国家发展和改革委员会能源研究所、生态环境部宣传教育中心、商务部国际贸易经济合作研究院、交通运输部科学研究院和清华大学能源与动力工程系、能源环境经济研究所、环境学院、建筑学院等20多家研究机构合作，在清华大学教育基金会全球绿色发展与气候变化专项基金和能源基金会的大力支持下，开展了"中国长期低碳发展战略与转型路径"项目研究。项目团队本着对国家负责、对时代负责、对全人类负责的精神，开展了扎实、全面、深入的研究，并基于中国国情，针对实现2050年建成社会主义现代化强国和美丽中国目标、实现《巴黎协定》全球温升控制目标以及全球可持续发展目标，综合考虑社会、经济、政策和能源等宏观发展趋势与需求，提出了中国到2050年的低碳发展战略、路径、技术和政策建议。

本书即对该项目的梳理和总结，希望我们的研究成果能够为社会各界开展相关研究提供参考，为制定和实施国家低碳发展战略和各项政策提供支撑，也为未来书写全球绿色低碳发展大趋势中的“中国故事”贡献力量。

2020 年 7 月于清华园

前言

当前，全球气候治理已进入全面落实《巴黎协定》的实施阶段。《巴黎协定》提出了控制全球温升在工业化前水平基础上不超过 2℃并努力控制在 1.5℃以内的目标，确立了通过各国自主决定贡献（NDC）“自下而上”地提出各自减排目标和行动计划的新机制。综合各国的自主减排承诺，距离全球实现 2℃温升控制目标下的减排路径尚有较大缺口，因此《巴黎协定》要求各缔约方于 2020 年通报并强化各自 2030 年的 NDC 目标和行动，并提交各自到 21 世纪中叶的温室气体低排放发展战略。

党的十九大提出了新时代社会主义现代化建设的目标、基本方略和主要任务，到 21 世纪中叶要建成富强民主文明和谐美丽的社会主义现代化强国，同时也要为地球生态安全和全人类进步事业做出新的更大的贡献，构建人类命运共同体。党的十九届五中全会提出了到 2035 年基本实现社会主义现代化的更加清晰的愿景和导向，并针对“十四五”发展蓝图的制定专门提出要促进经济社会发展的全面绿色转型，加快推动绿色低碳发展。因此，未来的发展要统筹国际国内两个大局，以习近平新时代中国特色社会主义思想为指导，实施应对气候变化国家战略，顺应并引领全球能源与经济的低碳转型。到 21 世纪中叶，在确保中国社会主义现代化建设第二个百年奋斗目标实现的同时，也要以《巴黎协定》所确定的全球应对气候变化长期目标为导向，实现与全球 2℃温升控制目标相契合的深度脱碳发展路径。当前，中国还需要研究和制定中长期应对气候变化、实现低碳排放的发展战略，并将其纳入新时代社会主义建设总体战略之中。

当前，世界各国都在制定或已经提交了各自的中长期低碳发展战略。欧盟、英国等部分发达国家和地区，以及智利、埃塞俄比亚、斐济等发展中国家都提出到 2050 年实现净零碳排放的目标，全球已有 121 个国家提出到 21 世纪中叶实现碳中和、114

个国家提出将更新 2030 年 NDC 目标。各种行业、企业、社会团体的气候联盟和行动倡议组织也在蓬勃发展，促进低碳发展转型的新国际规则、行业准则及社会行为规范层出不穷，从而推进了全球和各国应对气候变化的雄心与行动。

中国正在实施应对气候变化国家战略，把节能、减排、降碳的各项指标纳入国民经济和社会发展五年规划，落实制度和政策保障措施，并已取得举世瞩目的成效。中国在《巴黎协定》下提出了有力度的 NDC 目标和行动计划，需在今后的两个五年规划中加以分解落实，并强化措施和行动，以保障 NDC 目标的实现。在迈向全面建设社会主义现代化国家新征程中需坚持新发展理念，以创新驱动转换发展动力，以绿色发展转变发展方式，建立并形成绿色低碳循环发展的产业体系和清洁低碳、安全高效的能源体系，加强生态文明制度建设，打造经济、能源、环境与应对气候变化协同治理和多方共赢的局面，促进经济高质量发展，这些都为中国兑现 2030 年自主减排承诺以及努力实现长期深度脱碳目标创造了良好的制度环境和政策环境。

中国以习近平生态文明思想和构建人类命运共同体理念为指导，积极参与并引导应对气候变化的国际合作，促进公平合理、合作共赢的国际气候治理制度建设，成为全球生态文明建设的重要参与者、贡献者、引领者。中国的低碳发展转型实践和成功案例将为全球实现气候适宜型低碳经济发展路径贡献中国智慧和中国方案。

当前，新冠肺炎疫情重创了世界经济，加剧了世界政治、经济、科技竞争格局的变动和全球治理制度的重构，全球应对气候变化合作进程面临较大的不确定性。国际社会对疫情后实现绿色经济复苏、加快低碳发展转型、共同应对气候变化这一更深层次的全球危机的呼声十分强烈，这一呼声正在成为世界范围的广泛共识，也将深刻影响疫情后各国经济复苏和发展的政策与趋向。应对气候变化领域是大国必争的人类道义制高点，相互竞争和博弈的形势将更加尖锐复杂。中国研究和制定到 21 世纪中叶的长期低碳发展战略顺应和引领了世界能源与经济低碳转型的趋势和潮流，为地球生态安全和全人类生存发展做出了与自身不断上升的综合国力和国际影响力相一致的贡献，打造出了自身经济、贸易、科技的竞争优势，实现了可持续发展，提升了自身的国际竞争力和影响力。

为适应国际国内应对气候变化的新形势，清华大学气候变化与可持续发展研究院在国家相关部门的支持下，牵头组织国内 20 多家主流科研机构，通过 18 个课题的设置就“中国长期低碳发展战略与转型路径”开展了多领域、多学科的综合研究。本书是在各课题研究成果的基础上，由综合报告撰写组通过系统整合、总结提升和重新撰写而成的综合报告，共分 12 章：第 1 章由董文娟、何建坤撰写；第 2 章由常世彦、王海林、何建坤撰写；第 3 章由欧训民、田智宇、郭偲悦、白泉、袁志逸、王雪成、欧阳斌撰写；第 4 章由董文娟、陈思源、杜尔顺、李政撰写；第 5 章由周丽、王海林、张强、张希良、何建坤撰写；第 6 章由顾阿伦、滕飞撰写；第 7 章由欧训民、常世彦、丛建辉、王灿等撰写；第 8 章由常世彦、欧训民、姚明涛、田智宇、郭偲悦、董文娟、杜尔顺撰写；第 9 章由王海林、赵小凡、何建坤撰写；第 10 章由何建坤、王海林、赵小凡撰写；第 11 章由王海林、赵小凡、何建坤撰写；第 12 章由何建坤、李政、张希良、杨秀撰写；最后由何建坤负责统稿。

本书就中国到 21 世纪中叶的长期低碳发展战略与转型路径进行研究和分析，根据中国实现社会主义现代化建设的“两个阶段”目标，提出了在第一阶段落实和强化自主减排承诺、第二阶段实现与控制全球温升在工业化前水平基础上不超过 2℃并努力控制在 1.5℃以内的目标相契合的能源和经济深度脱碳路径的战略要点、政策选择以及实现路径的情景分析与综合评价，以期与社会各界交流并为政府相关部门提供决策参考。

本项目研究得到清华大学教育基金会全球绿色发展与气候变化专项基金和能源基金会的资金支助，特此表示感谢。

作 者

2020 年 11 月

目录

China's Long-term Low-carbon Development Strategies and Pathways Comprehensive Report

第 1 章　引　言　1

1.1　全球气候变化的影响及应对　2

1.2　应对气候变化的理论框架　9

1.3　中国低碳转型的政策导向　14

1.4　关于本书　17

参考文献　21

第 2 章　中国低碳发展的形势与趋向　24

2.1　《巴黎协定》下全球应对气候变化的新形势　24

2.2　中国低碳转型的形势与展望　27

2.3　中国长期经济社会发展展望　33

参考文献　40

第 3 章　终端能源消费和 CO_2 排放　41

3.1　工业部门　41

3.2　建筑部门　62

3.3　交通部门　84

参考文献　103

第 4 章　电力系统能源消费和 CO_2 排放　106
4.1　电力需求预测与研究方法　107
4.2　电力系统的低碳转型路径　110
4.3　低碳转型中的主要问题及解决途径　120
4.4　结论与政策建议　124
参考文献　126

第 5 章　一次能源消费与 CO_2 排放　128
5.1　中国未来一次能源消费分析　128
5.2　能源系统减排的经济分析　138
5.3　深度脱碳与环境质量改善的协同效应　140
5.4　政策建议及措施　143
参考文献　147

第 6 章　非 CO_2 温室气体排放　148
6.1　非 CO_2 温室气体的范围及排放现状　148
6.2　非 CO_2 温室气体排放的情景与结果　151
6.3　非 CO_2 温室气体减排的技术与措施　161
参考文献　172

第 7 章　实现长期深度脱碳的技术支撑　174
7.1　成本效益综合分析　174
7.2　深度脱碳技术评价　182
参考文献　202

第 8 章　实现低排放战略的投资与成本分析　204
8.1　投资需求分析　204
8.2　能源成本分析　213
8.3　小结　216
参考文献　216

第 9 章 中国长期低碳发展的路径选择 217
9.1 落实和强化 2030 年 NDC 目标与行动 217
9.2 2℃温升控制目标导向下的长期低碳转型路径分析 222
9.3 1.5℃温升控制目标导向下的 CO_2 净零排放路径分析 232
9.4 对策建议 237
参考文献 239

第 10 章 中国长期低碳发展的战略要点与政策保障 240
10.1 中国长期低碳发展的政策和措施 240
10.2 中国长期低碳发展战略的重点内容 243
参考文献 260

第 11 章 全球气候治理与国际合作 263
11.1 全球气候治理的发展历程 263
11.2 全球气候治理的核心和焦点问题 266
11.3 深度参与并积极引领全球气候治理和国际合作 276
参考文献 284

第 12 章 结论与政策建议 285

第1章 引言

2015年，巴黎气候大会通过了《巴黎协定》，为2020年以后全球合作应对气候变化构建了制度框架。《巴黎协定》于2016年10月5日满足了生效所需的“双55”条件，并于2016年11月4日正式生效[1]。《巴黎协定》确立了全球应对气候变化的长期目标：到21世纪末将全球气温升幅（以下简称温升）控制在工业化前水平基础上不超过2℃，并努力控制在1.5℃以内，尽快实现全球温室气体（GHG）排放达峰，并在21世纪下半叶实现温室气体净零排放。《巴黎协定》要求各缔约方在2020年通报或更新各自的2030年国家自主决定贡献（National Determined Contributions，NDC），并不晚于2020年向《联合国气候变化框架公约》（UNFCCC）秘书处通报面向21世纪中叶的长期低排放发展战略。截至2019年年底，全球共有195个缔约方签署了《巴黎协定》，187个缔约方批准或接受了《巴黎协定》；184个缔约方提交了165份NDC，其中有2个缔约方提交了更新的NDC。此外，还有14个缔约方提交了长期低排放发展战略[2]。

中国在党的十九大上提出了2050年的社会主义现代化建设目标和基本方略。在这一宏伟蓝图之下，需要研究和制定与之契合的应对气候变化目标和战略。从国际形势来看，中国政府在《巴黎协定》下需要提交21世纪中叶长期低排放发展战略。本书的研究基础——“中国长期低碳发展战略与转型路径”项目就是在这一背景下

[1]《巴黎协定》于2016年4月22日至2017年4月21日开放签署，至少需要55个参与国签署且排放占比超过全球的55%才能生效，这与《京都议定书》是一致的。

[2] https://unfccc.int/process/the-paris-agreement/long-term-strategies。

开展的，该项目聚焦全球 2℃温升控制和实现社会主义现代化强国建设两个目标，提出了 2050 年中国低碳转型的发展路径及资金、技术和政策需求；在满足全球 1.5℃温升控制目标下，论证了中国 2050 年实现碳中和的可行性，并评价了相应的技术路径、成本、障碍以及对经济、社会的影响。

1.1 全球气候变化的影响及应对

1.1.1 气候变化对全球的影响

气候变化主要指因化石燃料燃烧和毁林等人类活动排放的二氧化碳（CO_2）等温室气体，加之自然变迁的原因，导致出现全球变暖、极端天气等气候异常情况。《联合国气候变化框架公约》把气候变化定义为“在可比时期内所观测到的在自然气候变率之外的直接或间接归因于人类活动改变全球大气成分所导致的气候变化”。联合国政府间气候变化专门委员会（Intergovernmental Panel on Climate Change，IPCC）认为，工业化时代人类活动影响气候变化的方式主要有两种：一是因化石燃料的使用而向大气中排放温室气体、气溶胶和其他污染物，增加了大气圈内温室气体的浓度，同时污染了环境；二是因土地利用和土地覆盖及其变化改变了地表反照率、粗糙度等地表特征，导致地气之间能量、动量和水分传输的变化。IPCC 第五次评估报告表明，20 世纪中期以来，全球气候变暖一半以上是由人类活动造成的，这一结论的可信度达 95%以上[1]。

根据世界气象组织（World Meteorological Organization，WMO）发布的气候状况公报，气候变化的物理迹象和社会经济影响正在加速，而创纪录的温室气体浓度正将全球温度推向越来越危险的水平（图 1-1）。大气中的 CO_2 浓度已由 1994 年的 357 ppm[1]上升到 2017 年的 405 ppm，全球气候系统的变暖趋势进一步持续，2018 年全球年平均温度较工业化前水平高出约 1℃，2014—2018 年是有完整气象观测记录以来最暖的 5 个年份。此外，包括海平面上升、海洋升温和酸化以及海冰和冰川融化等在内的其他明显的气候变化迹象仍在继续显现，而极端天气（热带风暴、洪水和降雨、热浪和干旱、寒潮和积雪等）在所有大陆都留下了破坏的痕迹。[2]

1 ppm 为 parts per million 的缩写，表示 10^{-6}。

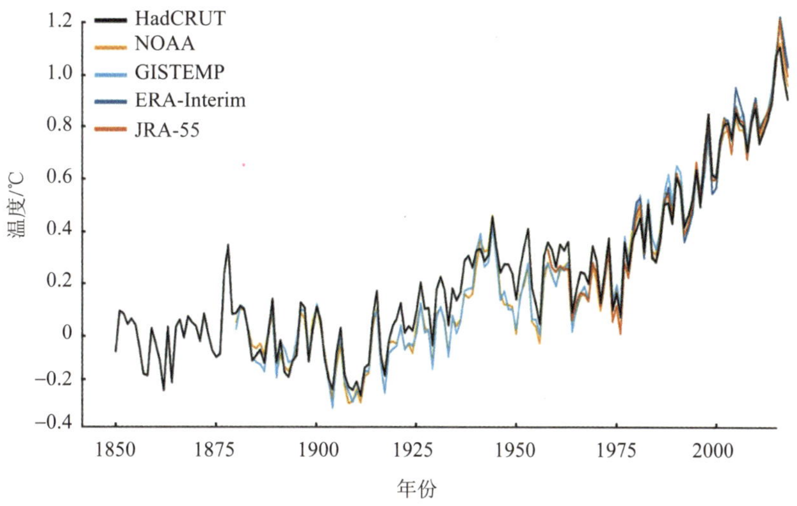

图 1-1 1850 年以来全球平均气温波动[2]

注：HadCRUT，英国气象局哈德莱中心和东英吉利大学气候研究所；NOAA，美国国家海洋和大气管理局；GISTEMP，美国宇航局戈达德空间研究所；ERA-Interim，欧洲中期天气预报中心；JRA-55，日本气象厅 55 年气候数据（1958 年为数据起始年份）再分析项目。

与此同时，气候变化带来的影响正在加剧。2018 年，近 6 200 万人受到自然灾害的影响，其中大多数与极端天气和气候事件有关，而洪水造成的受灾人数仍然是最多的，超过 3 500 万人。新的证据显示，在饥饿人数长期下降后，当前全球饥饿人数又出现了持续上升。据估算，2017 年全球营养不足人数增至 8.21 亿人，部分原因是 2015—2016 年强厄尔尼诺现象引发了严重干旱。气候变化还引发了流离失所的问题，截至 2018 年 9 月，国际移民组织追踪的境内流离失所人数为 1 770 万人，其中有 200 多万人是因与天气和气候事件有关的灾害而无家可归的。气候与空气质量之间存在着许多相互联系，而气候变化正在加剧这种关联。根据世界卫生组织（World Health Organization，WHO）的统计数据，2000—2016 年受热浪影响的人数增加了大约 1.25 亿人，与 1986—2008 年相比，热浪的平均时长增加了 0.37 天。其他影响还包括与红树林、海草和盐沼等沿海生态系统以及一系列景观中的生态系统相关的“蓝碳”损失[2]。

2018 年发布的《IPCC 全球温升 1.5℃特别报告》指出，气候变化已经不再是未来的挑战，而是眼前的威胁。该报告强调了气候行动的紧迫性：目前全球气温较工业化前水平已经增加了 1℃，全球温升 1.5℃最快有可能在 2030 年达到。按照这一速度，全球温升在 2065 年前后可能会达到甚至超过 2℃，这意味着将提前 40 年超过《巴黎协定》确定的 21 世纪末的全球温升控制目标。该报告还指出，全球温升

1.5℃与 2℃的气候影响差异显著，当温升超过 1.5℃达到 2℃时将带来更具破坏性的后果，如栖息地丧失、冰盖融化、海平面上升等，严重威胁人类的生存和发展，也将给世界经济带来更大的损害。IPCC 发现，将全球变暖限制在 1.5℃需要在土地、能源、工业、建筑、交通和城市等领域实现快速、长远的转型；到 2030 年实现全球人为 CO_2 净排放量在 2010 年的水平上减少约 45%，到 2050 年前后达到净零排放，同时要求非 CO_2 温室气体排放大幅下降。[3]

2019 年，IPCC 发布的《气候变化和土地利用特别报告》指出，气候变化正在威胁粮食安全，加剧土地荒漠化、土壤退化，并呼吁各国应以可持续发展的方式利用土地。土地在全球各地的气候系统中都起着十分重要的作用，农业、林业和其他类型的土地利用贡献了人类温室气体排放量的 23%。与此同时，土地自然进程所吸收的 CO_2 相当于全球化石燃料和工业 CO_2 排放量的 1/3。土地早已处在人类施加的日益沉重的压力之下，而气候变化也正在雪上加霜。在全球温升 2℃时，与永冻土退化和粮食系统不稳定相关的风险非常高；在全球温升 1.5℃时，旱地缺水、火灾损失、永冻土退化和粮食系统不稳定的风险均有所增加。更好的土地管理有助于应对气候变化，但只有通过减少包括土地和粮食在内的所有行业的排放，才有可能将温升控制在远低于 2℃。随着人口增加和气候变化对植被负面影响的增加，土地必须保持生产力以维持粮食安全，这意味着土地对解决气候变化的贡献有限。此外，树木和土壤也需要时间才能有效地储存碳。[4]

在随后发布的《气候变化中的海洋和冰冻圈特别报告》中，IPCC 强调了采取及时、有决心和协调一致的行动的紧迫性，以应对海洋和冰冻圈（地球的冰冻部分）前所未有的持久性变化。海洋和冰冻圈对地球上的生命起着关键作用，海洋吸收了 90%以上的由温室气体捕集的能量和 25%的人为 CO_2 排放量。该报告评估并总结了大量气候变化领域的科学发现。例如，20 世纪全球海平面平均上升了 15 cm，如今的海平面上升速度是 20 世纪的 2 倍；如果不削减温室气体排放量，到 2100 年海平面的上升速度将是 20 世纪的 10 倍以上；温室气体的高排放将在 2100 年使冰川的平均损失量达到 1/3 以上，将对依赖冰川水供应的人群构成威胁；海洋生物已经受到海洋变暖的冲击，尽管减少排放量可以减轻损害，但海洋生物的减少还将持续；目前，84%～90%的海洋热浪可归因于气候变化；多年冻土融化和海冰融化可能导致地球进一步变暖并加速气候变化等问题的发生。随着海洋表面温度的升高和海洋酸化，海洋生物和海洋生态系统面临巨大的挑战，即便全球变暖控制在约定的 1.5℃目标内，据预估多达 90%的温水珊瑚仍会消失。[5]

1.1.2 气候变化对中国的影响

中国是全球气候变化的敏感地区之一。在全球气候变暖的情况下，中国经历了比全球平均水平更快的增暖速度，对水资源、农业和生态系统等都造成了显著影响。2018 年，中国气候系统的变暖趋势进一步持续，地表年平均气温呈明显上升趋势，极端天气气候事件趋多趋强，冰冻圈加速消融，气候风险水平呈上升趋势。目前已有的大量研究表明，近百年来中国区域增暖的原因也同样与人类活动的影响有很大关系，中国近 50 年的气候变化是由于人类活动造成的温度上升趋势叠加自然的气候波动而共同造成的。同时，从 20 世纪 70 年代到 21 世纪初，中国的气候变暖速率加大，其中快速的城市化对局部地区温度的升高可能亦有不同程度的影响。[6]

1. 大气圈

与全球地表气温增暖趋势一致，中国的地表气温也明显上升，并且其变化趋势大于同期全球气温变化水平。1901—2018 年，中国地表年平均气温呈显著上升趋势，近 20 年是 20 世纪初以来的最暖时期，2018 年属于异常偏暖年份。1951—2018 年，中国的年平均气温每 10 年升高 0.24℃，升温率明显高于全球同期平均水平（图 1-2）。与全球和中国地表气温增暖趋势一致，1961 年以来中国高空对流层气温也呈显著上

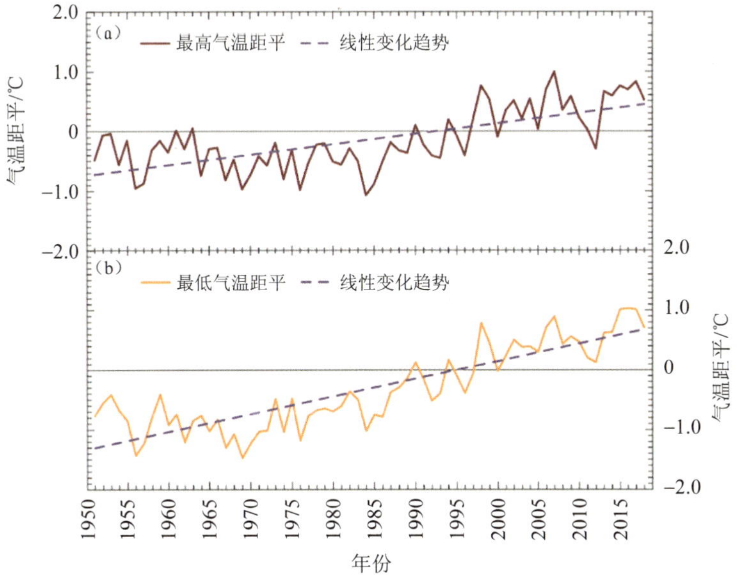

图 1-2 1950—2018 年中国地表年平均最高气温距平（a）和最低气温距平（b）[6]

升趋势。与此同时，中国的年平均降水量呈微弱的增加趋势，降水量的趋势变化具有明显的季节性和地域性差异，极端强降水事件呈增多趋势。从长期趋势来看，1961年以来，人工观测和卫星资料一致显示出中国平均总云量总体呈下降趋势；与全球地面太阳总辐射变化一致，中国地面太阳总辐射整体上也呈下降趋势；中国年平均日照时数呈显著减少趋势，平均每 10 年减少 1.4%；中国平均风速与日照时数同样呈下降趋势。中国的极端高温事件在 20 世纪 90 年代中期以来明显增多。[6]

2. 海洋

中国近海地处季风最明显的气候带，东亚季风、副热带高压、中—高纬度大气涛动等变化对中国近海海平面和海表温度等海洋要素的变异产生了重要影响。1980年以来，中国沿海海表温度呈现明显的上升趋势，1980—2018 年沿海海表温度平均每 10 年升高 0.23℃，其中，2015—2018 年连续 4 年处于高位。同一时期，中国沿海海平面呈波动上升趋势，1980—2017 年年平均上升速率为 3.3 mm，高于同期全球平均水平。中国沿海地区经济发达、人口密集、生态环境脆弱，是受气候变化影响的敏感区域。在气候变暖的背景下，海表温度升高、海平面上升和极端天气气候事件（如台风、巨浪和风暴潮）强度的加大等都给中国的海洋环境和沿海社会经济带来了较大影响。[7]由于海洋观测资料获取困难、气候模式的不确定性、水环境污染叠加等因素，目前关于气候变化对中国近海海洋的影响研究还严重不足。

3. 冰冻圈

中国是中低纬度地区冰冻圈最发达的国家。大量的研究结果表明，过去几十年中国的冰冻圈普遍出现萎缩的趋势，且近 10 多年来加速萎缩的现象也愈加明显。《中国第二次冰川编目》显示，中国共有冰川 48 571 条，总面积约为 51 800 km^2，总体呈萎缩态势，面积缩小了 18%左右，每年平均面积缩小 243.7 km^2。过去几十年来，中国以青藏高原为主体的多年冻土温度普遍上升，具体表现为多年冻土面积缩小、下界上升、厚度减薄、冻结时间缩短、最大季节融化深度加深、融区扩大、多年岛状冻土消失。中国的积雪面积达 9×10^6 km^2，其中稳定积雪区约为 5×10^4 km^2，零星分布在西部高山冰川积累区。在 1958/1959—2007/2008 年的近 50 年，中国的积雪日数和最大积雪深度在春、秋季整体上呈现缓慢减少的趋势，在冬季呈现增加的趋势。[8]

4. 极端天气气候事件

1961—2018 年，中国极端高温事件发生频次的年代际变化特征明显，极端日降水量事件的频次呈增加趋势。20 世纪 90 年代后期以来，登陆中国的台风平均强度明显增强，高温热浪、低温冷冻、干旱、强降水、洪涝、台风、沙尘暴等各类极端天气气候事件普遍存在且影响广泛。同一时期（1961—2018 年），中国的气候风险指数总体呈升高趋势、阶段性变化明显，尤其是20世纪70年代末以来呈现波动上升。气候变化正在并将继续影响自然生态系统和社会经济发展，高温热浪、强降水等极端气候事件将增多增强，冰冻圈系统的不稳定性加大，气候变化将对中国的粮食安全、水资源、生态环境、能源、重大工程、人体健康、社会经济发展等诸多领域构成严峻挑战。随着经济社会的发展以及城镇化水平的提高，中国面临的高温、洪涝、干旱等风险将进一步加剧，因而需要高度关注气候安全。[6]

1.1.3 全球应对气候变化的进程

20世纪80年代末以来，世界各国逐渐意识到气候变化问题的严重性和应对气候变化的紧迫性，并开启了气候治理的谈判进程。全球气候治理的根本任务是将全球公共利益与各国的国家利益结合起来，建立和运行一个公平合理、合作共赢的国际制度，推动各方在可持续发展框架下携手应对气候变化的挑战，保护人类赖以生存的地球家园。1992年召开的联合国环境与发展大会通过了《联合国气候变化框架公约》(以下简称《公约》)，并于1994年3月21日正式生效。这是全球第一个控制温室气体排放、遏制全球变暖的国际公约。在该框架下，各国承诺将阻止“危险性的气候变化”。《公约》建立了国际社会合作应对气候变化的基本制度安排，并对发达国家和发展中国家规定的义务以及履行义务的程序有所区别。基于历史责任和科学确立了公平、“共同但有区别的责任”和各自能力原则。发达国家有义务率先减排，并为发展中国家提供资金、技术支持；发展中国家要在可持续发展框架下，采取应对气候变化的政策和措施。

在1997年召开的第三次缔约方会议上，《公约》的实施取得了重大突破，各缔约方通过了《京都议定书》，对减排温室气体的种类、主要发达国家的减排时间表和额度等作出了具体规定，确立了发达国家率先承担“自上而下”、有法律约束力的量化减排义务，并要求发达国家作为一个整体在第一承诺期（2008—2012年）实现温室气体排放量比1990年至少减少5.2%的目标。《京都议定书》于2005年2月6日正式生效，它是落实《公约》“共同但有区别的责任”原则的具体体现，是全球气候治理的重要里程碑。但是《京都议定书》也存在很大隐忧，其最大的问题在于未能将世界上最主要的排放大国——美国纳入其中，而随后加拿大于2011年宣布退出更是给《京都议定书》确立目标的实现蒙上了阴影[9]。《京都议定书》生效之后的气候谈判主要围绕发达国家和发展中国家的“双轨”谈判安排、透明度机制、资金和技术等议题展开，由于发达国家与发展中国家在减排责任和义务上的巨大分歧，国际气候谈判的进展十分缓慢。

为适应全球气候变化的新趋势，2011 年召开的德班气候变化大会启动了气候谈判的新进程，要求于 2015 年在《公约》下达成一项适用于所有缔约方、具有法律约束力的国际协议，对 2020 年以后的减缓、适应、资金、技术、能力建设、透明度等要素做出安排。德班气候变化大会的重要成果包括启动了“绿色气候基金”，并明确《京都议定书》第一承诺期和第二承诺期之间没有空当。随后的几届气候变化大会也都是围绕“制定 2020 年以后的全球气候治理机制”而开展的，并最终在 2015 年年底的巴黎气候大会上通过了具有里程碑意义的《巴黎协定》。该协定坚持《公约》下公平、“共同但有区别的责任”和各自能力原则，考虑到不同国家的国情，提出了将全球温升控制在工业革命前水平基础上不超过 2℃并努力控制在 1.5℃以内的长期目标，以及全球低碳、气候韧性和可持续发展的共同愿景，确立了“自下而上”的模式，形成了各方结合自身国情的 NDC 新机制，建立了强化透明度框架和五年盘点一次以持续提高力度的机制，以确保《巴黎协定》实施的可持续性。之后的气候谈判都围绕《巴黎协定》的实施细则展开，并最终于 2018 年达成一致。

中国一直秉持积极、建设性和负责任的态度深度参与全球气候治理的国际合作和谈判，并对《巴黎协定》的达成和生效发挥了重要的促进作用。中国倡导气候变化“人类命运共同体”，积极推动双边和多边合作，先后于 2014 年、2015 年发布了《中美气候变化联合声明》《中欧气候变化联合声明》《中美元首气候变化联合声明》《中法元首气候变化联合声明》等，习近平主席还在出席巴黎气候大会时表达了支持巴黎气候大会取得成功的重要政治意愿，并为建立 NDC 机制、强化的透明度机制、全球盘点机制等《巴黎协定》的重要支柱提出了原则和方向。中国积极引导应对气候变化的国际合作，已成为重要的参与者、贡献者和引领者。

美国于 2017 年 6 月宣布退出《巴黎协定》，给全球气候治理带来了巨大的不确定性。一方面，全球“自下而上”的减排合作已成趋势。美国 20 多个州组成了“美国气候联盟”，宣布履行《巴黎协定》下的美国义务，加利福尼亚等州提出了 2050 年实现碳中和的目标。欧盟通过了绿色新政——《欧洲绿色协议》（European Green Deal），计划于 2030 年将减排量在 1990 年的水平上相对降低 50%～55%，并于 2050 年实现碳中和。在 2019 年纽约气候峰会期间，英国等 77 个国家、10 个地区、100 多个城市提出了 2050 年实现碳中和的目标和战略，70 多个国家宣布 2020 年将强化和提升各自的 NDC 目标。另一方面，美国等发达国家的单边主义、保护主义和自身利益优先的立场也在气候谈判中得以强化，全球气候治理面临新的挑战。在 2019 年 12 月底召开的第 25 次《公约》缔约方会议上，谈判未能依据《公约》和《巴黎协定》的原则就全面均衡地有效落实《巴黎协定》实施细则最终达成协议。

2019年年底暴发的新冠肺炎疫情对各国的公共卫生系统、公众健康、经济活动和生活方式造成了严重的冲击，致使全球许多国家和地区的能源消费和碳排放水平大幅下降。2020年第一季度的全球能源消费量下降了3.8%，从全年来看，预计全球能源消费将下降6%，其中煤炭消费将下降9%、石油消费将下降8%、电力消费将下降5%，而可再生能源仍将保持增长。与此同时，2020年全球CO_2排放量下降约8%（26亿t），回到了10年前的水平[10]。研究显示，中国2020年2月的煤炭消费总量下降了36%，CO_2排放量下降了25%，相当于减排了约2亿t CO_2[11]。随着经济活动的慢慢恢复，至2020年5月初，中国的煤炭需求已恢复至同期正常水平的85%左右，石油需求恢复至同期正常水平的80%左右。从远期来看，新冠肺炎疫情可能导致全球产业重构以及产业链的重新布局，许多国家可能会通过“产业回归”的方式调整产业结构，将重要的与民生安全相关的产业收回自己国家，或放在交通和沟通都相对方便的国家之中。当前，国际社会普遍呼吁各国要把应对气候变化放在经济复苏的中心位置，实现绿色和可持续的经济复苏，以积极应对气候变化这一更深层次的危机。

全球应对气候变化的进程取决于各国采取何种方式恢复经济。目前，各国相继提出了一系列经济刺激方案，然而有些国家仍将重点放在交通、建筑等高碳类基础建设项目上，这将引发碳排放迅速反弹和持续上升的风险；也有些国家提出了绿色经济刺激计划，以确保在恢复经济的同时实现碳减排目标。在能源方面，国际能源署（International Energy Agency，IEA）认为，随着石油价格的急剧下跌，各国很有可能会因此降低或取消对化石燃料的补贴。各国施行的经济刺激计划将直接或间接地推动全球70%以上的能源投资，各国政府和企业若能借此机会积极引导能源转型、推动清洁能源技术发展，将有助于实现经济增长与碳排放的“脱钩”[12]。中国在经济刺激计划中资金投入更多地向新基础建设倾斜，这一政策导向有利于建立和形成绿色低碳循环发展的产业体系和清洁低碳、安全高效的能源体系，促进城市智慧化和低碳化的结合发展，推进节能和CO_2减排。

1.2 应对气候变化的理论框架

应对气候变化的核心在于减少人为活动的温室气体排放。化石能源燃烧的CO_2排放量占全球温室气体排放量的2/3，因其使用集中而易于采取减排措施。当前，随着经济发展而不断增长的能源需求与CO_2减排要求之间形成了尖锐的矛盾，使低碳发展成为在可持续发展框架下应对气候变化的必由之路。低碳发展是以低自然资源消耗、低排放、低污染的方式达到较高的碳生产率，实现较高的经济社会发展水平和较好生活质量的一种经济发展模式，其核心内容是发展低碳能源技术，提高能源效率，改善能源结构，转变经济增长方式，建立低碳经济发展模式和低碳社会消费模式，使经济社会的长远发展与温室气体排放完全脱钩，实现近零排放。

《巴黎协定》确立了控制全球温升在工业化前水平基础上不超过 2℃并努力控制在 1.5℃以内的目标，这一目标的实现必须大幅减少全球温室气体排放，到 21 世纪后半叶甚至提前至中叶实现净零排放。为此，全球必须不断加大减排力度，而世界各国特别是发展中国家本身也面临着发展经济、改善民生、促进社会进步、保护区域生态环境等可持续发展的紧迫问题。中国应对气候变化必须与可持续发展相结合，同时加强国家间的合作和共同行动，实现多方共赢。

1.2.1 气候变化与可持续发展

气候变化与可持续发展在全球外交和治理中始终相互交织。2015 年 9 月，在联合国可持续发展峰会上通过的《改变我们的世界——2030 年可持续发展议程》（以下简称《议程》）强调，社会、经济和环境领域的损害之间有互相关联、不可分割的特点；由于气候变化的影响，社会的福祉和地球的生命支持系统处于危险之中。因此，《议程》要求全球采取紧急行动以应对气候变化及其影响［SDG13（可持续发展目标 13）］，并将气候行动和气候复原作为可持续发展系统转型的核心内容贯穿始终。《议程》共有 11 项目标是明确针对与气候变化相关的减缓、适应和还原努力的，共有 28 项二类目标是应对特定气候行动的。在最近的进展中，应对气候变化与可持续发展这两项议程有合并为一个话语体系的趋势。从《议程》确立的目标来看，可持续发展定位于解决全人类的发展问题，而应对气候变化则着力于解决全球的生态危机，这两项议程的最终目标均是实现全球可持续发展[13]。从全球来看，自《巴黎协定》生效后，各国应对气候变化的行动已经成为实现其他可持续发展目标的关键推动因素[14]。

气候变化与可持续发展之间存在着复杂的关系。从系统性角度考虑，二者之间既存在权衡关系，也存在协同关系。其中，气候变化的适应措施和减缓措施对可持续发展的影响也存在差异。总的来看，控制全球温升的 1.5℃路径和 2℃路径所避免的气候变暖影响使一些可持续发展目标的实现变得更加容易，如与贫困、饥饿、健康、水和卫生、城市、海洋、生态系统有关的目标（SDG 1、SDG 2、SDG 3、SDG 6、SDG 11、SDG 14、SDG 15）。1.5℃路径在实现减少贫困和消除不平等目标方面具有更大的潜力，如它可以比 2℃路径减少 6 200 万因气候变化而致贫的人口，并降低贫困人群在食物安全、水安全、不良健康影响和经济损失方面的风险。1.5℃路径下，减缓措施与可持续发展目标存在多项协同及权衡效益，并且协同的数量大于权衡的数量。从细分来看，减缓措施和可持续发展的强协同效应表现在健康、能源、可持续的消费和生产、海洋领域（SDG 3、SDG 7、SDG 12、SDG 14）；而在贫困、饥饿、水和卫生、能源方面（SDG 1、SDG 2、SDG 6、SDG 7），严格的减缓措施与上述目标会存在权衡或负面作用。相比之下，适应措施对于消除贫困、减少一般不平等、农业和健康以及可持续发展目标的影响预计基本上是积极的[3]。

1.2.2　促进气候、能源、环境等多目标的协同治理

气候变化是当今人类面临的最大环境挑战。与此同时，其他环境问题也在威胁人群健康和人类赖以生存的生态系统。在几乎所有的国家中，气候政策最重要的驱动力不仅来自避免气候变化的长期影响，还包括实现近期的可持续发展目标，其中最为紧迫的就是解决国内空气污染问题[1]。由于空气污染和气候变化的来源和影响紧密相连（图 1-3），应寻求具有减缓气候变化并同时减少空气污染等多重协同效益的政策或行动方案，以使各国能够更好地结合近期可持续发展目标和远期全球减缓气候变化目标采取更有力度的减排行动。在实践中，由于环境与气候问题之间存在广泛而密切的相互联系，对一方有效的政策措施也可能帮助另一方，协同的政策和行动（协同治理）是一个有效多赢的途径[3]。

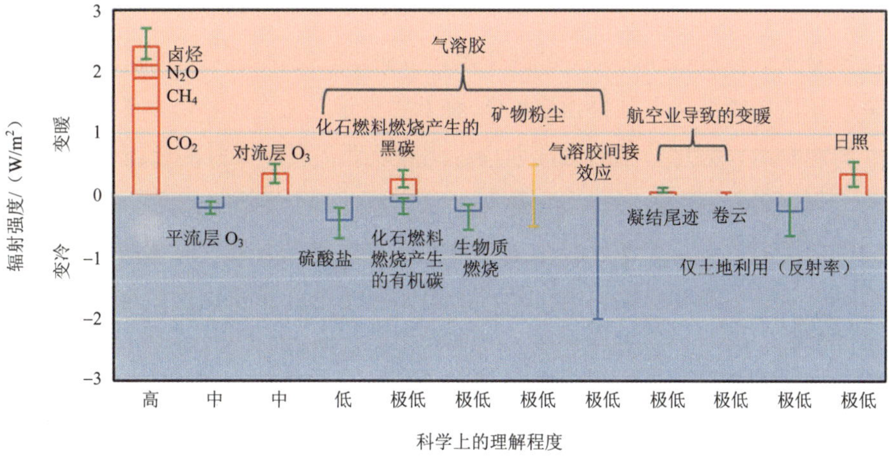

图 1-3　气候系统的全球平均辐射强迫（2000 年相对于 1750 年）

图片来源：IPCC，*First Assessment Report*，1990。

近期的许多研究表明，为减缓气候变化而开展的限制排放行动可以通过改善公众健康和生态系统的可持续性迅速对经济和社会福利产生积极影响。例如，一项模型分析发现，与2℃路径相比，1.5℃路径下更严格的短期气候减排措施可以减少1.1亿～1.9亿人因空气污染而过早死亡[15]。类似地，一项对亚太地区空气污染和减缓气候变化的综合评估发现，通过实施25项改善空气质量的措施，到2050年可以额外减少近20%的CO_2排放[16]。根据联合国欧洲经济委员会的一项研究，全球每减少1 t CO_2排放的健康效益的平均财务价值为58～380美元，这种由减少CO_2排放而产生的健康效益在发展中国家更为显著。到2030年，东亚地区的健康效益将是减排边际成本的10～70倍[17]。2011年，联合国环境规划署（United Nations Environment Programme，UNEP）和世界气象组织对短寿命气候污染物的控制措施进行了综合评估，发现采取这些措施可使全球变暖的速度减缓一半，同时避免了每年价值40亿～320亿美元的农作物产量损失（使用世界市场价格），以及每年2万亿～10万亿美元的健康损害支出[18]。一些案例研究表明，减缓气候变化还带来了提高能源效率和可再生能源发展的协同效益，这些领域的协同效益相当于项目投资的50%～350%。研究还表明，某些森林项目可以实现相当于其总收入53%～92%的非气候协同效益[19]。

1.2.3 减缓气候变化的对策与途径

在2℃路径和1.5℃路径下，需要减少包括工业、建筑、交通、能源、农业、林业和其他土地利用在内的所有行业的温室气体排放，在这一过程中技术将发挥关键作用。从全社会来看，需要建立起基于非化石能源的能源供应以及电网输送和调度体系，终端部门的用能方式需要全面变革，工业生产需要转向低碳工艺、生态设计、柔性生产和循环经济，大规模使用CO_2捕集、存储、去除技术，并推动节能降碳与材料、智能制造、信息技术的协同创新。此外，还需要革命性的新技术突破。

1. 节能和提高能效

中国的能效提升主要源于技术进步，节能提效是低碳发展的长期优先任务。中国是全球能效改善速度最快的国家之一，2005—2018年单位国内生产总值（GDP）能耗累计下降41.5%，累计节能量达21.2亿tce（吨标准煤）。目前，中国已经形成了具有自身特色的节能政策体系，由能源强度降低的约束性目标转向能耗总量与强度“双控”。然而，当前强化节能提效的工作仍面临严峻挑战，下一阶段的节能提效由单个技术、设备转向系统优化，由结构调整转向质量优化、内容升级，由控制能源增量转向消费转型、需求减量。

2. 能源结构低碳化

从全球来看，2℃路径和 1.5℃路径均需要建立基于非化石能源的能源系统。煤炭正在快速退出能源系统，石油消费有望在 2035 年以前达到峰值。近 10 年来，可再生能源技术成本已经大幅下降，风能发电、光伏发电有望在 2020—2030 年实现平价上网。最大的挑战将出现在电网侧，当具有强不确定性的可再生能源成为主力电源时，电力系统的运行平衡机制以及统筹规划机制将出现质变，因此必须解决源-网-荷高度电力电子化条件下电力系统多时间尺度耦合的稳定机理与优化运行问题。

3. 终端用能方式全面变革

电气化是终端用能方式变革的最重要特征。2℃路径和 1.5℃路径需要终端部门大幅提高电气化水平，至 2050 年全社会的电气化水平要提高 1 倍以上。此外，全球终端部门平均仍有 2/3 的能效潜力尚待挖掘，能效技术与数字化、智能化、增材制造等的结合将带来新的潜力。

4. 革命性先进技术突破

到 2050 年，在实现与 2℃温升控制目标相适应的深度脱碳情景下，大多数领域的边际减排成本将呈非线性快速上升趋势，因此必须有革命性先进技术的突破。不仅要加强 CO_2 深度减排技术的研发和推广，如在大比例可再生电力上网的情况下所要求的大规模储能技术和智能电网技术，实现 CO_2 负排放的生物质能结合碳捕集与封存技术（Bioenergy with Carbon Capture and Storage，BECCS），作为洁净零碳二次能源和重要工业原料的氢能制备、储存和利用技术，化工、钢铁、水泥等原材料产品的零碳生产技术等；同时，也要加强对甲烷（CH_4）等非 CO_2 温室气体深度减排技术的研发和示范，以实现全部温室气体的深度减排[20]。

1.2.4 基于自然的解决方案

自然生态系统在减缓和适应气候变化方面所发挥的作用正在日益受到重视，基于自然的解决方案（Nature-based Solutions，NbS）正是在这一背景下提出的。对于气候变化而言，NbS 是指通过对生态系统的保护、恢复和可持续管理来减缓气候变化，同时利用生态系统及其服务功能帮助人类和野生生物适应气候变化带来的影响和挑战[21]。全球碳循环的研究表明，自工业革命以来，陆地生态系统大约吸收了人类排放的 CO_2 总量的 1/3[4]。NbS 还可以抵御气候变化的影响和长期危害[22,23]。因此，采取如努力避免生态系统丧失或退化及其他不利的土地和海洋利用方式，保护、恢复和可持续地管理全球生态系统等措施，可以确保大自然继续为社会提供服务[24]。

《巴黎协定》承认生态系统对减缓和适应气候变化的重要性及其更广泛的社会价值。在序言和条款 4、5、6、7 中都直接或间接地引用了与 NbS 相关的概念。从《巴黎协定》签约国所提交的 NDC 来看，至少 66%的国家提交的 NDC 中包括了某种形式的 NbS，以帮助其实现气候减缓和/或适应的目标。目前，NbS 多通过管理、保护和恢复陆地森林系统来实现减缓气候变化的目标，而碳含量丰富的草地、旱地、湿地、沿海和海洋生态系统在减缓气候变化中的作用还未得到足够的重视，因此 NbS 在未来减缓和适应气候变化中的潜力巨大[25]。对全球碳计划（Global Carbon Project，GCP）组织提供的 16 个动态植被模型的模拟分析表明，由大气 CO_2 浓度上升和气候变化导致的 2000—2017 年中国生态系统年均碳汇为 85～310 Tg[1] C[26]。尽管其不确定性仍然很大，但基于地面清查和大气反演的方法一致认为，中国的陆地生态系统是一个重要的碳汇（96～435 Tg C/a），抵消了 2000—2009 年中国化石燃料燃烧产生的 CO_2 排放量的 6%～29%[26]。

1.3 中国低碳转型的政策导向

1.3.1 绿色发展与生态文明建设

作为发展中国家，中国既面临着严峻的气候变化问题，又面临着环境与发展的问题。截至 2018 年年底，中国人均 GDP 约为 9 780 美元，而人均可支配收入仅为 4 266 美元[27]。在过去几十年中，中国采用了西方国家早期主要靠资源投入推动发展的粗放型增长模式，形成了以重工业为主的产业结构。改革开放以后，中国仿效日本等东亚国家实施出口导向战略，用净出口需求弥补内需的不足，消耗了大量的不可再生资源，这种粗放型增长模式和出口导向战略直接导致了严峻的环境污染问题[28]。与此同时，中国的能源消费也迅速增加，成为全球第一大能源消费国和碳排放国。2018 年，中国一次能源消费量为 32.7 亿 toe（吨标准油）（46.8 亿 tce），占全球的 23.6%；CO_2 排放量为 94.3 亿 t，占全球的 27.8%[29]。

中国政府对于绿色发展始终雄心勃勃。早在 20 世纪 90 年代，可持续发展就成为中国政府文件中的关键议题之一。1992 年联合国环境与发展大会之后，中国政府发布了环境与发展十大对策，首次提出在中国实施可持续发展战略，并组织编制了

---

[1] 1 Tg=10^{12}g（百万吨）。

《中国 21 世纪议程》，这也是世界上第一个国家级的可持续发展战略。2007 年，在党的十七大上“生态文明”被作为一种理念提出，2012 年在党的十八大上生态文明首次上升为执政纲领和国家治理战略，2016 年出台的国家“十三五”规划更是将生态文明作为五年规划的重要部分。

2015 年，中国政府颁布了《中共中央 国务院关于加快推进生态文明建设的意见》，将生态文明从执政理念变为实实在在的执政纲领。该意见中制定了生态文明发展的主要目标，并将生态文明的理念融入经济、政治、文化和社会发展的各个方面，具体包括中国的新型城镇化、新型工业化和农业现代化规划方案。更为重要的是，这份文件提出了“健全生态文明制度体系”，具体包括健全法律法规、完善标准体系、健全自然资源资产产权制度和用途管制制度、完善生态环境监管制度、严守资源环境生态红线、完善经济政策、推行市场化机制、健全生态保护补偿机制、健全政绩考核制度和完善责任追究制度。随后，2015 年 9 月，中国政府又颁发了《生态文明体制改革总体方案》，为生态文明体制改革设定了清晰的目标和时间。至此，生态文明已经成为中国实现经济发展转型的顶层设计。

中国政府积极倡导生态文明，将其作为执政方针，并提升为国家长远发展的战略支柱之一。在国内，以生态文明为指导，统筹协调经济发展、社会进步与环境保护的关系，实现经济社会与资源环境的协调和可持续发展；国际上，中国积极推行绿色发展的努力也在世界范围内得到了认可。2013 年，联合国环境规划署理事会决议采纳生态文明概念，并在 2015 年发布了关于中国的战略与实践报告——《绿水青山就是金山银山：中国生态文明战略与行动》。中国在生态文明建设和环境保护方面的显著成就和成功经验，将为面临共同环境危机的全球文明贡献中国案例和中国智慧。

节约资源、保护环境、减缓 CO_2 排放是中国生态文明建设的重要内容。在“十一五”规划中，中国设立了能源强度下降 20%的约束性指标，并将其分解到各省（区、市）作为对各级政府考核的重要内容；“十二五”期间，增加了单位 GDP 的 CO_2 排放强度下降目标和非化石能源占一次能源消费比重的目标；“十三五”期间，又增加了能源消费总量控制目标，使节能降碳的政策导向日益强化，并出台了一系列财税、金融支持政策。中国在《巴黎协定》下制定的 2030 年 NDC 目标也将在国家“十四五”规划和“十五五”规划中进一步分解落实，这也是“十四五”和“十五五”时期加强生态文明建设的重要内容。

1.3.2 新时代习近平生态文明思想和新发展理念

党的十九大报告提出了新时代中国特色社会主义现代化建设的目标、基本方略和宏伟蓝图，同时也把气候变化列为全球重要的非传统安全威胁，并指出中国致力于“引导应对气候变化国际合作，成为全球生态文明建设的重要参与者、贡献者、引领者”。同时，该报告也强调了中国会坚持环境友好，合作应对气候变化，保护人类赖以生存的家园，为全球生态安全做出贡献。中国所采取的推进生态文明建设、践行绿色循环低碳发展理念、建设人与自然和谐共生的现代化、满足人民日益增长的对美好生活和优美生态环境的需求等一系列举措，与《巴黎协定》所倡导的实现气候适宜型低碳经济发展路径十分契合。中国在节能降碳和经济转型方面所取得的巨大成效正是把应对气候变化和国内可持续发展相结合，打造经济、民生、能源、环境和 CO_2 减排多方共赢局面的体现，也显示出习近平生态文明思想已成为中国推进低碳转型的重要指导思想和强大驱动力。

当前中国正处于“十三五”全面决胜小康社会和“十四五”开启社会主义现代化建设新征程的交汇期。党的十九大提出的加快生态文明制度建设、推进绿色发展、建立健全绿色低碳循环发展经济体系，特别是打好污染防治攻坚战、建设美丽中国等一系列目标和任务，其政策措施与应对气候变化、减缓碳排放的目标一致，具有显著的协同效应。推动能源生产和消费革命、促进经济发展方式向绿色低碳转型，既是保护环境、改善生态、建设美丽中国的关键对策，也是 CO_2 减排、应对全球气候变化的重要战略措施。2035 年要想达成“生态环境根本好转，美丽中国目标基本实现”，仅仅依靠加强能源利用的污染防控措施和末端治理手段是不可能的，必须同时减少煤炭、石油等化石能源的消费总量，从根本上减少污染物的来源，这也将有效减少 CO_2 排放。当前，控制和减少煤炭与石油消费是东部沿海地区打好蓝天保卫战的重要措施，也将助力 CO_2 减排目标的实现。应对气候变化和落实减排承诺是推动国内环境质量改善的强大驱动力和协同措施。

当前，中国贯彻新发展理念，以创新驱动转换发展动力，以绿色发展转变增长方式，经济发展由高速增长转向高质量发展阶段，其重点在于转变发展方式、优化经济结构、转换增长动力、深化供给侧结构性改革、提高全要素生产率。这将有助于发展方式由以增加生产要素投入为驱动、以资源环境为代价的粗放型、扩张式增长方式转向创新驱动、内涵提高的绿色低碳发展路径，并可以促进节能，提高能源利用效率和产出效益，从而为促进低碳转型创造良好的改革环境和制度环境，为加快经济和能源的低碳转型创造有利条件。

中国加快经济和能源的低碳转型也是顺应全球低碳发展的潮流、打造自身竞争力和影响力的重要机遇。全球应对气候变化的紧迫进程将重塑世界经济、贸易和科技的竞争格局，先进的低碳和脱碳技术将成为世界科技发展的前沿和技术竞争的热点，谁掌握了先进技术，谁就会在世界大变局中掌握主动、提升竞争优势。中国积极推进能源革命和经济的低碳转型也是在打造自身先进技术优势和低碳发展动力、引领世界范围的低碳转型、形成自身竞争优势和影响力方面所做的重要战略布局。

1.4 关于本书

1.4.1 背景和目标

党的十九大提出全面建设社会主义现代化国家的目标、基本方略和主要任务。到21世纪中叶要把中国建设成为富强民主文明和谐美丽的社会主义现代化强国，综合国力和国际影响力世界领先，实现中华民族伟大复兴的中国梦。《巴黎协定》就将全球温升控制在工业化前水平基础上不超过2℃并努力控制在1.5℃以内的目标达成共识。为实现这一目标，世界各国都必须加大温室气体的控制和减排力度，力争到2050年实现 CO_2 的近零排放，甚至是碳中和。应对气候变化的挑战是全人类的共同事业，中国将发挥重要的参与者、贡献者和引领者作用。

中国长期低碳发展战略要同时支撑上述国内、国际两个目标的实现。实现中华民族伟大复兴、为中国人民谋幸福，是中国共产党的初心和使命；为全人类进步事业而奋斗、为世界做出更大贡献，同样也应是我们的使命。到21世纪中叶，中国在努力实现社会主义现代化强国建设目标的同时，也要实现与全球温升控制在工业化前水平基础上不超过2℃并努力控制在1.5℃以内的长期目标相契合的低碳排放发展路径，建成绿色低碳循环发展的产业体系和以新能源、可再生能源为主体的深度脱碳能源体系，实现人与自然的和谐和可持续发展。研究和制定中国2050年低碳发展战略，要以习近平新时代中国特色社会主义思想为指导，推进国内和全球的生态文明建设，实现国内可持续发展与全球生态安全的协同共赢。

党的十九大提出社会主义现代化建设分两个阶段安排，中国长期低碳发展战略也要相应按照两个阶段进行研究部署。

2020—2035年是第一个阶段，要基本实现社会主义现代化，生态环境根本好转，美丽中国目标基本实现。这一阶段在时间上恰好与中国在《巴黎协定》下提出的2030年NDC目标和行动计划相吻合，因此要把两者密切结合起来，促进经济、能源、环境和应对气候变化的协同作用，推动经济高质量发展，使环境质量得到根本改善，实现CO_2减排承诺，达到多方共赢。同时，要制定到2035年应对气候变化的中期战略和规划，制定落实国家自主减排承诺的实施规划和行动方案，规划实现2030年CO_2排放达峰的具体时间表及峰值排放量的控制目标，并结合国内生态文明和美丽中国建设的目标和规划，实现环境质量达标、兑现减排承诺的双重目标。此外，还要发挥协同效应，加快能源与经济的绿色低碳转型，实现经济的高质量发展，为2035年以后进一步强化节能降碳力度做好准备，以期与实现第二阶段的深度脱碳目标相衔接。

2035—2050年是社会主义现代化建设的第二个阶段。在基本实现现代化的基础上，中国将进入后工业化社会，经济社会发展呈现内涵式提质增效的发展态势，CO_2排放已跨过峰值并呈下降趋势，更加有利于向低碳转型。在这一阶段，全球CO_2减排的形势更为紧迫，CO_2排放年下降率要达到6%～7%的水平。在国内生态环境根本好转、环境压力减弱的情况下，中国深度脱碳的目标和战略需超越国内节约资源、保护环境和可持续发展的内在要求，更多地考虑如何承担与不断上升的综合国力和国际影响力相一致的大国责任。这就需要把与实现控制温升不超过2℃并努力低于1.5℃目标相适应的深度脱碳目标作为建设社会主义现代化强国整体战略的一个重要内容，体现中国对地球生态安全和人类共同利益的责任担当和引领作用，为全人类进步事业做出中国贡献。此外，还要根据《巴黎协定》的目标和要求，研究中国需要和可能承担的责任义务，并逐步将温室气体排放的控制范围由以能源消费的CO_2为主扩展到所有6种温室气体，制定2050年全经济尺度、全部温室气体的绝对量减排目标和对策。《巴黎协定》要求各缔约方在2020年以前提交本国2050年温室气体低排放发展战略，本书的研究内容也将为国家制定和提交长期低碳发展战略提供技术支撑和决策参考。

1.4.2 研究框架和思路

本书的研究内容聚焦于中国长期低碳发展战略和转型路径，在研究过程中组织了国内优势科研单位参加，共设计了18个课题（图1-4）：宏观研究包括经济社会发展的中长期目标和战略，东、中、西部经济协调发展及城市化进程中的低碳路径，国际贸易和产业转移方面；部门研究包括能源、电力系统和工业、建筑、交通终端部门的低碳发展战略和路径，以及非能源 CO_2 及其他温室气体减排战略、措施和路径；政策性研究包括节能潜力和途径、先进脱碳技术评价、基础设施投融资、消费方式转型、气候和环境协同对策研究。此外，在研究中还设置了 5 个综合集成课题：中长期低碳排放的愿景描述、政策支撑和保障体系、全球气候治理和国际合作等。

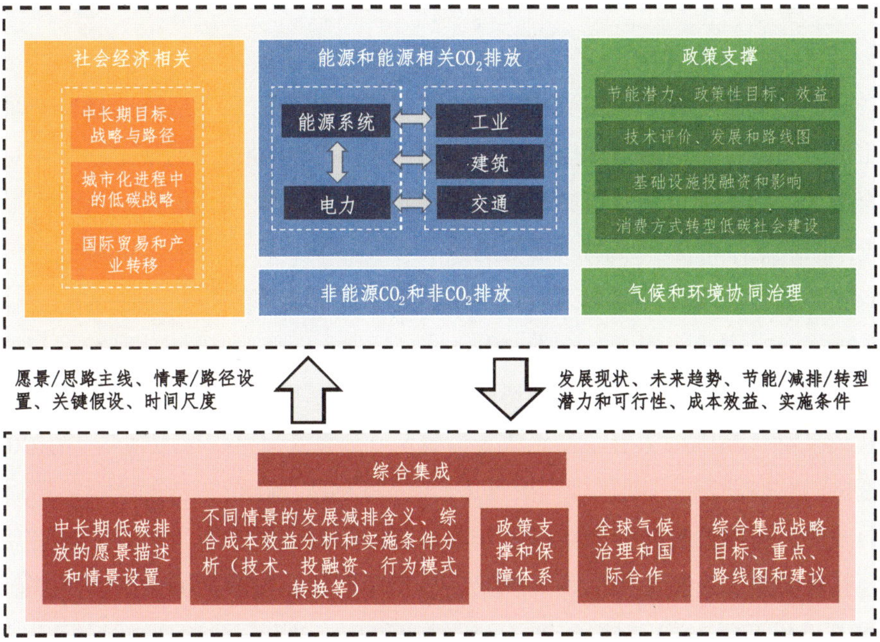

图 1-4　本书的研究内容与结构框架

本书在研究中采用了“自下而上”和“自上而下”相结合的方法，既有“自下而上”对各部门能源消费和 CO_2 减排技术的情景分析和技术评价，又有“自上而下”的宏观模型计算和政策模拟。此外，还以多个模型相互配合、软连接的方式实现了各部门分析与宏观政策模型间的协调衔接，既针对中国实际国情和发展阶段特征进行了以问题为导向的深入分析，研究长期低碳发展的趋势、政策和途径，又以建成现代化强国和实现深度脱碳目标为导向进行了政策模拟，分析长期减排目标倒逼下的减排路径、技术支持及成本和代价。为此，本书在研究中设计了 4 种情景，各相关研究课题均按照这 4 种情景展开研究和分析。

1. 政策情景

该情景以 2015 年中国在《巴黎协定》下提出的 NDC 目标、行动计划和相关政策为支撑，是延续当前低碳转型趋势和政策下的情景。

2. 强化政策情景

该情景在政策情景的基础上，进一步强化降低能源强度和 CO_2 排放强度的力度和幅度，进一步提高非化石能源在一次能源消费中的比重等各项指标，挖掘减排潜力，控制 CO_2 排放总量，是强化政策支撑、适应《巴黎协定》下各国强化和更新 NDC 目标和行动要求的情景。

3. 2℃目标情景（简称 2℃情景）

该情景以实现全球 2℃温升控制目标为导向，研究与之相适应的减排情景和路径，并对 21 世纪中叶深度脱碳目标倒逼下的减排对策和路线图进行了分析，对其技术资金需求、成本代价及政策支撑进行论证和评价。

4. 1.5℃目标情景（简称 1.5℃情景）

该情景是以实现全球 1.5℃温升控制目标为导向的情景，以到 21 世纪中叶努力实现 CO_2 净零排放和其他温室气体深度减排为目标，研究和论证其可能性和技术选择，并评价其可能产生的社会经济影响。

在这 4 种情景中，本书以强化政策情景和 2℃情景为重点比对情景，在 2030 年和 2035 年之前主要研究强化政策情景下对实现和更新 NDC 目标的影响，同时分析 2℃目标情景下倒逼减排路径对 2030 年和 2035 年目标的影响；在 2035 年之后主要研究 2℃目标情景下如何倒逼减排路径并提供政策支持，也努力探讨了在实现 1.5℃温升控制目标下到 2050 年实现 CO_2 净零排放和其他温室气体深度减排的可行途径。同时，还统筹考虑了如何与 2035 年以前的 NDC 目标相互衔接，如何统筹两个阶段的低排放目标和战略。

1.4.3 本书结构

本书为“中国长期低碳发展战略与转型路径”研究项目的综合集成，是研究项目中前 17 个课题（第 18 个课题为综合报告）的汇总，侧重于集成各研究项目的战略目标、重点结论、路线图和政策建议。

从结构来看，本书共分 12 章。

第 1 章是引言，主要提出课题的研究背景、理论框架、指导思想和研究思路，以及长期低碳发展战略的意义和作用。第 2 章是长期低碳发展情景的总体分析，主要介绍《巴黎协定》下中国和全球低碳发展的形势与趋势，以及研究项目的宏观情景设置。

第 3 章到第 6 章试图勾勒出 4 种情景下中国各部门所有温室气体的未来排放路径、重要减排技术和政策需求。其中，第 3 章是终端能源消费和 CO_2 排放，主要介绍工业、建筑、交通部门当前的发展现状、低碳发展路径、能源消费和碳排放的整体情况以及必要的活动水平等内容，并分析了潜在的成本和代价以及重要的支撑政策；第 4 章和第 5 章分别关注电力与能源系统，介绍如何基于终端部门的电力需求测算电力与能源系统的未来发展和政策支撑。第 6 章主要介绍非 CO_2 温室气体排放的现状、未来和结果，以及与之相关的重要减排技术和政策需求。

第 7 章到第 9 章分别从低碳技术、转型成本和长期低碳发展路径 3 个方面进行汇总与评价。其中，第 7 章和第 8 章梳理了重要的零碳技术和负碳技术，包括氢能技术、储能技术、碳捕集与封存（CCS）和 BECCS 技术、钢铁和水泥化工等生产过程零排放技术，并分析其所处的发展阶段、投资成本等；第 9 章是对长期低碳发展路径的总体分析与评价，还对第 3 章到第 6 章中所涉及的低碳战略进行了系统整合，分析并提出了符合中国国情和发展阶段的强化 NDC 方案，以及到 2050 年满足 2℃和 1.5℃温升控制目标的转型路径。

第 10 章是战略要点与政策保障，重点分析了当前中国低碳发展的政策和措施，在充分考虑中国到 21 世纪中叶实现社会主义现代化强国建设目标及方略的前提下，提出了未来支撑低碳发展的战略要点。第 11 章是全球气候治理与国际合作，主要分析了全球气候治理制度的发展、原则及当前的新形势。第 12 章提出了中国中长期低碳发展的目标、战略和实施路径的政策建议。

参考文献

［1］ Intergovernmental Panel on Climate Change（IPCC）. Climate change 2013：the physical science basis [M]. Cambridge：Cambridge University Press，2013.

［2］ World Meteorological Organization（WMO）. WMO statement on the state of global climate in 2018 [R]. Geneva：WMO，2019.

［3］ Intergovernmental Panel on Climate Change（IPCC）. Special report on global warming of 1.5℃[R]. Geneva：IPCC，2018.

［4］ Intergovernmental Panel on Climate Change（IPCC）. Climate and land：an IPCC special report on climate change，desertification，land degradation，sustainable land management，food security，and greenhouse gas fluxes in terrestrial ecosystems [R]. Geneva：IPCC，2019.

［5］ Intergovernmental Panel on Climate Change（IPCC）. Special report on the ocean and cryosphere in a changing climate [R]. Geneva：IPCC，2019.

［6］ 中国气象局气候变化中心．中国气候变化蓝皮书[R]．北京：中国气象局，2019.

[7] 国家海洋信息中心. 2019 年中国气候变化海洋蓝皮书[R]. 天津：国家海洋信息中心，2019.

[8] 王世金，丁永建，效存德. 冰冻圈变化对经济社会系统的综合影响及其适应性管理策略[J]. 冰川冻土，2018，40（5）：7-18.

[9] 王瑜贺. 命运共同体视角下全球气候治理机制创新[J]. 中国地质大学学报（社会科学版），2018，101（3）：31-38.

[10] IEA. Global energy review 2020：the impacts of the COVID-19 crisis on global energy demand and CO_2 emissions [R]. Paris：IEA，2020.

[11] Myllyvirta L. Coronavirus temporarily reduced China's CO_2 emissions by a quarter [EB/OL].（2020-02-19）[2020-05-06]. https://www.carbonbrief.org/analysis-coronavirus-has-temporarily-reduced-chinas-co2-emissions-by-a-quarter.

[12] Birol F. Now is the time to plan the economic recovery the world needs [EB/OL].（2020-04-27）[2020-05-06]. https://www.iea.org/commentaries/now-is-the-time-to-plan-the-economic-recovery-the-world-needs.

[13] Bertram C，Luderer G，Popp A，et al. Targeted policies can compensate most of the increased sustainability risks in 1.5℃ mitigation scenarios [J]. Environmental Research Letters，2018，13（6）：064038.

[14] United Nations Climate Change（UNCC）. Climate action plays central role in achieving the sustainable development goals[EB/OL].（2017-07-18）[2020-04-30]. https://unfccc.int/news/climate-action-plays-central-role-in-achieving-the-sustainable-development-goals.

[15] Shindell D T，Faluvegi G，Seltzer K，et al. Quantified，localized health benefits of accelerated carbon dioxide emissions reductions [J]. Nature Climate Change，2018（8）：291-295.

[16] United Nations Environment Programme（UNEP）and Climate & Clean Air Coalition（CCAC）. Air pollution in Asia and the Pacific：science-based solutions [R]. Nairobi and Paris：UNEP and CCAC.2020.

[17] United Nations Economic Commission for Europe（UNECE）Programmes. The co-benefits of climate change mitigation [EB/OL].（2016-01-22）[2019-08-28]. http://www.unece.org/fileadmin/DAM/Sustainable_Development_No._2__Final__Draft_OK_2.pdf.

[18] United Nations Environment Programme（UNEP）and the World Meteorological Organization（WMO）. Integrated assessment of black carbon and tropospheric ozone [R]. Nairobi and Geneva：UNEP and WMO，2011.

[19] Urge-Vorsatz D，Herrero S T，Dubash N K，et al. Measuring the co-benefits of climate change mitigation [J]. Annual Review of Environment and Resources，2014，39：549-582.

[20] 何建坤. 全球气候治理新形势及我国对策[J]. 环境经济研究，2019（3）：1-9.

[21] 张小全，谢茜，曾楠. 基于自然的气候变化解决方案[J/OL]. 气候变化研究进展（2020-02-17）. http://kns.cnki.net/kcms/detail/11.5368.p.20200215.2003.002.html.

[22] Hochard J P，Hamilton S，Barbier E B. Mangroves shelter coastal activity from cyclones [J].

Proceedings of the National Academy of Sciences of the USA，2019，116：12232-12237.

［23］Beck MW，Losada I J，Menéndez P，et al. The global flood protection savings provided by coral reefs [J]. Nature communications，2018（9）：2186.

［24］Seddon N，Sengupta S，García-Espinosa M，et al. Nature-based solutions in national determined contributions：synthesis and recommendations for enhancing climate ambition and action by 2020 [R]. Gland and Oxford：IUCN and University of Oxford，2019.

［25］Le Quéré C，Andrew R M，Friedlingstein P，et al. Global carbon budget 2018 [J]. Earth System Science Data，2018，10（4）：2141-2194.

［26］Lu F，Hu H F，Sun W J，et al. Effects of national ecological restoration projects on carbon sequestration in China from 2001 to 2010 [J]. Proceedings of the National Academy of Sciences，2018，115（16）：4039-4044.

［27］国家统计局. 2018 年居民收入和消费支出情况[EB/OL].（2019-01-21）[2019-11-16]. http://www.stats.gov.cn/tjsj/zxfb/201901/t20190121_1645791.html.

［28］吴敬琏．序一 [M]//马骏，李志国，等．$PM_{2.5}$减排的经济政策．北京：中国经济出版社，2014：1-3.

［29］British Petroleum（BP）. BP statistical review of world energy [DB/OL].（2020-06-17）[2020-06-22]. http://www.bp.com/statisticalreview.

第2章
中国低碳发展的形势与趋向

2.1 《巴黎协定》下全球应对气候变化的新形势

《巴黎协定》确立的控制全球温升在工业化前水平基础上不超过2℃并努力控制在1.5℃以内的长期目标，是以世界各国“自下而上”自主确立减排目标和行动计划为基础、以全球定期集体盘点为激励的全球气候治理新机制。当前已进入全面落实《巴黎协定》的实施阶段，但仍面临着严峻的挑战和艰巨的任务。

第一，各国在《巴黎协定》下提出的NDC目标和行动计划距离实现2℃温升控制目标下的排放路径尚有巨大差距，到2030年还有120亿～150亿t CO_2e（二氧化碳当量）的年减排缺口[1]。按此测算，到21世纪末全球温升中值数可达2.7℃，低于2℃的概率不足5%，高于3℃的概率大于25%，且有10%的概率高于3.5℃，因此迫切需要各国落实并提升减排目标，进一步强化行动[2]。

第二，越来越多的研究和事实表明，气候变化的负面影响比原来预计的更加广泛、更加剧烈，其影响速度也更快。如果按当前不加强行动的高排放情景测算，至21世纪末全球温升有上升5℃的风险，在很多领域存在超过风险临界点或阈值的可能，甚至有导致不可逆转的灾难性后果的风险——当前全球发生概率不足5%的热浪将几乎每年发生，河水泛滥概率将增加10倍，农业干旱概率将增加10倍，中国粮食将减产20%，冰川将退缩70%[2]。总之，如果未来的温升幅度过大、速度过快，将给经济、社会和生态系统带来极高的系统性风险，给水资源安全、粮食安全、城市和基础设施安全以及公共健康等人类复杂系统带来破坏性风险。因此，需要积极采取应对行动，增强和改善经济、社会和生态系统的气候韧性，防范气候风险。

第三，《IPCC 全球温升 1.5℃特别报告》更加凸显了应对气候变化的紧迫性，强化并推进了全球实现碳中和的目标导向。根据《巴黎协定》的要求，IPCC 于 2018 年 10 月发布了《IPCC 全球温升 1.5℃特别报告》。这是一个科学评估报告，但也是《联合国气候变化框架公约》谈判和取得政治共识的科学基础与决策依据。该报告显示，与 2℃温升控制目标相比，1.5℃温升控制目标能避免大量因气候变化带来的损失与风险，但减排进程也相应更加紧迫——2030 年要比当前减排 45%，2050 年要实现全球 CO_2 净零排放和其他温室气体深度减排，到 21 世纪下半叶要努力实现温室气体源的人为排放与汇的清除之间的平衡。然而按照当前的趋势，2030—2050 年的温升就可能达到 1.5℃，因此需要加快全球减排进程。此外，实现 1.5℃温升控制目标的成本会增加 3～4 倍，也会付出更大的代价。《IPCC 全球温升 1.5℃特别报告》强化并推进了全球 21 世纪中叶实现碳中和的目标导向以及长期低碳发展战略的路径选择，会影响各国于 2020 年以前制定并提交 2050 年低碳发展战略的目标和路径选择。

第四，欧美等发达国家和地区在实现 1.5℃温升控制目标方面已提出具体的时间表和行动措施。欧盟委员会于 2019 年年底发布了《欧洲绿色协议》，提出温室气体排放到 2030 年减排 50%～55%，到 2050 年实现净零排放，使欧洲成为首个气候中性的大陆，并将通过立法予以保障。《欧洲绿色协议》还提出了 7 个战略性领域的行动，包括提高能源效率，发展可再生能源，发展清洁、安全、互联的交通，发展竞争性产业和循环经济，推动基础设施建设和互联互通，发展生态经济和天然碳汇，发展 CCS 技术以解决剩余碳排放的问题。2019 年，英国政府公布了一项法案，拟在 2050 年之前将碳排放量降至净零，这使英国成为第一个长期气候目标立法的国家。尽管美国在特朗普执政期间退出了《巴黎协定》，但是其气候行动并未停止，已从联邦政府转移到各州、城市、企业和大学等其他相关方。美国 20 多个州组成的美国气候联盟宣布履行美国在《巴黎协定》下的义务，其覆盖的人口和 GDP 均占美国的 60%以上。加利福尼亚、内华达、新墨西哥和华盛顿等州已经通过了法案，目标是在 21 世纪中叶或更早的时候实现 100%的电力来自无碳能源。2019 年，美国纽约州立法机构通过了《气候领导和社区保护法》，要求到 2050 年的净温室气体排放为零——温室气体总排放量在 1990 年的基础上削减 85%，剩下的 15%由造林、恢复湿地、碳捕集或其他绿色项目抵消。实现碳中和目标越紧迫，对发展中国家实现可持续发展的排放空间制约以及能源与低碳转型的压力也将越大。

第五，全球更加注重应对气候变化与保护生态环境和可持续发展的协同治理。世界各国越来越深刻地认识到，应对气候变化的政策行动及效果与联合国可持续发展目标具有广泛的一致性。减缓和适应气候变化的行动将助推当地的生态环境保护和可持续发展，彼此间有广泛的协同效应。全球应对气候变化的行动引发了能源和经济的低碳化变革，促使经济社会发展方式走上绿色低碳循环和可持续的发展路径，这也是改善区域生态环境、促进经济社会发展与资源环境承载力相协调的根本途径。因此，各国越来越意识到为应对全球气候变化而进行能源变革和经济的低碳转型形势紧迫，同时也面临着实现自身可持续发展的重要机遇，因此应努力实现能源、经济、环境与应对气候变化的协同治理，打造多方共赢的局面，并积极采取减缓与适应气候变化的协同对策。

第六，在世界百年未有之大变局下，美国等发达国家单边主义、保护主义和自身利益优先的立场在气候谈判中更为突出，影响了《巴黎协定》的实施进程。2019年在西班牙马德里举行的《联合国气候变化框架公约》第25次缔约方大会（COP25）上，一些发达国家在谈判中强化自身利益诉求，缺乏建设性意见，不考虑其他各方特别是广大发展中国家的关切和诉求，不能全面、平衡地推进各项议题的进展，也缺乏强化当前务实行动的政治意愿，反对评审和加强2020年以前的应对行动，而只是强调要强化1.5℃温升控制目标。COP25未能就《巴黎协定》第6条有关市场机制的条款达成协议，也未能在减缓、适应、资金、技术、能力建设和透明度这些要素的谈判中取得平衡进展和预期效果。推进《巴黎协定》的落实和实施仍面临着严峻挑战和艰巨任务。

第七，新冠肺炎疫情将深刻影响全球应对气候变化的进程与大国博弈的格局。新冠肺炎疫情重创了世界经济，疫情后各国将会把恢复生产、保障民生、补齐产业链短板放在优先地位，应对气候变化的低碳转型力度和政策措施或将有所减弱，但通过绿色经济复苏应对气候变化这一全球更为深刻的危机正在形成广泛共识，应对气候变化仍将成为大国外交的核心问题和竞争博弈的重点领域。美国引领疫情后全球经济复苏的趋势和方向，构建新的国际经济秩序和规则，提升自身政治、经济、科技竞争优势，提升国际影响力和领导力，打压和遏制中国崛起和强盛的战略意图十分明显。应对气候变化是人类共同利益和国际道义的制高点，也存在中美开展交流与合作的空间和可能。中国需要统筹国际大国外交和国内绿色低碳转型两个方面，协调应对气候变化。

2.2　中国低碳转型的形势与展望

2.2.1　中国低碳转型的新形势

2013 年以后，中国经济发展进入新常态，通过实施新发展理念，以创新发展转换发展动力，以绿色发展转变发展方式，充分发挥了环境治理与 CO_2 减排的协同效应，节能降碳的成效已超过预期，为实现 2030 年 NDC 目标奠定了良好的基础。

经济发展新常态下，中国的经济发展由规模和速度型向质量和效益型转变（表 2-1）。GDP 增速放缓，由 2005—2013 年的年均 10.2%下降为 2013—2018 年的年均 6.9%。经济结构调整加速，产业实现转型升级，高耗能原材料产品渐趋饱和，能源消费弹性下降。2005—2013 年能源消费弹性平均为 0.59，单位 GDP 能耗年均下降率为 3.8%；2013—2018 年能源消费弹性平均为 0.32，单位 GDP 能耗年均下降率达 4.7%。能源弹性下降和 GDP 增速降低这两个因素的叠加使中国的能源总需求增长率大为下降，2005—2013 年能源消费的增长率是 6.0%，2013—2018 年平均增速已经下降到 2.2%，能源总需求的增长大为放缓。在相同 GDP 增速下，能源消费弹性越低，单位 GDP 能耗下降幅度越大；在相同能源消费弹性下，随着 GDP 增速的降低，单位 GDP 能耗的下降幅度呈减小趋势。在上述两个因素相互对冲的作用下，未来单位 GDP 能耗的年均下降率大体可保持在 3.0%～3.5%的水平。

表 2-1　中国经济发展新常态下能源消费和 CO_2 排放变化

项目	2005—2013 年	2013—2018 年
GDP 年均增速/%	10.2	6.9
能源消费弹性	0.59	0.32
能源消费年均增长率/%	6.0	2.2
单位 GDP 能耗年均下降率/%	3.8	4.7
CO_2 排放年增长率/%	5.4	0.8
单位 GDP 的 CO_2 排放强度年均下降率/%	4.4	5.7

在能源总需求增速下降的情况下，中国的新能源和可再生能源仍保持着 10%左

右的高速增长趋势，能源结构调整加快，单位能耗的 CO_2 排放强度不断下降。在经济发展进入新常态之前，2005—2013 年中国单位能源消费所引起的 CO_2 排放年均下降率约为 0.57%；进入新常态之后，2013—2018 年单位能源消费所引起的 CO_2 排放强度年均下降率达到了 1.38%。单位 GDP 的 CO_2 排放强度也相应从 2005—2013 年的年均 4.4%提高到 2013—2018 年的年均 5.7%，能源转型速度不断加快。

自 2017 年起，中国的能源消费和 CO_2 排放增速连续三年出现反弹。2017 年和 2018 年的能源消费总量分别增长了 3.0%和 3.3%，CO_2 排放水平增高了 1.8%和 2.2%。2019 年 GDP 增长 6%，能源消费增长 3.2%。据国家统计局初步核算，2020 年中国能源消费总量达 49.8 亿 tce，实现了“十三五”规划中控制能源消费总量不高于 50 亿 tce 的目标。煤炭消费量从 2013 年开始下降，虽然近两年有所反弹，但仍未超过 2013 年的水平。总体来看，煤炭消费已进入峰值平台期，今后可能还会有所波动，但随着能源消费增速的进一步放缓以及可再生能源的快速增长，煤炭消费将不会再出现持续增长的局面。总体而言，随着经济增长趋稳和高质量发展的实现，能源需求和 CO_2 排放的增长速度还会进一步放缓，呈现低速增长的趋势，不再可能出现 2013 年之前的高速增长局面。

由于受新冠肺炎疫情的影响，2020 年的经济增速大幅回落，“十三五”期间 GDP 的平均增速约为 5.7%，单位 GDP 能耗下降约为 13%，CO_2 排放强度下降 18.8%，完成了“十三五”规划中 CO_2 排放强度下降 18%的预期目标。

2.2.2 “十四五”时期节能降碳情景分析

“十四五”时期是中国开启全面建设社会主义现代化国家新征程的第一个五年规划期，既面临新冠肺炎疫情后恢复经济、保障民生、补齐产业链短板等紧迫任务，又是实现向高质量发展转型的关键时期。“十四五”期间，中国将坚持新发展理念，加快构建清洁低碳、安全高效的能源体系和绿色、低碳、循环、可持续发展的经济体系，节能降碳有待出现新的转机。

基于当前现代煤化工、石油化工等高耗能产业产能的扩张，“十四五”初期还会有部分产能释放，还会拉升能源消费增长。但预计到“十四五”后期，重化工业的产能将不会再有新的扩张，能源消费增长将进一步放缓。随着产业转型升级和经济高质量发展，“十四五”时期的节能降碳形势将呈现总体逐渐趋好的局面。

“十四五”期间，中国将坚持新发展理念，加强经济结构调整和产业转型升级，实现高质量发展，节能降碳总体上呈现逐渐加速的局面。由于新冠肺炎疫情对全球经济和产业链以及供需形势的冲击和影响，中国经济的恢复和发展也将相应受到制约。国内大部分主流研究单位认为，在比较乐观的情况下，“十四五”期间 GDP 的增速可达 5%左右。GDP 增速放缓后，钢铁、水泥等高耗能原材料产品将进一步趋于饱和并开始下降，能源消费弹性进一步降低。为刺激和恢复经济，中国当前在新基建和新型城市化方面增大了投资，激励数字经济的发展和传统产业的技术升级，推进城市智慧化和低碳化融合发展，这些举措都将有利于促进能源强度的下降。由此推断，“十四五”时期能源强度的下降幅度将不会低于“十三五”期间 14%～15%的水平。

“十四五”时期，风电、太阳能发电的成本将与煤电相当，非化石能源增速可保持在“十三五”期间年均 7%左右的水平，2025 年非化石能源在一次能源消费中的占比可达 20%左右，相应地，煤炭占比将由 2020 年的约 56.8%进一步下降到 51%左右。由此测算，“十四五”期间单位 GDP 的 CO_2 排放强度将下降 19%左右，2025 年的能源消费总量可控制在 55 亿 tce 以内，CO_2 排放总量可控制在 105 亿 t 以内，见表 2-2。

表 2-2　节能降碳成效分析与对比

项目	“十二五”时期		“十三五”时期		“十四五”时期
	规划	实现	规划	实现*	预计
GDP 年均增速/%		7.9		5.7	5.3
单位 GDP 能耗下降率/%	16	18.5	15	13	14.7
期末非化石能源比重/%	9.4	12.1	15 左右	15.8	20.0
单位 GDP 的 CO_2 排放强度下降率/%	17	21.7	18	18.8	19
期末能源消费总量/亿 tce		43.0	低于 50	49.8	55.0
期末 CO_2 排放总量/亿 t		92.9		99	104

*本列数据根据部分公布数据测算。

“十四五”时期是中国经济绿色低碳转型并实现高质量发展的关键时期。一方面，要延续和发展既有的节能降碳成果和形势，在“十四五”规划中把积极的节能降碳目标作为促进经济绿色低碳转型和高质量发展的重要抓手；另一方面，要促进和发展“十一五”以来低碳转型的良好态势，面对当前经济增速下行压力保持战略定力，坚持节能降碳不放松，促进经济的高质量发展。“十四五”时期，除继续确立量化的节能降碳指标外，也要综合推进其他相关政策和措施，具体建议如下：

1. 提出控制能源消费总量和 CO_2 排放总量的指导性指标

“十三五”期间已制定并实施了控制能源消费总量目标，同时也确立了非化石能源占比目标，实际上相当于确定了 CO_2 总量控制目标。“十四五”期间应进一步明确提出控制 CO_2 排放总量的指标，以与 2030 年前实现 CO_2 排放达峰的政策措施相衔接，并逐渐整合和取代能源消费总量控制制度。CO_2 排放总量控制不是给地方和企业设置能源消费量的“天花板”，而是激励地方和企业更多地开发利用新能源和可再生能源，促进绿色低碳转型。相应地，可以用对企业的碳排放额度管理制度逐渐取代用能权管理制度，并与正在建立的全国统一碳排放权交易市场相衔接。CO_2 排放总量管理比能源消费总量管理更利于与国际接轨，对外也能够更好地展现中国强化应对气候变化行动的积极形象。

由于未来的经济发展速度和能源消费增长尚有较大的不确定性，如果 GDP 增速超过预期，对能源消费强度下降目标影响较小，但会使能源消费总量指标发生较大变化。因此，能源消费总量控制指标的选取应比能源消费强度下降指标更为宽松，留有一定余地。

2. 促进优化开发区域 CO_2 排放率先达峰

“十三五”规划中提出“支持优化开发区域率先实现碳排放峰值目标”。预计中国在 2025 年以后总体上可进入 CO_2 排放的峰值平台期，东部沿海发达地区有条件在全国率先达峰，有些城市在 2020 年前后即有望达峰。因此，在“十四五”期间应提出东部沿海优化开发区域 CO_2 排放率先达峰的目标，并鼓励相应省（区、市）制定和实施相关规划与政策措施。

3. 推动高耗能重化工业部门 CO_2 排放提前达峰

工业部门终端能耗占全国终端总能耗的 2/3，是最有节能潜力的部门。“十四五”期间，随着产业结构的调整和转型升级，重化工业占比下降，将促使工业部门的 CO_2 排放早于交通、建筑等其他部门率先达峰。因此，在“十四五”规划中可明确提出推动高耗能重化工业部门 CO_2 排放提前达峰的目标。

4. 控制与能源相关的非 CO_2 温室气体排放

中国当前实施和对外承诺的主要是控制与能源相关的 CO_2 排放，从“十四五”开始应对工业过程、农林业、废弃物管理等其他领域的 CO_2 排放及非 CO_2 温室气体排放进行管理和控制，特别是要加强对含氟气体（如 HFCs）生产与使用的管理和控制，建立全部温室气体排放的监测、报告、核查体系，并实施相应的减排措施和行动，以适应《巴黎协定》的实施进程。

5. 深化能源管理体制和市场化改革

当前，能源技术和产业创新发展迅速，加快了能源产业的业态变革，但仍要克服一些体制机制和政策障碍。因此，“十四五”时期要深化能源管理体制和价格体制改革，促进分布式可再生能源的发展；同时，还要加强碳市场建设，尽快把全国统一的碳市场的覆盖范围扩展到预定的八大高耗能行业，做好碳排放配额管理，以市场化手段促进能源和经济的低碳转型。

2.2.3 中国实现快速低碳转型的任务与挑战

自“十一五”以来，中国节能降碳的成效举世瞩目。经济发展进入新常态以来，中国坚持新发展理念，加快经济结构调整和产业升级，加强节能降碳政策措施，使能源消费和 CO_2 排放快速增长的趋势得到扭转。但今后一段时期内，能源消费和 CO_2 排放仍将缓慢增长，实现 CO_2 排放达峰仍需做出巨大努力。

中国的能源强度从 2005 年至 2019 年已下降了 42.4%，年下降率达 3.86%，远高于发达国家同期的下降速度。但鉴于工业化、城市化阶段特有的产业结构，中国工业特别是高耗能产业的占比远高于发达国家水平，而且制造业在国际产业价值链中也处于中低端，产品能耗高、增加值率低。中国 2017 年的能源强度仍为世界平均水平的 1.6 倍，发达国家的 2～3 倍，通过经济结构调整和产业升级，节能和减少 CO_2 排放量有较大潜力，但仍需要相当长的时间。

基于中国特有的能源资源禀赋，煤炭在能源结构中一直占据主导地位。随着可再生能源的大力发展，非化石能源占比已从 2005 年的 7.4%上升到 2019 年的 15.3%，煤炭占比从 72.4%下降到 57.7%，下降了 14.7 个百分点，但仍比世界平均水平高约 30%。进一步加快新能源和可再生能源发展、控制和减少煤炭消费量、加速能源结构的低碳化转型仍面临艰巨任务。

中国当前的 CO_2 排放总量较大，已超过美国和欧盟的排放量总和，约占世界总排放量的 28%。作为排放大国，中国备受世界瞩目，世界各国对中国尽快达到 CO_2 排放峰值并迅速减排的期待越来越高。CO_2 排放达峰意味着经济持续增长将与 CO_2 排放完全脱钩，在化石能源消费量总体不再增加的情况下，减缓 CO_2 排放的同时也要从源头上控制和减少常规污染物的来源，以促进环境质量的根本好转。实现 CO_2 排放达峰将是中国经济发展低碳转型的一个重要节点，也是中国生态环境根本好转和建设美丽中国的一个重要里程碑。

在保障经济持续增长的同时使 CO_2 排放达峰，其必要条件是单位 GDP 的 CO_2

排放强度下降率要大于 GDP 增长率，从而使 GDP 增长带来的 CO_2 排放增量被降低的 CO_2 排放强度所抵消。中国当前的经济增速仍保持在 5%～6%的水平，2020 年以后还将继续回落，到 2030 年前后将基本完成工业化和城市化发展阶段，人均国民收入进入高收入国家行列，经济发展趋于内涵式提高，GDP 增速将进一步放缓，其潜在增速将回落到 4.5%～5.0%的水平，但仍然高于发达国家和世界平均增长速度。所以，中国必须持续加大节能和能源替代力度，使届时的单位 GDP CO_2 排放强度年下降率保持在 4.5%～5.0%的水平，从而使 CO_2 排放达到峰值，并努力争取在 2030 年之前早日实现达峰。

鉴于能源结构持续低碳化的减排效果，CO_2 排放量的达峰时间将早于能源消费总量的达峰时间。CO_2 排放量达峰的重要条件是单位能耗的 CO_2 排放强度年下降率大于能源消费增长率，从而使由能源消费增长带来的 CO_2 排放增量被降低的单位能耗的 CO_2 排放强度所抵消，最终使 CO_2 排放量不再增加甚至呈下降趋势。2030 年前后，在 GDP 潜在增速为 4.5%～5.0%的预期下，能源消费弹性也将降低到 0.3 以下，从而使能源总需求的增长率低于 1.5%的水平；非化石能源供应量仍需以年均 6%以上的速度持续增长，从而使能源需求总量的增长全部由增加的非化石能源供应量来满足；单位能耗的 CO_2 排放强度年下降率达 1.5%以上并持续提高，以保证 CO_2 排放达峰并转为持续下降的趋势。

中国要在 2030 年前实现 CO_2 排放达峰，将比发达国家实现 CO_2 达峰付出更大的努力。事实上，在这一达峰时间点上中国所处的发展阶段要早于发达国家 CO_2 排放达峰时所处的阶段，发达国家都是在实现工业化阶段以后才完成 CO_2 排放达峰的，其 GDP 增速都比较低（一般不高于 3%），实现达峰时单位 GDP 的 CO_2 排放强度年下降率也不高于 3%的水平。而中国在 2030 年前后实现达峰时，单位 GDP 的 CO_2 排放强度年下降率要达到 4.5%～5.0%的水平，需要不断加大能源节约和能源结构低碳化的力度，特别是加快发展新能源和可再生能源，加速降低单位能耗的 CO_2 排放强度，这些举措将对 CO_2 排放达峰发挥重要作用。

从长期来看，实现《巴黎协定》提出的 2℃甚至 1.5℃温升控制目标，需要到 21 世纪下半叶甚至提前至 21 世纪中叶在全球范围内实现净零排放，这对于中国将是更严峻的挑战。欧盟国家的 CO_2 排放量在 20 世纪 80 年代大都越过峰值，美国和日本在 2005 年前后也已实现达峰，从达峰到净零排放有 50～70 年的过渡时间。中国若在 2030 年前后实现 CO_2 排放达峰，再到全球实现净零排放只有 20～30 年的过渡期，需要达到比发达国家更大的减排力度和更快的减排速度，因此面临的困难和代价也将更大。

2.3　中国长期经济社会发展展望

党的十九大提出了中国社会主义现代化建设的目标、基本方略和宏伟蓝图。在 2020 年全面建成小康社会、实现第一个百年奋斗目标的基础上，党的十九届五中全会又提出了乘势而上开启全面建设社会主义现代化国家新征程、向第二个百年奋斗目标进军的要求。

2020—2035 年是社会主义现代化建设的第一个阶段，要基本实现现代化，经济实力、科技实力大幅跃升，跻身创新型国家前列；要实现生态环境根本好转，使美丽中国目标基本实现。2035—2050 年是第二个阶段，要把中国建成富强民主文明和谐美丽的社会主义现代化强国，使我国物质文明、政治文明、精神文明、社会文明和生态文明全面提升，成为综合国力和国际竞争力领先的国家，基本实现全体人民共同富裕，建成美丽中国。

2019 年，中国的人均 GDP 已超过 10 000 美元，正在从中高收入国家向高收入国家跨越，因此需要依据当前国情和“两个一百年”奋斗目标，对中国未来经济社会发展的主要指标进行研判。

2.3.1　人口和城市化率

现有的各项研究对中国未来的人口发展趋势所做出的预测大体一致（图 2-1）。未来，中国的人口数量将呈现先升后降的趋势，人口峰值将在 2030—2035 年出现，数值为 14 亿～15 亿人，此后中国人口将呈现负增长。根据 2017 年国家卫生和计划生育委员会的预测，中国将于 2030 年达到人口数量的峰值（约 14.5 亿人），2050 年的人口数量将下降到约 14 亿人，2100 年仍将维持在 11 亿人以上[1]。

进入 21 世纪以来，中国 60 岁及以上的老年人口占总人口的比重超过 10%，已进入老龄化社会。根据国务院印发的《国家人口发展规划（2016—2030 年）》（国发〔2016〕57 号），2021—2030 年 60 岁及以上的老年人口的增长速度将明显加快，到 2030 年其占比将达到 25%左右；同时，劳动年龄人口在 2021—2030 年将以较快速度减少，到 2030 年 45～59 岁的大龄劳动力占比将达到 36%左右。劳动力数量减少及老龄化

[1] http://news.cri.cn/gb/1321/2017/03/10/661s5236359.htm。

趋势将给中国的经济发展带来负面影响，但人口素质的提高以及信息化和智慧化的发展将抵消劳动力数量下降的影响，从而保障了经济社会的持续发展。

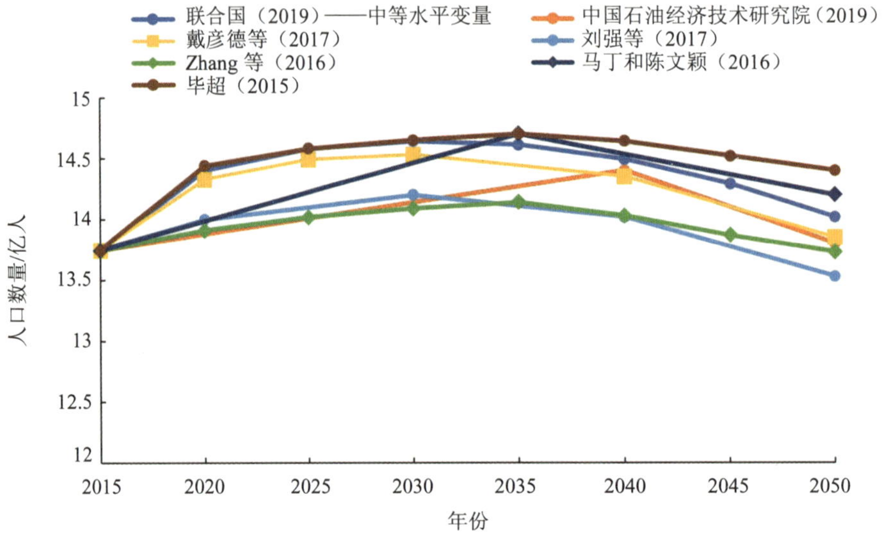

图 2-1　各项研究对中国人口预测的比较[3-9]

城市化率是影响中国经济水平、能源消费水平的重要因素之一。现有的各项研究对于中国未来 30 年城市化率的趋势预测具有一致性（图 2-2）。有数据显示，2019 年中国的城市化率已超过 60%，到 2050 年将超过 75%，相比 2015 年提高了近 20 个百分点。分阶段来看，部分研究认为，在 2030 年之前中国的城市化率会快速增长，在 2030 年之后城市化率增长将趋缓；还有部分研究认为，城市化率将保持相对匀速的增长。总体来看，可以假设城市化率在 2035 年达到 65%～70%，在 2050 年达到 75%～80%。

综合各项研究，表 2-3 给出了中国未来人口和城市化率的判断。

表 2-3　中国未来人口和城市化率

项目	2015 年	2020 年	2025 年	2030 年	2035 年	2050 年
人口/亿人	13.75	14.16	14.26	14.50	14.44	13.95
城市化率/%	56.1	60.4	64.6	66.9	68.5	75.0

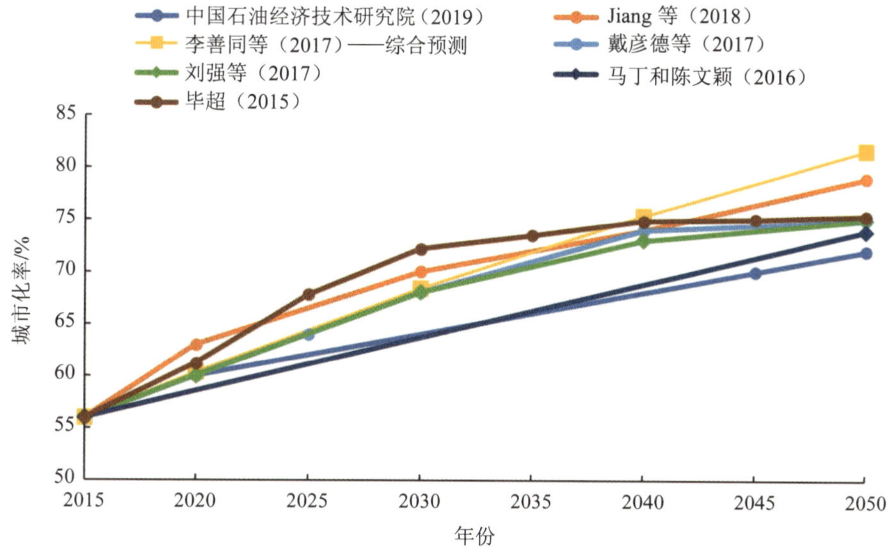

图 2-2　各项研究对中国城市化率的比较[4-6,8-11]

2.3.2　经济增长与产业结构变化

中国当前的经济发展处于工业化和城市化的中后期阶段，2019 年人均 GDP 已突破 10 000 美元，正在由中高收入国家向高收入国家过渡。发达国家的发展历程显示，人均 GDP 达到 10 000 美元之后，经济发展将由数量和规模的增加转向质量和效益的提升，经济结构中的工业占比将下降，而服务业占比会有所上升，传统制造业占比将下降，而高科技产业占比将会提高；经济增长速度变慢，由粗放扩张转向内涵提高，呈平稳增长态势。中国未来的经济发展也将大体遵循这一规律。

2020—2035 年是社会主义现代化建设的第一阶段，中国的工业化和城市化阶段基本完成，经济增长将回落到中速增长阶段，在此期间经济总量将超过美国成为第一大经济体。在该阶段，中国的投资增速放缓，但仍保持较高水平，虽然劳动力数量出现负增长，但由于人力资本增长、劳动力转移以及通过改革增强市场活力，全要素生产力的增速将加快。随着大规模基础设施建设阶段的完成，钢铁、水泥等高耗能原材料产品将趋于饱和并呈下降趋势，重化工业在 GDP 中的占比将会下降。中国制造业向国际价值链中高端迈进，外贸进出口产品结构和增加值率提升，信息、金融等现代服务业占比将持续提高，农业现代化取得明显成效。与此同时，社会和居民的消费结构将发生巨大变化，由于需求层次提升、中产阶层队伍壮大，带动了居民整体消费能力的上升和层次的升级，以满足人民更高需求为导向的文化娱乐、健康服务、培训、旅游等新兴消费将呈快速增长趋势。虽然资本积累仍是推动经济增长的主要驱动力，但是消费的拉动作用也在不断增加，全要素生产率提高的贡献率不断加大。总体而言，该阶段的经济增长将呈现降速增效的高质量发展特征。

2035—2050年是社会主义现代化建设第二阶段，中国将进入后工业化发展阶段，城市化也已趋于稳定并基本实现。在该阶段，中国的投资增速下降，劳动力减少，经济增长主要靠服务业和消费拉动。从全要素生产率来看，世界将进入新一轮创新周期的高潮期，新技术对经济各部门的渗透率提高；投资对经济增长的贡献率下降，科技创新成为经济增长的主要驱动力，全要素生产率提高成为推动经济增长的主要因素。

综合考虑影响中国潜在增长率的要素投入及其变化规律，参照国内相关研究成果（图 2-3），表 2-4 给出了对中国未来 GDP 增速的判断。总体而言，中国未来的 GDP 增速将呈现逐渐回落的趋势，至 2050 年将达到 3%左右，但仍略高于当前发达国家的水平。由于受新冠肺炎疫情影响，近期中国的 GDP 增速会有所波动。

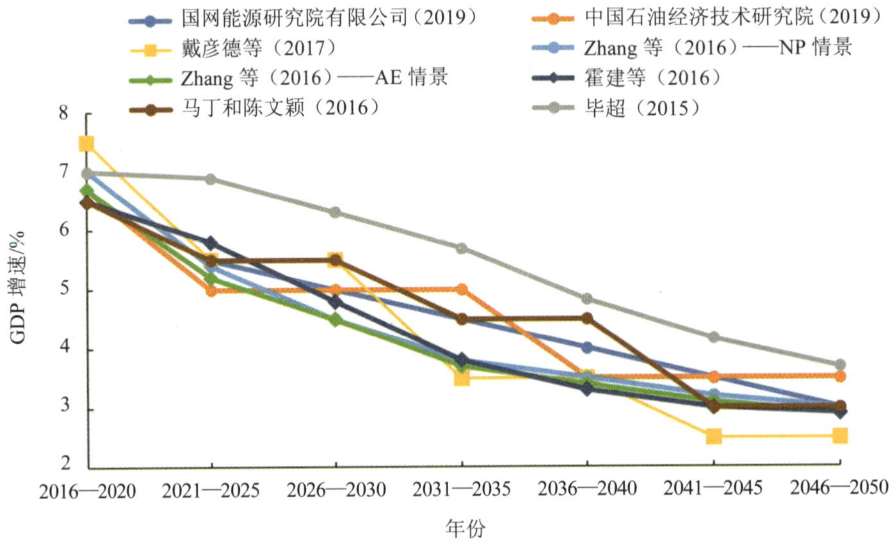

图 2-3　各项研究对中国 GDP 增速的比较[4-5,7-9,12-13]

表 2-4　中国未来 GDP 增速参考情景

	2005—2010 年	2011—2015 年	2016—2020 年	2021—2025 年	2026—2030 年	2031—2035 年	2036—2040 年	2041—2045 年	2046—2050 年
GDP 平均增速/%	11.3	7.9	5.9	5.3	4.8	4.4	4.0	3.6	3.2

未来 GDP 增速的变化对中国单位 GDP 的 CO_2 排放强度下降和 CO_2 排放达峰时间及峰值排放量都有较为重要的影响。在 2030 年前后 CO_2 排放达到峰值后，中国的

经济增长将与 CO_2 排放脱钩，GDP 增速变化对长期 CO_2 排放的影响较小。对于 2030 年以前的 GDP 增速，本书选取了较为乐观的判断，即采用了实现 CO_2 排放峰值难度较大的情景。在中国的产业结构中，工业特别是制造业一直占据较高的比例，2018 年第二产业占 GDP 的比重为 40.7%，高于发达国家工业化阶段的水平。在今后相当长的时期内，中国仍将保持制造业大国的地位，不会效仿发达国家制造业大规模向外转移的路径，第二产业仍将保持较高比例。第三产业比重将持续提高，2030 年将上升到 60%左右，2050 年有可能达到 70%以上，与发达国家当前的水平相当。表 2-5 给出了中国未来产业结构的参考情景，图 2-4 和图 2-5 分别给出了各项研究对于中国第二产业和第三产业的比较。

表 2-5　中国未来产业结构参考情景

产业	2015 年	2020 年	2025 年	2035 年	2050 年
第一产业/%	8.83	7.52	6.89	5.42	3.48
第二产业/%	40.93	37.47	34.10	28.10	24.22
第三产业/%	50.24	55.01	59.01	66.48	72.30

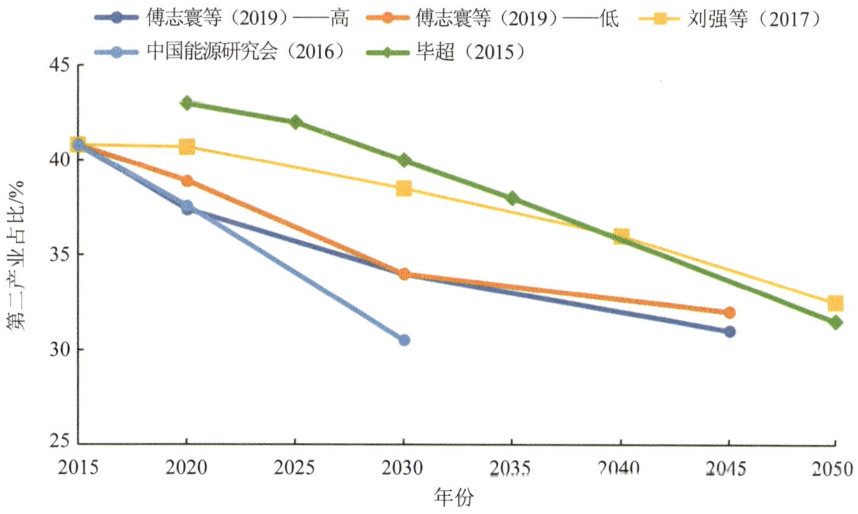

图 2-4　各项研究对中国第二产业比重的比较[6,9,14,15]

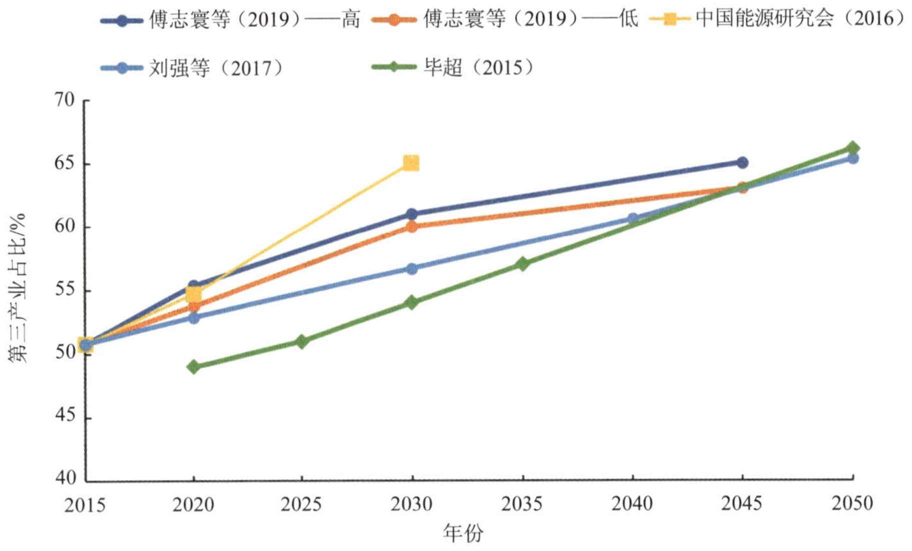

图 2-5 各项研究对中国第三产业比重的比较[6,9,14-15]

2.3.3 能源消费和 CO_2 排放

未来的能源需求和 CO_2 排放既与经济社会发展、产业结构和科技进步等因素有关，也取决于未来的战略目标和政策选择。本书对中国未来能源消费的数量、品种及 CO_2 排放趋势的分析，不是基于既有趋势的预测，而是取决于对各种战略目标和政策导向下的情景分析。特别是实现《巴黎协定》下控制全球温升在工业化前水平基础上不超过 2℃并努力控制在 1.5℃以内的紧迫目标下的减排路径，将倒逼大力度的能源节约和能源结构的低碳化转型。未来中国能源革命的战略和目标是既要实现为社会主义现代化建设提供清洁、安全、经济、高效的能源供应保障，又要实现 2℃温升控制目标下的 CO_2 减排路径。长期能源战略要将问题导向和目标导向相结合，统筹国内可持续发展与保护全球生态安全两个大局，统筹两个阶段的目标和任务：第一阶段，到 2030 年实现自主贡献承诺和到 2035 年实现国内生态环境根本好转；第二阶段，到 2050 年建成美丽中国并实现深度脱碳。通过协调部署、超前布局制定与中国社会主义现代化建设两个阶段目标相契合的能源革命和低碳发展战略，既可以支撑建成社会主义现代化强国和美丽中国目标的实现，又有助于实现与全球 2℃温升控制目标导向下的到 21 世纪中叶实现近零排放相契合的深度脱碳发展路径，从而做出与中国不断上升的综合国力和国际影响力相称的贡献，引领全球能源和经济的低碳转型进程。

当前，国内研究多关注于未来在强化节能和能源替代情景下的能源需求和 CO_2 排放，对 2℃甚至 1.5℃温升控制目标导向下的倒逼情景研究得并不多，为此需要开展系统分析。从国内的相关研究结果（图 2-6 和图 2-7）可以看出，到 2050 年实现 2℃温升控制目标下的减排路径十分困难，这些研究对未来不同政策情景构想下的 2050 年 CO_2 排放量的预估结果十分发散，大部分研究显示了中国 2050 年与能源相关的 CO_2 排放量将为 40 亿～100 亿 t CO_2e，这也是本书后续章节将重点讨论的问题。

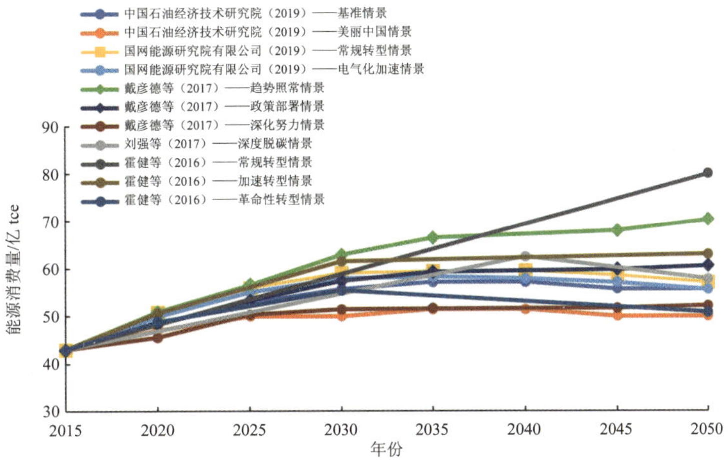

图 2-6　各项研究对中国未来能源消费量的比较[4-6,12,13]

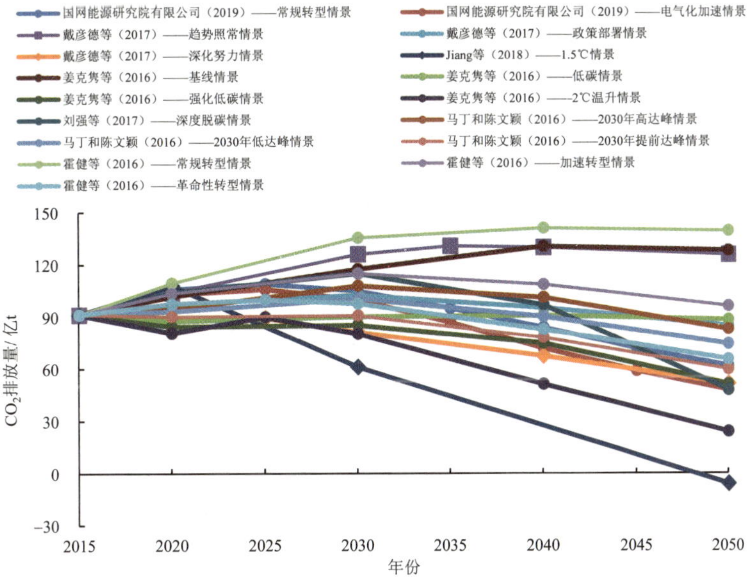

图 2-7　各项研究对中国未来 CO_2 排放量的比较[5-6,8,10,12,13,16]

参考文献

[1] United Nations Environment Programme. Emissions gap report 2019[R/OL]. 2019. https://www.unenvironment.org/resources/emissions-gap-report-2019.

[2] 中国国家气候变化专家委员会，英国气候变化委员会. 中-英合作气候变化风险评估——气候风险指标研究[M]. 北京：中国环境出版集团，2019.

[3] United Nations. World population prospects 2019[EB/OL]. [2020-04-24]. https://population.un.org/wpp/.

[4] 中国石油经济技术研究院. 2050 年世界与中国能源展望[R]. 北京：中国石油经济技术研究院，2019.

[5] 戴彦德，康艳兵，熊小平，等. 中国能源和碳排放情景暨能源转型与低碳发展路线图[M]. 北京：中国环境出版社，2017.

[6] 刘强，等. 中国深度脱碳路径及政策分析[J]. 中国人口·资源与环境，2017，27（9）：162-170.

[7] Zhang X，et al. Carbon emissions in China：how far can new efforts bend the curve？[J]. Energy Economics，2016，54：388-395.

[8] 马丁，陈文颖. 中国 2030 年碳排放峰值水平及达峰路径研究[J]. 中国人口·资源与环境，2016，26（S1）：1-4.

[9] 毕超. 中国能源 CO_2 排放峰值方案及政策建议[J]. 中国人口·资源与环境，2015，25（5）：23-24.

[10] Jiang K，et al. Emission scenario analysis for China under the global 1.5 degrees C target[J]. Carbon management，2018，9（5）：481-491.

[11] 李善同，吴三忙，高春亮. 中国城市化速度预测分析[J]. 发展研究，2017（11）：19-22.

[12] 国网能源研究院有限公司. 中国能源电力发展展望 2019[M]. 北京：中国电力出版社，2019.

[13] 霍建，翁玉艳，张希良. 中国 2050 年低碳能源经济转型路径分析[J]. 环境保护，2016，44（16）：40-41.

[14] 傅志寰，孙永福，翁孟勇，等. 交通强国战略研究[M]. 北京：人民交通出版社，2019.

[15] 中国能源研究会. 中国能源展望 2030[M]. 北京：经济管理出版社，2016.

[16] 姜克隽，等. 我国能源活动 CO_2 排放在 2020—2022 年之间达到峰值情景和可行性研究[J]. 气候变化研究进展，2016（3）：167-171.

第 3 章

终端能源消费和 CO_2 排放

3.1 工业部门

3.1.1 工业部门发展现状与趋势

1. 中国工业部门能耗和 CO_2 排放现状

工业部门是中国经济增长的重要支柱，也是能源消费和 CO_2 排放的最主要来源。2018 年，中国工业增加值为 30.5 万亿元，占 GDP 的 33.9%。工业能源消费既用作燃料燃烧，也用作原料材料等[1]。2017 年，工业部门终端能源消费量为 28.3 亿 tce，占终端能源消费总量的 64.8%；工业部门的能源消费主要来自电力、钢铁、水泥、石化、化工、有色金属，这六大高耗能行业占工业一次能源消费总量的 75.1%[2]（图 3-1）。工业部门的 CO_2 排放既包括能源活动排放，也包括工业过程排放。但受统计、核算滞后等因素的影响，工业部门的 CO_2 排放统计相对滞后，并且与工业产出、能源消费等计算口径并不完全一致。根据《中华人民共和国气候变化第一次两年更新报告》，2012 年中国工业和建筑业燃料燃烧以及工业过程的 CO_2 排放总量为 84.8 亿 t，占当年 CO_2 排放总量（包括土地利用变化和林业）的 91.0%，其中，工业和建筑业燃料燃烧的 CO_2 排放量为 72.8 亿 t，占能源活动 CO_2 排放总量的 83.8%。

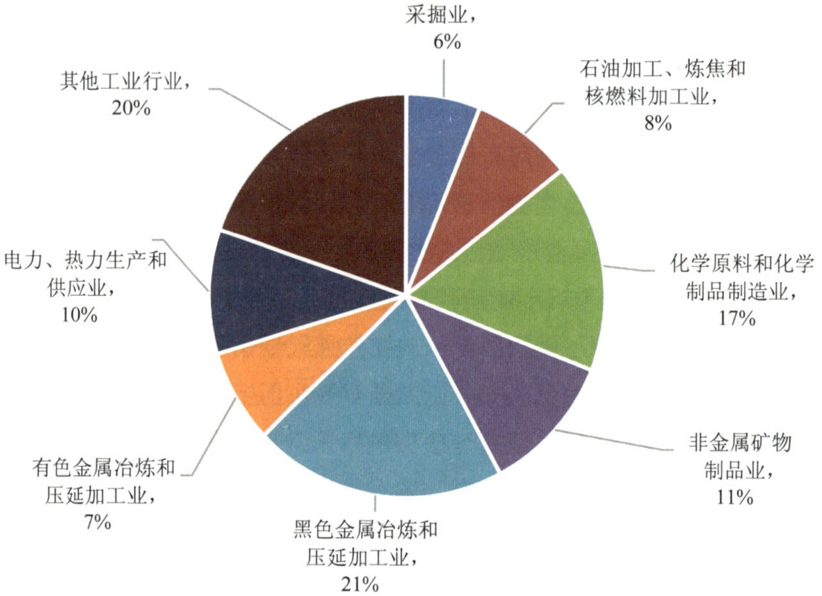

图 3-1　2017 年中国工业部门的能源消费结构

中国工业的产出规模不断增长，能源消费和碳排放持续上升，但增速明显放缓。从能源消费情况来看，2017 年工业终端能源消费量为 28.3 亿 tce，比 2000 年增长了 1.9 倍，年均增长速度达 6.5%[2]。从碳排放情况来看，根据已公布的国家温室气体排放清单，2005—2012 年工业和建筑业燃料燃烧和工业过程的 CO_2 排放总量增加了 33.7 亿 t，年均增长 7.5%，高于同时期工业能源消费 6.1%的年均增速[3]。但是随着中国步入工业化后期和后工业化发展阶段，工业能耗增速明显放缓，能耗占比持续回落。2014—2016 年，中国工业终端能耗连续两年出现负增长，2017 年尽管有所反弹，但仍比 2014 年低 150 万 tce。2011—2017 年，工业部门新增能源消费量为 1.86 亿 tce，仅占全国新增能源消费量的 30%[2]（图 3-2）。

工业节能减排政策不断完善，能源利用效率持续提升，能源消费结构不断优化。通过深化煤炭、钢铁等行业供给侧结构性改革，组织开展重点用能单位“百千万”行动，实施燃煤锅炉节能环保综合提升、电机系统能效提升、煤炭消费减量替代、合同能源管理推进等节能重点工程，中国主要高耗能产品增长放缓，工业能效水平持续提升，部分行业能效管理达到世界先进水平（图 3-3）。2000—2016 年，中国钢铁行业能源效率提高了约 1/3，水泥行业能源效率提高了约 1/2[4]。同时，通过实施煤炭减量替代、发展电气化、改进生产工艺等，工业部门终端能源消费结构出现了明显变化。以 2012 年为拐点，工业部门煤炭和焦炭的消费总量及占比出现“双回落”，天然气和电力消费量显著提升。2017 年，煤炭和焦炭消费量占比回落至 44.8%，天然气占比提升至 6.8%，电力占比提升至 24.6%（图 3-4）[2]。

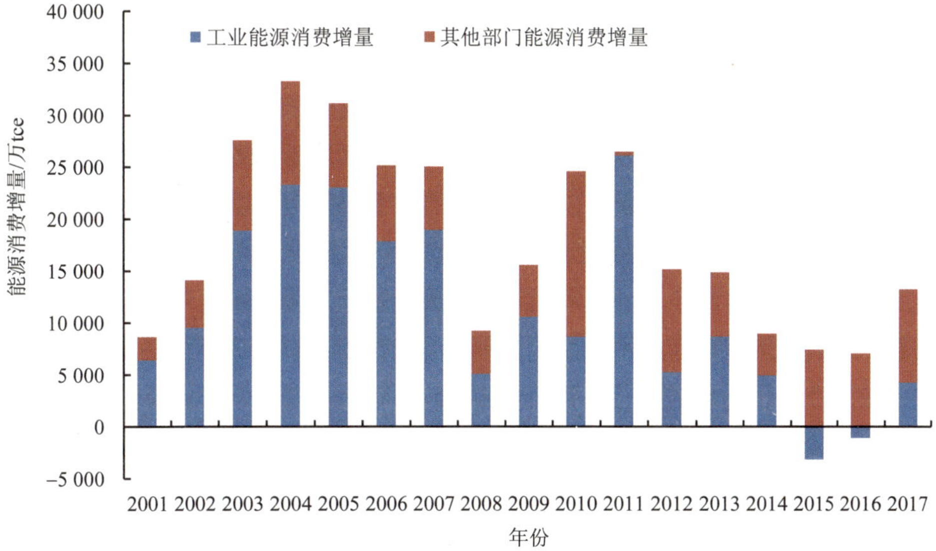

图 3-2　2010—2017 年全国及工业部门能源消费增量变化情况

数据来源：中国能源统计年鉴。

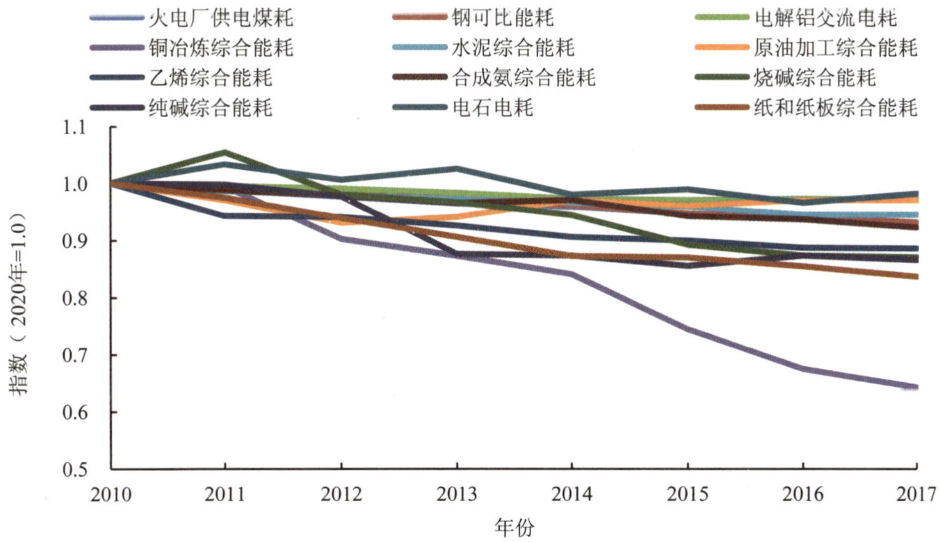

图 3-3　主要高耗能产品能效改进情况

数据来源：王庆一，中国能源数据 2018。

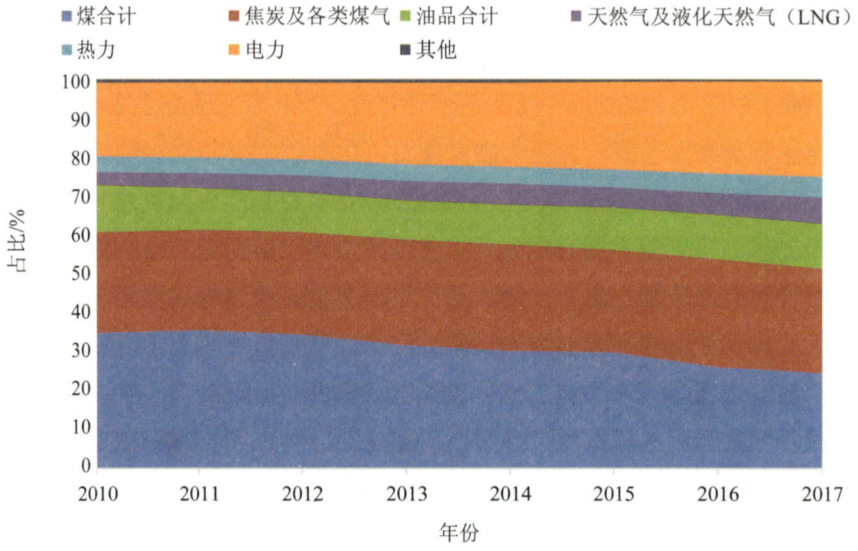

图 3-4　工业部门分品种终端能源消费结构

数据来源：中国能源统计年鉴 2018。

2. 中国工业部门能耗和 CO_2 排放趋势展望

一是中国工业发展仍有较大空间，能源需求增长压力较大。中国作为最大的发展中国家，整体仍处在工业化中期的发展阶段，工业发展仍有较大空间，工业能耗和碳排放持续上升的压力较大。从工业发展水平来看，中国虽然已是全球制造业大国，但在核心技术、质量效益水平、自主创新能力等方面明显落后于美国、欧盟、日本等，整体仍处于全球中低端制造水平。从人均工业产出来看，2016 年中国人均工业增加值是世界平均水平的 1.3 倍，但只是美国人均水平的 35.6%[5]。从人均工业能源消费量来看，2016 年中国人均工业终端能源消费比世界平均水平高约 95%，比经济合作与发展组织（Organization for Economic Co-operation and Development，OECD）国家平均水平高约 16%，但仍比美国人均水平低约 12%[4]。从全球发展趋势来看，工业仍是经济增长的重要支撑，“去工业化”趋势并不明显。按照 2010 年不变价计算，1991—2014 年，制造业占全球 GDP 的比重由 14.8%提高到 16.0%[5]。尽管主要发达国家的工业能源需求总量增长放缓甚至下降，但全球工业能源需求仍将持续增长。研究表明，2017—2040 年全球工业用能需求年均增速将达到 1.3%左右，美国、欧盟等发达国家和地区的工业用能需求总量有所下降，但工业占终端用能的比重还将缓慢提升[4]。特别是在全球受新冠肺炎疫情冲击的背景下，各国对产业安全和自主可控更加重视，全球产业链面临新一轮重构，中国工业行业固链、补链、强链的压力将更加突出。

二是工业由粗放发展迈向高质量发展阶段，能源需求增长将明显放缓。中国正处在由“世界工厂”向“制造大国”发展的进程中，在向高质量发展转型的过程中，工业能源需求将持续增长，但其增速将明显放缓。从工业结构来看，中国的工业经济正不断向中高端迈进，工业结构由以钢铁、建材、纺织等传统行业为主加快向战略性新兴产业、高技术产业和先进制造业转变，工业发展与能耗增长将呈现持续“脱钩”态势。同时，伴随中国全面建成小康社会，城镇化进程将趋于平稳，主要高耗能产品的需求基本饱和，部分高耗能行业将步入减量发展阶段。此外，在全球新一轮工业革命背景下，伴随工业数字化、网络化、智能化的加快发展，工业机器人、人工智能、工业互联网等新技术得到大范围、大规模应用，将颠覆现有工业生产方式和组织结构，也将对工业用能结构产生深远影响。以工业机器人和 3D 打印技术为例，在替代传统生产方式和劳动力的同时，工业用能效率和电气化水平将得到显著提升。

三是随着工业电气化的加快发展，工业碳排放将先于工业用能需求达到峰值。工业 CO_2 排放与能源需求、能源效率、用能结构等因素相关，随着工业用能需求增长放缓、电气化水平提升和全社会电力结构的不断变化，工业 CO_2 排放将早于工业用能需求出现峰值。伴随现代制造业等新兴产业的加快发展，以及环境污染严重地区对煤炭等化石能源的加快替代，工业能源需求增长将主要来自电力和天然气，对于煤炭的需求将持续下降，工业用能结构将向电气化、低碳化方向不断发展。研究表明，2040 年中国非高耗能行业电力占终端用能的比重将达到 47%[4]。在工业行业中，建材和纺织行业将先于钢铁、有色金属等行业出现排放峰值，石油化工行业由于产量的快速增长，其能源需求和 CO_2 排放达峰可能出现得相对较晚。同时，由于用作原料的石油、煤炭等在石油化工行业增长较快，也会使工业 CO_2 排放先于工业用能需求出现峰值。

四是工业低碳转型仍面临较大的不确定性，实现深度减排任务艰巨。中国工业的产出规模居于世界首位，处在新一轮工业革命的发展前沿，在推广应用创新技术，推动工业化与低碳能源、电气化、信息化融合发展等方面具有较大的减排潜力。目前，尽管工业行业的能效水平持续提升，但整体尚未摆脱高投入、高消耗、高排放的发展方式。近期，受多种因素影响，石化和煤化工领域拟建、新建重大项目较多，煤制芳烃、煤制乙醇、煤制氢等领域的潜在项目会给工业能耗和碳排放带来新的增长压力；同时，鉴于产能普遍过剩与区域之间工业发展不均衡并存，高耗能行业实现持续全面减量发展将面临较大挑战。由于既有传统工业产能规模巨大，许多高碳行业生产能力运行期不长，提前淘汰将会带来巨大的资产搁浅风险和失业风险，而且现有高碳技术和产业占据市场优势，发展惯性明显，存在较强的“路径锁定”问题，也不利于低碳、零碳技术的快速扩散。工业转型与经济社会高质量发展转型密切相关，需要全社会从根本上转变生产方式和消费模式。研究表明，如果工业发展转型目标推迟到 2035 年实现，到 2040 年工业能源消费将额外增加 1 亿 tce，工业 CO_2 排放量将额外增加 2.6 亿 t [6]。此外，在全球化背景下，由于国际产业分工及工业产能布局的调整变化，碳市场、碳税等政策和市场机制的发展存在不确定性，再加上 CCS 技术发展等不同情景都会对未来工业部门的碳排放趋势产生较大影响。

3.1.2 不同情景分析的主要结果

1. 终端能源需求总量

在政策情景、强化政策情景、2℃情景、1.5℃情景下，与 2015 年相比，工业部门终端能源需求仍有一定的增长空间，但增速将进一步放缓，普遍在 2030 年前后达到峰值，此后出现持续下降趋势[1]。在 2℃情景和 1.5℃情景约束下，工业部门终端能源需求在 2025 年甚至提前到 2020 年就会出现峰值，并且 2050 年相较于 2015 年的水平降低了 24%～32%。

由图 3-5、表 3-1 可以看出，在政策情景下，工业部门终端能源需求在 2030 年前后达峰，峰值水平约为 26.7 亿 tce，此后呈缓慢下降趋势，到 2050 年降至约 24.4 亿 tce；在强化政策情景下，工业部门终端能源需求在 2025 年前后达峰，峰值水平约为 26 亿 tce，到 2050 年降至约 20.5 亿 tce；在 2℃情景下，工业部门终端能源需求在 2020—2025 年达峰，峰值水平约为 25.0 亿 tce，到 2050 年降至约 16.5 亿 tce；在 1.5℃情景下，工业部门终端能源需求在 2020—2025 年达峰，峰值水平约为 22.0 亿 tce，到 2050 年降至约 14.1 亿 tce。

2. CO_2 排放总量

在 4 种情景下，包含工业部门能源活动和生产过程在内的 CO_2 排放总量将在 2030 年以前达到峰值，此后呈持续下降趋势。其中，政策情景下，工业部门能源活动的 CO_2 排放总量在 2030 年达到峰值；在强化政策情景和 2℃情景下，在 2025 年前后达到峰值；在 1.5℃情景下，在 2020—2025 年达到峰值。

1 本书将石化与煤化工等加工转换过程纳入工业行业进行考虑，工业终端能源消费口径包含用作燃料和原料的能源消耗以及未来用于制氢的能源消耗等，但不包含用于工厂自备车辆等的交通运输用途能耗和用于自备电厂的煤炭和天然气消耗，与国家统计局公布的口径略有区别。

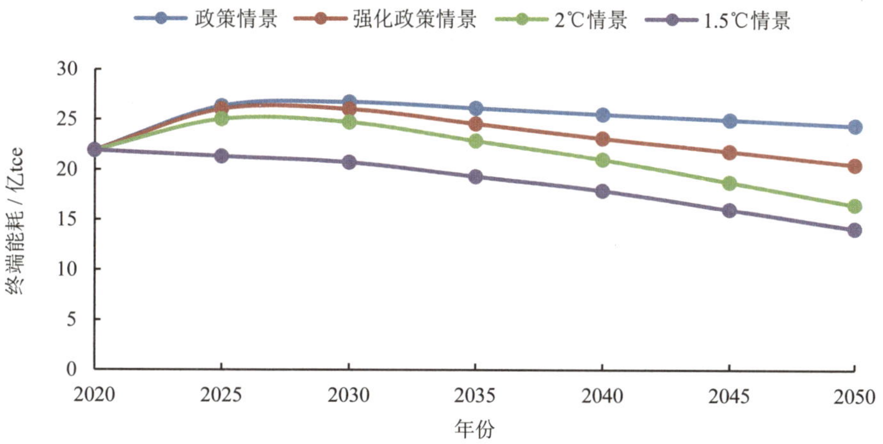

图 3-5　不同情景下工业部门终端能源需求分析

表 3-1　工业部门终端能源需求分析

单位：亿 tce

情景	2020 年	2030 年	2040 年	2050 年
政策情景	21.8	26.7	25.5	24.4
强化政策情景	21.8	26.0	23.1	20.5
2℃情景	21.8	24.7	21.0	16.5
1.5℃情景	21.8	20.7	17.9	14.1

由图 3-6、表 3-2 可以看出，在政策情景下，工业部门 CO_2 排放总量的峰值水平约为 57.1 亿 t，到 2050 年降至约 46.1 亿 t，其中能源活动 CO_2 排放量约为 36.9 亿 t，工业过程 CO_2 排放量约为 9.2 亿 t；2050 年与 2020 年相比，工业部门 CO_2 排放总量累计下降约 9.4%，其中能源活动排放量累计下降约 2.1%。

在强化政策情景下，工业部门 CO_2 排放总量到 2050 年降至约 34.2 亿 t，其中能源活动 CO_2 排放量约为 26.2 亿 t，工业过程 CO_2 排放量约为 8.0 亿 t；2050 年与 2020 年相比，工业部门 CO_2 排放总量累计下降约 32.8%，其中能源活动排放量累计下降约 30.5%。

在 2℃情景下，工业部门 CO_2 排放总量到 2050 年降至约 16.7 亿 t，其中能源活动 CO_2 排放量约为 12.0 亿 t，工业过程 CO_2 排放量约为 4.7 亿 t；2050 年与 2020 年相比，工业部门 CO_2 排放总量累计下降约 67.2%，其中能源活动排放量累计下降约 68.2%。

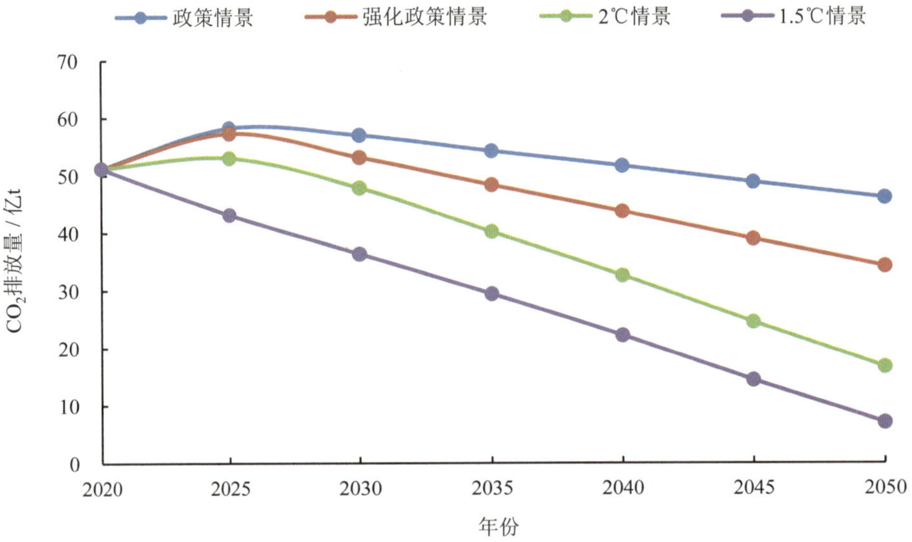

图 3-6 不同情景下工业部门 CO_2 排放总量分析

表 3-2 工业部门 CO_2 排放总量分析

单位：亿 t

情景	2020 年	2030 年	2040 年	2050 年
政策情景	50.9	57.1	51.7	46.1
强化政策情景	50.9	53.1	43.7	34.2
2℃情景	50.9	47.7	32.6	16.7
1.5℃情景	50.9	36.4	22.2	7.1

在 1.5℃情景下，工业部门 CO_2 排放总量到 2050 年降至约 7.1 亿 t，其中能源活动 CO_2 排放量约为 4.6 亿 t，工业过程 CO_2 排放量约为 2.5 亿 t；2050 年与 2020 年相比，工业部门 CO_2 排放总量累计下降约 86.1%，其中能源活动排放量累计下降约 87.8%。

钢铁、水泥、建材、化工等行业通过发展原材料或燃料替代、调整优化技术和工艺路线、提高系统能源利用效率、研发创新低碳产品等，既能减少能源活动 CO_2 排放，也能减少工业过程 CO_2 排放。从表 3-3 可以看出，2050 年与 2020 年相比，工业过程 CO_2 排放量在政策情景下降低约 30%，在强化政策情景下降低约 39%，在 2℃情景下降低约 64%，在 1.5℃情景下降低约 81%。4 种情景的工业过程 CO_2 排放量都在 2020 年后达到峰值。

表 3-3　工业过程 CO_2 排放量分析

单位：亿 t

情景	2020 年	2030 年	2040 年	2050 年
政策情景	13.2	11.7	10.4	9.2
强化政策情景	13.2	11.0	9.4	8.0
2℃情景	13.2	9.5	7.0	4.7
1.5℃情景	13.2	8.8	5.6	2.5

工业过程 CO_2 排放量的降低，一方面源于工业内部的结构优化和工艺革新，发展替代原料、燃料技术等。例如，在水泥生产过程中可以通过采用碳排放强度低的原料代替石灰质原料，包括电石渣、高炉矿渣、粉煤灰、钢渣等，以降低 CO_2 的排放；平板玻璃行业通过利用氧化镁和氧化钙替代白云石和石灰石，可以在配料过程中减少约一半的 CO_2 排放；煤化工等行业通过发展加压水煤浆气化技术、加压粉煤气化技术等新型煤气化工艺，可以明显减少工业过程的 CO_2 排放。另一方面源于与产业结构调整和产品质量升级相伴的对高耗能产品需求的持续下降。例如，在政策情景和强化政策情景下，2050 年与 2020 年相比水泥的需求量下降约 30%，但在 2℃情景和 1.5℃情景下，水泥的需求量分别下降约 62%和 71%（图 3-7）。

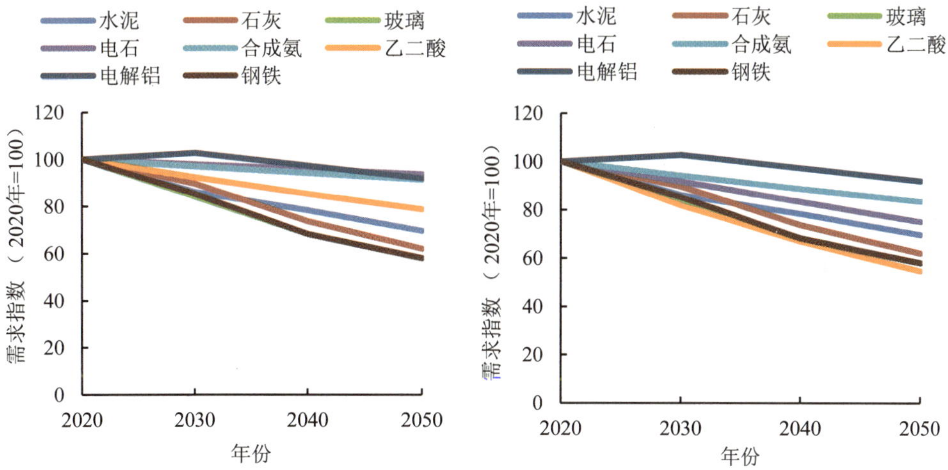

（a）政策情景　　（b）强化政策情景

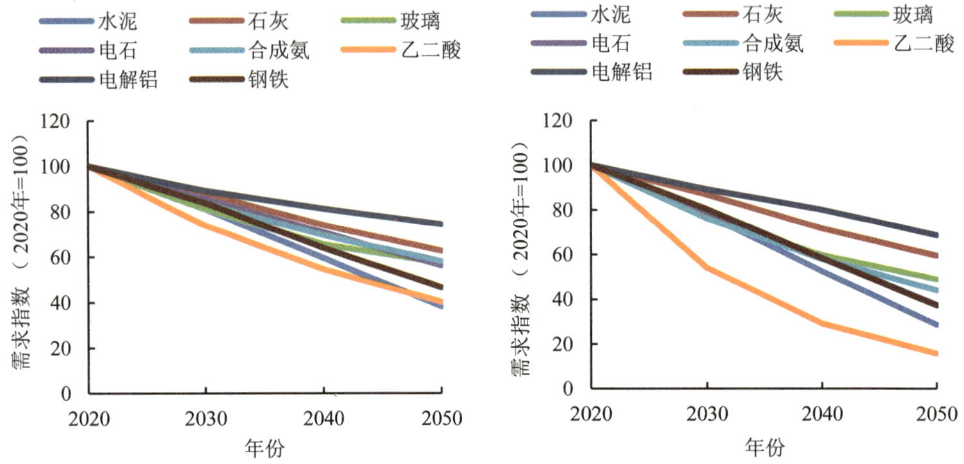

（c）2℃情景　　（d）1.5℃情景

图 3-7　不同情景下主要高耗能产品需求展望分析

3. 能源结构与电气化

在 4 种情景下，工业能源结构都呈现明显的低碳化、电气化发展趋势，煤炭、石油等化石能源占比不断降低，电力占终端能源的比重持续上升，分布式可再生电力、可再生能源供热、氢能、生物质能等在工业领域的应用不断增加（图 3-8）。到 2050 年，非化石能源和电力占工业部门终端能源需求的比重在政策情景下约为 34.3%，在强化政策情景下约为 45.2%，在 2℃情景下约为 66.7%，在 1.5℃情景下约为 85.1%。

化石能源在工业终端能源需求中的占比不断下降，并且由燃料利用逐步向原料利用转变。其中，工业部门的煤炭需求持续降低，主要用作原料和在部分生产工艺中提供高温热能。2050 年与 2020 年相比，在政策情景下，煤炭需求下降 14.3%；在强化政策情景下，煤炭需求下降 36.2%；在 2℃情景下，煤炭需求下降 77.1%；在 1.5℃情景下，煤炭需求下降 92.4%。石油需求在政策情景下略有下降，2050 年比 2020 年下降约 4.9%；在强化政策情景、2℃情景和 1.5℃情景下持续下降，2050 年比 2020 年分别降低 39.0%、65.9%和 82.9%。工业部门的天然气需求发展存在较大的不确定性，在政策情景、强化政策情景和 2℃情景下，天然气需求将大幅增长，增幅分别为 220%、110%和 70%，但在 1.5℃情景下天然气需求有所下降，降幅约为 40%。

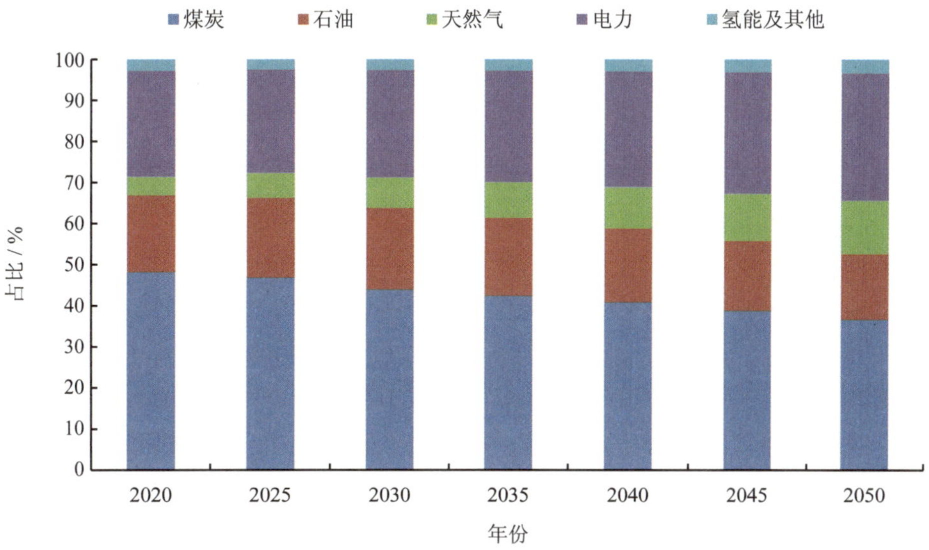

（a）政策情景

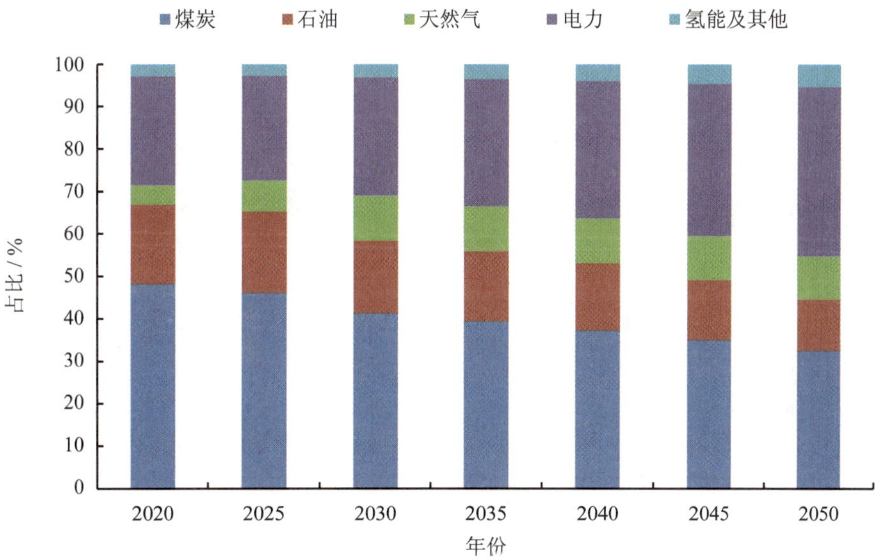

（b）强化政策情景

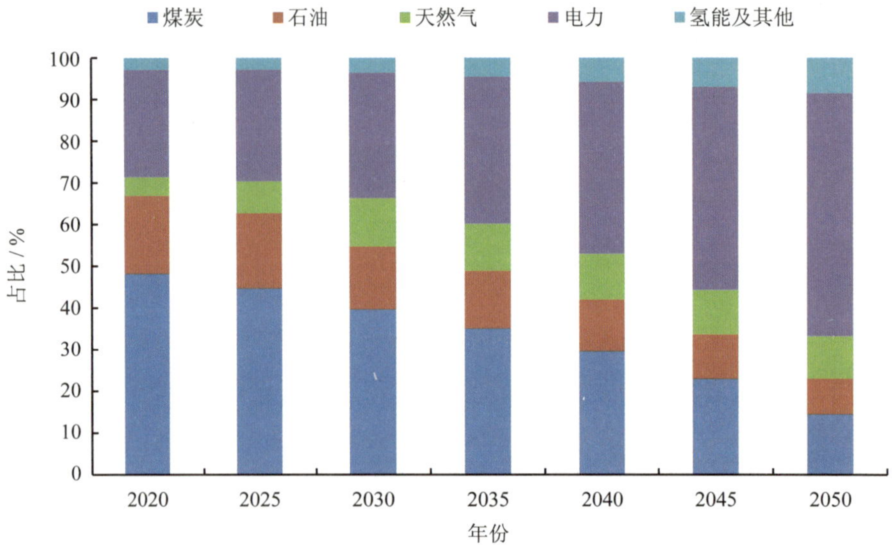

（c）2℃情景

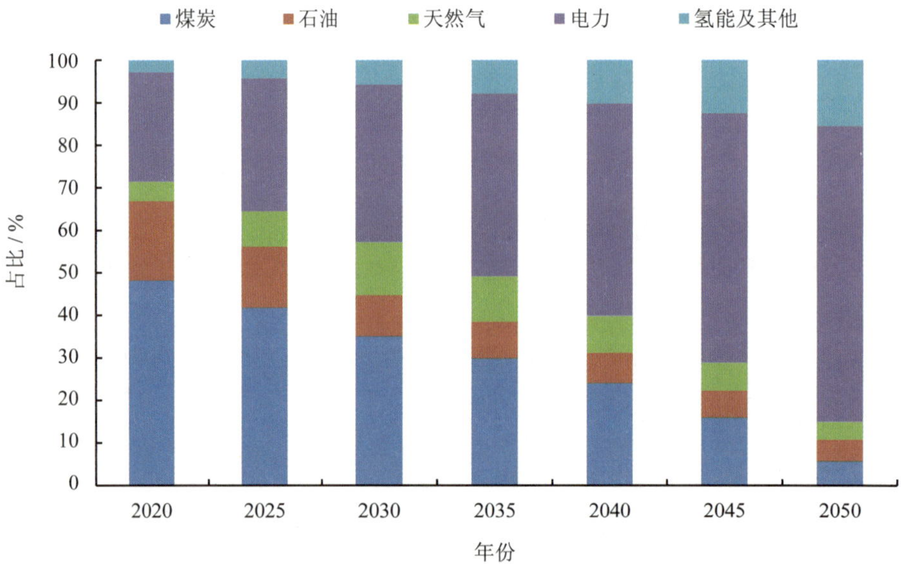

（d）1.5℃情景

图 3-8　不同情景下工业部门终端能源结构分析

加速电气化在工业低碳转型中发挥着重要作用，电力将成为工业领域占主导地位的能源品种。如表 3-4 所示，2050 年的工业电气化率在政策情景下将达到 31.0%，在强化政策情景下将达到 39.9%，在 2℃情景下将达到 58.2%，在 1.5℃情景下将达到 69.4%。与历史发展趋势相比，中国工业的电气化进程明显加快，2000—2015 年工业电气化水平年均提升约 0.5 个百分点，在 2℃情景和 1.5℃情景下工业电气化水平年均分别提升约 0.9 个百分点和 1.4 个百分点。

表 3-4　工业终端电气化水平分析

单位：%

情景	2020 年	2030 年	2040 年	2050 年
政策情景	25.7	26.1	28.1	31.0
强化政策情景	25.7	27.8	32.3	39.9
2℃情景	25.7	30.0	41.2	58.2
1.5℃情景	25.7	37.0	49.8	69.4

对用氢能、可再生能源等替代工业燃料和原料的需求规模不断增加，已成为工业深度降碳的重要支撑。2050 年，氢能、可再生能源等占工业终端能源消耗的比重在政策情景下约为 3.3%，在强化政策情景下达到 5.3%，在 2℃情景下达到 8.5%，在 1.5℃情景下达到 15.6%（表 3-5）。近中期制氢的来源主要是化石能源，中长期主要用可再生能源或核能制氢。

表 3-5　工业终端能源结构分析

单位：%

政策情景	2020 年	2030 年	2040 年	2050 年	强化政策情景	2020 年	2030 年	2040 年	2050 年
煤炭	48.2	44.0	40.9	36.7	煤炭	48.2	41.3	37.3	32.5
石油	18.8	19.8	17.9	15.9	石油	18.8	17.0	15.8	12.1
天然气	4.6	7.5	10.2	13.1	天然气	4.6	10.8	10.6	10.2
电力	25.7	26.1	28.1	31.0	电力	25.7	27.8	32.3	39.9
氢能及其他	2.7	2.6	2.9	3.3	氢能及其他	2.7	3.1	4.0	5.3
2℃情景	**2020 年**	**2030 年**	**2040 年**	**2050 年**	**1.5℃情景**	**2020 年**	**2030 年**	**2040 年**	**2050 年**
煤炭	48.2	39.7	29.6	14.5	煤炭	48.2	35.1	24.0	5.7
石油	18.8	15.0	12.4	8.5	石油	18.8	9.6	7.2	5.0
天然气	4.6	11.7	11.0	10.3	天然气	4.6	12.5	8.7	4.3
电力	25.7	30.0	41.2	58.2	电力	25.7	37.0	49.8	69.4
氢能及其他	2.7	3.6	5.8	8.5	氢能及其他	2.7	5.8	10.3	15.6

4. 节能与能效提升

在积极应对气候变化约束下，节能和能效提升成为满足工业部门能源需求增长的“第一能源”。到 2050 年，尽管工业占 GDP 的比重不断下降，但其增加值产出将增长约 2.6 倍，通过不断优化工业内部结构、提升产品附加值水平、提高单位产品和系统能源效率，工业增加值能耗将持续降低。在政策情景、强化政策情景、2℃情景、1.5℃情景下，按照终端能源消耗计算，2015—2050 年工业增加值能耗分别累计下降 66%、72%、78%、80%，年均降幅分别为 3.0%、3.5%、4.2%、4.5%。而 2000—2015 年中国工业增加值能耗年均下降 4.4%，相比之外，未来要实现工业部门低排放目标，其结构优化和能效提升还需长期保持较大力度。

在提升技术能效方面，钢铁、水泥、电解铝等高耗能行业的能效提升有较大空间，但深度减排情景下的节能潜力主要来自工艺路线变革。在政策情景下，主要高耗能行业通过对现有可行技术潜力的充分挖掘，到 2050 年产品能耗将普遍下降 10%～20%；在强化政策情景下，主要高耗能行业将达到世界先进技术水平，工艺路线持续优化，到 2050 年产品能耗将进一步下降 10%～20%；在 2℃情景下，主要高耗能行业在技术达到世界先进水平的基础上，工艺路线全面革新，到 2050 年产品能耗将进一步下降 10%～15%；在 1.5℃情景下，主要高耗能行业的节能潜力主要来自工艺路线、原料路线等的根本性变革，包括普及应用氢能等（图 3-9）。

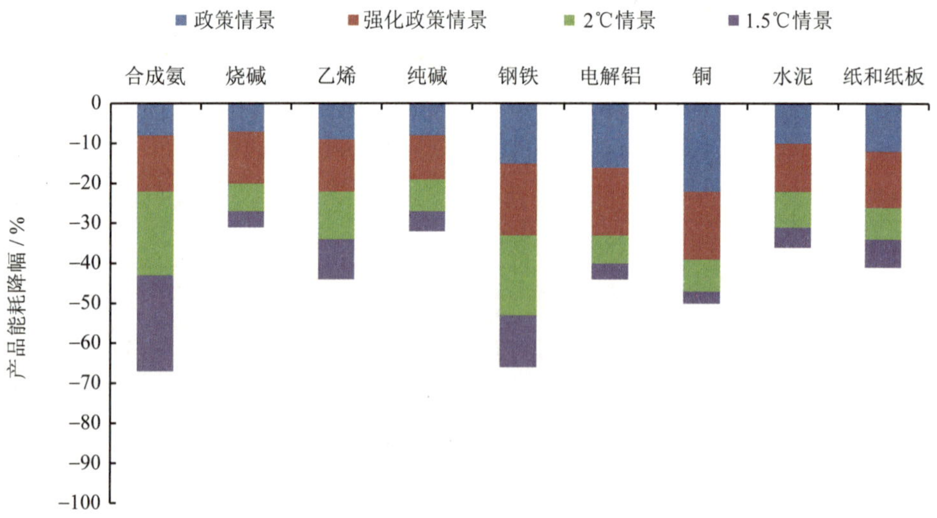

图 3-9　不同情景下主要高耗能产品能耗下降幅度

3.1.3　不同情景的投资成本效益分析

1. 节能降碳潜力评估

作为世界第一制造大国和发展中大国，中国具有门类齐全、独立完整的工业体系，处在新一轮技术革命和产业变革的发展前沿，也面临着先进与落后产能并存、工业化发展不均衡等挑战。对工业部门节能降碳潜力而言，不仅在低碳成熟技术推广、先进技术创新等方面存在较大空间，在需求减量、用能结构调整、智能化升级等方面也具有较大潜力。

以强化政策情景和 2℃情景的对比为例（图 3-10），在强化政策情景下，2050 年工业部门的能源需求量为 20.4 亿 tce，通过实施一系列技术和政策措施，在 2℃情景下可以降至 16.2 亿 tce。在活动水平方面，高耗能行业通过压低高耗能产品的产量可以使能源需求降低 0.5 亿 tce，非高耗能行业的能源需求可降低 0.45 亿 tce，二者合计将节能 0.95 亿 tce，占全部节能量的 22.6%。在工艺路线方面，高耗能行业优化生产工艺，特别是大范围应用深度脱碳工艺后，能源需求量可以减少 1.5 亿 tce，非高耗能行业可以减少 0.8 亿 tce，二者合计将节能 2.3 亿 tce，占全部节能量的 54.8%。在能源效率方面，高耗能行业通过节能提效将使能源需求量减少 0.45 亿 tce，非高耗能行业将减少 0.5 亿 tce，二者合计将节能 0.95 亿 tce，占全部节能量的 22.6%。

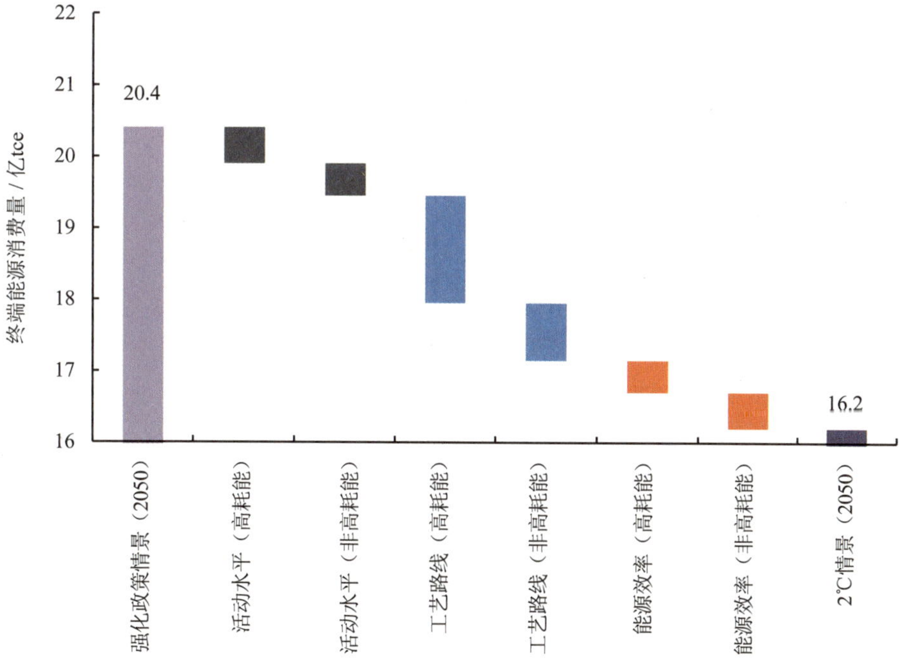

图 3-10　2050 年实现 2℃情景的潜力来源（与强化政策情景对比）

2. 投资成本效益分析

目前，工业部门在终端部门中的减排空间最大，但随着高效节能降碳技术设备的快速普及，未来的减排空间将有所收窄。现阶段，工业部门仍存在较多低成本或负成本的减排潜力，但考虑到中国未来将长期保持世界第一制造大国地位以及现有工业行业的发展惯性、工业节能低碳技术进步的“瓶颈”制约等因素，今后工业减排成本将不断上升，实现深度减排的难度也将越来越大。从减排潜力的来源来看，工业部门的生产工艺变革、能效技术发展、可再生能源应用等主要取决于工业投资结构和方向的根本调整，但高度电气化和氢能的大规模利用等取决于全社会低成本、绿色电力和氢能的供给状况，其投资和效益分析涉及工业之外的领域。此外，减少不合理的工业产品需求主要取决于中国发展方式转变的进程，中国的工业行业生产率与其他行业以及其他国家相比相对较高，再加上产业政策和结构调整政策落实、全社会消费方式转变等情况的变化，其直接投资成本与效益也难以准确地定量评估。

考虑到上述因素，本书主要对 4 种情景之间的主要投资增量进行分析。具体而言，暂不考虑在结构调整等需求减量方面的额外投资，主要考虑在工艺路线变革、能效提升、能源和原料替代等方面的投资，并采取“自下向上”的方法：对于钢铁、水泥、石化等重点行业，采用产能重置的方法比较 2050 年不同情景下由于生产规模、技术、工艺变化带来的产能累计投资变化；对于其他工业行业，结合节能和电气化改造投资案例，比较不同情景下能效水平和电气化提升的累计投资需求；关于氢能等在工业领域的应用，现有研究和示范案例的投资成本数据较少，对于是否包含制氢、输氢等领域的投资也并不明晰，因而本书假设工业用氢主要为低碳能源制氢，不考虑制氢环节的投资需求。

考虑到工业领域涉及的行业产品庞杂、技术工艺繁杂，因此节能降碳投资测算将采用“突出重点”和“集成打包”的方法，即以钢铁、水泥等高耗能行业为主，以非高耗能行业为辅，将主要的节能降碳技术按照技术特点、投资效益和应用前景打包成“平均能效”（当前平均水平）、“先进能效”（当前先进水平）、“领先能效”（全球先进水平）和“近理论能效”（接近于理论能效水平）4 类，探讨在各种情景下形成不同普及率和产能结构所需要的投资。在政策情景下，在技术进步带动下，企业能效将持续提升，2050 年全行业能效将由“平均能效”提升到“先进能效”；在强化政策情景下，具有成本效益的节能技术都将得到应用，2050 年全行业能效将达到“领先能效”；在 2℃情景下，前沿性、革新性技术和工艺将得到应用，多数企业达到“近理论能效”，零碳能源和无碳工艺也将得到一定程度的应用；在 1.5℃情景下，成本相对高昂但降碳效果明显的工艺将被大规模应用。

以水泥行业为例，根据国际能源署发布的《技术路线图：水泥行业的低碳转型》，水泥行业将通过提高能源效率、推广替代燃料、应用 CCS 技术等途径实现低碳发展。根据前文所提到的研究思路和情景设定，以及不同类型能效工厂和工艺的投资需求，可以计算出不同情景下水泥行业所需增量投资及每吨水泥产能所需的投资（图 3-11）。

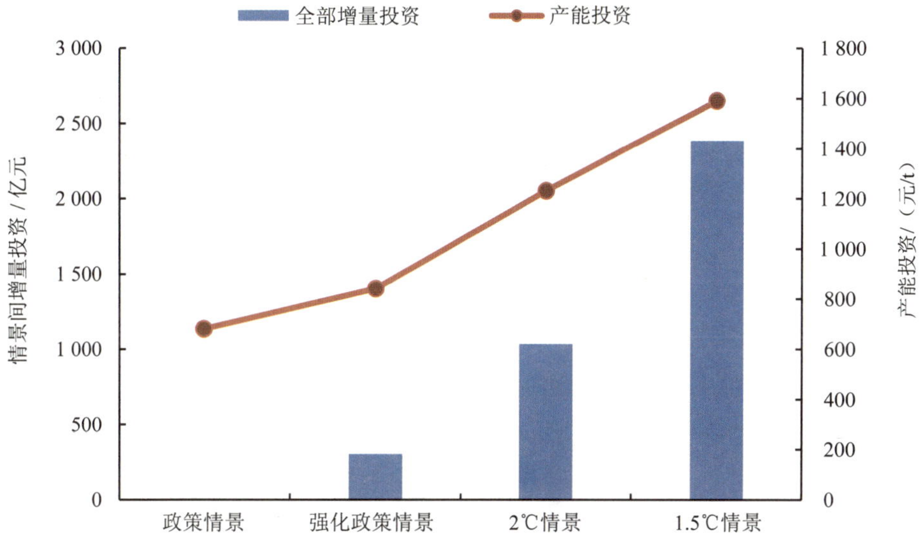

图 3-11 水泥行业实现不同情景所需的增量投资

在强化政策情景下，能效提升至“领先能效”水平要求替代燃料比例为 30%，由此提升了水泥的产能投资，由政策情景的 680 元/t 上涨至 840 元/t，强化政策情景与政策情景的增量投资为 300 亿元。在 2℃情景下，能效提升至“近理论能效”要求替代燃料普及率提升至 50%、CCS 技术普及率提升至 30%，水泥的产能投资上涨至 1 200 元/t 左右，该情景的增量投资为 1 000 亿元左右。在 1.5℃情景下，CCS 技术的普及率上升至 80%，替代燃料比例提升至 70%，水泥的产能投资上涨至 1 590 元/t，相比 2℃情景，增量投资为 2 400 亿元左右，其中 CCS 技术的应用需增加投资 2 500 亿元左右，替代燃料改造需增加投资 400 亿元左右，由于产能减少，能效投资会减少 560 亿元左右。

3.1.4 关键路径与保障措施

1. 结构转型与需求减量

一是发展服务型经济、优化工业内部结构将有利于以更少的能源消耗创造更多的经济产出。由于不同产业、行业和部门的能源生产力存在显著区别，一般来说，创造相同的经济产出，服务业所需的能源要低于工业，轻工业所需的能源要低于重工业，新兴产业所需的能源要低于传统产业（图 3-12）。一个国家产业结构、生产组织体系以及产品价值链定位的改变都会对广义能源效率产生实质性影响。新兴产业对传统产业的替代将推动经济结构升级和新一轮经济增长，在这一过程中，由于高附加值产业的单位产值能耗远低于高耗能产业和传统产业，因此工业内部结构优化和产业现代化进程也可以提升能源在不同行业间的配置效率，为提高工业部门整体能源生产力提供强有力的支撑。研究表明，结构转型对于工业部门节能的贡献在“十一五”时期仅为 4%，“十二五”时期已提升至 34%，“十三五”时期接近 50%[7]。

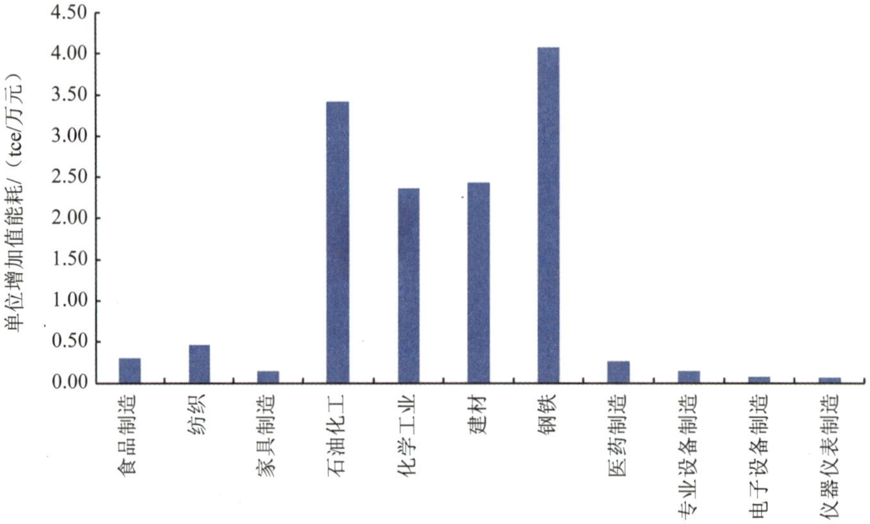

图 3-12　不同行业单位增加值能耗对比（2015 年）

数据来源：国家统计局，由本书研究团队计算。

二是杜绝大拆大建等浪费现象、提高材料强度和质量可以从源头上减少对高耗能产品的需求。据统计，2002—2003 年中国拆迁房屋面积相当于商品房竣工面积的 37%～41%[1]，其中城市短寿命建筑拆除面积约占竣工面积的 23%[8]。中国目前被拆除建筑的平均寿命仅为 25～30 年，而其设计寿命通常为 50～100 年，大拆大建造成了巨大的能源、资源浪费和环境污染。按照目前每年房屋竣工面积 25 亿～30 亿 m^2、每年拆除的短寿命建筑占比为 25%计算，相当于多消耗 4 000 万～5 000 万 t 钢材和

[1] 2002 年全国城镇共拆迁房屋 1.2 亿 m^2，相当于当年商品房竣工面积（3.2 亿 m^2）的 37.5%；2003 年全国城镇共拆迁房屋 1.61 亿 m^2，相当于当年商品房竣工面积（3.9 亿 m^2）的 41.3%。

2.2 亿～2.6 亿 t 水泥。如果考虑施工过程中的能源消耗，则每年新增能源消费量约为 1.2 亿 tce，占当前全国能源消费量的 5%左右。此外，还将产生 4 亿 t 垃圾，约占全年垃圾总量的 40%。在减少浪费的同时，推广使用高强度产品可以大幅降低材料用量，实现材料减量化，这是建设资源节约型、环境友好型社会的重要举措，具有显著的节能减排效益；同时，还能降低工程造价和综合成本，带来较为明显的经济效益，对推动相关行业结构调整、转型升级具有重大意义。例如，高强钢筋是抗拉强度和屈服强度达到 400 MPa 级及以上的螺纹钢筋，具有强度高、综合性能优的特点，若使用 400 MPa 级高强钢筋替代 335 MPa 级钢筋可节约 12%～14%的钢材用量，使用 500 MPa 级高强钢筋取代 400 MPa 级高强钢筋可再节约 5%～7%的钢材。在高层或大跨度建筑中应用高强钢筋的效果更加明显，可节省钢筋用量高达 30%。

三是优化出口产品结构，降低“隐含能源”出口。中国是全球第一贸易大国，与向海外市场出口大量产品相伴的是“隐含能源”的大量出口。国内外很多学者应用“投入产出法”对中国对外贸易活动中的“隐含能源”进出口问题进行了分析和测算。研究表明，中国对外贸易活动中的“隐含能源”出口量从 1995 年的 3.38 亿 tce 增长到 2010 年的 14.38 亿 tce，增长了约 3.3 倍，占当年能源消费总量的比重从 1995 年的 25.8%上升到 2010 年的 44.3%；在扣除因普通商品和能源产品进口形成的“隐含能源”进口后，“隐含能源”净出口量从 1995 年的 3 567 万 tce 增长到 2010 年的 4.15 亿 tce，增长了约 10.6 倍，占当年能源消费总量的比重从 1995 年的 2.7%增加到 2010 年的 12.8%[9]。出口规模快速扩张带来的“隐含能源”净出口量的大幅增长是推动近年来中国能源消费迅猛增长的重要因素。

2. 工艺革新与循环经济

一是转变传统的高碳生产方式、研发低碳或零碳技术工艺或产品、提高产品质量和使用寿命将带来较大的节能减排潜力。例如，水泥行业中利用城市垃圾等各种低品位原料以及工业废弃物、副产品替代水泥配料或燃料能够显著降低能耗和排放；化肥行业中利用蓝绿藻生产氮肥或硝酸盐化肥能够大幅减少合成氨生产过程中的 CO_2 排放；钢铁行业中应用直接还原技术（DRI）炼钢，每吨钢的 CO_2 排放量只有高炉转炉炼钢的 1/3 左右，正在研发中的整合电解法炼钢和可再生电力工艺还可以进一步实现近零碳排放[10]；在电解铝行业的惰性电极、湿法阴极、多极槽技术等 10 项尚待商业化的创新节能降碳技术中，碳热还原氧化铝、高岭土碳热还原等工艺相比传统电解铝工艺能够节能 20%～40%[11]。此外，利用新型电解技术将 CO_2 分解生产乙烯等聚合物的技术也正在研发中[12]。

二是转变传统生产消费模式、积极发展循环经济、减少原生资源路线的工业产品产量是降低工业能源需求和碳排放的重要方面。根据联合国环境规划署国际资源专家委员会的研究，通过发展循环经济到2050年全球资源开采量可以减少28%，结合应对气候变化的政策行动可以减少约63%的全球CO_2排放，并且将全球经济产出提高约1.5%[13]。研究表明，在钢铁、水泥、电解铝、塑料等高耗能行业发展循环经济，可使全球每年减少36亿t的CO_2排放。其中，以塑料为例，回收利用100万t的塑料相当于减少100万辆汽车的CO_2排放[14]。伴随中国各类产品累计蓄积量达到较高水平，扩大再生资源回收利用具有较大潜力。研究表明，2050年废钢在钢铁生产中的比重可达31%～40%，混合材等替代原料占水泥产量的比重可达35%，回收废铝在原铝生产中的比重可达40%，回收废纸在纸和纸板生产中的比重可达81%[15]。通过提高废旧塑料的回收利用水平，到2050年可以减少1/3的乙烯生产需求[10]。扩大再生资源利用比例既面临技术、市场等障碍，也与政策措施不完善等因素有关。以垃圾再利用为例，中国的垃圾填埋费用仅为英国的7%，因此垃圾处理场更愿意直接填埋，而不是探索减量和再利用途径[16]。

3. 技术进步与节能提效

一是普及先进节能技术和设备，持续挖掘工业部门的节能减排潜力。尽管中国工业行业的整体技术水平已经取得明显提升，但通过普及先进的成熟技术可使整体能效有较大提升空间。伴随中低温余热余压利用、工业智能化等技术的进步，新的节能降碳潜力不断出现。分析表明，钢铁行业2010—2020年通过技术进步带来的节能降碳潜力比由结构优化带来的更大[17]。通过普及应用36项典型节能技术，2012年中国钢铁行业的能源消费降低了7.8%，CO_2排放减少了10%，其中节能降碳潜力较大的技术包括二次再热、烧结余热发电、高炉炉顶压差发电（TRT）等。同时，污染物减排、节水等协同效应对技术经济性具有重要影响，若仅考虑节能效益，有10项技术具有成本经济性；若同时考虑节能效益和减排节水等协同效应，有超过2/3的技术具有成本经济性[18]。研究表明，通过利用“自下而上”的方法评估中国钢铁行业28项节能技术的应用潜力，2010—2050年高炉炼钢的吨钢综合能耗能够下降30%～31%，电炉炼钢的吨钢综合能耗能够下降65%～76%[19]。通过进一步分析钢铁行业的减排潜力和成本可以发现，推广成熟的节能技术减排潜力最大、成本经济性最好，2015—2030年可累计实现减排8.18亿t CO_2，累计节约能源成本2 169亿元，到2030年钢铁行业仍有数量众多的负成本减排技术[20]。对于水泥行业，淘汰落后产能、普及现有成熟高效技术也具有较大减排潜力，水泥窑燃料替代技术在2020—2030年具有较大的减排潜力，新型替代水泥技术尚不成熟，但其减排潜力巨大[21]。

二是提升能源精细化管理水平，挖掘智慧用能和大数据的节能潜力。“互联网+”

模式的深入发展和信息化技术的深度应用使对企业用能进行实时监测、精准分析和动态调整成为可能。未来，中国工业发展应更加注重提升智能化、信息化水平，对整个生产用能实施全过程管理，挖掘大数据的节能潜力。例如，德国的能源互联网示范项目 E-energy 中的库克斯港 eTelligence 项目基于冷热电联产方式，通过互联网平台实时发布电力供应与需求情况并进行匹配，当风电富余时，售电公司会向电力工业大用户发出低电价提醒，工业大用户就可以选择此时开启蓄冷蓄热设备，既平衡了电力供需又降低了用电成本。再如，在中国已遍地开花的综合能源服务项目，其中有很多都给工业企业的重点用能设备加装了用能监测设备和传感系统，从而实现了用能的在线监测，通过对用能数据的统计分析找到生产异常问题，减少能源浪费。总之，能源信息化和智慧化管理有利于深度推进系统节能、精细节能和数字节能，未来可扮演能效“放大器”的角色。

4．电气化和用能结构调整

一是提高工业电气化水平、利用低碳能源替代化石能源在工业部门有较大减排潜力。对于有色金属、化工等电气化提升潜力大的行业，结合低碳电力发展可以带来较大的深度降碳潜力。但也有研究认为，由于中国目前的发电结构以煤为主，电力 CO_2 排放系数较高，短期内提高工业电气化率对减少 CO_2 排放贡献较小。在热力需求替代方面，低碳电力的热泵、电锅炉技术等对于替代低温工业用热需求具有巨大潜力，较低温度（100℃以下）的热力需求可以采用热泵技术满足，相比传统锅炉能源效率可以提高 2～3 倍；中等温度（100～500℃）的热力需求可以采用生物质、低碳电力、氢能等进行燃料替代。研究表明，到 2040 年利用热泵技术可以有效地满足全球工业领域 6%的热力需求[4]。此外，电弧炉、红外线加热、感应加热等技术也有一定的发展潜力，但其替代潜力比较有限。对于工业部门较高温度的热力需求，使用低碳电力替代传统热力锅炉仍需要进行深刻的技术变革。

二是氢能、生物质能在石化、化工、钢铁等工业行业扩大应用，有望成为工业部门深度脱碳的重要技术支撑。提升工业氢能利用规模，特别是与可再生电力制氢相整合，能够大幅减少工业过程和能源消耗中的碳排放。在钢铁行业，氢能直接还原铁技术将以绿色氢气为还原剂，在较低的温度下对球团矿进行直接还原产生海绵铁（直接还原铁），并从炉顶排出水蒸气和多余的氢气，水蒸气在冷凝和洗涤后实现循环使用，从而达到深度脱碳的效果。根据瑞典钢铁公司（SSAB）的实际数据，采用长流程工艺，每吨钢的 CO_2 排放量为 1 600 kg（欧洲其他国家的排放水平为 2 000～2 100 kg），电力消耗为 5 385 kW·h；采用突破性氢能炼铁技术（Hydrogen Breakthrough Ironmaking Technology，HYBRIT），每吨钢的 CO_2 排放量仅为 25 kg，电力消耗为 4 051 kW·h。在石化、化工行业，整合可再生电力和电解水制氢或者发展甲烷裂解制氢等前沿技术，能够减少传统蒸汽甲烷重整（SMR）制氢过程中的碳排放。在生物质能方面，研究表明，通过增加生物质能的利用，到 2050 年可替代 15%～20%的工业原料和燃料能源消耗，如利用生物质生产柴油时可以进一步生产生物石脑油并用于炼化行业，利用生物汽油可以脱水制乙烯，后者已经在巴西实现了工业化[5]。从目前的情况来看，成本经济性仍是制约替代能源在工业领域应用的主要障碍，并且可能需要工艺路线、基础设施体系的协同变革。

5. 减少工业过程排放并发展负排放技术

一是减少工业过程 CO_2 排放的主要途径包括原材料或燃料替代、系统节能提效等，技术选择的局限性较多，深度减排需要结合工艺优化或材料创新等。以水泥为例，通过研发新型黏合剂替代石灰石能够减少工业过程中的 CO_2 排放，一些新型黏合剂甚至可以与 CO_2 发生化学反应，从而使水泥生产的碳排放强度下降 30%～90%。目前一些工业企业正在探索高温太阳能的利用途径，通过开发太阳能回转窑等可以减少铝工业的氧化铝煅烧、水泥工业的石灰石煅烧等过程排放[22]。氢能在减少工业过程排放方面也有较大潜力，以可再生能源为基础的电解水可以生产富氢化学品（如氨或甲醇），可以用于各种行业，如前体（如氮肥）、还原剂（如低碳排放炼钢）和燃料，还可以利用氢和 CO_2 生产烯烃和芳烃等。

二是积极发展 CCS 等负排放技术对实现低排放目标具有重要意义。例如，水泥行业通过发展燃烧后捕集（化学吸收或膜分离）、富氧燃烧（全部或部分）、低排放强度石灰和水泥（LEILAC）及钙循环等技术，最高可以捕集 90%以上的 CO_2；钢铁行业通过发展化学吸收、物理吸收、膜分离法、富氧燃烧等技术，最高可以捕集 85%以上的 CO_2；合成氨、甲醇、煤制烯烃等煤化工行业可以通过捕集 CO_2 生产碳酸盐、硼砂、双氰胺、对烃基等化工产品，预计 CO_2 排放可减少 3 亿 t 以上。

3.2 建筑部门

3.2.1 建筑部门发展现状与趋势

1. 我国建筑用能总体情况

建筑运行用能是建筑部门主要的用能阶段，指建筑（包括居住建筑和公共与商业建筑）运行过程中，为实现建筑各项服务功能所消耗的能源，包括供暖、空调、通风、照明、炊事、生活热水、连接插座的各种电器、电梯等的用能。其中，居住建筑用能主要指住宅建筑运行所消耗的能源，包括人在住宅中为满足生活、学习、休息等需求而使用各种设备的全部能耗，目的是满足居住者的需求、提升服务水平；公共与商业建筑用能主要指公共与商业建筑运行中所消耗的能源，用以实现公共及商业建筑的服务功能。公共与商业建筑泛指除工业生产用房外的所有非住宅建筑，包括办公楼、学校、医院、商场、宾馆、体育场馆、剧院、交通枢纽等。建筑运行阶段消耗的能源种类主要有电、煤、天然气和城市集中供热系统供应的热量。目前，全球建筑运行阶段的能源消耗约占总能源消耗的 1/3[23]。

中国的建筑能耗近年来增长迅速（图 3-13）[24]。2018 年，建筑运行阶段的终端商品能耗为 6.9 亿 tce（按一次能耗折算为 10.0 亿 tce）[1]，约占中国终端能耗总量的 20%，建筑商品能耗和生物质能耗共计 7.8 亿 tce（其中，生物质能耗约为 0.9 亿 tce）。2018 年，建筑运行阶段的电耗为 1.7 万亿 kW·h，电气化率约为 30%。与 2001 年相比，中国建筑部门的运行能耗与人均能耗均增加了 1 倍多。

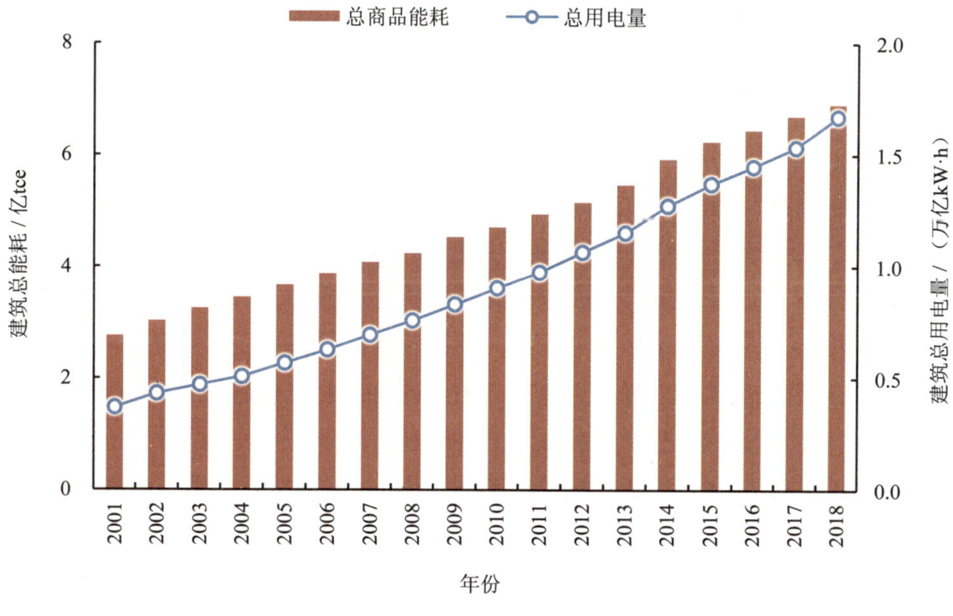

图 3-13　中国建筑运行阶段消耗的终端商品能耗和用电量（2001—2018 年）

---

1 建筑能耗可分为直接燃料消耗、热力消耗与电力消耗。一般的终端能耗为这三部分按照电热当量法得到的和。考虑到我国北方地区有大量的集中供热，而这一部分热力并未在能源供应章节进行讨论，且我国北方地区的热源优化调整长期以来都是我国建筑节能工作的主要部分，因此本节将直接的热力消耗折算至一次能耗（即产生热力需要的煤、气、电等）进行加和。也就是说，本节的建筑能耗为直接能源消耗、电力消耗以及折算至一次能耗的热力消耗按照电热当量法相加得到的结果。在进行碳排放计算时，直接碳排放仅包含建筑中直接燃料消耗产生的部分，间接热力、电力碳排放分别为热力、电力消耗对应的碳排放。

2018 年，中国建筑运行阶段与化石能源消耗相关的碳排放量为 20.9 亿 t CO_2e[1] [24]（图 3-14）。其中，由电力消耗带来的间接碳排放为 9.2 亿 t CO_2e，占建筑运行阶段相关碳排放总量的 44%；由北方集中供暖的热力消耗带来的碳排放占 22%。从全国碳排放总量来看，建筑运行阶段的人均碳排放量为 1.5 t CO_2 e。

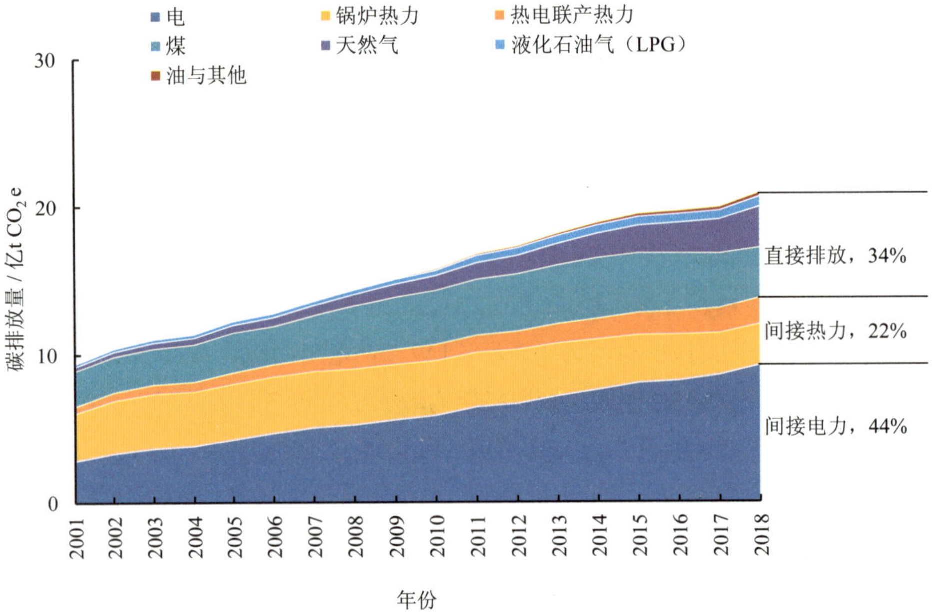

图 3-14　中国建筑运行阶段与化石能源相关的碳排放（2001—2018 年）

建筑规模的持续调整和增长是中国建筑用能快速增加的重要驱动力之一。一方面，不断增长的建筑面积给未来带来了大量的建筑运行能耗需求，更多的建筑必然需要更多的能源来满足其各项服务功能；另一方面，大规模建设活动的开展需要使用大量的建材，而建材的生产又导致了大量能源消耗和碳排放的产生。

从 2001 年起，中国建筑的建造速度维持高位（图 3-15），年竣工面积均超过 15 亿 m^2，2014 年达到 28.9 亿 m^2[25]。虽自 2015 年起，随着宏观经济形势的变化，建筑年竣工面积开始呈现下降的趋势，但长期保持高位的竣工面积使中国建筑存量不断增长。2018 年，中国建筑总面积约为 601 亿 m^2，其中，城镇住宅的建筑面积为 244 亿 m^2，农村住宅的建筑面积为 230 亿 m^2，公共建筑的建筑面积为 128 亿 m^2[24]。

[1] 电力碳排放系数取 553 g CO_2/（kW·h）。

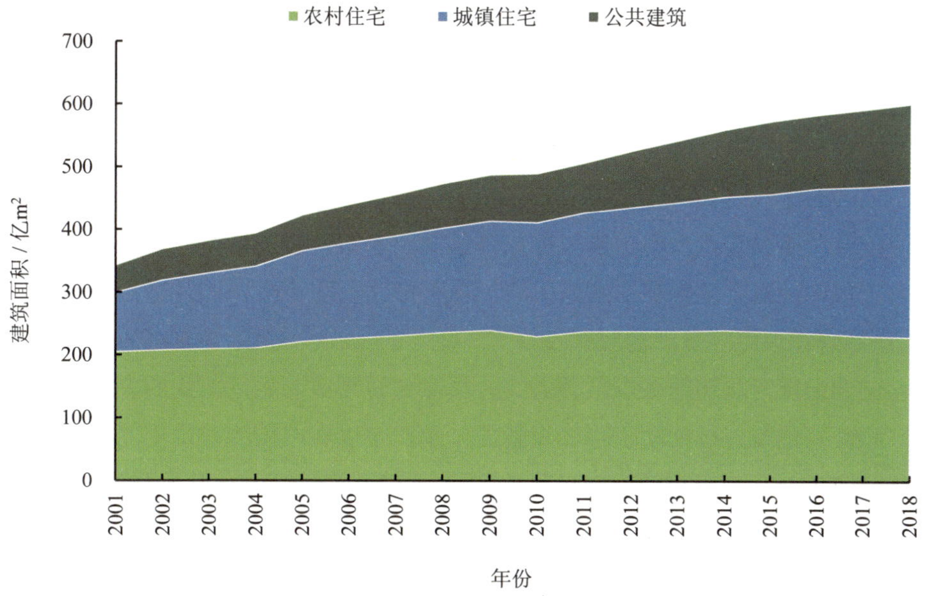

图 3-15　中国建筑面积发展趋势（2001—2018 年）

尽管中国建筑部门用能增长迅速，但与发达国家相比，中国建筑用能强度尚处于低位（图 3-16）。

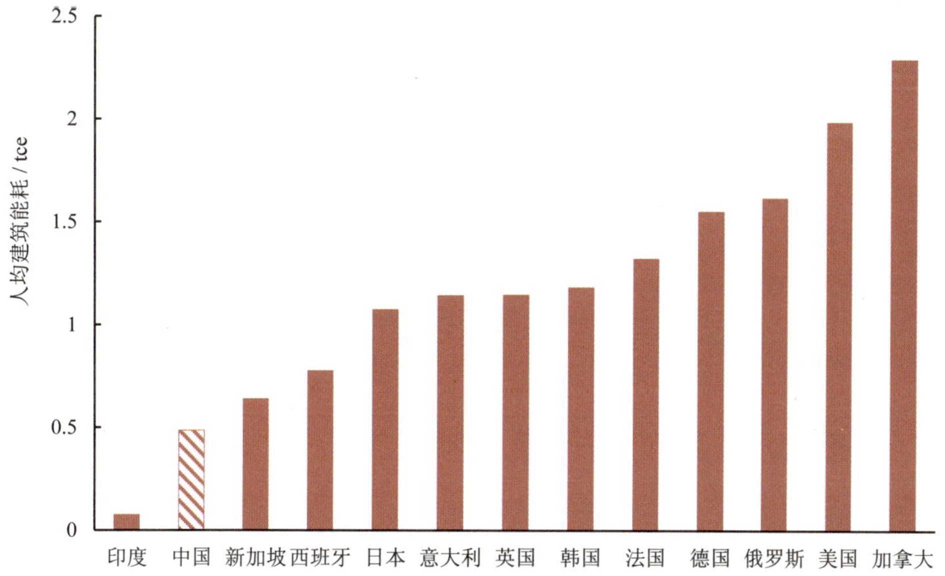

图 3-16　中外人均建筑用能对比（2017 年）[26]

从人均建筑能耗发展历史来看，大部分发达国家的人均建筑能耗都经历了先快速增长、后趋于平稳或稳中有升的发展过程，但各国人均能耗最终的平台期数值有较大差别。目前，中国人均建筑能耗约为 0.5 tce，接近韩国 20 世纪 80 年代的水平和日本、意大利等国 20 世纪 60 年代的水平，鉴于中国仍处在经济相对较快发展的时期，未来的建筑能耗还存在极大的增长可能。可以说，中国现在正处在建筑节能发展路径选择的关键点。下一阶段，选择不同的建筑用能发展路径会带来整体趋势的较大差别，进而直接影响中国总体能耗与碳排放的发展趋势。

2. 不同建筑用能分项情况

考虑到中国南北地区冬季采暖方式、城乡建筑形式和生活方式的差别，以及居住建筑和公共建筑人员活动及用能设备的差别，可以将中国的建筑用能分为北方城镇供暖（NUH）用能、城镇住宅（除 NUH）用能、公共建筑（除 NUH）用能和农村住宅用能（含商品能与自用生物质能）4 类[24]。

这 4 类建筑用能各有特点，各占中国建筑总能耗的 1/4 左右。根据以上 4 类用能分项在 2001—2018 年的变化趋势可以看出，除农村用生物质能持续降低外，各类建筑的用能总量都有明显增长（图 3-17）[24]。

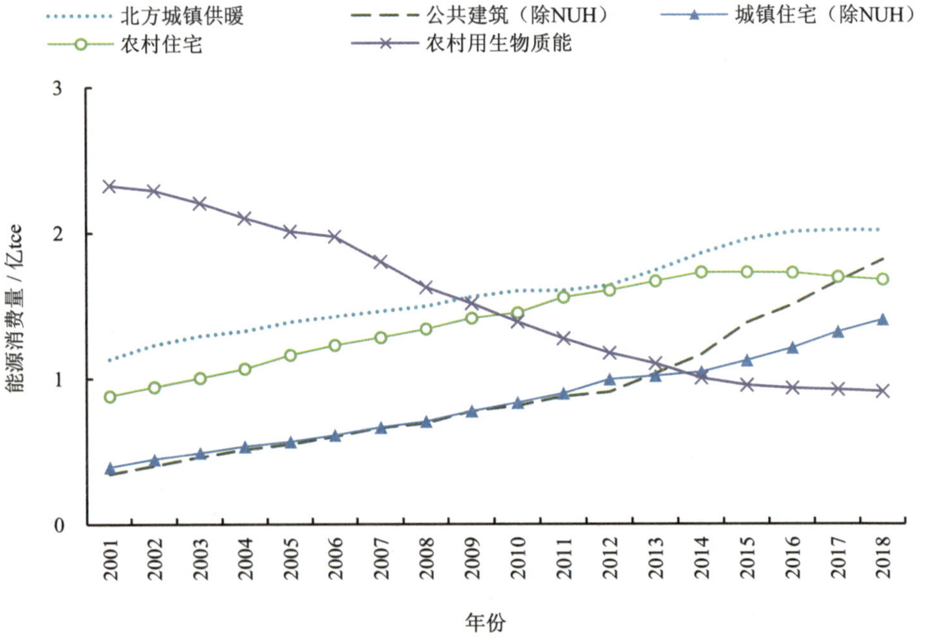

图 3-17　各用能分项的能耗总量变化趋势（2001—2018 年）

2001—2018 年各用能分项的能耗总量与强度变化及其主要原因归纳如下：

北方城镇供暖能耗不断增长，但能耗强度近年来持续下降，显示出建筑节能工作以及近年来的清洁供暖工作取得了成效——单位面积供暖平均能耗从 2001 年的 23 kgce（千克标准煤）/m^2 降低到 2018 年的 14 kgce/m^2。能耗强度降低的主要原因在于建筑保温水平提高、高效热源方式占比提高和供热系统效率提高。

公共建筑（除 NUH）能耗总量增加了 4 倍，已成为 4 个分项中占比最大的部分。2001—2018 年，公共建筑（除 NUH）的单位面积能耗强度持续增长，从 8 kgce/m^2 增至 14 kgce/m^2，单位电耗由 35 kW·h/m^2 增至 63 kW·h/m^2。公共建筑总面积的增加、大体量公共建筑占比的增长以及用能需求的增长等因素是公共建筑能耗强度增长的主要原因。

城镇住宅（除 NUH）总量从 2001 年至 2018 年增加了 2 倍多，户均能耗由 253 kgce 增至 469 kgce，户均电耗由 794 kW·h 增至 1 809 kW·h，主要是由于生活热水、空调、家电等用能需求的增加。由于节能灯具的推广，住宅的照明能耗没有明显增长，炊事能耗强度也基本维持不变，但夏热冬冷地区的冬季供暖问题以及住宅中的空调能耗近年来持续增长，也引起了对采暖和空调节能发展路径的广泛讨论。

农村住宅商品能耗从 2001 年至 2018 年增加了 1 倍，但生物质能使用量持续快速减少。农村电力普及率和收入水平的提高，以及农村家电数量和使用量的增加是农村户均电耗快速增长的主要原因。同时，越来越多的生物质能被散煤和其他商品能源所替代，从而导致农村生活用能中生物质能的比例迅速下降。以家庭为单位来看农村住宅能耗的变化，户均总能耗没有明显的变化，但生物质能占总能耗的比例大幅下降；户均商品能耗从 459 kgce 增加到 1 131 kgce，户均电耗由 435 kW·h 增至 1 770 kW·h，户均生物质能从 1 212 kgce 降至 612 kgce。

3. 相关研究预测

已有的大量研究对中国建筑部门能耗进行了分析，其中部分研究结果如图 3-18 所示。可以看出，在参考情景下，一般认为中国建筑部门用能会持续增长，增幅在 60%以上；在实施较强节能减排措施的情景下，一般认为中国建筑部门用能在 2030 年前后进入平台期或者开始下降，到 2050 年建筑部门用能在 6 亿～8 亿 tce，与目前的用能情况接近。

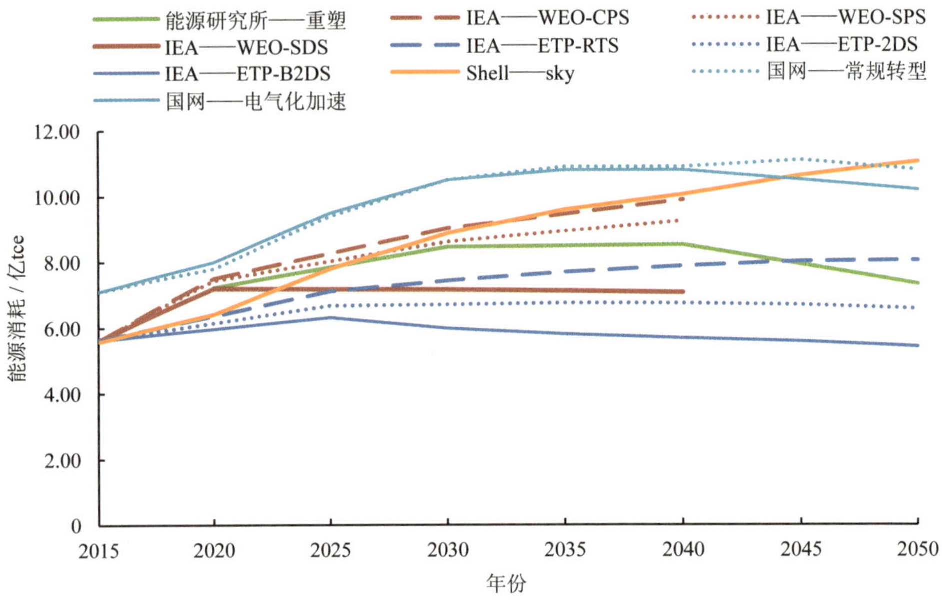

图 3-18 部分机构对中国建筑部门能源消耗的预测[22,27-30]

3.2.2 不同情景分析的主要结果

1. 情景设计

（1）政策情景

在政策情景下，假定中国的建筑形式向中等用能强度的发达国家模式发展，建筑规模、用能强度基本维持近年来的增长水平，人均能耗到2050年将向部分相对节能的发达国家水平靠近。各项建筑节能政策基本以现有力度持续推进，但不考虑基于中国应对气候变化、能源革命、环境污染等约束而提出的更严格的相关政策，且不对居民的生活方式进行引导。

（2）强化政策情景

在强化政策情景下，假定中国建筑规模、用能强度还会有一定发展，但增长幅度得到进一步控制，人均能耗到2050年依然低于目前绝大多数发达国家水平。在现有政策力度的基础上，考虑相关约束，对各项建筑节能政策提出更严格的政策措施；同时，对居民的生活方式进行一定程度的引导。

（3）2℃情景

在 2℃情景下，假定中国的建筑用能发展会充分考虑当前存在的碳排放约束与资源环境约束，在满足人民美好生活基本诉求的基础上，尽量维持现有的节俭型生活模式；各项政策以较强的力度全面推进，基于总量控制的要求提出针对能耗与碳排放总量与强度的政策措施；节能技术稳定发展、用能效率显著提升，能耗总量在现有基础上有小幅上涨，建筑规模与用能强度的增长水平逐渐下降，建筑总碳排放量在2030年以前达峰，能够满足中国实现2℃温升控制目标。

（4）1.5℃情景

1.5℃情景是在2℃情景的基础上提出的，通过加大推进电气化进程、减少化石燃料使用，持续提升设备能效，以实现到2050年直接排放的进一步下降，并能满足中国实现1.5℃温升控制目标。

具体来说，不同情景设定下的关键参数差异如表3-6所示。

表3-6 不同情景的主要参数设置

参数	政策情景	强化政策情景	2℃情景	1.5℃情景
建筑节能政策制定	维持“十三五”阶段的建筑节能政策	在“十三五”基础上增强对建筑能耗总量控制的政策制定与实施	大力推进与建筑节能相关的政策实施，以实现建筑节能	在2℃情景的基础上对部分措施进一步加强
建筑用能与碳排放规划	人均能耗向较节俭的发达国家靠近	进一步控制能耗增幅，人均能耗将低于大部分发达国家；碳排放总量在2030年以前达峰	在保证生活品质与服务需求的前提下，人均能耗不显著增长；碳排放总量在2030年以前达峰并尽早达峰	在保证生活品质与服务需求的前提下，人均能耗不显著增长；碳排放在2℃情景的基础上进一步下降
建筑规模控制	不进行规模控制	对新建建筑规模进行论证，到2050年将建筑规模控制在800亿 m^2 以内	进一步加强新建建筑规模的审批与论证，降低拆建比，到2050年控制建筑规模在740亿 m^2 以内	在2℃情景下进一步增强规模控制，到2050年将建筑规模控制在720亿 m^2 以内
北方供暖热源规划	逐步取消燃煤锅炉热源，使用燃煤热电联产为主要热源，保留一定的天然气锅炉	燃气锅炉占比有所下降，优先利用工业余热与各类热电联产	燃气锅炉占比进一步下降，充分利用工业余热与各类热电联产，缺乏余热资源的建筑优先采用高效热泵	在2℃情景的基础上逐步取消各类燃气锅炉
生活方式引导	不鼓励奢侈型生活方式	鼓励节俭型绿色生活方式与行为模式，不鼓励不符合节俭生活方式的建筑与设备形式	大力推进对节俭型绿色生活方式与行为模式的引导；建筑设计与设备选择等需优先采用符合绿色生活方式的方案	同2℃情景
电气化推进	不鼓励电气化推进	鼓励电气化推进	大力全面推进电气化，2050年电气化率达60%以上	进一步推进电气化，2050年电气化率达75%以上
农村住宅生物质能利用	不鼓励农村高效生物质能的使用	鼓励农村地区炊事与采暖使用新型高效生物质技术	推进农村地区生物质能的高效利用，优先采用高效生物质技术以满足农村住宅炊事与采暖需求	同2℃情景

2. 情景分析结果

基于以上假定，对中国至 2050 年的建筑规模、能源消耗、碳排放等进行情景分析。到 2050 年，不同分项中不同能源品种的能耗情况见表 3-7、表 3-8 和图 3-19。在政策情景下，建筑用能持续增加，至 2050 年达到约 9.9 亿 tce，电气化占比约 50%，还存在近 10%的燃煤消耗；在强化政策情景下，建筑用能在 2035 年以后逐渐进入平台期，在 2045 年前后开始下降，到 2050 年约为 8.51 亿 tce，电气化占比 56%，燃煤占比低于 5%；在 2℃情景下，建筑用能自 2020 年起开始下降，到 2050 年约为 7.13 亿 tce，电气化占比约 63%，基本不再使用煤炭，由于加大了对新型生物质能的高效利用，生物质用能增长至 0.77 亿 tce；在 1.5℃情景下，建筑用能到 2050 年降至 6.2 亿 tce，电气化比例为 78%，生物质能约为 0.9 亿 tce。

表 3-7 强化政策情景下分品种能源消费

燃料类型	2015 年	2020 年	2025 年	2030 年	2035 年	2040 年	2045 年	2050 年
煤/亿 tce	2.91	2.23	1.71	1.29	1.01	0.77	0.56	0.37
油/亿 tce	0.01	0.00	0.00	0.00	0.00	0.00	0.00	0.00
气/亿 tce	1.63	2.55	3.10	3.36	3.39	3.30	3.12	2.85
电/(万亿 kW·h)	1.34	1.87	2.25	2.56	2.90	3.28	3.58	3.87
生物质/亿 tce	0.95	0.67	0.50	0.40	0.40	0.43	0.47	0.54
终端能耗/亿 tce	7.14	7.75	8.07	8.20	8.37	8.53	8.55	8.51

表 3-8 2℃情景下分品种能源消费

燃料类型	2015 年	2020 年	2025 年	2030 年	2035 年	2040 年	2045 年	2050 年
煤/亿 tce	2.91	2.23	1.41	0.79	0.51	0.33	0.19	0.06
油/亿 tce	0.01	0.00	0.00	0.00	0.00	0.00	0.00	0.00
气/亿 tce	1.63	2.55	2.77	2.71	2.56	2.35	2.07	1.78
电/（万亿 kW·h）	1.34	1.87	2.23	2.51	2.80	3.08	3.39	3.68
生物质/亿 tce	0.95	0.67	0.53	0.58	0.65	0.68	0.71	0.77
终端能耗/亿 tce	7.14	7.75	7.45	7.16	7.16	7.15	7.14	7.13

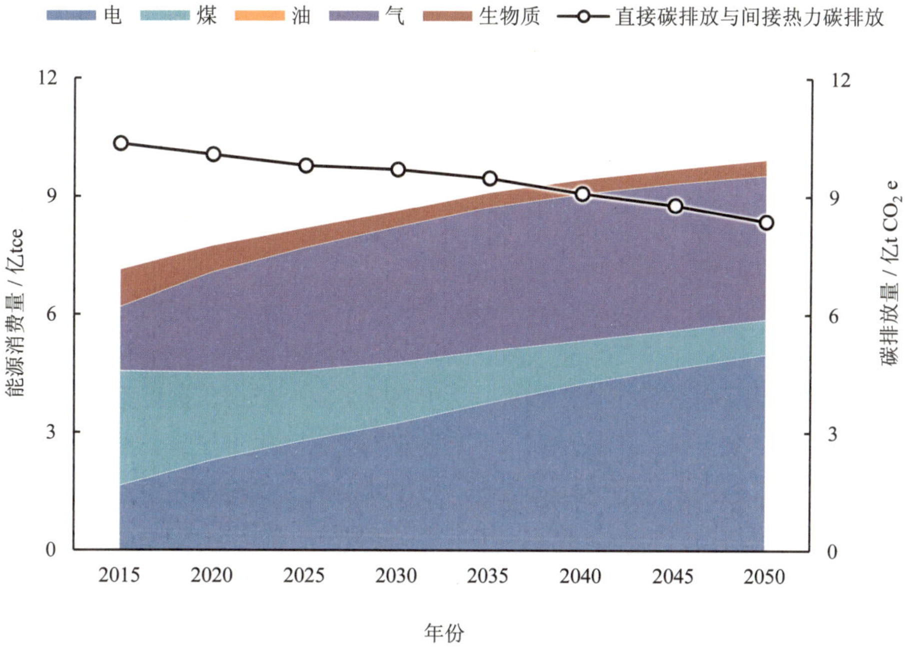

（a）政策情景

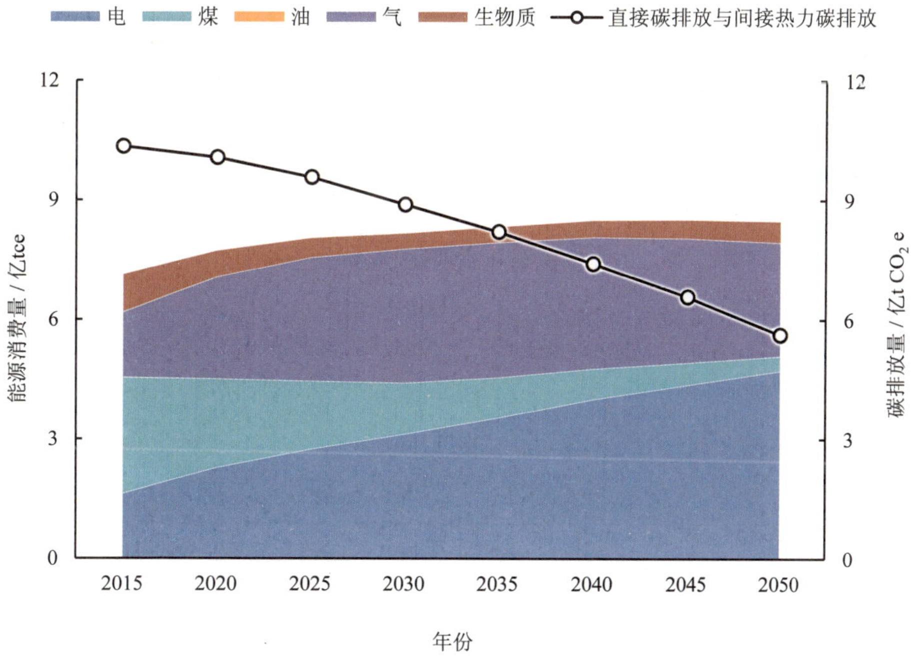

（b）强化政策情景

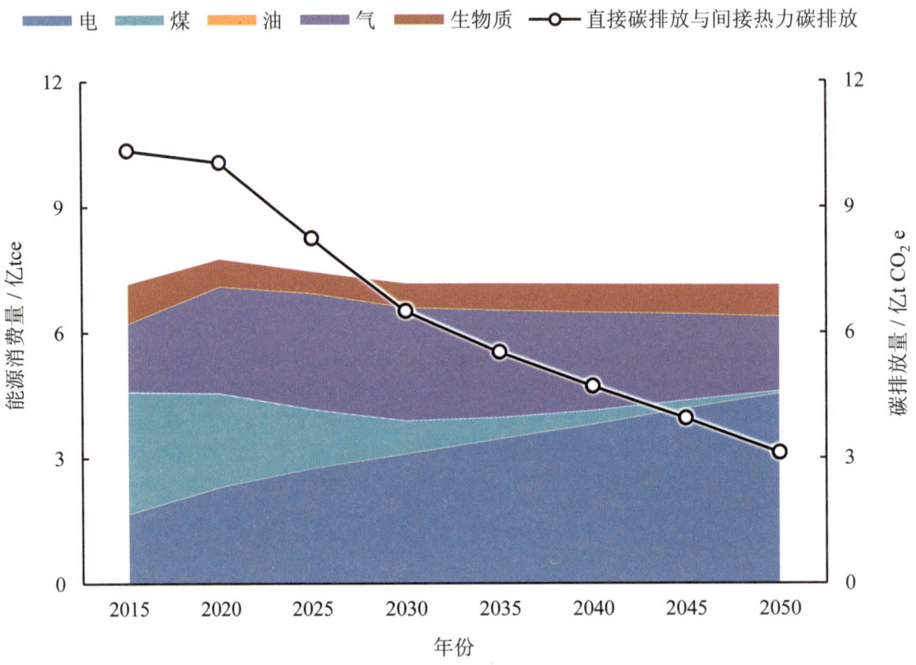

（c）2℃情景

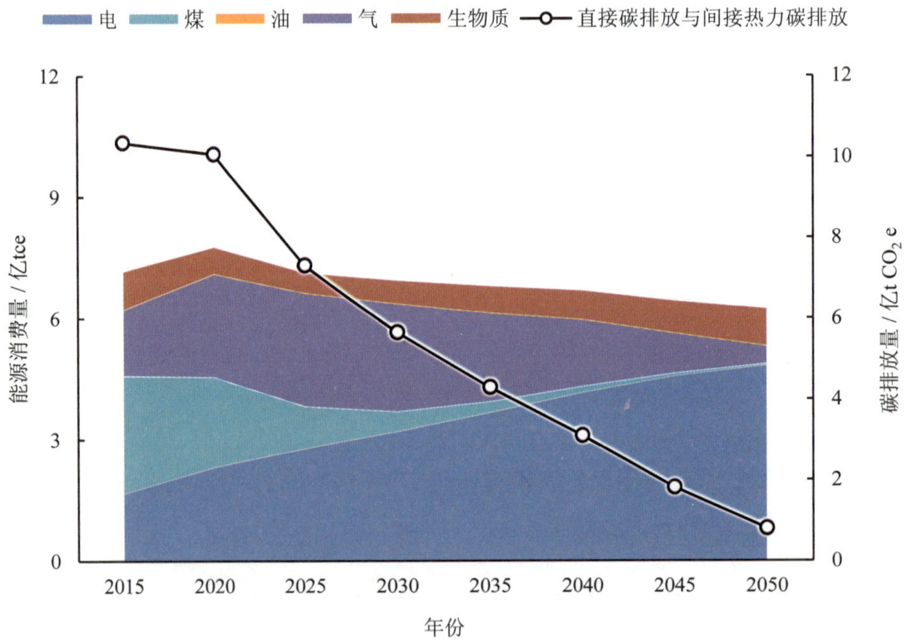

（d）1.5℃情景

图 3-19　不同情景的用能情况（分品种能源）与碳排放情况

不同情景下的直接碳排放与间接热力碳排放之和均有所下降（表 3-9）。到 2050 年，直接碳排放量在政策情景下约为 8.34 亿 t CO_2e，在强化政策情景下约为 5.62 亿 t CO_2e，在 2℃情景下约为 3.06 亿 t CO_2e，在 1.5℃情景下约为 0.81 亿 t CO_2e。

表 3-9　不同情景的能耗与碳排放情况

情景	能耗/亿 tce			直接+间接热力碳排放/亿 t CO_2e		
	2020 年	2030 年	2050 年	2020 年	2030 年	2050 年
政策情景	7.75	8.60	9.95	10.00	9.69	8.34
强化政策情景	7.75	8.20	8.51	10.00	8.88	5.62
2℃情景	7.75	7.16	7.13	10.00	6.50	3.06
1.5℃情景	7.75	6.92	6.21	10.00	5.65	0.81

不同情景下 2030 年和 2050 年的能耗情况如图 3-20 所示。与 2015 年相比，建筑用能还会在一段时间内继续增长。随着相关政策的推进，建筑能耗总量将有所下降，煤炭与天然气的消耗也会下降，电气化占比与生物质用能会有所增加。

图 3-20　不同情景下 2030 年和 2050 年的能耗情况比较

3. 各用能分项发展趋势

从各用能分项来看，不同情景下的用能情况如图 3-21 所示。

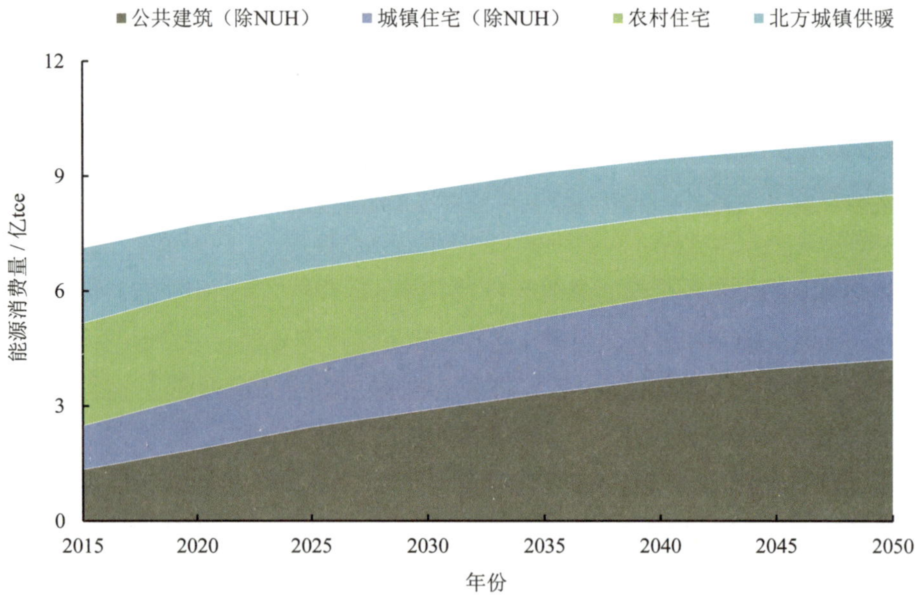

（a）政策情景

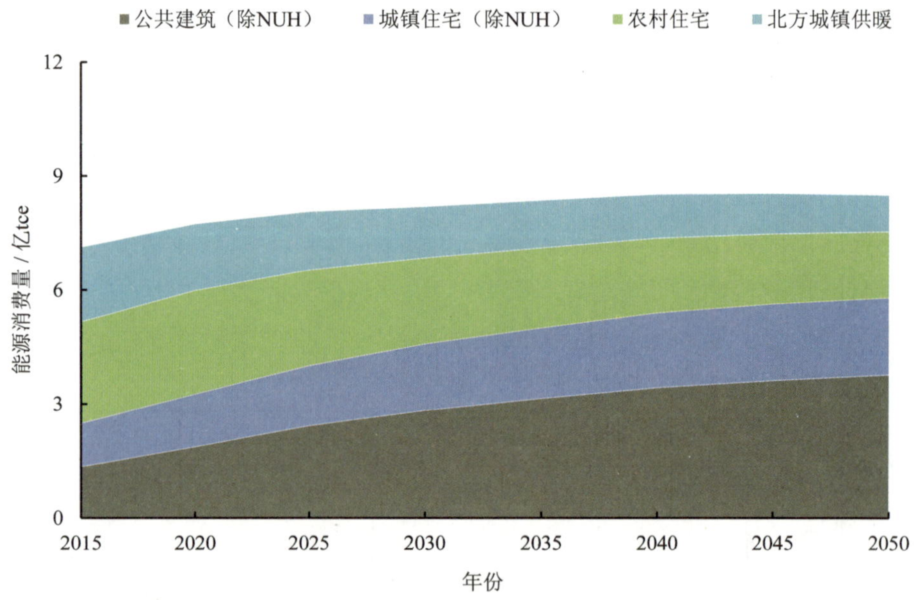

（b）强化政策情景

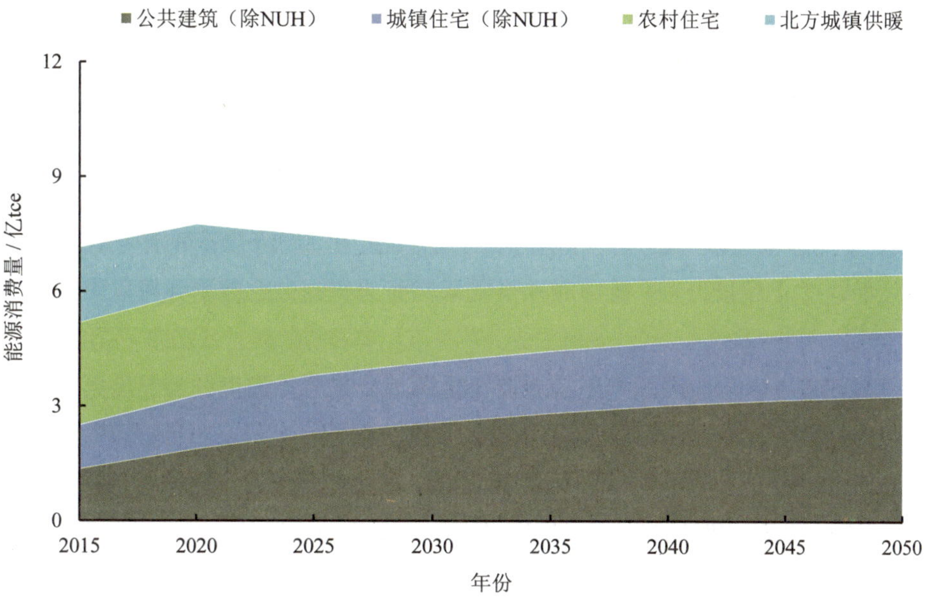

（c）2℃情景

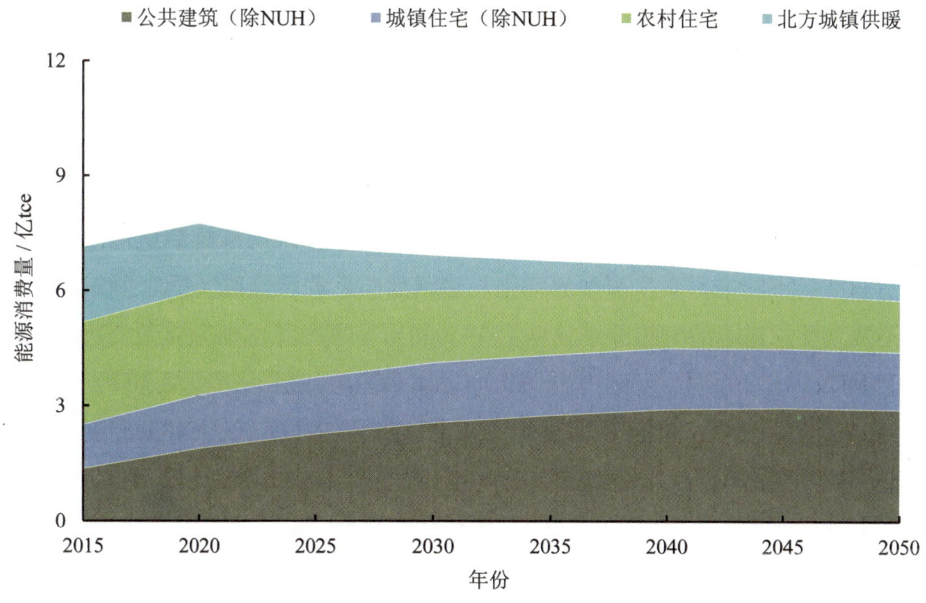

（d）1.5℃情景

图 3-21 不同情景下各用能分项的用能情况

随着北方地区建筑热工性能的持续改善以及热源结构的优化调整，北方城镇供暖能耗将持续下降。在政策情景下，北方城镇供暖的能耗到 2050 年将下降约 30%，而在 2℃情景下将下降约 70%。中国北方地区未来供暖宜优先采用由工业生产与各类热电联产产生的余热，在无法利用余热的地区优先采用热泵作为热源。同时，继续推进建筑热工性能的提升，并降低由于过量供热、冷热不均等带来的能耗。

由于中国居民还存在生活水平与服务提升的诉求，城镇住宅（除 NUH）与公共建筑（除 NUH）能耗均有所增长。公共建筑（除 NUH）与城镇住宅（除 NUH）能耗至 2050 年的增幅在政策情景下分别为 2 倍与 1 倍，在 2℃情景下分别为 1.5 倍与 0.5 倍。对于这 2 个用能分项，通过对服务需求与行为模式的合理引导可以对能耗产生极大影响。

公共建筑下一阶段的规模增量主要在于满足公共服务的提升与发展第三产业的诉求，通过合理控制大规模高能耗类型的公共建筑数量，以及积极开展能耗定额管理，能够控制这一部分能耗的增幅。对于住宅建筑，目前中国炊事、照明等能耗已经进入平台期，下一阶段的增量主要来源于空调使用、夏热冬冷地区采暖与家电设备。

由于城镇化的推进，农村居民变少，尽管户均能耗持续增加，但农村住宅能耗总量呈下降趋势。在政策情景与 2℃情景下，至 2050 年其降幅分别为 25%与 45%。农村地区住宅的节能改造，尤其是北方地区，会对其能耗产生极大影响。如何利用生物质能也是这一用能分项的主要影响因素。在 2℃情景下，农村居民将优先使用田间回收的生物质燃料，以高效的使用方式满足采暖与炊事需求。

4. 碳排放达峰与近零排放

由前文分析可知，建筑部门的直接排放近年来已进入平台期，在 2020 年以后将保持下降趋势。若同时考虑间接排放，则近年来建筑部门的碳排放是持续增加的。结合不同情景下的电力系统碳排放变化，建筑部门总的碳排放情况如图 3-22 所示。在政策情景下，建筑部门的碳排放总量在 2030 年前后达峰，峰值接近 23 亿 t CO_2e，在 2035 年之后开始下降，2050 年约为 15.6 亿 t CO_2 e；在强化政策情景下，碳排放总量在 2025 年前后达峰，峰值约 21 亿 t CO_2e，2050 年约为 11.3 亿 t CO_2e；在 2℃情景与 1.5℃情景下，碳排放总量均在 2020 年前后达峰，峰值分别为 20.1 亿 t CO_2e 与 20.0 亿 t CO_2e，之后稳步下降，2℃情景下的建筑部门碳排放总量在 2035 年后降速加快，到 2050 年降至近 4 亿 t CO_2e，1.5℃情景下的碳排放总量自 2030 年起快速下降，2045 年后放缓，2050 年降至约 0.8 亿 t CO_2e。

其中，要达到 1.5℃情景实现近零排放，需要大力推进建筑节能并改变建筑用能结构。一方面，鼓励绿色节俭的生活方式与使用模式，并采用与绿色使用模式相匹配的高效技术，尽可能减少能耗需求；另一方面，在采暖、炊事与生活热水方面大幅减少化石燃料的使用，提升电气化率并合理、高效地使用生物质燃料，降低能耗

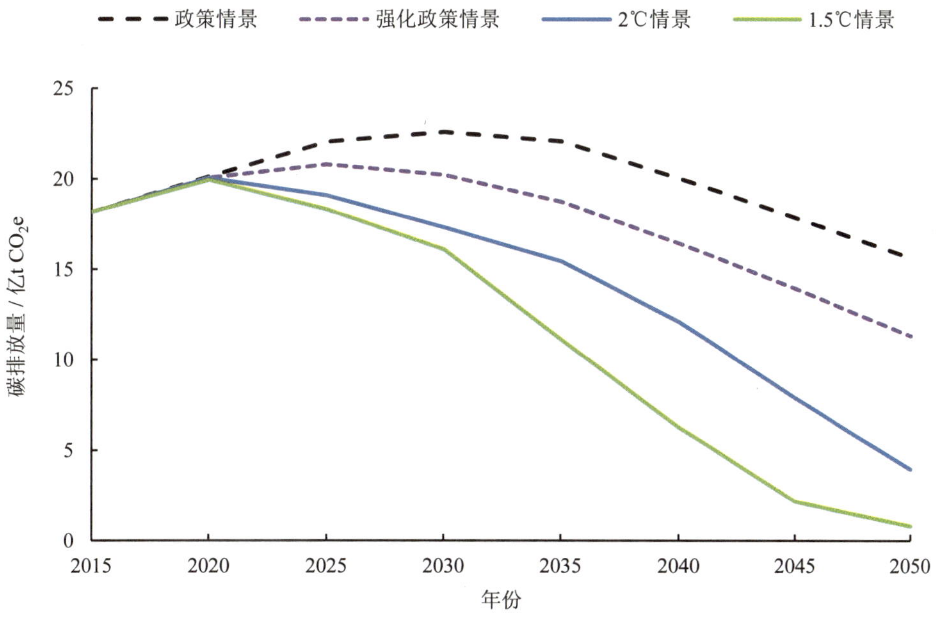

图 3-22 不同情景下的建筑部门直接与间接碳排放总量

的碳排放强度。目前来看，与其他几个情景相比，建筑部门实现近零排放不存在明显的技术“瓶颈”，其挑战更多在于技术的推广，包括北方热源的改变与优化、居民炊事习惯的改变、生物质的利用方式等。同时，在这一情景下，一则由于火电与工业余热资源的减少，北方城镇地区集中供暖的比例会明显下降；二则由于电气化率的提升，建筑不再需要接入天然气管道。这些变化将使对相关基础设施的需求发生改变。

3.2.3 减排技术与路径评估

以下从 4 个用能分项入手，分别归纳了各分项的主要减排措施及其潜力。

1. 北方城镇供暖

该用能分项采取了如下主要措施[31]，在不同情景下的节能潜力如图 3-23 所示。

（1）减少建筑实际需热量

这一措施包括进一步提升围护结构标准以降低新建建筑需热量、进行既有建筑围护结构性能改造、提升既有建筑节能水平。在过去 30 年的建筑节能工作中，以上措施已经产生了显著的节能效果，但还存在进一步提升的空间。同时，伴随中国城镇化建设的推进，建筑由以新建为主逐步改变为以存量为主，既有建筑节能改造的重要性将不断提升。

（2）改善热源结构并提升系统效率

在改善热源结构方面，建议优先采用热电联产与工业生产产生的低品位余热作为热源，对于难以采用低品位余热的建筑应优先采用热泵供暖。近几年，伴随北方清洁供暖工作的持续推进，北方热源结构中热电联产的占比迅速增加，燃气供热占比也在增加，各类热泵与工业余热等利用方式迅速增长。但是，目前的余热资源尚未得到充分利用，还存在优化空间。同时，随着长途热输送技术的成熟，余热利用的地域限制显著下降、经济性显著提升。通过持续开展供暖系统的节能增效改造及清洁供暖的推进，发展相关技术、整体提升系统与设备效率、改善过量供热与冷热不均现象等措施都会对这一部分的节能减排起到作用。

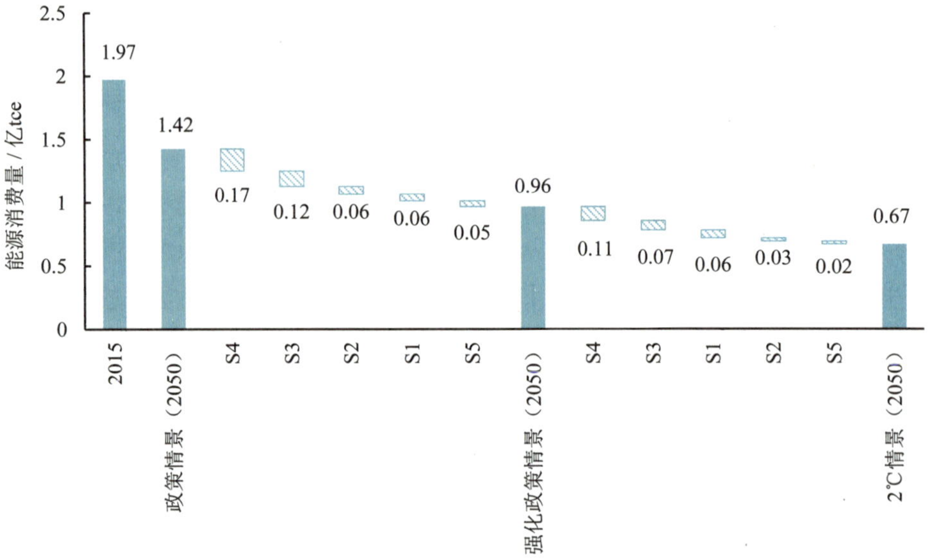

图 3-23 北方城镇供暖各项措施的节能潜力（2015—2050 年）

注：S1，控制建筑面积；S2，提升新建建筑设计标准；S3，对既有建筑进行节能改造；S4，改善热源结构；S5，提升管网性能。

2. 公共建筑（除 NUH）

该分项用能将持续增长，但通过各项节能减排措施的推进可以减缓其增长速度（图 3-24）。结合中国能源总量与强度控制的总体思想，以实际能耗为主要约束指标实行建筑全过程管控将成为控制这一部分用能、实现节能减排的最主要且有效的措施[32]。

通过对建筑设计与改造方案进行节能论证，即在建筑进行设计与改造时就对室内环境营造需求进行论证，以控制建筑规模、大体量公共建筑的新建量与改造量，并充分利用被动式技术与太阳能光伏等可再生能源更好地进行优化设计，以实现节能减排。

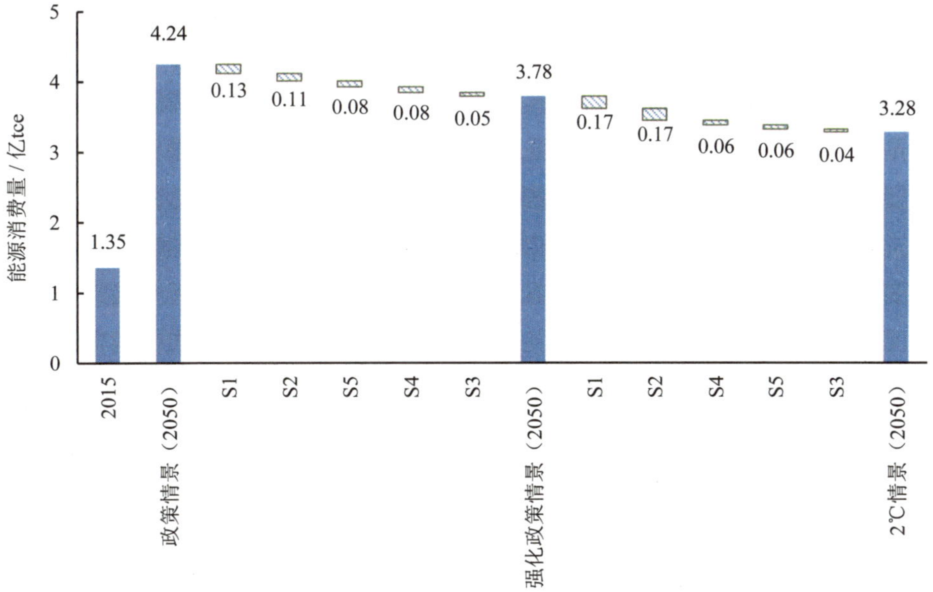

图 3-24　公共建筑（除 NUH）各项措施的节能潜力（2015—2050 年）

注：S1，控制建筑面积；S2，优化使用方式与运行管理；S3，对新建建筑开展节能设计评估；S4，对既有建筑进行节能改造；S5，设备系统优化提升。

对于建筑中的设备系统，已有案例表明单独追求设备效率的提升可能会产生“高能效、高能耗”的现象，即由设备的改变带来行为模式的改变，并由于这一变化显著增加了能耗。因此，设备系统的发展应兼顾效率的提升及与使用模式的匹配。同时，为了提升公共建筑的电气化水平，需要考虑使生活热水、消毒、蒸气制备等设备逐渐向电热泵、直接电热设备等转变。已有案例表明，对于医院等对蒸气有特殊需求的场所，适宜采用分散的电热方式来制取热水或蒸气，这是由于其在传输过程中热损失较少，因而使能耗低于集中燃气锅炉。

此外，优化使用方式与运行管理也是这一用能分项的主要节能路径，包括引导使用者与运营者在使用中采用节能方式，并推广合同能源管理等。

3. 城镇住宅（除 NUH）

与公共建筑（除 NUH）类似，城镇住宅（除 NUH）用能也将保持增长，需要通过相关措施控制其增长速度（图 3-25）[33]。从优化住宅建筑设计来看，可采取的措施有推动被动式节能技术（如通过建筑本体优化自然通风和采光条件、增加围护结构保温和在建筑外表面遮阳等）、优化住宅区规划、增加太阳能光伏等对可再生能源的利用。

有研究表明，生活方式是目前中国用能显著低于其他发达国家的重要原因。要实现节能低碳发展，需要维持目前中国的绿色生活方式，提倡与自然环境相融合，发扬节约资源的优良文化传统。同时，发展与绿色生活方式相适应的技术，避免由于技术选择改变行为模式，或者通过技术选择对行为模式进行引导。例如，对于空调的使用和夏热冬冷地区的采暖问题，鼓励延续目前“部分时间、部分空间”的使用方式，采取不鼓励高耗能家电的使用等措施。

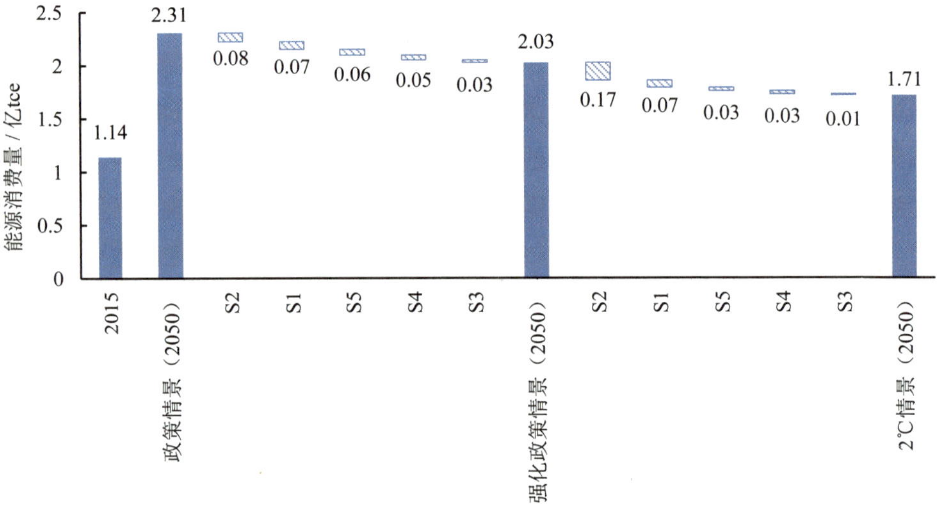

图 3-25 城镇住宅（除 NUH）各项措施的节能潜力（2015—2050 年）

注：S1，控制建筑面积；S2，引导绿色生活方式；S3，对新建建筑开展节能设计评估；S4，对既有建筑进行节能改造；S5，设备系统优化提升。

当前中国的城镇住宅仍使用燃气来满足炊事和生活热水需求，因而需要改变用能结构、提升电气化率。目前，各类电炊具、电加热生活热水技术都已非常成熟，能够满足居民需求。这些技术的进一步推广需要充分重视对居民生活方式的引导，尤其是对传统炊事理念的转变。

4. 农村住宅

基于中国农村地区的建筑形式、居民生活方式、资源禀赋等，考虑在北方推广“无煤村”、在南方推广“生态村”，以实现农村地区的节能低碳发展[24]。

与城镇住宅相比，农村住宅的建筑性能还存在极大的提升需求，因此需要开展绿色农村住宅改造，提升农村住宅建筑节能水平。在北方地区，应加强农村住宅围护结构保温，发展被动式太阳能利用技术，降低冬季供暖需求；在南方地区，应适当加强围护结构保温，并发展被动式降温技术以改善微环境。

目前，农村地区还有许多家庭利用传统生物质或散煤来满足采暖、炊事等需求，一方面能效极低，另一方面也是造成室内外空气污染的重要原因。因此，建议改善并优化采暖、炊事等用能设备，如促进生物质的高效清洁燃烧等。此外，优化能源结构、充分利用可再生能源也是重要措施。建议在北方地区建立新型农村能源供应方式，充分利用生物质能、太阳能等可再生能源实现生活用能无煤化；南方地区在不使用煤炭的前提下，尽可能使用各类可再生能源。

各项措施的节能潜力如图 3-26 所示。

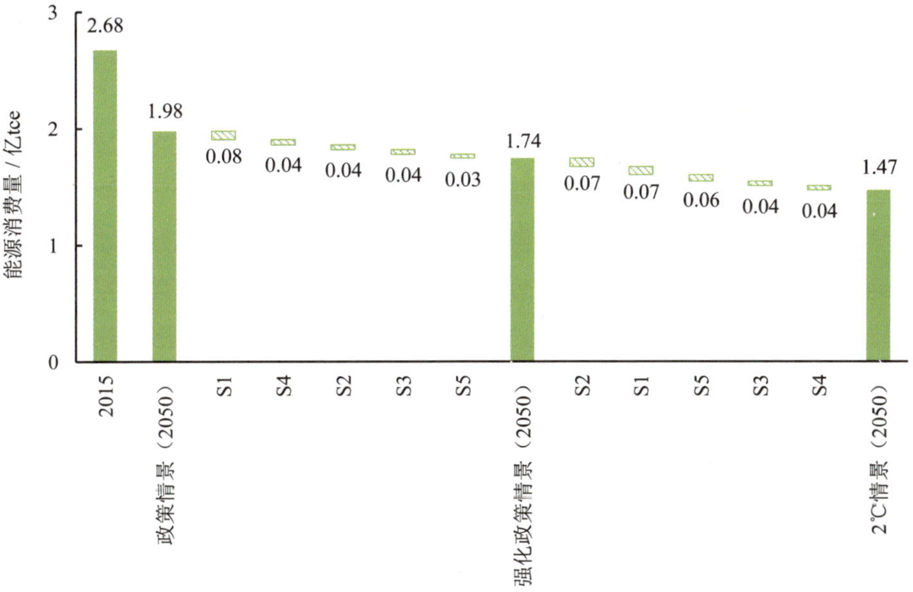

图 3-26　农村住宅各项措施的节能潜力（2015—2050 年）

注：S1，控制建筑面积；S2，引导绿色生活方式；S3，建筑围护结构性能提升；S4，设备系统优化提升；S5，优化能源结构与充分利用可再生能源。

3.2.4　实施路线与政策建议

实现建筑部门的绿色低碳发展需要多方配合，可以从不同角度共同推动相关政策措施的实施。在对建筑规模进行合理规划的前提下，应以减少能耗需求与优化能源结构为共同目标，以发展用能技术与引导生活方式为主要途径，进而制定合理的建筑低碳发展实施路线图。

1. 控制建筑规模总量

建筑规模总量是影响建筑部门能耗与排放的重要因素，合理规划和控制未来的建筑规模总量是实现建筑部门低碳发展的必要条件[34]。

一方面，要控制建筑总体规模，将民用建筑规模总量控制在 740 亿 m^2 以内。目前，中国人均建筑面积已经接近发达国家水平，甚至已经超过部分欧洲和亚洲的发达国家。即使考虑未来城镇化率的继续增长，按照现有人均建筑面积水平，需要新增的房屋规模也十分有限。因此，要严格控制新开工房屋数量和新建建筑面积。

另一方面，需要抑制房屋的大拆大建，发展建筑维修技术，增加建筑维修与功能提升的比例。在过去的 20 年中，中国已完成了大量的房屋和基础设施建设，在下一阶段，将由大规模建设逐渐转为大规模维修、改造和功能提升，即由“大拆大建”转为“延寿升质”。

2. 构建“双控”节能体系

以建筑实际用能为核心评价指标，构建总量与强度“双控”的建筑节能政策体系。建议在修订《民用建筑节能管理规定》时增加对建筑总量与强度控制的相关规定，将中国建筑部门节能思路的转变落实到实际工作中，并以此为基础鼓励地方根据本地情况出台与建筑节能相关的政策法规，使建筑能耗总量与强度控制的相关措施真正落地。同时，为了更好地推进能耗控制的具体实施，需要修订并完善《民用建筑能耗标准》（GB/T 51161—2016），并以此为核心制定配套的标准体系[35]。

清晰统一的建筑用能数据是实现以建筑能耗数据为导向的建筑节能工作的基础。建议尽快落实《建筑能耗数据分类及表示方法》（JG/T 358—2012），并完善各类指标的计算方法；同时，优化建筑用能数据的相关制度，增强数据的准确性、可用性、透明性，使建筑用能数据能够更好地为建筑部门的节能低碳发展提供支持[36]。

3. 实现低碳结构转型

推动建筑用能模式和系统形式的改变，将实现建筑部门的低碳结构转型纳入建筑发展目标[37]。

为了匹配未来能源的供给特性，应全面推进用能电气化，大力推广光伏建筑，并提升对可再生电力的消纳能力。目前已经存在成熟的技术可以用电力满足各项建筑终端需求，同时需要对居民生活方式与理念进行引导，尤其是要促进传统炊事方式的转变。充分利用建筑屋顶和可接受阳光的垂直外表面大力发展光伏建筑，增加建筑自身的可再生发电量。建议在城镇大力发展“直流配电+分布式蓄电+光伏+智能充电桩”的柔性用电建筑，以解决电力实施的供需不匹配问题；在农村全面发展光伏屋顶，并利用直流微网接纳风电与光电，改变用电方式。

北方城镇供暖目前仍然大量使用化石燃料，因此应充分挖掘热电联产与工业生产所产生的低品位余热的供热潜力，使之成为北方供热的基础热源；停止各种以天燃气锅炉为主要方式的清洁供暖改造；改变热电厂“以热定电”的运行模式，通过在热源厂建立大容量蓄能装置、热泵等电热转换装置等实现热电协同。

在农村地区，应当鼓励大力开发和高效利用生物质能，发展生物质能采集、加工、销售体系。通过发展压缩成型的固体燃料、规模化沼气等技术，充分挖掘当地的生物质资源，使其满足炊事、生活热水及一部分采暖需求。这些措施能够避免由堆肥、秸秆还田带来的温室气体排放，同时可以催生生物质采集、加工、应用的产品和产业。

4. 引导绿色生活方式

使用模式的差别是中国建筑能耗强度显著低于发达国家的主要原因。在倡导居民维持绿色生活方式的基础上，设计建造与中国居民传统的节约用能模式相对应的建筑与系统也是中国建筑节能工作的重点[38]。

“部分时间、部分空间”的使用模式是中国建筑能耗强度显著低于发达国家的主要原因，应引导居民保持这一绿色行为模式，避免对奢侈型生活方式的盲目跟从。与国家发展改革委印发的《绿色生活创建行动总体方案》（发改环资〔2019〕1696号）相呼应，在绿色社区、绿色建筑创建行动中进一步强化对绿色生活方式的引导。同时，还应考虑联合其他部委在其他绿色创建行动中加强对建筑节能意识的引导。

不同的行为模式需要不同的节能技术，各类技术也会对行为模式产生一定的引导作用。在倡导居民维持绿色生活方式的基础上，应设计、建造与中国居民传统的节约用能模式相对应的建筑与系统。坚持“自然环境为主，机械系统为辅”的建筑设计理念，倡导分散优先的空调系统形式。在进行技术评估时，应优先使用与绿色生活方式相匹配的行为模式作为参考模式。

5. 发展适宜的低碳技术

实现建筑部门的低碳节能发展需要适宜的节能低碳技术作为支撑。结合情景测算与路径分析，当前还有一些建筑节能的重点技术需要进一步发展，包括适应中国未来发展方向的北方清洁供暖技术体系、能够实现建筑柔性用电的直流建筑技术、与行为模式相匹配的建筑与设备系统设计与运行方法、可再生能源利用技术（如生物质的高效利用技术、光伏建筑一体化技术）等。

已有大量案例表明，盲目追求新技术、高效率可能会带来“高能效、高能耗”现象，进而带来建筑能耗的增加[38]。因此，在进行技术选择时需要充分考虑室外气象条件以及与之匹配的行为模式，以实际能耗作为重要的技术评判指标。

综合以上分析，本书初步构建了如图3-27所示的中国未来建筑低碳发展实施路线。

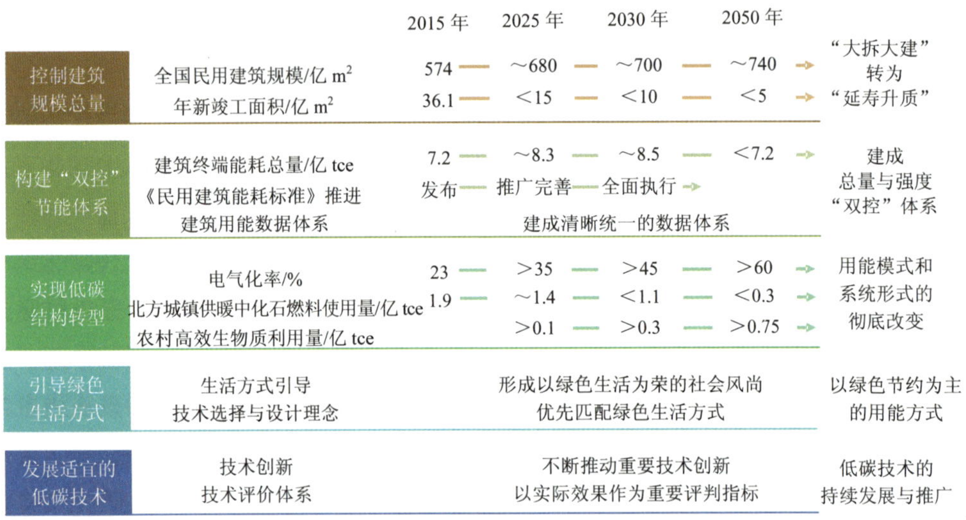

图 3-27 中国建筑低碳发展实施路线

3.3 交通部门

3.3.1 交通部门发展现状与趋势

1. 交通运输量与碳排放量

中国交通运输业的发展取得了巨大成就，交通基础设施规模及运输能力世界领先。如图 3-28 和图 3-29 所示，随着中国经济社会的快速发展，交通运输货物周转量和旅客周转量大幅上升，尽管积极推行了一系列的低碳发展政策，采用了能效更高的汽车、列车、船舶和飞机等交通工具，但中国交通部门的能源消费量和 CO_2 排放量仍然增长迅速，占比呈上升趋势。

中国货物周转量快速增加，2019 年达到 19.4 万亿 t·km，同比 2005 年增长了 198%。中国旅客周转量、城市客运量也呈现快速增长的趋势。2019 年城际旅客周转量为 3.54 万亿人·km，是 2005 年的 2.61 倍。城市出行人数不断上升，城市客运量从 2005 年的 1 266 亿人次增长到 2019 年的 2 310 亿人次，增长了 82%。

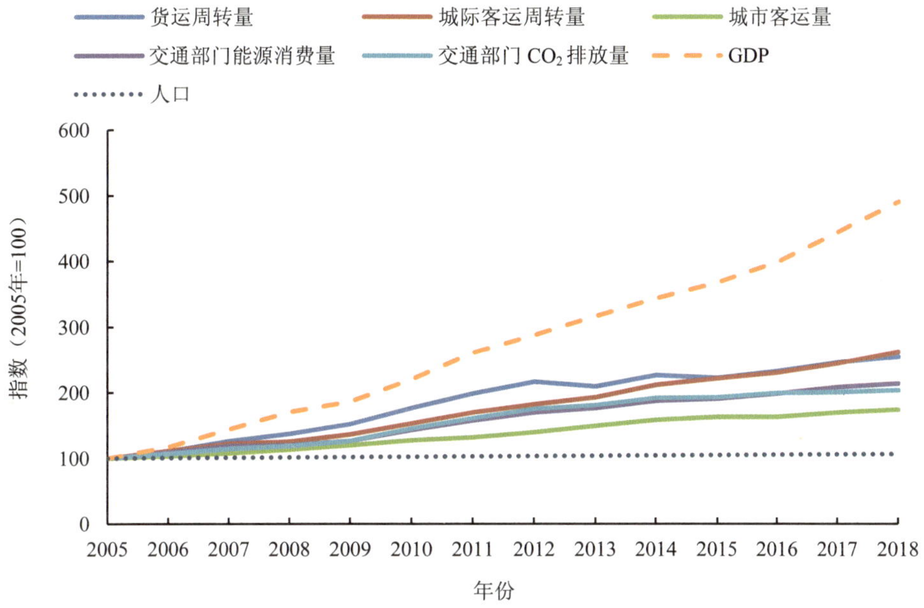

图 3-28　中国交通运输活动量、能源消费量和 CO_2 排放量指数增长情况

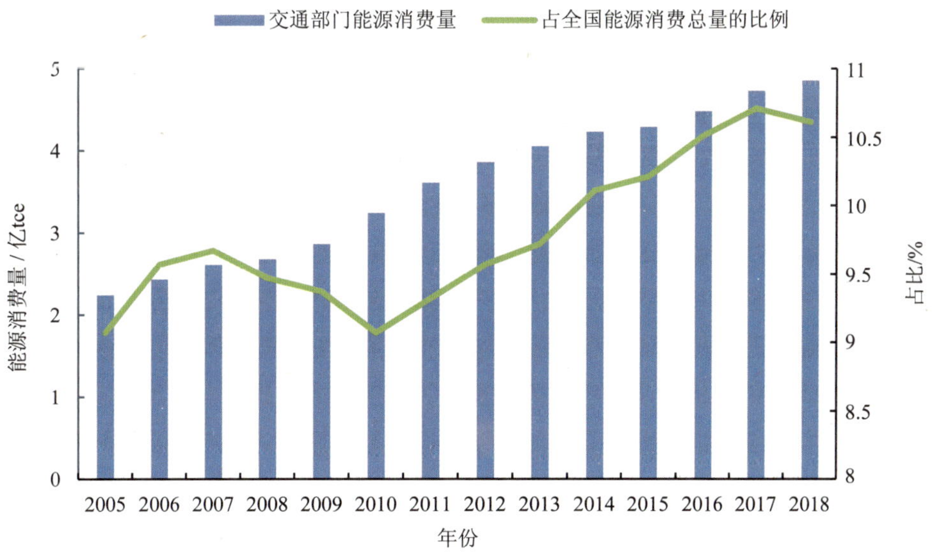

（a）能源消费量及其占比

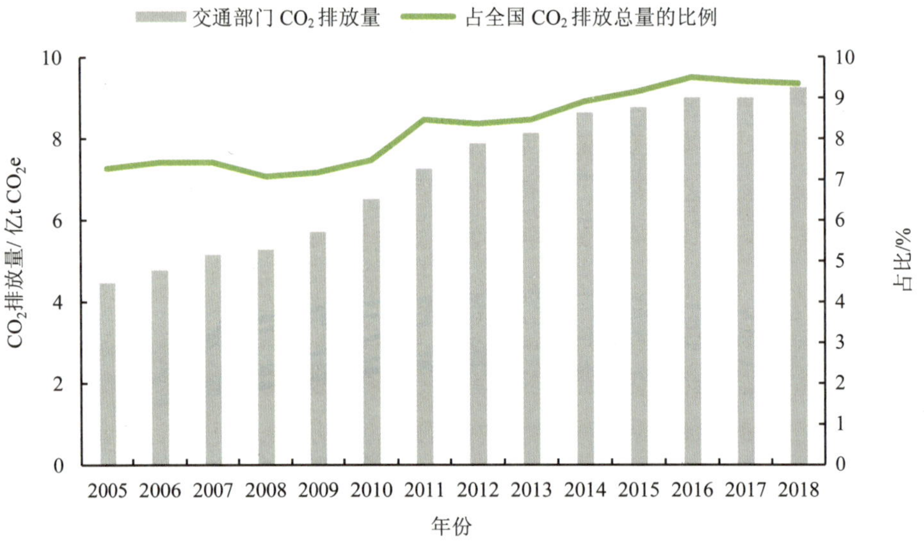

（b）CO_2 排放量及其占比

图 3-29　中国交通部门的能源消费量和 CO_2 排放量及其占比

中国交通部门的能源消费总量从 2005 年的 2.31 亿 tce [1]增长到 2019 年的 5.05 亿 tce，增长了 119%，年均增长率达到 5.8%；在全国能源消费总量中的占比从 2005 年的 9.1%提高到 2018 年的 10.7%。

中国交通部门的 CO_2 排放量从 2005 年的 4.57 亿 t 增加到 2019 年的 9.54 亿 t，增长了 109%，年均增长率达 5.3%；其直接 CO_2 排放量占全国 CO_2 排放总量的比重有所提高，从 2005 年的 7.3%提高到 2018 年的 9.5%。

自 2005 年起，客货运输服务的 CO_2 排放量均保持着较为快速的增长。其中，货运是交通部门中碳排放最多的方式，其 CO_2 排放量在不断增加；城际客运的 CO_2 排放量自 2005 年起持续增长，但增速相对较小。

道路运输是中国交通部门中 CO_2 排放最多的运输方式，其占比从 2005 年的 72.0%增长到 2019 年的 84.7%。同期的铁路运输与水路运输的 CO_2 排放占比出现了小幅度的下降，航空运输的 CO_2 排放快速上升，其占比从 2005 年的 4.0%上升到 2019 年的 6.9%。

[1] 交通部门电力按照电热当量法转换成煤当量计算：1 kW·h=122.9 gce（克标准煤）。

2. 交通部门碳排放的主要特征

一是交通部门的碳排放在全国碳排放总量中的占比较低，但上升速度较快。在交通运输行业快速发展的同时，高耗能、高排放等问题也越来越突出。交通运输需求的强劲增长使该部门能源消费在中国终端能源消费中所占的比例从 1980 年的 5%上升到 2005 年的 9.1%，之后继续上升到 2019 年的 10.7%。交通部门的直接 CO_2 排放量占全国 CO_2 排放总量的比重有所提高，从 2005 年的 7.3%上升到 2019 年的 9.3%。

二是以道路运输的碳排放为主，但航空运输的碳排放增速最快。在交通部门快速增长的 CO_2 排放中，道路运输占主体地位，但航空运输对 CO_2 排放总量的贡献日益加大。在交通部门的 CO_2 排放总量中，2019 年道路运输、铁路运输、水路运输和航空运输分别占 84.8%、1.4%、6.9%和 6.9%。过去 15 年，道路运输的 CO_2 排放占比保持在 85%左右，铁路运输与水路运输的 CO_2 排放占比出现了小幅下降，但航空运输的 CO_2 排放快速上升，其占比从 2005 年的 4.0%上升到 2019 年的 6.9%。

三是以汽油和柴油消费产生的碳排放为主。2019 年交通部门的能源消费占全国能源消费总量的 10.7%，其中成品油占比为 88.3%。2019 年，在基于能源类型的交通部门 CO_2 排放中，汽油、柴油和煤油的 CO_2 排放占比分别为 35.18%、52.53%和 6.88%，由汽油和柴油产生的 CO_2 排放合计占 87.72%，占据绝对主体部分。

四是电力消费的间接碳排放不容忽视。尽管目前交通部门的电力消费占比不高，但未来铁路运输、城市轨道、有轨电车、无轨电车、电动汽车、电动船舶等消耗的电能将快速增长。从全生命周期分析，电力消费对应的电力生产阶段的 CO_2 排放不容忽视。

3. 交通部门碳排放的未来趋势

如图 3-30 所示，一系列研究表明，中国交通部门未来的 CO_2 排放呈现近中期快速增长、中远期缓慢增长的趋势。到 2050 年，在大多数预测研究的基准情景中，CO_2 的年排放量将增至 18 亿～24 亿 t，呈现出显著增长的趋势，在不实行积极、持续的减缓政策的情况下，到 2050 年可导致产生当前水平 2～3 倍以上的 CO_2 排放[39-43]。

这些研究表明，随着未来工业化的完成以及产业结构的升级，交通运输结构将不断优化调整，低碳运输方式占总运输方式的比重不断增加，低碳交通运输装备技术得到创新和推广应用，因而会给交通部门的温室气体排放造成很大影响。

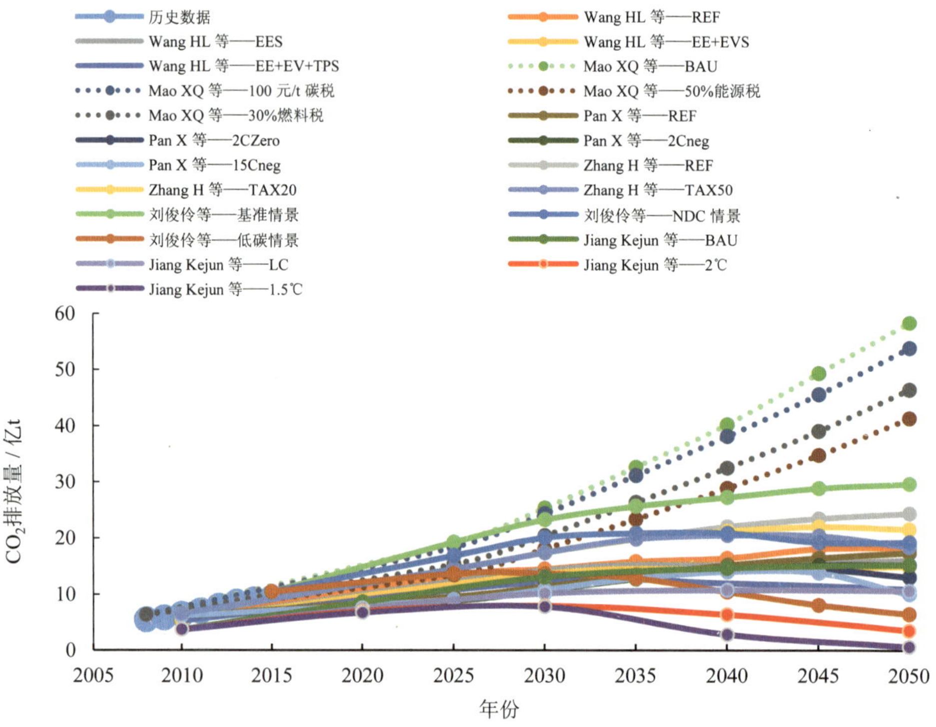

图 3-30　2050 年中国交通部门 CO_2 排放量预测[39-43]

3.3.2　交通部门的未来发展和情景设置

1．未来的交通需求、结构变动和技术发展

（1）国际经验借鉴

目前，中国的客货运输及其能源消费、碳排放等还处于上升阶段，与部分发达国家已由增长期经过拐点开始下降的趋势完全不同。部分发达国家的交通基础设施系统已基本完善，而中国的基础设施还处于快速发展阶段；部分发达国家的城市化、机动化进程已经完成，私人汽车保有量增速较慢，而中国的城市化、机动化正在快速推进中，汽车保有量还处于快速增长期，峰值期还未到来。虽然与这些发达国家所处的交通运输发展阶段及其特征不同，但中国的交通运输行业发展与其也有着相似的发展路径，这些国家低碳交通的发展历程及经验教训无疑对中国有着重要的借鉴作用[44]。

国际经验表明，客运碳排放强度下降难度较大，引导合理消费是关键。从各国客运碳排放强度历年来的相对变化趋势来看，随着出行舒适性需求的不断提高，客运单耗可能呈上升态势，进而导致碳排放强度不断上升[45]。2007—2019 年，中国私家车保有量从 0.57 亿辆快速增长到 2.04 亿辆，年均增长率为 8.8%。私家车保有量的快速增长导致了其碳排放量的快速增加，2013 年私家车超越出租车成为城市客运中碳排放最多的板块。中国未来客运碳排放强度下降的空间相对较小、难度较大，需要统筹考虑节能减排与提升服务质量，在二者之间力求实现最佳权衡。因此，未来引导公众形成合理的消费模式是关键，既不能因强调减少排放而忽视了安全、便捷、舒适出行的需求，也不能为盲目追求出行的舒适性而导致碳排放过量。

货运减排空间较大，提升运输效率是关键。过去几十年里中国的经济快速发展，对大宗商品如钢铁、水泥等基建材料的需求显著提升，这些商品运输主要以公路运输为主。2005—2019 年，公路货物周转量年均增长 8.6%。同时，公路运输 90%的能源消费依赖化石能源，导致公路货运碳排放量持续上升。另外，随着电子商务的出现，城市配送需求明显提升，2010—2019 年城市配送的碳排放量占货运总量的比例增长了近 2 倍。未来应将积极发展现代物流、着力提高运输组织化程度和运输效率作为主攻方向，降低货运能源强度，减少碳排放。

运输结构优化、交通集约化、先进交通工具和低碳能源技术应用、智能交通发展等是实现交通部门低碳发展的重要途径，应综合采用规划、价格、投资、宣传、教育、运输组织等手段促进客货运输需求由小汽车、卡车运输等碳排放强度高的交通方式向铁路、水运、公共交通等碳排放强度低的运输方式转移。在城市间增加高速铁路、城际铁路，在城市内增加轻轨、磁悬浮、市郊铁路等设施的规划建设，以节能型、大容量的快速交通方式引导城市、城市群集约布局，形成集约低碳的交通供给模式。此外，还应注重在交通运输新技术、替代燃料、信息技术和智能交通等方面的研发和应用，尤其是替代燃料、载运工具新技术等，制定明确的交通新技术发展路线图。

（2）交通运输需求及结构分析

货运方面，运输需求将由高速增长转向平稳增长。其中，大宗货物运输量将在 2030 年之前达到峰值，高价值、分散性、小批量、时效性强的货运需求快速攀升。低碳发展相关政策将引导货运结构优化。

未来，中国经济将由高速增长阶段转向高质量发展阶段，供给侧结构性改革将进一步深化，货运需求增速将有所下降，但由于工业化和城镇化进程还在持续，2030 以前货运需求仍将保持中速增长。2030—2040 年中国进入以科技创新为重要支撑的新兴工业化发展阶段以后，对工业品产量及货物运输量的需求增速会放缓，从而导致货运需求增速降低。2040 年以后货物周转量将逐步达峰，并维持一个缓慢下降的趋势。

2018 年，中国大宗货物的产量和运输量均居世界第一。随着供给侧结构性改革的深化以及发展方式的转变、优化经济结构、转换增长动力等政策的带动，重化工业的增速会有所降低，对煤炭、铁矿石和钢铁等大宗货物的需求也会有所减少。预计大宗货物运输需求将于 2020—2030 年达到高峰平台期，2030 年之后将随着城市化进程以及大规模基础设施建设的完成而有所下降。由于中国国土面积大、人口多、资源禀赋不均衡，大宗货物运输量达峰后短期内并不会出现明显的大幅下降，仍将维持在一个相对稳定的规模。

基于互联网的个性化定制以及工业生产由集中式控制向分散式、增强型控制转变等新趋势，物流也将随之呈现出“个性化”的特点，分散性、小批量的货运需求在快速增长。同时，生活消费水平的提高升级也促进了小批量、多批次、高价值的货物运输需求量的增长和更快速、更便捷、更准时的物流配送需求的增加，并推动了航空、公路等货运需求的增长。与此同时，高附加值和轻型化产品在货运中的比例明显增大，其单位运输量的货物价值远超过大宗货物类，货类变化将促进集装箱及快递运输量的持续增长。

随着路网等级的不断提高，公路运输基于自身“门到门”的优势，仍将是货运最主要的方式。铁路、水路运输的占比受政策力度的影响较大：强有力的低碳交通政策会推动部分货物运输由公路转向铁路和水路，铁路货运量及货物周转量的占比将有所增长；同时，大规模推广集装箱铁水联运也将为铁路和水路货物运输带来新的增长点。

随着中国经济的结构性调整，对于公路货运而言，其所承担的煤炭、粮食、矿石等大宗物资运输任务将逐步转移到铁路和水运，而自身将更多地承担小批量、多批次、质量轻、高附加值、时效性强的货物运输任务。同时，随着高速公路里程的增加和物流配送系统的完善，公路货物运输的平均运距也将随之延长。在客运方面，旅客运输总需求将快速增加，但其增长率将随着城镇化速度的减缓而有所下降；城市群发展将对城间客运出行有促进作用；城市客运交通将持续增加，并带动小汽车出行和公共交通的发展。

一般来说，在快速城镇化阶段，客运需求具有总量水平和增长率“双高”的特征；在城镇化后期，客运需求则呈现出“总量高、增速低”的特征。目前，中国正处于城镇化中期阶段，将向中后期发展过渡，客运需求将呈现中高速增长。2030—2050 年，中国的城镇化发展将逐步成熟，客运需求增长率将随着城镇化速度的减缓而有所下降。

城市群已经成为中国城镇化发展的重要形态，城市群之间的经济、社会联系将进一步增强，主要城市群之间的城间客运出行在全国客运中的占比将不断提高。

随着城镇化的推进和经济增长，城市出行的需求将持续增加。自动驾驶、共享汽车等新技术、新模式的发展使人们的出行消费更倾向于选择快速、舒适的小汽车出行方式。随着基础设施的不断完善和低碳绿色出行理念的强化，人们也可能更倾向于选择公共交通出行。

（3）中国典型货类运输量发展趋势

中国的铁路、内河和沿海水运、高速公路干线运输的货类构成及大宗货物运输占比见表 3-10。不同种类的大宗货物运输量在各种运输方式中所占的比例不同：铁路承担的大宗货物运输量占铁路货运量的 90%以上；高速公路承担的大宗货物运输量占高速公路货运量的 52.6%[46]。

表 3-10　中国不同运输方式的货类构成及大宗货物运输占比

序号	货类	大宗货物运输占比/%		
		铁路	内河和沿海水运	高速公路
1	煤炭及制品	61.39	25.38	8.19
2	石油、天然气及制品	3.5	5.4	4.8
3	金属矿石	10.79	8.83	0.96
4	钢铁和有色金属	5.66	5.23	12.73
5	矿物性建筑材料	3.58	21.83	13.76
6	水泥	0.92	3.72	3.94
7	非金属矿石	2.26	2.34	3.47
8	木材	0.63	0.18	2.07
9	粮食	2.77	1.97	2.68
10	化肥和农药	2.2	0.24	0.94
11	盐	0.39	0.11	0.16
12	机械设备、电器	0.17	1.05	7.09
13	化工原料及制品	1.31	1.74	6.08
14	轻工、医药产品	0.6	0.87	17.39
15	农、林、牧、渔业产品	0.1	0.28	8.52
16	其他货类	3.63	20.83	7.22
17	合计	100	100	100
其中货类 1～9 小计		91.5	74.88	52.6

数据来源：课题组整理（因四舍五入，各分项之和与合计结果不完全一致）。

表 3-11　典型货类运输量预测

货类		产量现状/亿 t	产量预测/亿 t		铁路运输量/亿 t		铁路运输占比/%		主要产地	未来主要需求地	运输距离/km
		2018 年	2030 年	2050 年	2015 年	2050 年	现状	2050 年	2050 年	2050 年	2050 年
煤炭及其制品		36.5	30～35	10～15	21.76	3～5	70	85	山西、内蒙古等	中部、西部	500+
冶炼物资（钢铁）		11	6.5～7.5	3.2～4.5	35	15～20	5	50	华北、华东、东北	全国	500+
建筑材料	水泥	22	18	8	—	—	—	—	全国	全国	312
	玻璃	8.6 亿重量箱	7 亿重量箱	6 亿重量箱	—	—	—	—	全国	全国	—
	木材	0.9 亿 m^2	1 亿 m^2	1.2 亿 m^2	0.24 亿 m^2	0.5 亿 m^2	—	10	进口、东北、西南	全国	500+
粮食		6.57	6.5	7	1	1.5	70	90	全国	全国	200+
集装箱运输		27	39	54	2.13	21.6	15	40	全国	全国	300+
快递		500 亿件	800 亿件	1 300 亿件	—	—	2	40	全国	全国	500+

数据来源：课题组整理、预测。

基于表 3-11，可以对煤炭、钢铁等冶炼物资、建材、粮食、集装箱、快递等几大货类的运输需求变化趋势做出如下判断：

①煤炭运输将呈现短期平稳、中长期显著下降的趋势；

②以钢铁为代表的冶炼物资运输量将呈现稳步下降的趋势[47]；

③水泥等建筑材料运输量呈下降趋势，但木材运输量将略有上升；

④粮食运输总量变化不大，运输方式将会持续优化；

⑤集装箱运输量将会迎来持续增长；

⑥快递运输量将快速、稳定地增加。

（4）交通运输技术发展

未来的交通运输技术发展将为交通部门加快绿色低碳发展提供助力：铁路方面的技术应用有电气化推进、车辆轻量化、节油节电等，公路方面的技术应用有自动驾驶技术的普及、生态驾驶和运输车队的推广、发动机技术和车辆制造技术的升级，航空方面的技术应用有精细化飞行管理和航空生物燃料应用。这些交通运输技术的显著进步将有利于提高能源利用效率、降低碳排放。与此同时，清洁能源与新能源汽车、船舶等的加快推广，以及航空领域生物燃料的加快应用，也将推动交通运输能源的清洁化和低碳化。

铁路运输的技术进步主要体现在电气化率和车辆轻量化方面。基于铁路电气化率、铁路列车轻量化、机车节电节油、智能管理等技术领域的进步，铁路能耗下降的潜力在 2030 年将达到 15%～30%，在 2050 年将达到 35%～50%。

公路运输技术的发展主要体现在推动燃油经济性提升方面。过去 10 多年里，中国乘用车的燃油消耗率持续下降。工业和信息化部公布的数据显示，2015 年企业平均燃油消耗率（CAFC）为 7.02 L/100 km，自 2006 年实施燃油经济性第一阶段标准以来，平均燃油消耗率年均提高 1.7%。《中国制造 2025》（国发〔2015〕28 号）和《节能与新能源汽车技术路线图》中提出了各种乘用车技术燃油消耗率的预期下降目标。中国采取了多项措施来促进燃油消耗率目标的实现。乘用车燃油消耗率第四阶段标准已于 2016 年生效，未来的燃油消耗标准还将逐步加严。考虑到发动机、车辆制造的技术升级以及生态驾驶、货车编队、路网优化等技术的应用，公路能耗下降的潜力在 2030 年将达到 35%～50%，在 2050 年将达到 55%～70%。

水路运输技术的进步主要体现在船舶制造标准方面。随着船舶大型化、船型标准化等一系列技术的应用，水路运输的能源效率将提升 20%～50%。

民航运输技术的进步主要体现在飞行管理技术和生物质燃料方面。考虑到精细化飞行管理、航空生物燃料的应用以及新型发动机/飞机的研发应用等技术的发展，航空运输的能源效率将提升 20%～70%。

中国新能源汽车产销量近些年显著增加，未来的发展潜力巨大。2011—2018 年，新能源汽车的年销售量从不到 1 万辆增长到 125.6 万辆，销量位居全球第一，燃料电池汽车的累计产销量超过 1 500 辆。新能源汽车的产业规模从几十亿元发展到逾千亿元，由上游的矿产资源和关键原材料，中游的电池、电机、电控核心零部件，下游的整车和充电桩等各环节构成的产业链已经相对完善，很多环节已经培育出具备全球竞争力的企业。随着新能源汽车产业步入高速成长期，其终端销量和渗透率将不断攀升。从 2017 年下半年开始，世界上的很多国家纷纷提出停止销售燃油车的计划，分别公布了禁售燃油车的时间表。考虑到中国汽车生产企业的发展阶段、中国的产业结构以及交通发展状况，有研究表明，中国预计将于 2030 年前后禁售燃油车（专业卡车、重型卡车除外），并大力推动新能源汽车的发展。

新能源汽车未来将快速普及，在 2050 年成为市场的绝对主流。2016 年发布的《节能与新能源汽车技术路线图》指出，2025 年电动汽车等新能源汽车将在一定程度上替代燃料汽车，新能源汽车保有量占比为2%～3%；2030年电动汽车等新能源汽车将大规模替代燃料汽车，新能源汽车保有量占比为5%～10%。中国汽车技术研究中心认为，2025年，纯电动汽车与普通混合动力汽车的制造成本相当；2033年，纯电动汽车将与传统汽油车的制造成本首次持平；2033年之后，纯电动车型将是制造成本最小的领域，届时的新能源汽车推广将由市场推动。基于消费市场的选择，预计2050年纯电动汽车、新能源汽车的年销售量占比将分别达到60%、70%左右，新能源汽车将在2050年成为市场的绝对主流，其中燃料电池汽车在大型客车和中重型卡车车型中的占比较高。

生物质能源是未来飞机能源清洁化的主要方向。根据相关研究，与使用常规燃料相比，在巡航情况下使用生物燃料可使CO_2排放量降低60%～98%，并可直接混合现有航空燃油使用。国际民用航空组织（International Civil Aviation Organization，ICAO）发布了相关预测报告并出台了规划和发展路线图：考虑到生物燃料对既有航空系统的适应性非常好，不会对燃料管道的橡胶密封部件造成腐蚀，也无须对现有的飞机和地面系统进行大改，预计到2030年全球航空生物燃料将占总用量的30%，2040年将占50%。

2. 不同情景设置

综上分析，随着碳达峰等应对气候变化新目标的部署以及交通强国建设战略的需求，交通部门实现低碳发展的目标越来越明确。同时，伴随着移动互联网、物联网、云计算、大数据等新技术的应用以及新能源汽车、储能技术、自动驾驶等技术的突破，“互联网+”渗透到交通部门的各个领域，创新了交通运输发展业态，给交通运输格局带来了革命性的影响。

未来交通部门的CO_2排放会受到多种因素的影响，如交通运输模式、交通运输格局、交通工具的能效水平状况、公共交通与小汽车的发展关系、交通需求的取向等。

本节根据政策情景、强化政策情景、2℃情景以及1.5℃情景设定的各项指标进行了相应的交通能耗及碳排放计算，并进行了对比分析，主要考虑了共享交通等新业态、新模式的涌现及消费理念的转变，新能源载运工具的普及，自动驾驶的应用，运输结构的调整优化，交通运输的技术进步，基础设施的空间布局等各方面参数，见表3-12。

表 3-12　4 种情景设置的主要参数与特征

参数	政策情景	强化政策情景	2℃情景	1.5℃情景
交通技术	2050年交通部门能源利用效率相较于2015年提升30%	2050年交通部门能源利用效率相较于2015年提升40%	2050年交通部门能源利用效率相较于2015年提升50%	2050年交通部门能源利用效率相较于2015年提升65%
新能源汽车	2020年、2030年、2050年新能源汽车保有量占比分别为1.2%、10%、40%，货运车型中新能源汽车占比分别为0.2%、3%、10%	2020年、2030年、2050年新能源汽车保有量占比分别为1.3%、15%、50%，货运车型中新能源汽车占比分别为0.2%、4%、15%	2020年、2030年、2050年新能源汽车保有量占比分别为1.5%、20%、65%，货运车型中新能源汽车占比分别为0.2%、5%、20%	2020年、2030年、2050年新能源汽车保有量占比分别为1.5%、20%、85%，货运车型中新能源汽车占比分别为0.2%、5%、60%
城市绿色出行	2050年公共交通全方式出行分担率达45%、轨道交通的长度为5万km，私家车保有量为340辆/千人，共享出行率为10%	2050年公共交通全方式出行分担率达50%、轨道交通的长度为6万km，私家车保有量为320辆/千人，共享出行率为15%	2050年公共交通全方式出行分担率达55%、轨道交通的长度为6.5万km，私家车保有量为280辆/千人，共享出行率为20%	2050年公共交通全方式出行分担率达60%、轨道交通的长度为7万km，私家车保有量为270辆/千人，共享出行率为25%
运输结构优化调整	经过货运结构调整，2050年铁路、公路、水路、航空和管道货运占比为16%、65%、16%、1%和2%；经过客运结构调整，2050年铁路、公路、航空、水路客运占比为38%、34%、27%、1%	经过货运结构调整，2050年铁路、公路、水路、航空和管道货运占比为19%、59%、18%、1%和3%；经过客运结构调整，2050年铁路、公路、航空、水路客运占比为40%、31%、28%、1%	经过货运结构调整，2050年铁路、公路、水路、航空和管道货运占比为23%、53%、21%、1%和2%；经过客运结构调整，2050年铁路、公路、航空、水路客运占比为42%、27%、30%、1%	经过货运结构调整，2050年铁路、公路、水路、航空和管道货运占比为24%、51%、22%、1%和2%；经过客运结构调整，2050年铁路、公路、航空、水路客运占比为43.5%、26.5%、29%、1%

3.3.3　不同情景分析的主要结果

1. 能源消费和碳排放

如图 3-31 和表 3-13 所示，按照当前的发展趋势，2040 年前后交通部门的能源消费总量呈快速增长趋势，必须采取强有力的政策和手段才有可能在 2035 年前后达峰。

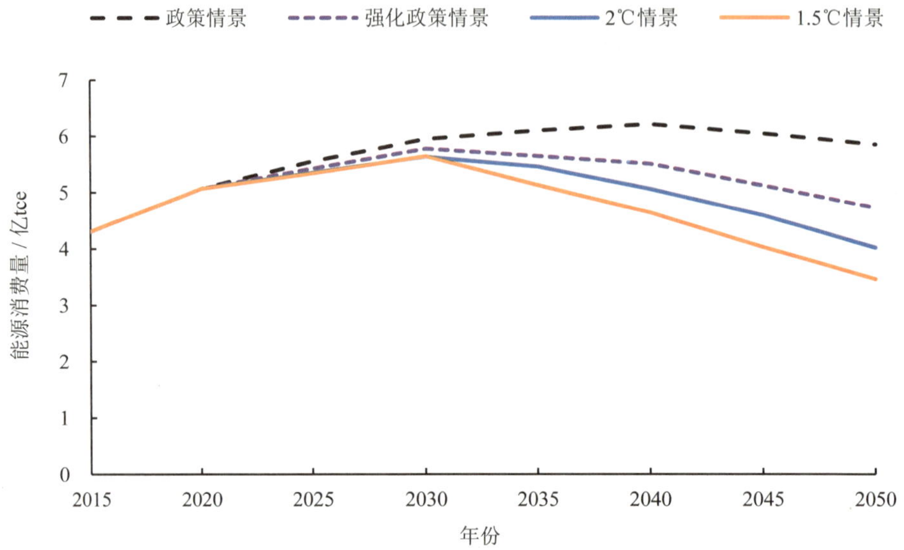

图 3-31　2015—2050 年各情景下交通部门的能源消费量

表 3-13　2015—2050 年中国交通部门分品种能源消费量

单位：亿 tce

情景	能源品种	2015 年	2020 年	2030 年	2050 年
政策情景	总量	4.30	5.14	5.99	5.85
	汽油	1.32	1.58	1.79	1.93
	柴油	2.42	2.77	3.06	2.67
	LPG	0.00	0.01	0.02	0.06
	天然气	0.15	0.17	0.18	0.14
	电力	0.16	0.23	0.33	0.40
	氢能	0.00	0.00	0.00	0.01
	航空燃油	0.25	0.38	0.58	0.58
	生物燃料	0.00	0.00	0.02	0.07
强化政策情景	总量	4.30	5.14	5.90	4.71
	汽油	1.32	1.58	1.73	1.11
	柴油	2.42	2.77	2.99	2.10
	LPG	0.00	0.01	0.02	0.08
	天然气	0.15	0.17	0.19	0.11
	电力	0.16	0.23	0.37	0.68
	氢能	0.00	0.00	0.00	0.01
	航空燃油	0.25	0.38	0.57	0.52
	生物燃料	0.00	0.00	0.03	0.11

情景	能源品种	2015 年	2020 年	2030 年	2050 年
2℃情景	总量	4.30	5.14	5.83	4.02
	汽油	1.32	1.58	1.65	0.69
	柴油	2.42	2.77	2.95	1.60
	LPG	0.00	0.01	0.02	0.10
	天然气	0.15	0.17	0.20	0.08
	电力	0.16	0.23	0.41	0.97
	氢能	0.00	0.00	0.00	0.02
	航空燃油	0.25	0.38	0.57	0.21
	生物燃料	0.00	0.00	0.03	0.35
1.5℃情景	总量	4.30	5.14	5.83	3.46
	汽油	1.32	1.58	1.65	0.21
	柴油	2.42	2.77	2.95	0.47
	LPG	0.00	0.01	0.02	0.10
	天然气	0.15	0.17	0.20	0.04
	电力	0.16	0.23	0.41	1.91
	氢能	0.00	0.00	0.00	0.18
	航空燃油	0.25	0.38	0.58	0.04
	生物燃料	0.00	0.00	0.03	0.46

注：因四舍五入，个别分项之和与总量数值不完全一致。

如图 3-32 和表 3-14 所示，按照当前的发展趋势，2040 年前后交通部门的碳排放总量呈快速增长趋势，必须采取强有力的政策和手段才有可能在 2030 年前后达峰。

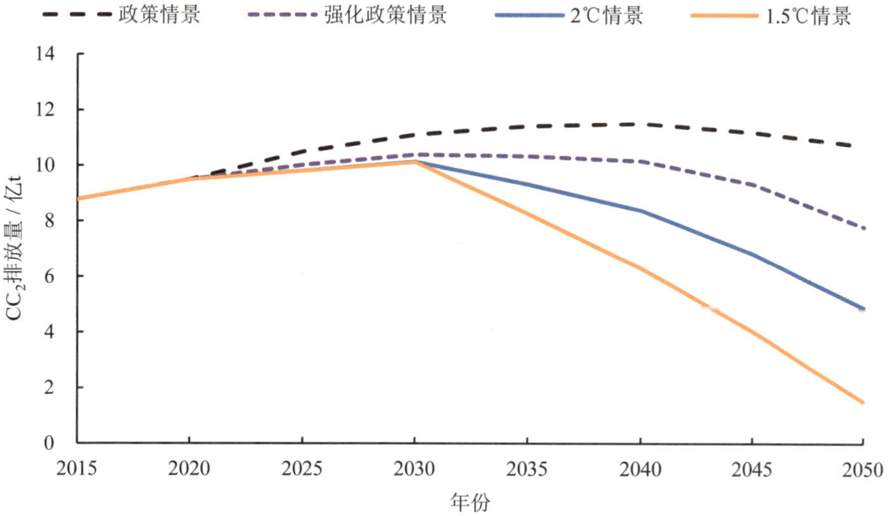

图 3-32　2015—2050 年中国交通部门的 CO_2 排放量

注：航空没有包括国际航空，水运没有包括远洋运输。

表 3-14　2015—2050 年中国交通部门的不同运输方式的 CO_2 排放量

单位：亿 t

情景	运输方式	2015 年	2020 年	2030 年	2050 年
政策情景	总量	8.77	9.91	11.55	11.09
	道路运输	7.48	8.14	9.14	9.45
	铁路运输	0.12	0.17	0.23	0.16
	航空运输	0.48	0.73	1.07	0.89
	水路运输	0.68	0.86	1.10	0.58
强化政策情景	总量	8.77	9.91	11.12	8.04
	道路运输	7.48	8.14	8.81	6.49
	铁路运输	0.12	0.17	0.21	0.17
	航空运输	0.48	0.73	1.09	0.79
	水路运输	0.68	0.86	1.01	0.59
2℃情景	总量	8.77	9.91	10.75	5.50
	道路运输	7.48	8.14	8.46	4.26
	铁路运输	0.12	0.17	0.21	0.13
	航空运输	0.48	0.73	1.08	0.62
	水路运输	0.68	0.86	1.00	0.48
1.5℃情景	总量	8.77	9.91	10.37	1.72
	道路运输	7.48	8.14	8.16	1.19
	铁路运输	0.12	0.17	0.20	0.02
	航空运输	0.48	0.73	1.04	0.02
	水路运输	0.68	0.86	0.96	0.48

注：因四舍五入，个别分项之和与总量数值不完全一致。

在政策情景下，碳排放总量持续增加。虽然交通部门单位周转量/客运量的碳排放量有所下降，但是由于客货周转量和城市客运量的增长速度高于单位能耗的下降速度，CO_2 排放总量将持续上升，约在 2040 年达峰，峰值为 11.55 亿 t。

在强化政策情景下，随着交通运输装备结构的优化、技术的发展以及资源的合理配置，交通部门的 CO_2 排放总量将呈现先增长后下降的趋势，约在 2035 年前后达峰。

在 2℃情景下，通过采取一系列措施，如强化综合交通运输枢纽的衔接协调作用，加强区域、城乡交通一体化，提升交通运行效率；加强"互联网+"在交通运输中的应用，推进智能交通建设；通过结构优化合理配置铁路、公路、水路和民航客货运输；通过技术进步提升运输装备的现代化水平，改善运输工具的燃料结构；采用更为激进的电动车等新能源车辆的渗透率等，可使交通部门的 CO_2 排放总量于 2030 年前后达峰，峰值为 10.75 亿 t。

在 1.5℃情景下，通过进一步发展集约交通、优化交通，加快电动化和氢能应用以及在航空、航海中应用低碳技术，可使交通部门的 CO_2 排放总量于 2030 年前后达峰，峰值为 10.37 亿 t，之后迅速下降，到 2050 年 CO_2 排放总量为 1.72 亿 t。

从 4 种情景的对比分析来看，采取强化政策情景，2040 年交通部门的 CO_2 排放量比政策情景下降 10.2%；采取 2℃情景，2030 年交通部门的 CO_2 排放量比政策情景下降 7.8%；采取 1.5℃情景，2050 年交通部门的 CO_2 排放量比政策情景下降 84.7%。

2. 电动化趋势

在政策和强化政策 2 种情景下，到 2050 年交通部门耗能最多的均为以柴油和汽油为主的成品油。图 3-33 和表 3-15 显示了未来不同情景下交通部门的电力消费情况。2℃情景，尤其是 1.5℃情景将进一步采用更为激进的电动车等新能源车辆渗透率、铁路电气化等措施，扩大交通电力消费规模，替代成品油消费，以大力发展电动汽车，促进道路交通的电动化转型。为此，需要坚持以“纯电驱动”技术路线为主，鼓励和引导插电式混合电动汽车消费者使用电机驱动模式（CD 模式）行驶，同时兼顾节能汽车和氢燃料电池汽车技术的发展以及替代燃料的渗透。此外，还应加快充电基础设施建设，为道路交通电动化时代的到来提前布局。

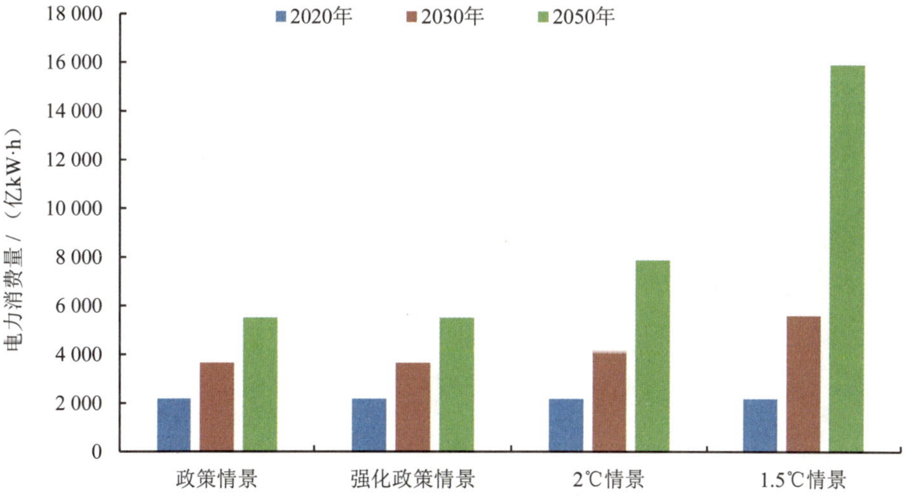

图 3-33　未来交通部门的电力消费量

表 3-15 各情景下交通部门的电力消费量

单位：亿 kW·h

年份	政策情景	强化政策情景	2℃情景	1.5℃情景
2020	2 206	2 206	2 206	2 206
2030	2 864	3 681	4 187	5 619
2050	3 243	5 531	7 900	15 922

3. 净零排放的关键措施

通过分析，在 2℃情景下，2050 年交通部门的 CO_2 排放量在 5.5 亿 t 左右，其中航空和水运成为减排难度较大的部门，可能是因其还依赖于传统石油基燃料的使用。

要实现净零排放要求，必须积极采取相关措施，如进一步提高能效，大规模采用生物燃料和氢能，并将其用于航空和水运，继续削减交通部门的 CO_2 排放，甚至要低于 1.5℃情景下 2050 年的水平，即降到 1 亿 t 左右。其中，关键措施包括扩大生物燃料和氢能在交通部门的应用规模，使其分别达到 3 100 万 t 和 1 900 万 t，以替代 1.25 亿 t 的成品油消费量，避免 3.7 亿 t 左右的 CO_2 排放量。

4. 情景分析小结

按照目前的发展趋势，随着经济社会的快速发展、工业化和城镇化进程的不断加快，交通部门的碳排放总量在 2040 年以前将呈快速增长的趋势，必须采取强有力的政策和手段才有可能在 2030 年前后达峰。同时，还应进一步发展集约交通、优化交通，加快电动化和氢能的应用，并在航空、航海中应用低碳技术，以使接下来的排放总量迅速下降。

在 2℃情景或 1.5℃情景下，交通部门的碳排放总量将于 2030 年前后达峰，峰值为 10 亿 t 左右。在政策情景和强化政策情景下，直到 2050 年成品油都将是交通能源的主要构成部分。在 2℃情景或 1.5℃情景下，交通电力消费规模迅速扩大，将大幅度替代成品油消费。

大规模采用生物燃料和氢能并将其用于航空和水运，可以继续削减交通部门的 CO_2 排放，到 2050 年可降低到 1.7 亿 t 左右，接近净零排放。

3.3.4 低碳发展目标、路径与政策建议

1. 低碳发展目标与路径

如表 3-16 所示，未来交通部门应逐步在碳排放总量、运输装备、运输结构、运输服务、低碳治理等方面实现低碳发展的各项目标，重点年份包括 2025 年、2035 年和 2050 年。

表 3-16 交通部门低碳发展目标

分类	指标	2025 年目标	2035 年目标	2050 年目标
碳排放总量	交通运输碳排放	—	达峰	近零排放
运输装备	新增新能源与清洁能源装备比例/%	50	70	100
	铁路电气化率/%	75	85	100
运输结构	铁路货运比例/%	增加	—	24
	水路货运比例/%	增加	—	22
运输服务	公共交通全出行分担率/%	45	55	60
	慢行交通比例/%	25	30	30
低碳治理	低碳交通治理	低碳交通战略规划和法规标准体系进一步完善	建成市场化主导的节能减排运作模式	建成现代化绿色低碳治理体系

2035 年目标：交通部门碳排放达峰，基本建成“清洁低碳、集约高效”的现代化综合运输体系。具体表现为各种运输方式的基础设施运能充分但不过度超前；基础设施网络综合覆盖度进一步提升，短板和弱项基本消除，国内通达性、通畅性显著提高；建成现代化便捷高效的综合枢纽体系，各种运输方式衔接、一体、高效，旅客换乘更加便捷，货物换装转运效率显著提高；客货运输结构合理，铁水货运量占比进一步提高；基础设施绿色环保水平、资源利用效率、对清洁能源运输工具的配套服务水平明显提高，清洁高效运输装备比例处于世界一流行列。

2050 年目标：交通部门实现近零排放，交通运输行业的绿色低碳发展与社会主义现代化强国和交通强国建设要求相适应。具体表现为通过技术、管理、创新等方面的协同效应形成低碳交通发展合力，实现车辆、全产业链的清洁低碳，管理效率全面提升；综合交通全环节、全生命周期绿色化，建成低碳的综合立体交通网；形成与资源环境承载力相匹配、与生产生活生态相协调的全天候交通基础设施绿色发

展体系；进一步推动载运工具的清洁低碳化，新增载运工具基本实现全面使用新能源或清洁能源。

2. 低碳战略与政策建议

为建成“清洁低碳、集约高效”的现代化综合运输体系，应科学制定交通部门的低碳发展战略与政策，为此提出以下建议：

一是加快交通能源需求的尽早达峰。充分发挥电力、氢能和生物燃料的替代作用；加大交通模式的优化和交通需求管理，实现交通部门能源消费峰值在2030—2035年出现；峰值出现后，交通部门的能源消费量将显著下降。

二是设定交通部门碳排放峰值目标。考虑到道路交通在能源消费和直接CO_2排放方面仍然是主要来源，且道路交通部门的能源替代效果显著，整个交通部门的CO_2排放峰值目标可以设定在2030—2035年之间。

三是探索交通部门净零碳排放方案。积极探索降碳难度大的子交通部门的技术应用潜力，设计交通部门净零碳排放方案，到2050年实现生物燃料和氢能在航空、水运上的大规模利用。

四是大力促进新能源汽车的发展。支持电动汽车技术取得突破性进展和充电基础设施的超前布局，加快推广电动汽车，在乘用车领域推动传统燃油乘用车在2040年退出销售市场，进一步加快客车和货车的电动化进程；同时，保持电动汽车和燃料电池汽车保有量的大幅增长。

五是进一步提高汽车等交通工具的燃油经济性标准，逐步提升交通能源效率。提高交通工具的燃油经济性是近、中、远期控制交通能源消费增长和温室气体排放增长极为有效的措施之一。

六是优化交通运输结构，促进长途旅客和货物运输需求向铁路和水运方式转移。继续发挥铁路、水运在大宗物资中、远距离运输中的骨干作用，提高铁路集疏港比例，逐步减少重载柴油货车在大宗散货长距离运输中的比重。将长距离客运等不适合道路运输的运输需求转移到航空或铁路，减少对道路运输的不合理需求。

七是全方位实施交通需求管理，推进绿色低碳出行。大力实施城市公交优先发展战略，实现公共交通的规划优先、用地优先、资金优先和路权优先，加快快速公交（BRT）、公交专用道、轨道交通的建设，以及自行车道、行人道等慢行系统的建设，发展大运量公共交通系统。实施差别化的交通管理，减缓私家车保有量的增长。优化管控措施，提高小汽车使用成本，引导降低小汽车出行总量。

八是强化绿色交通的财税等经济激励政策。将包括碳税、许可税、拥堵费和停车费等在内的基于市场的政策措施与生物燃料标准和燃料经济/碳标准等命令控制型政策措施进行政策组合，实现交通需求、交通能源和交通 CO_2 排放协同管控的良好效果。

参考文献

[1] 国家统计局．中国统计年鉴 2019[M]．北京：中国统计出版社，2019.

[2] 国家统计局．中国能源统计年鉴 2018[M]．北京：中国统计出版社，2018.

[3] 中华人民共和国气候变化第一次两年更新报告[R]. 2016.

[4] IEA. World energy outlook 2018[R]. Paris：IEA，2018.

[5] UNIDO. Industrial development report 2018[R]. Vienna：UNIDO，2018.

[6] IEA. World energy outlook 2017[R]. Paris：IEA，2017.

[7] 国家发展和改革委员会能源研究所．"十三五"节能规划研究[R]．北京：国家发展和改革委员会能源研究所，2017.

[8] 清华大学建筑节能研究中心．中国建筑节能年度发展研究报告 2016[M]．北京：中国建筑工业出版社，2016.

[9] 谢建国，姜珮珊．中国进出口贸易隐含能源消耗的测算与分解[J]．经济学（季刊），2014（7）：1365-1392.

[10] McKinsey & Company. Decarbonization of industrial sectors：the next frontier[R]. New York：Mckinsey & Company，2018.

[11] Springer C，Hasanbeigi A. Emerging energy efficiency and carbon dioxide emissions reduction technologies for industrial production of aluminum[R]. LBNL-1005789，2016.

[12] Donald S，Thomas R，Matthew W. Carbon monoxide gas diffusion electrolysis that produces concentrated C2 products with high single-pass conversion[J]. Joule，2018，16（3）：240-256.

[13] UNEP. Resource efficiency：potentials and economic implications[R]. Nairobi：UNEP，2017.

[14] Material Economics. The circular economy[R]. 2018.

[15] Kermeli K，Graus W，Worrel E. Energy efficiency improvement potentials and a low energy demand scenario for the global industrial sector[J]. Energy Efficiency，2014（7）：987-1011.

[16] Tao Y. How policies work to foster industrial symbiosis：a comparison between UK and China[M]. Cambridge：University of Cambridge，2017.

[17] Wen Z，Meng F，Chen M. Estimates of the potential for energy conservation and CO_2 mitigation based on Asian-Pacific Integrated Model（AIM）：the case of the iron and steel industry in China[J]. Journal of Cleaner Production，2015（65）：120-130.

[18] Ma D，Chen W，Xu T. Quantify the energy and environmental benefits of implementing energy-efficiency measures in China's iron and steel production[J]. Future Cities and

Environment，2015（1）：1-7.
[19] Zhang Q，Hasanbeigi A，Price L，et al. A bottom-up energy efficiency improvement roadmap for China's iron and steel industry up to 2050[R]. LBNL1006356，2016.
[20] An R，Yu B，Li R，et al. Potential of energy savings and CO_2 emission reduction in China's iron and steel industry[J]. Applied Energy，2018（226）：862-880.
[21] 温宗国，李会芳．中国工业节能减碳潜力与路线图[J]．财经智库，2018（11）：93-106.
[22] IEA. Energy Technology Perspective 2017[R]. Paris：IEA，2017.
[23] IEA，UNEP. 2019 Global status report for buildings and construction[R]. 2019.
[24] 清华大学建筑节能研究中心．中国建筑节能年度发展研究报告 2020[M]．北京：中国建筑工业出版社，2020.
[25] 国家统计局固定资产投资统计司．中国建筑业统计年鉴[M]．北京：中国统计出版社，2018.
[26] IEA. Data and statistics[EB/OL]. https://www.iea.org/data-and-statistics/data-tables?country=WORLD.
[27] 国家发展和改革委员会能源研究所．重塑能源：中国（建筑卷）[M]．北京：中国科学技术出版社，2016.
[28] International Energy Agency. World Energy Outlook 2019[M]. Paris：International Energy Agency，2019.
[29] Shell. Shell scenarios sky：meeting the goals of Paris Agreement [M]. Hague：Shell，2018.
[30] 国网能源研究院有限公司．中国能源电力发展展望 2019[M]．北京：中国电力出版社，2019.
[31] 清华大学建筑节能研究中心．中国建筑节能年度发展研究报告 2019[M]．北京：中国建筑工业出版社，2019.
[32] 清华大学建筑节能研究中心．中国建筑节能年度发展研究报告 2018[M]．北京：中国建筑工业出版社，2018.
[33] 清华大学建筑节能研究中心．中国建筑节能年度发展研究报告 2017[M]．北京：中国建筑工业出版社，2017.
[34] 彭琛，江亿，秦佑国，等．低碳建筑和低碳城市[M]．北京：中国环境出版集团，2018.
[35] 住房和城乡建设部标准定额研究所，等．国家标准《民用建筑能耗标准》实施指南[M]．北京：中国建筑工业出版社，2018.
[36] 清华大学建筑节能研究中心．建筑节能支撑技术体系研究总报告[R]．北京：清华大学建筑节能研究中心，2016.
[37] 中国城市科学研究会．中国绿色建筑 2020[M]．北京：中国建筑工业出版社，2020.
[38] 清华大学建筑节能研究中心．中国建筑节能理念思辨[M]．北京：中国建筑工业出版社，2016.
[39] Wang HL，Ou XM，Zhang XL. Mode，technology，energy consumption and resulting CO_2 emissions in China's transport sector up to 2050[J]. Energy Policy，2017（109）：719-733.
[40] Mao XQ，Yang SQ，Liu Q，et al. Achieving CO_2 emission reduction and the co-benefits of local

air pollution abatement in the transportation sector of China[J]. Environmental Science and Policy，2012（21）：1-13.

［41］Pan X，Wang H，Wang L，et al. Decarbonization of China's transportation sector：in light of national mitigation toward the Paris Agreement goals[J]. Energy，2018（155）：853-864.

［42］Zhang H，Chen W，Huang W. TIMES modelling of transport sector in China and USA：comparisons from a decarbonization perspective[J]. Applied Energy，2016（162）：1505-1514.

［43］刘俊伶，孙一赫，王克，等. 中国交通部门中长期低碳发展路径研究[J]. 气候变化研究进展，2018，14（5）：513-521.

［44］清华大学中国车用能源研究中心. 中国车用能源展望 2012[M]. 北京：科学出版社，2012.

［45］凤振华，王雪成，张海颖. 低碳视角下绿色交通发展路径与政策研究[J]. 交通运输研究，2019，5（4）：37-45.

［46］长安大学. 2017 中国高速公路运输量统计调查分析报告[M]. 北京：人民交通出版社，2018.

［47］张艳飞. 中国钢铁产业区域布局调整研究[D]. 北京：中国地质科学院，2014.

第4章 电力系统能源消费和 CO_2 排放

全球能源的低碳转型正面临着在满足不断增长的能源消费的同时减少碳排放的双重挑战[1]。电力系统正从以化石能源为主向以低碳排放的非化石能源为主转型，将对能源转型目标的实现起到关键作用。在需求侧，电力需求在全球能源消费中的比重将不断增加，预计到2040年电力需求会比当前增加90%，全球电力需求增量的1/5将来自中国的需求增长[2]。在供应侧，电源结构将持续清洁化，可再生能源和核能将取代化石能源成为主力发电电源；火电厂的未来将在很大程度上取决于 CCS 技术的成本和应用规模。在电网侧，具有间歇性的太阳能光伏发电和风能发电的高比例接入，将使电力系统面临空前的稳定性和灵活性挑战。从终端部门来看，电力将继续替代化石能源消费和热力消费，其在终端部门能源消费中的比重将持续增长[1-3]。

电力系统是中国能源低碳转型的关键。中国拥有全球最大的电力生产系统，2018年全国发电量约占全球的1/4，电力系统消耗了全国约50%的煤炭，电力生产和供热的碳排放量占相关能源碳排放量的40%左右。不同的研究均指出，电力系统需要在21世纪中叶率先实现碳中和甚至负排放。中国电力系统转型的核心和难点在于规模庞大的煤电机组。2018年，中国煤电机组约占全球煤电装机容量的48%，技术水平高，在役机组平均服役时间短（仅为12年），包括上游煤炭行业在内的相关从业人数接近400万人，煤电及煤炭相关产业占地方经济的比重高，如2018年煤炭相关产业占山西省GDP的17%。可以预见，中国电力系统的低碳转型将会对社会、经济、技术等方面都产生深远影响。因此，中国亟须在《巴黎协定》所确定的2℃和1.5℃温升控制目标下，研究具有技术可行性、安全、成本可负担的电力系统转型路径。

4.1　电力需求预测与研究方法

2018 年，中国全社会用电量高达 6.85 万亿 kW·h。从供应侧来看，化石能源发电占比为 69.1%，非化石能源发电占比为 30.9%，其中可再生能源发电占比为 26.7%，核电占比为 4.2%。从消费侧来看，近年来电能占终端能源消费的比重持续增加，自 2015 年以来年均增速达到 0.65%，2018 年达到 25.5%[4]。从终端消费结构来看，工业部门仍然是最大的电力消费部门，尽管近年来其占比有所波动，但是 2017 年占终端电力消费的比重仍然达到 70.4%；建筑部门的电力消费占比近年来呈上升趋势，达到 27.8%；农业部门的电力消费占比为 1.8%。未来，中国终端部门的电气化水平仍将显著提升，在终端用能结构中电能将逐步成为最重要的能源消费品种。

4.1.1　电力需求预测

未来随着经济社会的发展，在实施长期深度脱碳战略的情况下，中国在 2030 年前后 CO_2 排放达峰后，能源消费仍会持续呈缓慢增长的趋势。在不同情景下，能源总消费量均于 2035—2050 年逐渐进入峰值平台期并趋于稳定，经济社会发展与能源和资源消费逐渐脱钩。此外，工业、交通、建筑等终端部门为实现深度脱碳，在加大节能和能效提升力度的同时，需加快电气化发展，以电力替代煤炭、石油等化石能源的直接燃烧和利用，或以可再生能源电力和核电制氢强化氢能在终端部门的利用，这些都将提高电力在终端能源消费中的比重以及发电用能在一次能源中的比例，进而导致电力的增长速度快于能源消费的增速，所以未来各种情景下的电力需求仍将持续上升。

从各研究机构对未来用电需求的预测来看，2℃情景下 2050 年的用电量为 11.7 万亿～14.4 万亿 kW·h[1,2,5-12]，1.5℃情景下 2050 年的用电量为 14.4 万亿～15.2 万亿 kW·h。对于电力需求预测，本章采用了“自下而上”的方法，主要根据工业、建筑、交通等终端部门的未来能源需求与结构来计算未来的电力需求。各情景下终端部门的电气化水平均将大幅提升，电力消费均保持上升趋势，其中工业部门将是电气化提升最重要的驱动部门。如表 4-1 所示，在政策情景、强化政策情景、2℃情景和 1.5℃情景下，2050 年的电力需求将分别达到 11.38 万亿 kW·h、11.91 万亿 kW·h、13.13 万亿 kW·h 和 14.27 万亿 kW·h，比 2018 年的电力供应量分别增加 0.66 倍、0.74 倍、0.92 倍和 1.08 倍。

表 4-1 各情景下未来电力需求构成

单位：万亿 kW·h

部门	2020 年	2030 年				2050 年			
		政策情景	强化政策情景	2℃情景	1.5℃情景	政策情景	强化政策情景	2℃情景	1.5℃情景
工业	4.59	5.66	5.87	6.06	6.27	6.21	6.67	7.8	7.99
建筑	1.87	2.6	2.56	2.51	2.59	4.06	3.87	3.68	3.92
交通	0.22	0.29	0.37	0.42	0.56	0.32	0.55	0.79	1.59
其他及损失	0.59	0.63	0.65	0.63	0.62	0.78	0.82	0.86	0.76
电力需求	7.27	9.18	9.45	9.61	10.04	11.38	11.91	13.13	14.27

从终端部门电力需求的增加情况来看，在 2℃情景下（图 4-1），各部门的电力需求均显著增长。工业部门将成为终端电力需求增长的主要驱动部门，其 2017—2050 年电力需求将增加 3.21 万亿 kW·h；建筑部门是第二大需求增长驱动部门，其电力需求预计将增加 1.81 万亿 kW·h；交通部门是第三大需求增长驱动部门，电力将取代部分化石燃料成为交通用能的重要组成部分，其电力需求预计将从接近于 0 增加到 0.79 万亿 kW·h；农业等其他部门和电力损失将会增加 0.5 倍。需要指出的是，基于终端部门的电力需求已经考虑了需求侧的产业结构变化、节能与能效提升等多种因素，但是在 2℃情景和 1.5℃情景下需要加大终端电能替代力度，因而会导致电力需求大幅增加。

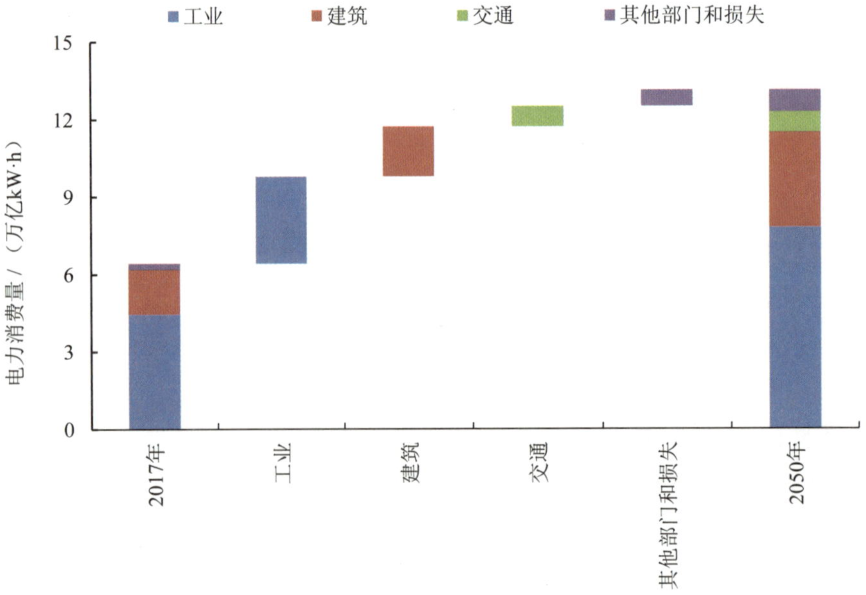

图 4-1 2℃情景下终端部门电力消费增加构成

终端部门大幅减排和脱碳将给各部门带来巨大的改变和挑战，而提高能效和电气化将是最为重要的途径。以工业部门脱碳为例，实现全生产流程的脱碳需要采用的措施包括使用零碳能源提供电力和热力输入、改变生产工艺、用 CCS 技术处理化石燃料燃烧和生产过程的碳排放、使用替代原料等。建筑部门脱碳的难点在于供暖和烹饪，目前照明、制冷和家用电器已经实现 100%电气化。交通部门脱碳则需要实现陆地运输的全面电气化，在较难实现零碳排放的航空和水运领域需要通过电气化满足短距离出行需求，利用新的零碳燃料满足长距离出行需求[13]。从现有技术水平来看，一方面有赖于现有技术成本的下降（如 CCS 技术和氢能炼钢技术），另一方面也需要有新的技术和工艺出现（如氢能发电和电动汽车入网技术）。

4.1.2　情景设置与研究方法

在电力系统的情景设置中，主要按照两个阶段来研究并设置减排路径：2020—2030 年是第一阶段，以基本实现现代化、生态环境根本好转以及美丽中国建设目标基本实现这一中国现代化建设第一阶段的目标为指引，按照强化低碳政策导向、落实和强化 NDC 目标的实施规划和行动方案、实现 2030 年 CO_2 排放达峰的具体时间表及峰值排放量的控制目标要求，构建了政策情景和强化政策情景；2030—2050 年是第二阶段，在保障建成社会主义现代化强国和实现美丽中国目标的同时，以 2℃或 1.5℃温升控制目标下的全球减排路径为导向，研究并形成了与全球温升控制目标相一致的减排情景。以上 4 种情景的构想如下：

①政策情景：基于 NDC 目标下电力行业当前发展趋势的延伸。到 2030 年，非化石能源在能源总供应中的份额应超过 20%（折合为总电力供应中非化石能源占比 42%）。

②强化政策情景：基于 NDC 目标下不断加大的减排力度。2030 年非化石能源发电量在总发电量中的份额应超过 50%，2050 年非化石能源在总能源供应中的份额应超过 50%（相当于总电力供应中非化石能源发电量占 80%）。

③2℃情景：2050 年实现与全球 2℃温升控制目标相一致的减排情景，届时电力部门接近零排放，2065—2070 年实现净零排放。

④1.5℃情景：2050 年实现与全球 1.5℃温升控制目标相一致的减排情景，届时电力部门实现负排放。

本章在研究中使用了“自下而上”、考虑精细时空尺度和技术准确度的电力系统模型（LoMLoG 模型），针对不同政策和排放目标，定量分析了电力行业到 21 世纪中叶的技术路径和相应的投资需求。LoMLoG 模型是由清华大学 BP-清洁能源研究与教育中心开发的基于电网结构的多区域分时调峰电力系统长期发展优化模型。该模型的基本思想是在满足电力供需平衡和低碳排放目标的基础上，确定总成本最小的电力发展路径。

与其他模型相比，LoMLoG 模型能够反映中国电力系统分区、分时的特性，充分考虑了空间尺度特性，根据资源、负荷特性以及电网结构将全国划分为 17 个区域，分别是资源丰富区域、负荷集中区域及其他区域，因此能够模拟区域内的电力平衡与区域间的电力传输。该模型考虑了精细的时间尺度，将一年按季度划分为 4 个季节（春、夏、秋、冬），每个季节选取一天作为典型日并进一步划分为 24 个小时，一年总共有 96 个时间段来刻画电力负荷和可再生能源资源的季节变化与日变化。因此，LoMLoG 模型能够模拟电力系统的日平衡需求和季节平衡需求，以及可再生能源、资源随时间的波动性。

4.2 电力系统的低碳转型路径

不同国家的电力转型路径选择与其资源禀赋、电源结构、经济发展水平等因素紧密相关。从转型的技术路径来看，不同研究均一致认为需要大力发展非化石能源发电技术和增强运行稳定性、灵活性的电网技术，具体差异体现在不同种类的非化石能源发电技术发展水平上：在目前的研究中，2050 年水电的最高开发水平将达到 630 GW[9]，核电的最高水平将达到 540 GW，间歇性可再生能源（风电和光伏发电）的最高水平将达到 510 GW[7]。

4.2.1 不同减排路径的装机容量和发电量

对于核电，在研究中将其设置为基本保持稳健的发展速度，预计到 2050 年将达到 327 GW 左右的规模。对于气电，尽管其价格并不具备竞争力，但是考虑到调峰和电网稳定性的需求，仍将其设置为 2050 年达到 200 GW 的规模。对于水电，根据 2003 年中国水力资源复查结果，全国各流域水力资源理论蕴藏量为 694 GW、技术可开发量为 542 GW、经济可开发量为 402 GW，因此设置 2050 年的水电开发规模为 410 GW 左右。对于生物质发电，考虑到中国生物质能产业以农林剩余物、有机废弃物、能源作/植物为三大原料来源，2050 年的资源可获得总量将达到近 6 亿 tce，

2030 年以后液体燃料技术进入商业化阶段，生物质发电将不再扩大规模，所提供的能源将维持在 1.06 亿 tce 左右[14]，因此将生物质发电及 BECCS 技术发电按这一资源量进行设定。对于其余电源装机规模及发电量，均由 LoMLoG 模型以最小化的社会成本为目标进行选择。目前，在各机构的预测中间歇性可再生能源的成本都将持续降低，因此根据最小化成本进行选择就会优先选择可再生能源。

未来的电源装机结构将以非化石能源为主，其中间歇性可再生能源发电（风电和光伏发电）占比将显著提升，在2℃情景和1.5℃情景下需要使用煤电CCS技术和BECCS技术。如图 4-2 所示，在政策情景、强化政策情景、2℃情景和 1.5℃情景下，2050 年电力系统总装机容量将分别达到 3 619 GW、4 291 GW、5 686 GW 和 6 284 GW。从非化石能源和间歇性可再生能源的装机容量占比来看，4 种情景下均呈逐渐增加的趋势。在政策情景、强化政策情景、2℃情景和 1.5℃情景下，2050 年非化石能源装机容量占比分别为 73.1%、81.8%、93.1%和 93.9%，间歇性可再生能源装机容量占比分别为 54.1%、64.5%、79.4%和 81.3%。在 2℃情景下，煤电 CCS 技术和 BECCS 技术的装机容量分别达到 68 GW 和 32 GW；在 1.5℃情景下，煤电 CCS 技术和 BECCS 技术的装机规模有所增加，分别达到 149 GW 和 48 GW。

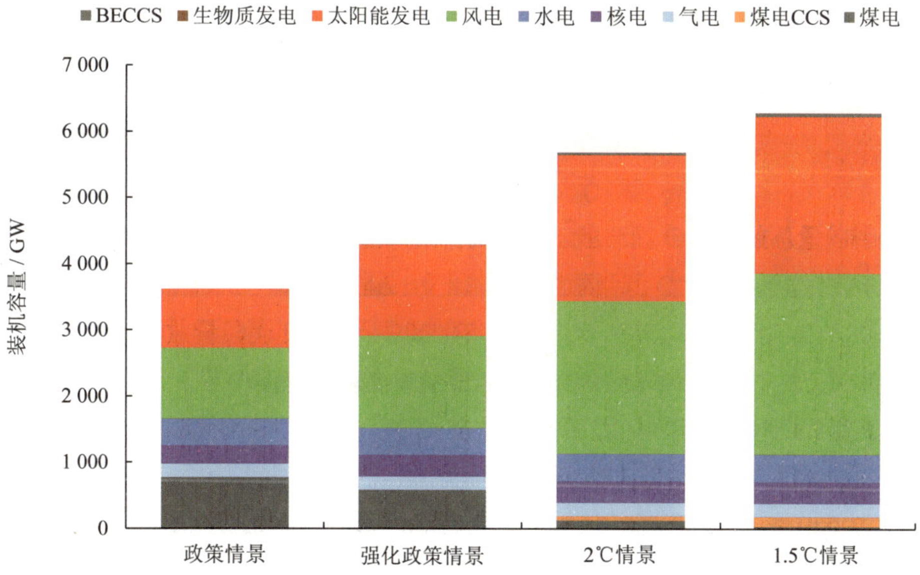

图 4-2　不同情景下 2050 年电力系统总装机容量

从发电量结构变化来看，新增电力需求主要由非化石能源电力满足。从长期来看，非化石能源电力还将进一步替代存量煤电，以实现低碳排放要求。如图 4-3 所示，随着电力在终端部门中更多地替代其他种类能源，在政策情景、强化政策情景、2℃情景和 1.5℃情景下，2050 年的总电力需求量分别为 11.38 万亿 kW·h、11.91 万亿 kW·h、13.13 万亿 kW·h 和 14.27 万亿 kW·h，非化石能源发电占比分别为 65.0%、74.8%、90.5%和 91.1%。从间歇性可再生能源占比来看，在政策情景、强化政策情景、2℃情景和 1.5℃情景下，2050 年分别达到 35.1%、42.3%、59.6%和 62.1%。其中，在 2℃情景和 1.5℃情景下，2050 年的间歇性可再生能源发电占比将大幅升高，达到 60%左右，这也对系统平衡和电网灵活性提出了更高的挑战。与 2℃情景相比，在 1.5℃情景下煤电 CCS 技术和 BECCS 技术的发电量均大幅增加。

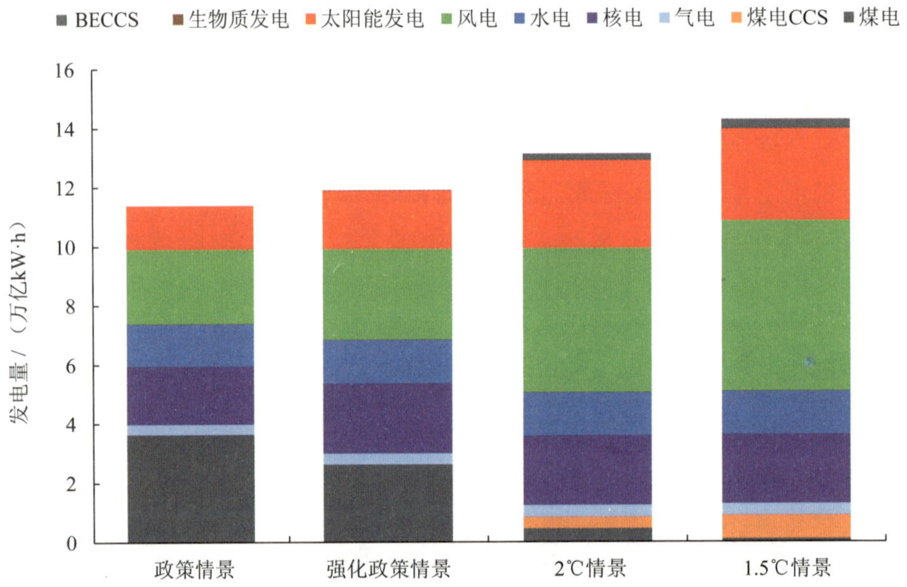

图 4-3　不同情景下 2050 年的发电量结构

在强化政策情景下，2030 年非化石能源占一次能源消费的比重将达到 25%，非化石能源发电量占总发电量的比重将达到 50%；2050 年非化石能源占一次能源消费的比重将达到 50%。如表 4-2 和表 4-3 所示，煤电的装机容量和发电量都将持续减少，2050 年均比 2020 年减少一半以上；天然气发电装机容量至 2050 年将达到 200 GW，由于其主要承担调峰功能，因此发电量占比并不显著；核电、风电和太阳能发电都需要维持较高的发展速度和较大的发展规模，2050 年这 3 种电力来源将占总装机容量的 72.1%、占总发电量的 62.3%。

表 4-2　强化政策情景下主要年份装机容量

单位：GW

电力来源	2020 年	2030 年	2035 年	2040 年	2050 年
煤电	1 100	992	914	772	583
煤电 CCS	0	0	0	0	0
气电	110	140	155	170	200
核电	53	136	184	232	327
水电	380	412	412	412	412
陆上风电	205	585	752	1 005	1 315
海上风电	5	5	5	5	72
集中式光伏	164	362	434	502	934
分布式光伏	51	228	362	382	446
生物质发电	18	30	29	17	2
BECCS	0	0	0	0	0
总装机容量	2 086	2 890	3 247	3 497	4 291

表 4-3　强化政策情景下主要年份发电量

单位：万亿 kW·h

电力来源	2020 年	2030 年	2035 年	2040 年	2050 年
煤电	4.63	4.35	3.94	3.59	2.62
煤电 CCS	0	0	0	0	0
气电	0.19	0.24	0.27	0.30	0.37
核电	0.39	1.00	1.37	1.74	2.38
水电	1.31	1.49	1.52	1.53	1.48
陆上风电	0.42	1.27	1.65	2.21	2.78
海上风电	0.02	0.02	0.02	0.02	0.28
集中式光伏	0.21	0.51	0.62	0.76	1.39
分布式光伏	0.05	0.32	0.51	0.55	0.59
生物质发电	0.09	0.20	0.20	0.12	0.01
BECCS	0	0	0	0	0
总发电量	7.32	9.40	10.10	10.82	11.90

在 2℃情景下，电力系统需要在 2050 年实现近零排放。2030 年之前，2℃情景的减排路径与强化政策情景的减排路径基本一致；2030 年之后，2℃情景将加大减排力度。此外，在 2℃情景下，需要使用 CCS 技术和 BECCS 技术。与强化政策情

景相比，2℃情景的煤电将大幅减少，2050 年的煤电装机容量仅为 123 GW，另外还有 68 GW 的煤电 CCS 装机容量以及 32 GW 的 BECCS 装机容量（表 4-4）。同时，在 2℃情景下，还需加大风电和太阳能发电的开发力度，2050 年风电和太阳能发电的装机容量将比强化政策情景分别增加 67%和 60%，风电和太阳能发电量将分别增加 59%和 50%（表 4-4 和表 4-5）。

表 4-4 2℃情景下主要年份装机容量

单位：GW

电力来源	2020 年	2030 年	2035 年	2040 年	2050 年
煤电	1 100	1022	925	643	123
煤电 CCS	0	0	5	16	68
气电	110	140	155	170	200
核电	53	136	184	232	327
水电	380	414	414	414	414
陆上风电	205	656	889	1 295	2 221
海上风电	5	5	5	25	91
集中式光伏	164	385	504	671	1 518
分布式光伏	51	230	324	423	686
生物质发电	18	37	36	24	6
BECCS	0	0	0	3	32
总装机容量	2 086	3 025	3 441	3 916	5 686

表 4-5 2℃情景下主要年份发电量

单位：万亿 kW·h

电力来源	2020 年	2030 年	2035 年	2040 年	2050 年
煤电	4.62	4.35	3.88	2.93	0.45
煤电 CCS	0	0	0.04	0.11	0.40
气电	0.19	0.24	0.27	0.40	0.39
核电	0.39	1.01	1.38	1.73	2.34
水电	1.31	1.51	1.53	1.52	1.47
陆上风电	0.43	1.39	1.95	2.82	4.52
海上风电	0.02	0.02	0.02	0.10	0.34
集中式光伏	0.21	0.52	0.73	1.02	2.14
分布式光伏	0.05	0.32	0.45	0.58	0.82
生物质发电	0.09	0.25	0.25	0.17	0.04
BECCS	0	0	0	0.02	0.19
总发电量	7.31	9.61	10.50	11.40	13.10

4.2.2　CCS 和 BECCS 技术应用

中国未来可以保留的煤电和天然气发电机组的容量在很大程度上取决于 CCS 技术和 BECCS 技术。CCS 技术可以捕获 90%的碳排放量，燃煤电厂加装 CCS 后可转变为一种相对低碳的发电技术；BECCS 技术是负排放技术，可以中和电力部门剩余的碳排放。CCS 技术的应用取决于其未来的成本下降速度，而 BECCS 技术的应用除了成本下降速度，还取决于可利用的生物质资源量。目前的一些研究认为，至 2050 年中国仍需保留 400～700 GW 的煤电，以承担基荷、调峰和供暖任务，但是需要对现有机组进行灵活性改造和热电协同改造。在本研究中，2050 年基荷、调峰和供暖任务主要由煤电机组和新增的气电、核电机组共同承担，如果将这些机组包含进来，本章的研究结果与这些研究结果基本一致。

在 2℃情景和 1.5℃情景下，CCS 技术和 BECCS 技术将发挥重要作用（图 4-4）。在 2℃情景下，若自 2035 年开始大规模使用煤电 CCS 技术，至 2050 年装机容量可达到 68 GW，碳捕集量为 3.2 亿 t；若自 2040 年开始大规模使用 BECCS 技术，至 2050 年装机容量可达到 32 GW，碳捕集量为 1.9 亿 t。在 1.5℃情景下，煤电 CCS 技术的大规模应用时间提前到 2030 年，至 2050 年装机容量可达到 149 GW，碳捕集量为 6 亿 t，2040—2050 年累计可捕集 41.3 亿 t CO_2；若自 2040 年开始大规模使用 BECCS 技术，至 2050 年装机容量可达到 48 GW，碳捕集量为 2.8 亿 t。

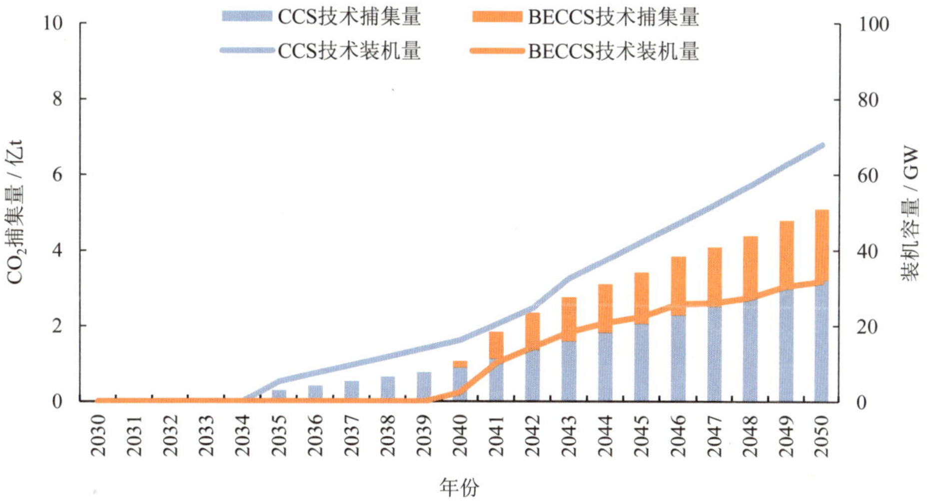

（a）2℃情景

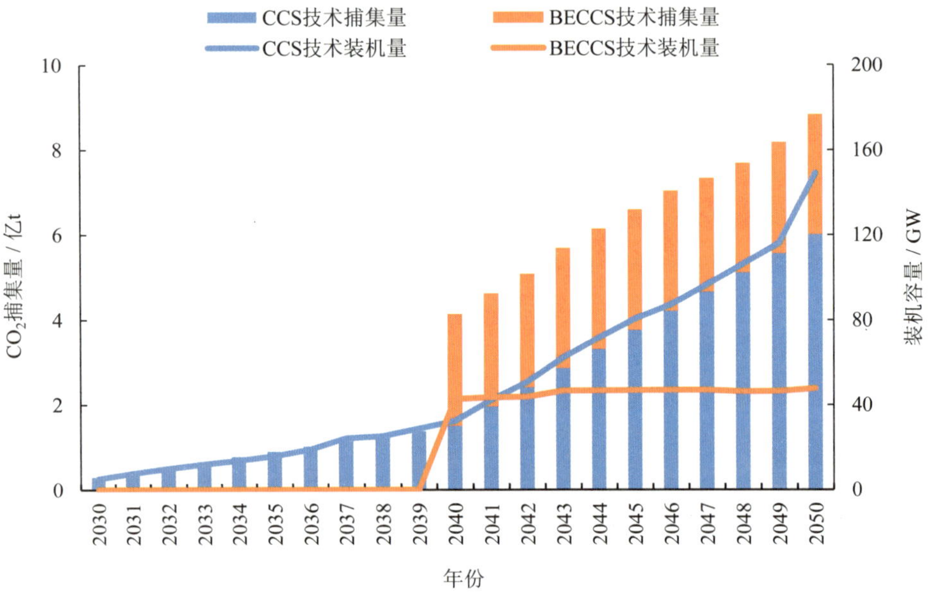

（b）1.5℃情景

图 4-4 煤电 CCS 技术和 BECCS 技术的装机容量与 CO_2 捕集量

4.2.3 不同情景下的碳排放轨迹

4 种情景下电力系统的碳排放轨迹如图 4-5 所示。在政策情景下，电力系统的碳排放仍维持缓慢增长，在 2025 年达到峰值，为 42.5 亿 t；之后呈稳定下降趋势，2050 年电力系统的碳排放量为 32.9 亿 t。在强化政策情景下，2030 年以前的碳排放轨迹与政策情景一致，2030 年以后的碳排放进入快速下降通道，2050 年电力部门的碳排放量降至 20.9 亿 t。本章在政策情景和强化政策情景的设置中包含了中国已有的能源政策目标：政策情景包含了实现国家自主减排承诺中“2030 年非化石能源占一次能源消费的比重达到 20%”的目标，2030 年之后基本上是政策趋势外推；强化政策情景加入了“2050 年非化石能源占一次能源消费的比重达到 50%”的目标，并且加大了 2030 年之前可再生能源的发展速度，2030 年非化石能源占一次能源消费的比重提高到 25%。从这 2 种情景的碳排放轨迹来看，二者都无法实现 2℃温升控制目标，即中国现有的能源与电力方面的中长期政策目标尚不能与《巴黎协定》下的 2℃温升控制目标实现衔接。

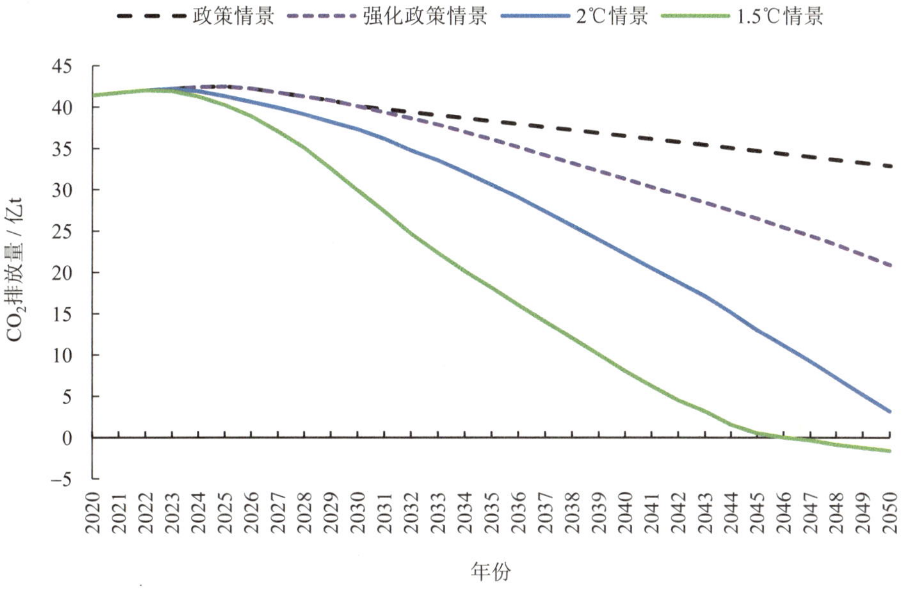

图 4-5　4 种情景下的电力部门碳排放轨迹

从表 4-6 中可以看出，2℃情景和 1.5℃情景在 2030 年之前相比政策情景和强化政策情景的减排力度更大，且在 2030 年之后继续加速减排以实现 2℃和 1.5℃温升控制目标。在 2℃情景下，电力系统的碳排放于 2023 年达峰，峰值为 42.1 亿 t；在 2030 年之后快速下降，至 2050 年电力系统的碳排放水平仅为 3.2 亿 t。在 1.5℃情景下，电力系统的碳排放于 2023 年达峰，峰值为 42.1 亿 t；在 2030 年之后陡然下降，到 2050 年在 BECCS 技术的作用下，可实现负排放（−1.6 亿 t）。由图 4-5 可知，在 1.5℃情景下，2030 年以后的碳排放轨迹呈现非常陡峭的下降趋势，这种轨迹不仅意味着短期内对产业、技术、市场、政策的巨大挑战，还意味着 2030 年以后煤电机组需要密集退出，从而导致后期减排压力巨大。

表 4-6　不同情景下未来电力系统的 CO_2 排放量

单位：亿 t

情景	2020 年	2030 年	2050 年
政策情景	40.6	40.1	32.9
强化政策情景	40.6	40.1	20.9
2℃情景	40.6	37.3	3.2
1.5℃情景	40.6	29.9	−1.6

注：在 2℃情景和 1.5℃情景下，2050 年的 CO_2 排放量已分别扣除 CCS 技术和 BECCS 技术的吸收量（5.1 亿 t 和 8.8 亿 t）。

4.2.4 不同情景下的减排技术需求

从 4 种情景的减排技术来看，核能与可再生能源、煤电 CCS 技术和 BECCS 技术在电力系统的深度减排中都将发挥关键作用。以政策情景为参考，在强化政策情景下，核电和可再生能源都将发挥减排作用，其中风电和核电的贡献最大。与政策情景相比，2℃情景下可再生能源与煤电 CCS 技术、BECCS 技术将发挥更大的减排作用，在 2030 年以后减排力度仍不断增加，其中风电和太阳能发电贡献最大。在 1.5℃情景下，尽管所采用的减排技术并没有增加，但是各项技术的应用规模和减排力度都将大大增加（图 4-6）。

不同情景下，2020—2030 年和 2030—2050 年这两个时间段的技术需求见表 4-7。从时间上来看，各情景主要装机增速规模的差别发生在 2020—2030 年，这是由技术成本变化和设定深度减排的时间不同而导致的。在 2030—2050 年，各情景都进入了深度减排阶段，减排关键技术（风电、太阳能发电、储能和跨区域输电）的年度发展规模接近并且都处于高水平。从具体的技术来看，风电和太阳能发电在各情景下的装机规模都很高，但是由于技术路径和开始深度减排的时间不同，在各情景下 2020—2030 年的装机规模有较大差异。生物质发电由于成本和原料利用方式的限制难以成为关键减排技术。

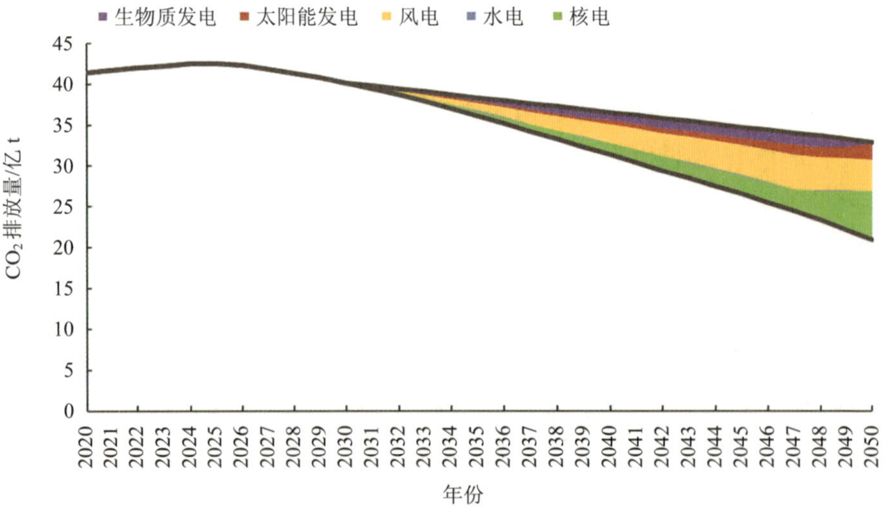

（a）政策情景对比强化政策情景

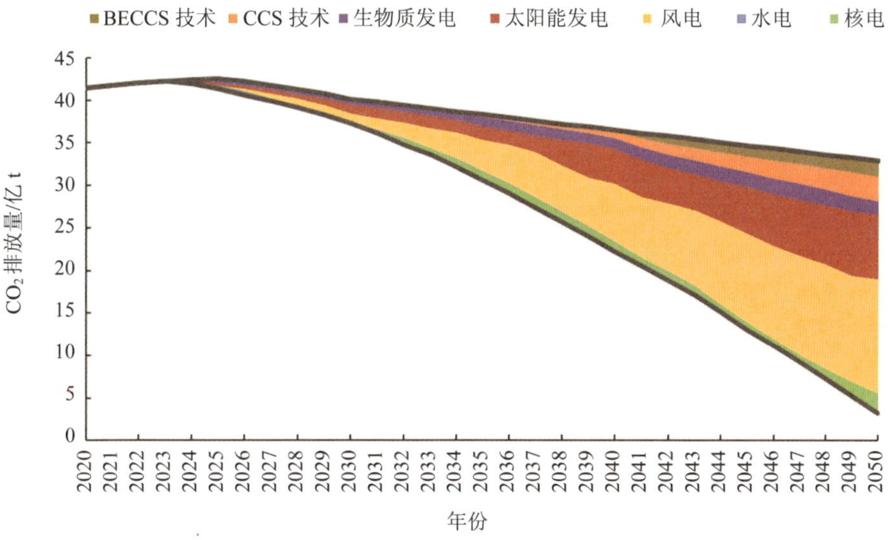

（b）政策情景对比 2℃情景

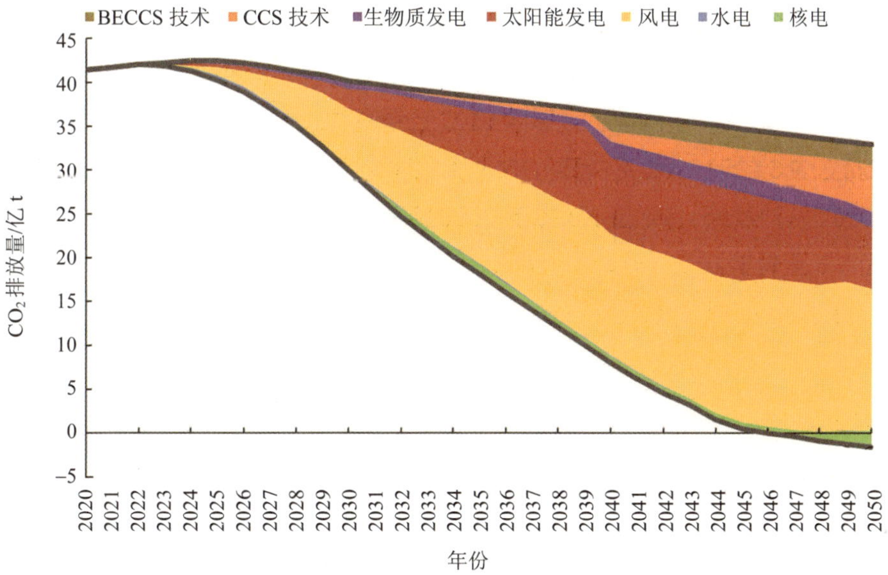

（c）政策情景对比 1.5℃情景

图 4-6　不同技术的碳减排贡献

表 4-7　不同情景减排路径的技术需求

技术需求	时段	政策情景	强化政策情景	2℃情景	1.5℃情景
风电装机增速（GW/a）	2020—2030 年	24	38	45	71
	2030—2050 年	31	40	83	91
太阳能发电装机增速（GW/a）	2020—2030 年	14	38	40	42
	2030—2050 年	27	40	79	87
水电装机增速（GW/a）	2020—2030 年	3	3	3	3
	2030—2050 年	0	0	0	0
核电装机增速（GW/a）	2020—2030 年	8	8	8	8
	2030—2050 年	7	10	10	10
生物质发电装机增速（GW/a）	2020—2030 年	0	1	2	1
	2030—2050 年	–1	–1	0	1

4.3　低碳转型中的主要问题及解决途径

4.3.1　电网安全运行问题

中国即将步入可再生能源大规模集群并网与高渗透率分散接入并重的高比例发展阶段，电力系统的形态将发生巨大变化。一方面，对于高比例可再生能源并网，由于具有强不确定性与波动性的风能和太阳能将从次要能源转变为主要能源，成为电力供应的主要支柱电源，电力系统的运行平衡机制以及统筹规划机制将出现质变。在源端强波动性、强随机性与荷端大量含源负荷的共同作用下，输配电网络的规划与运行特征也将发生根本性变化。另一方面，电力电子技术广泛应用于新能源并网、电能传输和负荷接入，使源-网-荷都将呈现高度电力电子化的趋势。电力电子装备具有低惯性、弱抗扰性和多时间尺度响应特性，因而在电力电子化的条件下，电力系统的稳定性分析理论和优化运行方法将出现根本性变化。因此，必须解决好两个问题：一是如何在高比例可再生能源并网下应对源-荷强不确定性的电力系统的灵活性稀缺和输配电网构建问题；二是源-网-荷高度电力电子化条件下的电力系统多时间尺度耦合的稳定机理与优化运行问题。

为了应对可再生能源并网带来的上述挑战，电力系统需要考虑采取多种技术组合的方法，而这些技术手段所带来的成本也不一而同（图 4-7）。可再生能源发电量占比小于 30%时，可以采取可再生能源出力精准预测、火电灵活性改造、灵活调度等成本相对较低的技术手段，重点解决电网中可能存在的爬坡能力不足、调峰备用等问题；同时，可辅以灵活性发电、抽水蓄能、区域间网络互联、弃风弃光、生物质发电等技术，这些技术需要付出相对较高的经济成本，可起到一定的支撑作用。当可再生能源发电量占比超过 30%时，可再生能源的波动性就会对电网的规划、运行造成较大影响，使其运行方式变得比较复杂，因此可以采取基于多能互补的综合能源系统，借助成本较低的储气、储热、蓄冷等储能设备来平抑可再生能源的波动性。当上述技术不能满足需求时，还可以进一步考虑需求侧响应和光热发电等新型技术，或者建设新型的电力储能装置，如压缩空气储能、液流电池储能、超级电容储能等，这些技术目前仍处于示范阶段，离规模化应用还有差距，因此其实施成本相对高昂。当可再生能源发电量占比超过 50%时，由于系统惯性不足、季节不平衡问题的存在，上述技术手段均难以为继。此时，一方面可采取虚拟同步发电技术等措施以增强系统的同步惯量，提高系统的稳定能力；另一方面可通过季节性储能（如季节性储热、蓄冷）等技术实现季节性的能量转移，或者配备能源路由器、电转气装置等成本较高的设备，以解决季节性不平衡的问题。

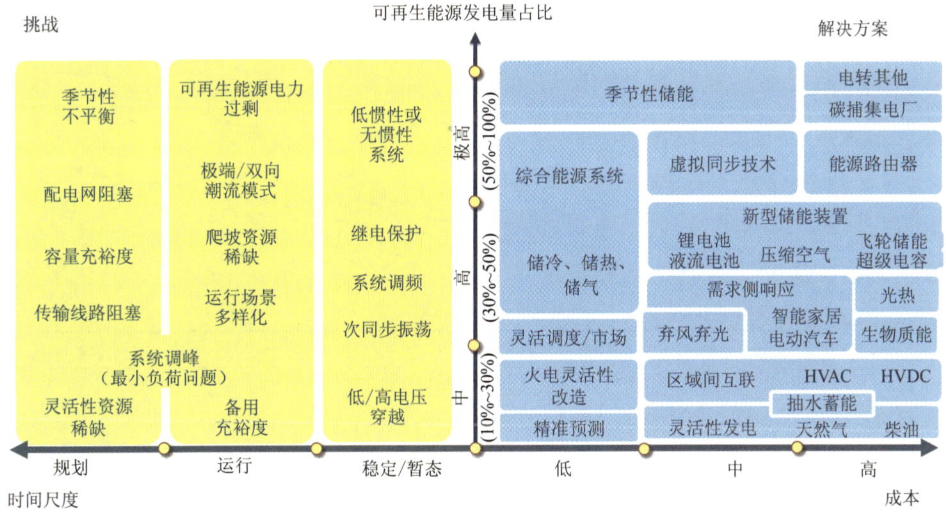

图 4-7　高比例可再生能源接入的挑战与技术解决方案

注：HVAC，高压交流输电技术；HVDC，高压直流输电技术。

随着间歇性可再生能源发电量的提高，电力系统需要提供更多的灵活性来满足逐时的电力调峰需求。煤电机组的角色也将相应发生转变，在装机容量减少的同时，从 2030 年开始逐渐由原来的提供基础负荷转为提供灵活性和满足调峰需求。在 2030 年以前，主要依靠火电灵活性改造进行调峰和电网互联互济来支撑间歇性可再生能源消纳；在 2030 年以后，随着碳排放的加速下降、可再生能源份额的进一步提高，以及可提供部分灵活性的煤电装机规模逐渐下降，需要新建储能装置以保证消纳，尤其是在内蒙古、新疆、山东和西北地区。

区域间的电网互联可以为消纳可再生能源提供灵活性并提高资源配置效率。2030 年以前，要加强建设区域间的输电通道，形成电网互联互济，不同情景下 2030 年跨区域电力交换功率总容量需要达到当前的 1.8～2.7 倍。2030 年以后，由于东中部地区剩余可开发的可再生能源资源有限，出于持续深度减排的需求，需要继续大力开发西北部地区的可再生能源，与此同时还要进一步配套建设远距离输电通道，使不同情景下 2050 年跨区域电力交换功率总容量达到当前的 3.5～6.2 倍。计算结果表明（图 4-8），2050 年所需的跨区域输电通道总容量分别为 788 GW（政策情景）、903 GW（强化政策情景）、1 212 GW（2℃情景）和 1 387 GW（1.5℃情景）。

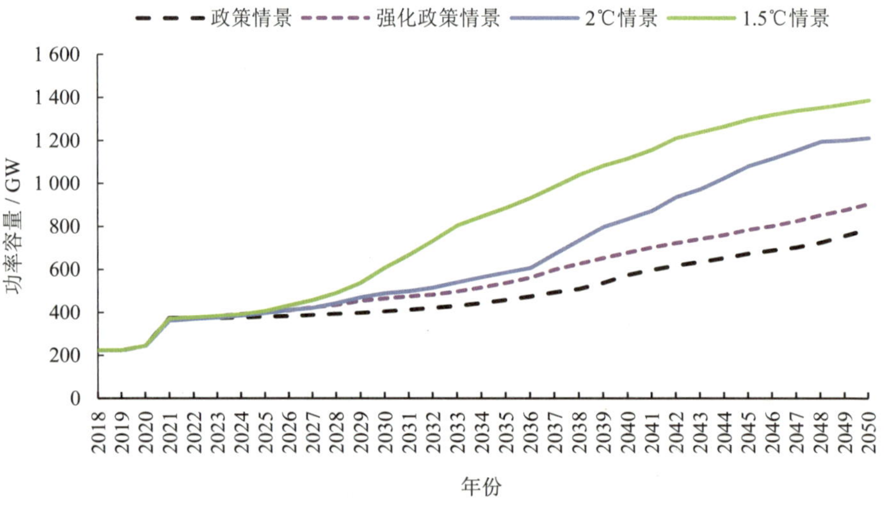

图 4-8　不同情景下跨区域电力交换功率总容量

储能可以分为日平衡储能和季节性平衡储能，其中，日平衡储能设备可以平抑可再生能源的波动性，季节性储能设备可以实现季节性的能量转移。从储能容量需求来看，到 2050 年，政策情景、强化政策情景、2℃情景和 1.5℃情景下所需的储能装机容量将分别达到 574 GW·h、677 GW·h、1 168 GW·h 和 1 334 GW·h（图 4-9）。

与政策情景相比，2℃情景和 1.5℃情景下 2050 年所需的储能装机容量规模分别是其 2 倍和 2.3 倍。

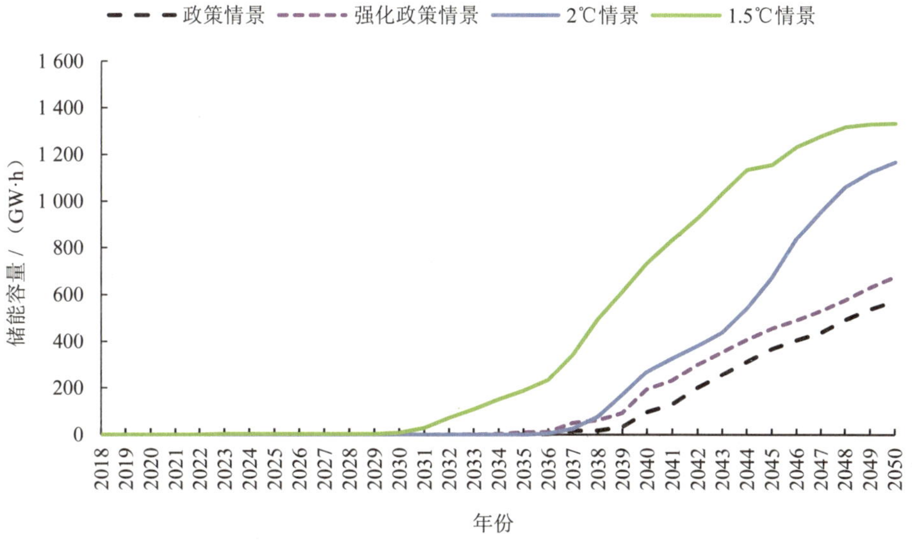

图 4-9　不同情景下的储能容量需求

4.3.2　煤电机组退役问题

一个国家的电力转型路径选择与其资源禀赋、电源结构、经济发展水平等因素紧密相关，中国难以照搬发达国家的退煤经验。现有研究均认为，煤电行业应该深度减排，但对于未来能够保留的煤电容量却存在着巨大分歧。一些研究认为，中国可以在较少经济代价下实现《巴黎协定》的气候目标，在 2050—2055 年淘汰传统煤电，届时的煤电装机容量接近于零[13,15]。另外一些研究则认为，至 2050 年中国仍需保留 4 亿～7 亿 kW 煤电，以承担基荷、调峰和供暖需求，但是需要对现有机组进行灵活性改造和热电协同改造[6]。未来，中国可以保留的煤电容量在很大程度上将取决于 CCS 技术和 BECCS 技术的潜力和发展水平，目前这方面的研究仍严重不足[16]。

煤电资产搁浅是各方都广泛关注的问题。本书将“煤电资产搁浅成本”定义为煤电机组在未达到预期使用寿命、提前退役时的固定资产残值，这里所说的“提前退役”是指煤电机组虽无法实现常规意义上的经济运行，但其中部分机组还可以提供有价值的服务，如作为备用机组以弥补特定时段内的电力负荷缺口。在不同情景下，煤电资产搁浅成本的差异很大。1.5℃情景下的煤电资产搁浅总成本达到 7 079 亿元，2℃情景下的煤电资产搁浅总成本为 609 亿元，而政策情景和强化政策情景下煤电资产搁浅总成本较为接近，分别为 31 亿元和 32 亿元。图 4-10 展示了各情景和路径下煤电资产搁浅成本的年际变化。总的来看，在 1.5℃情景下，煤电资产搁浅成本集中出现于 2031—2046 年，尤其是在 2038—2044 年呈现出一个明显的资产搁浅高峰；在 2℃情景下，2046—2048 年是一段较高的煤电资产搁浅时期。

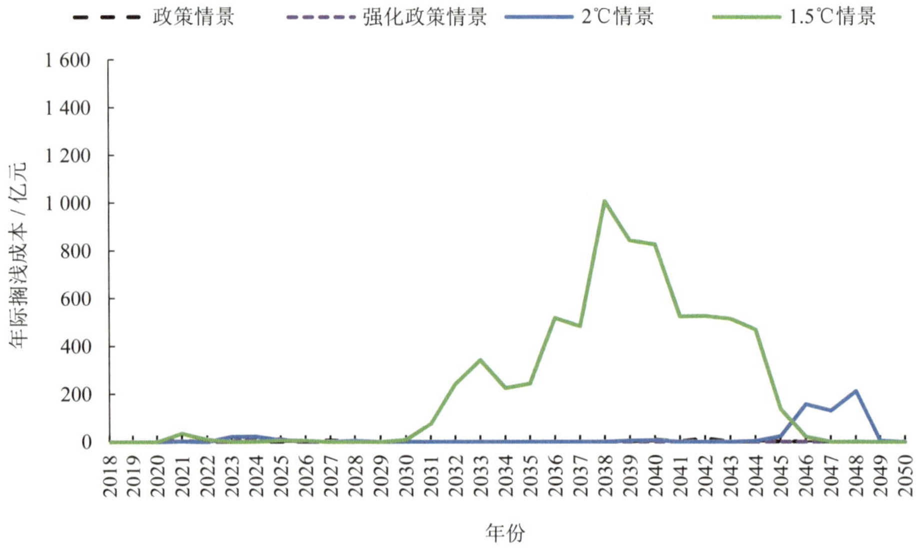

图 4-10 2018—2050 年煤电资产搁浅成本年际变化

4.4 结论与政策建议

研究表明，从电力系统的角度来看，基于 NDC 目标并在此基础上采取一定强化措施的减排路径与 2℃和 1.5℃温升控制目标还有不小的差距。为实现《巴黎协定》下的减排目标，电力系统应采取更强有力的减排措施以使碳排放尽早达峰，并加大碳减排力度和速度，其中的关键措施包括加大非化石可再生能源部署、加快燃煤电厂的退出以及大规模部署 CCS 技术。在电力系统的转型过程中，必须努力处理好电网安全运行、煤电退出、投资以及 CCS 技术、BECCS 技术的研究与部署等问题。

一是发展非化石能源电力是实现中国电力部门脱碳的基本途径，需制订措施保障其发展规模与速度。应认真研究能够促进可再生能源发展的政策措施，以保障可再生能源发展的速度和规模。研究表明，中国电力系统脱碳依赖于非化石能源电力的发展，远期将更加依赖于以间歇性可再生能源的发展来实现深度脱碳。尤其在 1.5℃情景下，在充分考虑环境和生态保护的前提下，各种可再生能源的开发已经接近其资源的经济可开发上限。在 2℃情景下，风电装机规模在 2020—2030 年应维持在每年不低于 45 GW 的规模，2030—2050 年应维持在每年不低于 83 GW 的规模；太阳能发电装机规模在 2020—2030 年应维持在每年不低于 40 GW 的规模，2030—2050 年应维持在每年不低于 79 GW 的规模。

二是“十四五”时期应严格控制新增煤电机组，充分利用存量煤电。在新冠肺炎疫情的冲击和经济下行压力下，各地在扩内需、稳增长的措施中出现了一些停建、缓建的煤电项目重新得到核准，煤炭消费预期反弹的现象，因此建议“十四五”期间要严格控制新增煤电项目，通过增加可再生能源供应满足未来绝大部分的新增电力需求，在新的基础建设中加强对可再生能源的支持，解决可再生能源发展面临的“瓶颈”和挑战。除了在原则上不再新增煤电装机以避免造成浪费，还需要考虑如何实现煤电功能的转变，充分利用存量煤电。在 2030 年之前对存量煤电机组大力实施灵活性改造，在 2030 年之后使煤电的功能定位逐渐由基本负荷向调峰负荷转变。在 2℃情景和 1.5℃情景下，煤电机组需要转为调峰机组，部分煤电机组甚至需要长时间停机，仅作为备用机组以弥补特定时段内的电力负荷缺口。煤电机组利用率的大幅下降导致前期投入的大量社会资本无法收回，因此需要建立存量煤电机组容量成本回收机制，以妥善应对煤电机组的转型问题。

三是积极部署储能技术的研发和应用，加强跨区域电力交换通道建设，继续推进电力市场改革。随着间歇性可再生能源发电量的提高，电力系统需要提供更多的灵活性来满足逐时的电力调峰需求。在 2030 年以前，依靠火电灵活性改造进行调峰和电网互联互济足以支撑间歇性可再生能源消纳；在 2030 年以后，随着碳排放的加速下降以及可再生能源份额的进一步提高，再加上可以提供部分灵活性的煤电装机规模逐渐下降，需要新建储能机组来保证消纳，尤其是在内蒙古、新疆、山东和西北地区。因此，需要积极部署储能技术的研发、示范和应用，建立绿色融资手段以为大规模的跨区域电力交换通道建设提供资金。未来的电力系统深度脱碳在政策上取决于电力市场机制的建设，需要继续推进电力市场改革，并通过市场手段实现社会总成本的最小化。

四是部署电网相关技术的研发和示范应用，通过多种技术手段组合保障高比例可再生能源消纳。相比于常规的火电等灵活电源，间歇性可再生能源的波动性和季节不平衡性对电网运行的影响较大。随着风电、光伏并网发电比例的增加，电网运行逐渐呈现电力电量平衡概率化、运行方式多样化、灵活性资源稀缺化、稳定机理复杂化等特征。面对电网运行的挑战不断加剧，需要采取多种技术手段来保证电网的正常运行。间歇性可再生能源发电量的比例低于 50%时，电网运行需要增加灵活性资源以平抑可再生能源分钟级到小时级的波动性和不确定性，主要通过增加调峰调频以及备用容量来实现，主要技术手段包括火电机组灵活性改造、引入需求侧响应、建设综合能源系统、建设跨区输电、建设光热发电技术以及电储能。这些技术手段中每一个单一手段都无法完全解决可再生能源的消纳问题，需要合理配置形成“合力”，技术的最优组合取决于电源电网结构以及各类型技术的成熟度和经济性。间歇性可再生能源发电量占比高于50%时（如在2℃情景和1.5℃情景下间歇性可再生能源占比高达60%），电力系统消纳可再生能源将出现新的问题，主要包括同步转动惯量较小、频率稳定性问题凸显，可再生能源会在较多时段出现高于电力负荷的情况，可再生能源出力与负荷需求季节不平衡性凸显。此时电网的运行需要考虑加强系统同步旋转惯量、消纳部分时段多余的可再生能源并缓解季节性不平衡性，前者需要在可再生能源发电设备上引入虚拟同步技术，后者需要采用季节性储能技术。这两种技术目前尚处于研发或示范阶段，需要进一步加大研发和投资力度，通过技术、政策、市场等多种手段促进技术成熟和成本降低，以为规模化应用做好准备。

五是CCS技术应作为重大技术开展研发和应用示范，尤其是在加强地质勘探、探明大规模埋存的潜力区域。研究结果表明，如果不考虑使用CCS技术和BECCS技术，基于对中国可再生能源资源的现状和未来发展的判断，在没有革命性技术突破的情况下，电力系统无法实现1.5℃情景下的零碳路径转型。因此，未来应将CCS技术作为重大技术，加快CO_2利用技术的研究与示范推广，实现关键新捕集技术的突破，为全流程技术系统集成和大规模示范打好基础，强化CCS技术产业化政策研究，加强国际合作与技术转移。

参考文献

[1] British Petroleum（BP）. BP statistical review of world energy [EB/OL].（2020-06-17）[2020-06-22]. http://www.bp.com/statisticalreview.

[2] International Energy Agency（IEA）. World energy outlook 2018 [R]. Paris：IEA，2018.

[3] International Renewable Energy Agency（IRENA）. Global energy transformation：a roadmap to 2050 [R]. Abu Dhabi：ARENA，2019.

[4] 电力规划设计总院. 中国电力发展报告 2018 [M]. 北京：中国电力出版社，2019.

[5] 中国石油技术经济研究院. 2050 年世界与中国能源展望[R]. 北京：中国石油技术经济研究院，2018.

[6] 张宁，邢璐，鲁刚. 我国中长期能源电力转型发展展望与挑战[J]. 中国电力企业管理，2018，

526（13）：60-65.
［7］ 国家发展和改革委员会能源研究所．中国 2050 高比例可再生能源发展情景暨途径研究[R]．北京：国家发展和改革委员会能源研究所，2015.
［8］ 戴彦德，田智宇，杨宏伟，等．重塑能源：中国面向 2050 年能源消费和生产革命路线图（综合卷）[M]．北京：中国科学技术出版社，2017.
［9］ 国家发展和改革委员会能源研究所．中国实现全球 1.5℃目标下的能源排放情景研究[R]．北京：国家发展和改革委员会能源研究所，2018.
［10］国家可再生能源中心．美丽中国 2050 年的能源经济生态系统[R]．北京：国家可再生能源中心，2018.
［11］周孝信．能源转型中构建中国新一代能源系统[EB/OL].（2019-02-03）[2019-05-21]. https://www.sohu.com/a/293084741_100006059.
［12］刘振亚．推动中国能源电力转型与高质量发展[EB/OL].（2019-04-19）[2019-06-07]. http://www.slsdgc.com.cn/index.php？m=content&c=index&a=show&catid=12&id=2495.
［13］Energy Transitions Commission（ETC），Rocky Mountain Institute（RMI）. China 2050：a fully developed rich zero-carbon economy [R]. Colorado：ETC and RMI，2019.
［14］秦世平，胡润青．中国生物质能产业发展路线图 2050[M]．北京：中国环境出版社，2015.
［15］Cui R，Hultman N，Jiang K，et al. A high ambition coal phaseout in China：feasible strategies through a comprehensive plant-by-plant assessment [R].Maryland：University of Maryland，2020.
［16］常世彦，郑丁乾，付萌．2℃/1.5℃温控目标下生物质能结合碳捕集与封存技术（BECCS）[J]．全球能源互联网，2019，2（3）：75-85.

第 5 章
一次能源消费与 CO_2 排放

5.1 中国未来一次能源消费分析

5.1.1 一次能源消费总量

根据前文对终端部门及电力系统能源需求的分析，可以综合得出政策情景、强化政策情景、2℃情景与 1.5℃情景下的一次能源消费总量（图 5-1）。各种情景的综合分析数据见表 5-1～表 5-4。

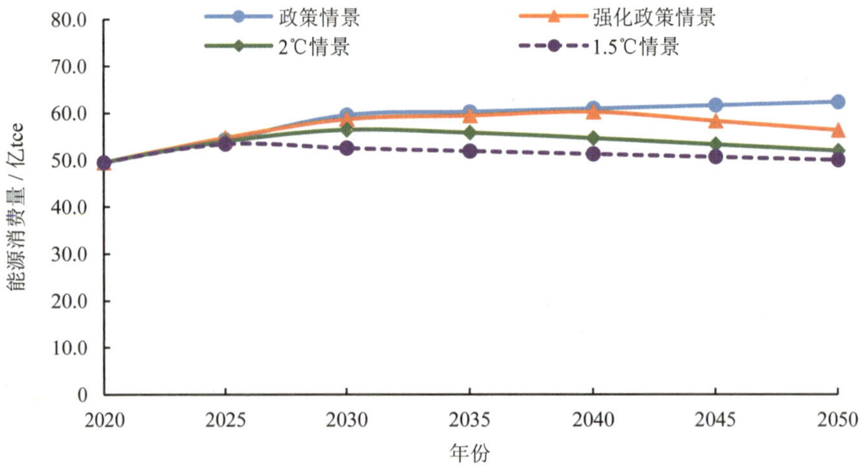

图 5-1　4 种情景下一次能源消费总量

表 5-1　政策情景下 2030 年、2050 年能源消费和 CO_2 排放数据

类别		2030 年									2050 年								
		电力消费/生产		一次能源直接消费/亿 tce					终端能源消费/亿 tce	CO_2 直接排放/亿 t	电力消费/生产		一次能源直接消费/亿 tce					终端能源消费/亿 tce	CO_2 直接排放/亿 t
		电量/（万亿 kW·h）	电热当量/亿 tce	煤炭	石油	天然气	非化石能源	小计			电量/（万亿 kW·h）	电热当量/亿 tce	煤炭	石油	天然气	非化石能源	小计		
终端部门	工业	5.7	7.0	11.8	5.3	2.0	0.7	19.7	26.7	45.4	6.2	7.6	9.0	3.9	3.2	0.8	16.8	24.4	36.9
	建筑	2.6	3.2	1.5	0.0	3.5	0.4	5.4	8.6	9.7	4.1	5.0	0.9	0.0	3.7	0.4	5.0	9.9	8.3
	交通	0.3	0.4	0.0	5.4	0.2	0.0	5.6	6.0	11.6	0.3	0.4	0.0	5.2	0.2	0.1	5.5	5.9	11.1
	其他	0.6	0.8	1.0	0.5	0.3	0.5	2.3	3.1	4.1	0.8	1.0	0.3	0.2	0.2	0.3	1.0	1.9	1.5
	总计	9.2	11.3	14.3	11.2	5.9	1.6	33.0	44.3	70.7	11.4	14.0	10.2	9.2	7.2	1.6	28.2	42.2	57.9
电力供应		9.2	—	14.5	0.0	1.1	11.9	27.5	—	40.1	11.4	—	11.6	0.0	1.5	21.1	34.1	—	32.9
一次能源总消费		—	—	28.8	11.2	7.0	13.5	60.6	—	110.8	—	—	21.8	9.2	8.7	22.6	62.3	—	90.8
一次能源消费构成/%		—	—	47.6	18.4	11.6	22.4	—	—	—	—	—	34.9	14.8	14.0	36.3	—	—	—

注：因四舍五入，各分项加总可能与总计数值不完全一致。

表 5-2　强化政策情景下 2030 年、2050 年能源消费和 CO_2 排放数据

类别		2030 年									2050 年								
		电力消费/生产		一次能源直接消费/亿 tce					终端能源消费/亿 tce	CO_2 直接排放/亿 t	电力消费/生产		一次能源直接消费/亿 tce					终端能源消费/亿 tce	CO_2 直接排放/亿 t
		电量/（万亿 kW·h）	电热当量/亿 tce	煤炭	石油	天然气	非化石能源	小计			电量/（万亿 kW·h）	电热当量/亿 tce	煤炭	石油	天然气	非化石能源	小计		
终端部门	工业	5.9	7.2	10.7	4.4	2.8	0.8	18.8	26.0	42.1	6.7	8.2	6.7	2.5	2.1	1.1	12.3	20.5	26.2
	建筑	2.6	3.1	1.3	0.0	3.4	0.4	5.1	8.2	8.9	3.9	4.8	0.4	0.0	2.9	0.5	3.8	8.5	5.6
	交通	0.4	0.5	0.0	5.2	0.2	0.1	5.4	5.9	11.1	0.6	0.7	0.0	3.7	0.2	0.1	4.0	4.7	8.0
	其他	0.7	0.8	1.0	0.4	0.3	0.5	2.2	3.0	3.9	0.8	1.0	0.2	0.2	0.1	0.1	0.5	1.5	0.9
	总计	9.4	11.6	13.0	10.0	6.7	1.8	31.4	43.0	66.0	11.9	14.6	7.2	6.4	5.2	1.8	20.6	35.2	40.8
电力供应		9.4	—	14.5	0.0	1.1	12.7	28.3	—	40.1	11.9	—	7.0	0.0	1.5	27.2	35.7	—	20.9
一次能源总消费		—	—	27.5	10.0	7.8	14.5	59.8	—	106.1	—	—	14.2	6.4	6.7	29.0	56.3	—	61.8
一次能源消费构成/%		—	—	46.0	16.7	13.1	24.3	—	—	—	—	—	25.3	11.3	11.9	51.5	—	—	—

注：因四舍五入，各分项加总可能与总计数值不完全一致。

表 5-3　2℃情景下 2030 年、2050 年能源消费和 CO_2 排放数据

类别		2030 年									2050 年								
		电力消费/生产		一次能源直接消费/亿 tce					终端能源消费/亿 tce	CO_2 直接排放/亿 t	电力消费/生产		一次能源直接消费/亿 tce					终端能源消费/亿 tce	CO_2 直接排放/亿 t
		电量/（万亿 kW·h）	电热当量/亿 tce	煤炭	石油	天然气	非化石能源	小计			电量/（万亿 kW·h）	电热当量/亿 tce	煤炭	石油	天然气	非化石能源	小计		
终端部门	工业	6.1	7.4	9.8	3.7	2.9	0.9	17.3	24.7	38.2	7.8	9.6	2.4	1.4	1.7	1.4	6.9	16.5	12.0
	建筑	2.5	3.1	0.8	0.0	2.7	0.6	4.1	7.2	6.5	3.7	4.5	0.1	0.0	1.8	0.8	2.6	7.1	3.1
	交通	0.4	0.5	0.0	5.0	0.2	0.1	5.3	5.8	10.7	0.8	1.0	0.0	2.5	0.2	0.4	3.0	4.0	5.5
	其他	0.6	0.8	0.4	0.1	0.1	0.3	0.9	1.7	1.4	0.9	1.1	0.1	0.1	0.1	0.1	0.3	1.4	0.4
	总计	9.6	11.8	11.0	8.7	5.9	1.9	27.6	39.4	56.9	13.1	16.1	2.5	4.0	3.7	2.7	12.9	29.0	21.0
电力供应		9.6	—	13.4	0.0	1.2	14.3	28.9	—	37.3	13.1	—	2.2	0.0	1.5	35.4	39.1	—	8.3
一次能源总消费		—	—	24.4	8.7	7.1	16.2	56.4	—	94.2	—	—	4.7	4.0	5.2	38.1	52.0	—	29.2
一次能源消费构成/%		—	—	43.2	15.5	12.6	28.6	—	—	—	—	—	9.1	7.7	10.0	73.2	—	—	—

注：因四舍五入，各分项加总可能与总计数值不完全一致。

表 5-4 1.5℃情景下 2030 年、2050 年能源消费和 CO_2 排放数据

类别		2030 年									2050 年								
		电力消费/生产		一次能源直接消费/亿 tce					终端能源消费/亿 tce	CO_2 直接排放/亿 t	电力消费/生产		一次能源直接消费/亿 tce					终端能源消费/亿 tce	CO_2 直接排放/亿 t
		电量/（万亿 kW·h）	电热当量/亿 tce	煤炭	石油	天然气	非化石能源	小计			电量/（万亿 kW·h）	电热当量/亿 tce	煤炭	石油	天然气	非化石能源	小计		
终端部门	工业	6.3	7.7	7.3	2.0	2.6	1.2	13.0	20.7	27.6	8.0	9.8	0.8	0.7	0.6	2.2	4.3	14.1	4.6
	建筑	2.6	3.2	0.5	0.0	2.7	0.6	3.7	6.9	5.6	3.9	4.8	0.0	0.0	0.4	0.9	1.4	6.2	0.8
	交通	0.6	0.7	0.0	4.8	0.2	0.1	5.1	5.8	10.4	1.6	2.0	0.0	0.7	0.1	0.6	1.5	3.5	1.7
	其他	0.6	0.8	0.2	0.2	0.1	0.1	0.5	1.3	0.9	0.8	0.9	0.1	0.1	0.1	0.2	0.4	1.4	0.4
	总计	10.0	12.3	8.0	7.0	5.5	2.0	22.4	34.8	44.5	14.3	17.5	0.9	1.5	1.3	4.0	7.7	25.2	7.5
电力供应		10.0	—	10.6	0.0	1.2	18.4	30.1	—	29.9	14.3	—	1.8	0.0	1.5	39.0	42.3	—	7.2
一次能源总消费		—	—	18.6	7.0	6.6	20.3	52.5	—	74.4	—	—	2.7	1.5	2.8	43.1	50.0	—	14.7
一次能源消费构成/%		—	—	35.4	13.2	12.6	38.7	—	—	—	—	—	5.4	3.0	5.5	86.1	—	—	—

注：因四舍五入，各分项加总可能与总计数值不完全一致。

在政策情景下，中国一次能源消费总量在 2015—2040 年增长较快，从 2020 年的 49.4 亿 tce 增长到 2030 年的 60.6 亿 tce，再增长至 2040 年的 61.0 亿 tce；随着社会主义现代化的基本实现，中国的产业结构由原本以高耗能工业为主导逐渐转变为以服务业和高新技术产业为主导，同时能效进一步提升，2050 年的一次能源消费总量将缓慢上升到 62.3 亿 tce。

在强化政策情景下，2020—2040 年中国的一次能源消费总量不断增长，2040—2050 年缓慢减少，这与中国社会经济发展的战略目标相统一。随着碳约束的增强与能效的提升，中国一次能源消费总量会整体下降，于 2040 年达到峰值，峰值水平约为 60.2 亿 tce，2050 年减少到 56.3 亿 tce，比政策情景减少了 6 亿 tce。

在 2℃情景下，随着碳约束的加强、能效的提升和需求侧节能行为的深入，中国一次能源消费总量在 2030 年前后达峰（约为 56.4 亿 tce），而后到 2050 年下降至 52.0 亿 tce。由于能效的提升和需求侧节能行为在 2℃情景下可以在短期内达到较高水平，在 1.5℃情景下 2015—2030 年一次能源消费总量比 2℃情景略有下降，于 2025 年达峰，峰值水平为 53.4 亿 tce，之后一次能源消费总量略有下降，2050 年达到 50 亿 tce。

若把终端部门的电力消费也折合为一次能源，则各种情景下一次能源消费的部门构成见图 5-2。若把电力系统的一次能源消费单独计算，各终端部门只计算一次能源的直接消费量，则强化政策情景和 2℃情景下的一次能源消费量见表 5-5。

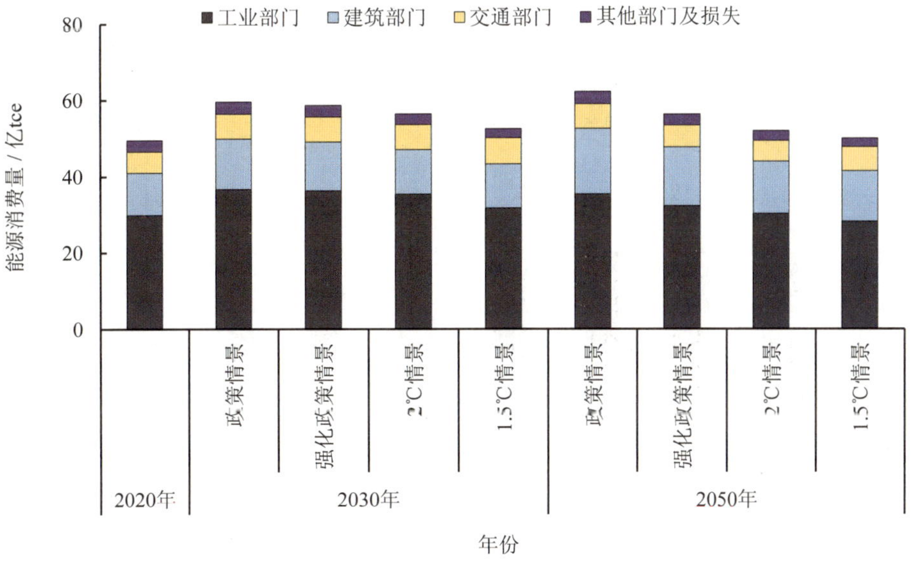

图 5-2　4 种情景下一次能源需求构成

表 5-5 强化政策情景和 2℃情景下一次能源消费量

单位：亿 tce

类别		强化政策情景			2℃情景		
		2020 年	2030 年	2050 年	2020 年	2030 年	2050 年
终端部门一次能源直接消费	工业部门	16.16	18.8	12.3	16.16	17.3	6.9
	建筑部门	5.45	5.1	3.8	5.45	4.1	2.6
	交通部门	4.87	5.4	4.0	4.87	5.3	3.0
	其他部门及损失	1.20	2.2	0.5	1.20	0.9	0.4
一次能源发电转换		21.80	28.3	35.7	21.80	28.9	39.1
一次能源总消费		49.48	59.8	56.3	49.48	56.5	52.0

5.1.2 一次能源消费品种构成

在 4 种情景下，到 2050 年中国一次能源消费品种构成随着低碳化的约束而呈现去煤化加速、非化石能源占比迅速提升的整体趋势。4 种情景下各主要年份一次能源消费构成如图 5-3 和表 5-6 所示。

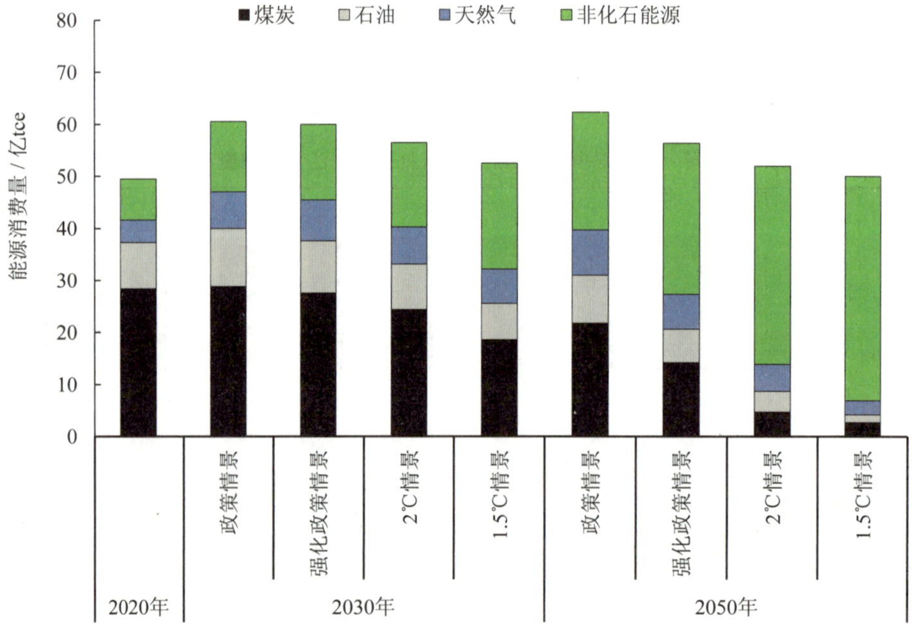

图 5-3 不同情景下主要年份一次能源消费总量及构成

表 5-6　主要年份分品种能源消费占比

单位：%

能源品种	2020 年	2030 年				2050 年			
		政策情景	强化政策情景	2℃情景	1.5℃情景	政策情景	强化政策情景	2℃情景	1.5℃情景
煤炭	57.4	47.6	46.0	43.2	35.4	34.9	25.3	9.1	5.4
石油	18.0	18.4	16.7	15.5	13.2	14.8	11.3	7.7	3.0
天然气	8.7	11.6	13.1	12.6	12.7	14.0	11.9	10.0	5.5
非化石能源	15.9	22.4	24.3	28.6	38.7	36.3	51.5	73.2	86.1

在政策情景下，煤炭消费总量逐年下降，从 2020 年的 28.4 亿 tce 下降到 2050 年的 21.8 亿 tce，年下降率达到 0.9%；石油从 2020 年的 8.9 亿 tce 增加到 2030 年的 11.0 亿 tce 后，逐渐回落到 2050 年的 9.2 亿 tce；天然气从 2020 年的 4.3 亿 tce 逐步增加到 2030 年的 6.9 亿 tce 和 2050 年的 8.7 亿 tce；非化石能源在 2020 年的 7.9 亿 tce 的水平上增长到 2050 年的 22.6 亿 tce，年均增速达到 3.6%。该情景下，2050 年的能源结构中煤炭、石油、天然气和非化石能源的占比分别达到 34.9%、14.8%、14.0%和 36.3%。

在强化政策情景下，煤炭消费总量自 2020 年逐步下降，从 2020 年的 28.4 亿 tce 下降到 2050 年的 14.2 亿 tce，年下降率达到 2.3%；石油从 2020 年的 8.9 亿 tce 增加到 2030 年的 9.8 亿 tce，之后逐渐回落到 2050 年的 6.4 亿 tce；天然气从 2020 年的 4.3 亿 tce 增加到 2030 年的 7.7 亿 tce，其后呈现出下降趋势，2050 年降至 6.7 亿 tce；非化石能源从 2020 年的 7.9 亿 tce 增长到 2050 年的 29 亿 tce，年均增速达到 4.2%。该情景下，2050 年的能源结构中煤炭、石油、天然气和非化石能源的占比分别达到 25.3%、11.3%、11.9%和 51.5%。

在 2℃情景下，煤炭消费总量自 2020 年快速下降，从 2020 年的 28.4 亿 tce 下降到 2050 年的 4.7 亿 tce，年下降率达到 5.8%；石油从 2020 年的 8.9 亿 tce 逐渐回落到 2050 年的 4.0 亿 tce；天然气从 2020 年的 4.3 亿 tce 增加到 2030 年的 7.1 亿 tce，其后呈现出下降趋势，2050 年降至 5.2 亿 tce；非化石能源从 2020 年的 7.9 亿 tce 增长到 2050 年的 38.1 亿 tce，年均增速达到 5.4%。该情景下，2050 年的能源结构中煤炭、石油、天然气和非化石能源的占比分别达到 9.1%、7.7%、10.0%和 73.2%。

在 1.5℃情景下，煤炭消费总量从 2020 年的 28.4 亿 tce 呈现快速下降的趋势，到 2050 年下降到 2.7 亿 tce，年下降率达到 7.5%；石油从 2020 年的 8.9 亿 tce 开始下降，逐渐回落到 2050 年的 1.5 亿 tce；天然气从 2020 年的 4.3 亿 tce 增加到 2030

年的 6.6 亿 tce，其后呈现出快速下降的趋势，2050 年降至 2.8 亿 tce；非化石能源从 2020 年的 7.9 亿 tce 增长到 2050 年的 43.1 亿 tce，年均增速达到 5.8%。该情景下，2050 年的能源结构中煤炭、石油、天然气和非化石能源的占比分别达到 5.4%、3.0%、5.5%和 86.1%。

由此可见，从政策情景向 1.5℃情景转型的过程中，能源系统的去碳化速度不断加强，非化石能源在一次能源消费中也将占据主导地位，这些均需要提前部署，越早转型对能源系统越有利。

5.1.3 各种情景下的 CO_2 排放

从宏观的一次能源消费量和化石燃料燃烧产生的 CO_2 排放强度 2 个维度来看，随着从政策情景向 1.5℃情景的转型，一次能源消费产生的 CO_2 排放量逐步下降，4 种情景下一次能源消费产生的碳排放量从 2020 年的 100.3 亿 t CO_2e 分别下降到 2050 年的 90.9 亿 t CO_2e、61.8 亿 t CO_2e、29.2 亿 t CO_2e 和 14.7 亿 t CO_2e。各种情景下化石燃料燃烧产生的 CO_2 排放如图 5-4 和表 5-7 所示。

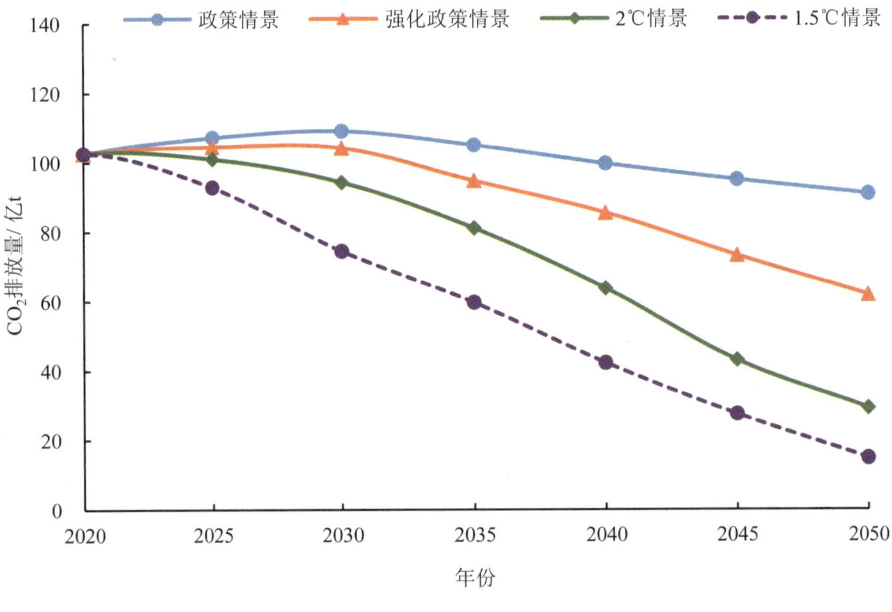

图 5-4 4 种情景下中国化石燃料燃烧产生的 CO_2 排放（图中数据未包含 CCS 埋存量）

表 5-7　4 种情景下主要年份一次能源消费量与 CO_2 排放量

情景	2020 年		2030 年		2050 年	
	能源需求量/亿 tce	CO_2 排放量/亿 t	能源需求量/亿 tce	CO_2 排放量/亿 t	能源需求量/亿 tce	CO_2 排放量/亿 t
政策情景	49.4	100.3	60.6	110.8	62.3	90.8
强化政策情景	49.4	100.3	59.8	106.1	56.3	61.8
2℃情景	49.4	100.3	56.4	94.2	52.0	29.2
1.5℃情景	49.4	100.3	52.5	74.4	50.0	14.7

在 4 种情景下，化石燃料燃烧产生的 CO_2 排放变化主要体现在如下 3 个方面：

一是非化石能源在一次能源消费中将发挥越来越重要的作用。到 2050 年，非化石能源消费量从政策情景下的 22.6 亿 tce 增加到 1.5℃情景下的 43.1 亿 tce，其在一次能源消费中的占比也相应地从政策情景下的 36.3%提升到 1.5℃情景下的 86.1%。

二是 CO_2 排放达峰时间和达峰水平差异明显。在政策情景下，2030 年前后可实现与能源相关的 CO_2 排放达峰，峰值水平约为 110 亿 t CO_2 e；在强化政策情景下，CO_2 排放峰值将在 2025—2030 年出现，峰值水平约为 106 亿 t CO_2 e；在 2℃情景下，CO_2 排放达峰应提前到 2020—2025 年，达峰水平下降到 103 亿 t CO_2 e 左右。若要尽快走上 1.5℃温升控制目标路径，则需要在 2020 年以后就出现与能源相关的 CO_2 快速减排。

三是 CO_2 排放总量下降速率差异大。在政策情景和强化政策情景下，2030 年达峰后的碳排放总量年均下降率分别为 0.9%和 2.6%；而在 2℃和 1.5℃情景下，达峰后的碳排放总量年均下降率将分别提高到 5.7%和 7.8%左右。

4 种情景下的分部门碳排放构成如图 5-5 所示。在所有情景下，工业部门的碳排放始终占比最高。随着电力电源低碳化技术和负排放技术的发展，电力系统的碳排放下降最为显著，在 4 种情景下分别从 2020 年的 40.6 亿 t CO_2e 下降为 2050 年的 32.9 亿 t CO_2e、20.9 亿 t CO_2e、4.9 亿 t CO_2e 和−1.5 亿 t CO_2e。4 种情景下，建筑部门的碳排放量均得到了有效控制，分别从 2020 年的 10.0 亿 t CO_2e 逐步下降为 2050 年的 8.3 亿 t CO_2e、5.6 亿 t CO_2e、3.1 亿 t CO_2e 和 0.8 亿 t CO_2e。交通部门的碳排放量在 2030 年之前有小幅增长，2030 年之后下降速率提高，在 4 种情景下分别降低到 2050 年的 11.1 亿 t CO_2e、8.0 亿 t CO_2e、5.5 亿 t CO_2e 和 1.7 亿 t CO_2e。

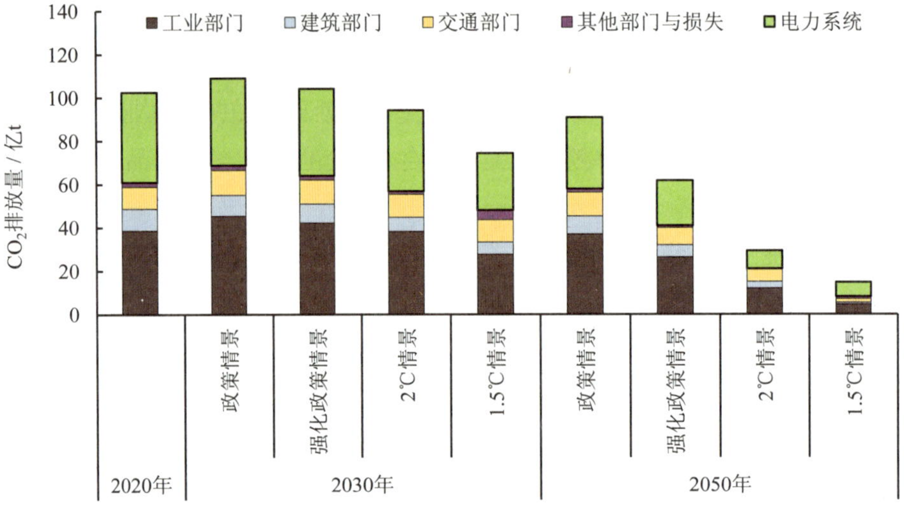

图 5-5 不同情景下的 CO_2 排放构成

5.2 能源系统减排的经济分析

5.2.1 能源经济分析模型简介

利用可计算一般均衡（Computable General Equilibrium，CGE）方法可以有效刻画出经济系统与能源系统之间的关联关系与相互影响。本节采用清华大学能源环境研究所团队开发的全球能源经济可计算一般均衡模型（C-GEM），在全球能源经济平衡的视角下研究了中国低碳政策对经济社会的影响。在《巴黎协定》后全球应对气候变化新阶段的背景下，结合中国经济新常态和供给侧结构性改革等趋势，C-GEM 对模型部门进行了重新聚合，对模型中的电力系统和高耗能部门进行了改进，对能源替代关系进行了修改，对自动能效提升因子进行了完善，对模型底层的中国经济结构参数进行了调整，对全球能源经济数据进行了更新校核。

C-GEM 可详细刻画经济与能源系统中要素、商品和服务的流动情况。生产者通过要素投入和中间产品投入，在一定的技术条件下生产出国内最终产品，其中一部分成为国内供给进入国内产品市场以满足国内需求，另一部分出口到国际市场。国内商品总需求除了来自国内供给，还有一部分来自进口。居民和政府等消费者通过要素出售和税收最终获得可支配收入，在满足自身消费的同时，还可以将一部分收入分配为储蓄，并进而作为投资，最终共同满足国内总需求。能源投入作为中间投入的一部分，碳排放权也作为一种稀缺投入要素，共同进入生产环节，从而将经济系统和能源系统有机联系起来。在完全竞争市场的假设下，生产者在一定的生产技术条件下，以成本最小化来追求利润最大化；消费者在一定的收入水平条件下，通过偏好选择实现其效用最大化；国内产品和进出口商品在一定的总产出水平条件下，通过价格机制实现销售收益最大化；要素的供给和需求在生产过程中实现其最优化配置。

C-GEM 采用 GTAP 10 数据库作为基础数据库嵌套在模型内部，基年为 2014 年，将所涵盖的全球 141 个国家和地区的 65 个产业部门的经济、能源与双边贸易数据进行聚合，兼顾中国官方能源与经济统计数据的部门分类，形成了全球 17 个区域和 21 个部门（19 个生产部门和 2 个消费部门）的全球可计算一般均衡模型。并在该模型的基础上构建了政策情景、强化政策情景、2℃情景和 1.5℃情景，分析了不同情景下的碳价变化及低碳转型过程中的 GDP 损失。

5.2.2　碳价

在 4 种情景下，2020—2050 年的碳价水平如表 5-8 所示。需要注意的是，本书所指的碳价激励机制是整个能源经济系统为了实现减排目标而要实施的除了可再生能源发展和天然气利用的专项政策之外的其他所有政策。这里的碳价表示 CO_2 减排过程中的边际减排成本，反映了不同目标下的政策力度大小。在政策情景、强化政策情景、2℃情景和 1.5℃情景下，碳价分别从 2020 年的 46 元/t 逐步增加到 2050 年的 265 元/t、510 元/t、1 364 元/t 和 5 701 元/t。2050 年，2℃情景和 1.5℃情景下的碳价水平分别是政策情景的 5 倍多和 21 倍多，是强化政策情景的近 3 倍和 11 倍多。由此可见，要实现最严格的碳排放控制目标，全社会将会承担相当高的成本。

表 5-8　不同情景下的碳价

单位：元/t（2011 年人民币不变价）

情景	2020 年	2025 年	2030 年	2035 年	2040 年	2045 年	2050 年
政策情景	46	73	99	139	192	245	265
强化政策情景	46	79	106	152	238	351	510
2℃情景	46	86	126	199	344	583	1 364
1.5℃情景	46	106	166	285	622	1 609	5 701

5.2.3 GDP 损失

在保障经济社会持续发展的同时，实现深度脱碳路径，除了要加大政策力度，也需要投入较大资金。对经济系统而言，深度减排 CO_2 需要付出一定的成本和代价，图 5-6 给出了强化政策情景、2℃情景和 1.5℃情景与政策情景相比的 GDP 损失。在强化政策情景下，GDP 总损失相对较小，2050 年的损失可以控制在 1%以内，约为 0.7%。但是，在 2℃情景和 1.5℃情景下，GDP 总损失相对增大，2050 年的损失分别上升到 1.4%和 3.8%，几乎是强化政策情景的 2～5 倍。由此可见，要实现最为严格的碳排放控制目标，中国将会承担较高的经济损失。

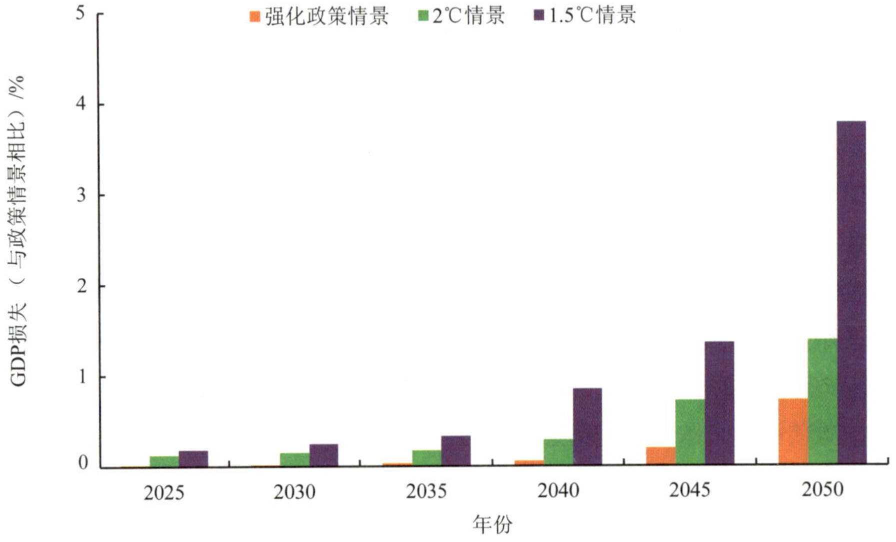

图 5-6　不同情景下的 GDP 损失分析

5.3　深度脱碳与环境质量改善的协同效应

减少化石能源消费可以在减排 CO_2 的同时，从源头上减少二氧化硫（SO_2）、氮氧化物（NO_x）、细颗粒物（$PM_{2.5}$）等常规污染物的污染，有助于环境质量的达标和美丽中国的建设[1]。中国的长期环境质量目标是在 2035 年之前，全国主要城市和地区都要达到不高于 35 μg/m^3 的国家标准[2]；到 2050 年，所有地区均实现不高于 15 μg/m^3 的环境质量目标。

京津冀及周边、汾渭平原和长三角地区是中国改善环境质量的重点地区。2015 年，全国所有站点的 $PM_{2.5}$ 平均浓度为 53.1 μg/m^3，京津冀及周边、汾渭平原和长三角地区分别为 81.3 μg/m^3、60.4 μg/m^3 和 55.0 μg/m^3，全国城市达标率只有 29.1%[3]。

在政策情景下，全国 $PM_{2.5}$ 浓度在 2030 年将下降到 19.2 μg/m^3，比 2015 年下降了 63.8%，京津冀及周边、汾渭平原和长三角地区将分别下降 59.8%、65.4%和 65.5%。届时，全国的空气质量将得到普遍好转，汾渭平原和长三角地区在 2030 年不再是 $PM_{2.5}$ 污染的重点区域；相对于 $PM_{2.5}$ 年均浓度限值 35 μg/m^3 的国家二级标准，全国城市达标率将提升到 96.6%，有超过 1/3 的城市 $PM_{2.5}$ 浓度低于 25 μg/m^3，但京津冀及周边仍有超过 30%的城市不达标。2050 年，全国 $PM_{2.5}$ 污染程度与 2030 年基本一致，多数区域较 15 μg/m^3 的目标仍有较大差距，京津冀及周边的部分 $PM_{2.5}$ 污染高值区仍未得到改善。届时，全国 $PM_{2.5}$ 浓度将下降到 14.0 μg/m^3，京津冀及周边、汾渭平原和长三角地区的 $PM_{2.5}$ 平均浓度分别下降到 24.9 μg/m^3、14.6 μg/m^3 和 14.0 μg/m^3，相对于 $PM_{2.5}$ 年均浓度限值 15 μg/m^3 的国家一级标准，全国仅有 76.0% 的城市达标，京津冀及周边地区仅有 4%的城市达标。总体而言，在政策情景下，全国 $PM_{2.5}$ 浓度将有较大下降，但距 2030 年全部城市实现不高于 35 μg/m^3、2050 年实现不高于 15 μg/m^3 的标准仍有较大差距。

与政策情景相比，在强化政策情景下 $PM_{2.5}$ 浓度有较大下降。2030 年，京津冀及周边等重点区域的 $PM_{2.5}$ 污染较政策情景有一定程度的改善。全国、京津冀及周边、汾渭平原、长三角地区的 $PM_{2.5}$ 浓度在 2030 年将分别下降到 17.3 μg/m^3、29.7 μg/m^3、19.8 μg/m^3 和 16.1 μg/m^3，但全国和京津冀及周边仍分别有 3.6%和 9.6%的城市难以达到不高于 35 μg/m^3 的目标。2050 年，在强化政策情景下，全国 $PM_{2.5}$ 污染较政策情景有较为显著的进一步好转，全国、京津冀及周边、汾渭平原、长三角地区将分别下降到 10.1 μg/m^3、19.3 μg/m^3、11.4 μg/m^3 和 9.3 μg/m^3，部分区域基本可以实现不高于 15 μg/m^3 的目标。但是，全国有 10%的城市、京津冀及周边有超过 65%的城市仍未达到不高于 15 μg/m^3 的一级标准，对人群健康仍然有不可忽视的影响。

在 2℃情景下，全国、京津冀及周边、汾渭平原和长三角地区的 $PM_{2.5}$ 浓度在 2030 年将分别下降到 16.2 μg/m^3、28.0 μg/m^3、8.2 μg/m^3 和 16.0 μg/m^3，除京津冀之外，全国及其他地区的 $PM_{2.5}$ 浓度均已达到 25 μg/m^3；到 2050 年，全国、京津冀及周边、汾渭平原和长三角地区的 $PM_{2.5}$ 浓度将分别下降到 8.3 μg/m^3、14.1 μg/m^3、9.6 μg/m^3 和 7.5 μg/m^3。届时，全国已没有 $PM_{2.5}$ 污染高值区，绝大部分区域可以实现不高于 15 μg/m^3 的目标值。虽然对于 10 μg/m^3 的目标值，全国 81.7%的城市可以实现，但京津冀及周边地区只有 28.0%的城市能够达到这一水平。在 1.5℃情景下，全国所有城市均可实现不高于 15 μg/m^3 的目标；对于 10 μg/m^3 的目标，全国城市达标率可提升到 88.8%，但京津冀及周边地区仍有超过 40%的城市不能达标。

综上所述，实现 2℃情景甚至 1.5℃情景下的深度脱碳目标，对提高环境质量水平有重要影响。即使只是在政策情景下，中国未来的空气质量也将持续好转，SO_2、NO_x、$PM_{2.5}$ 浓度均将大幅下降，但仍难以实现重点地区 $PM_{2.5}$ 浓度至 2030 年达到不高于 35 μg/m^3、至 2050 年达到不高于 15 μg/m^3 的目标。在 2℃情景下，2030 年可实现不高于 35 μg/m^3 的目标，2050 年可实现不高于 15 μg/m^3 的目标。在 1.5℃情景下，2050 年将进一步实现不高于 10 μg/m^3 的更高标准。深度脱碳目标的制定和实施将使环境质量得到大幅提升，从而保障美丽中国建设目标的实现。

图 5-7 给出了各情景下 2030 年和 2050 年因 $PM_{2.5}$ 暴露导致的过早死亡人数。深度脱碳情景下，在 $PM_{2.5}$ 浓度加快下降的同时，也将更有利于公众健康的改善。中国 2015 年因 $PM_{2.5}$ 暴露而过早死亡的人数达 137.9 万人[4]。在政策情景下，由于未来 $PM_{2.5}$ 仍将保持在较高水平，同时人口老龄化加剧，2030 年和 2050 年的过早死亡人数将分别达到 162.9 万人和 242.4 万人，相比 2015 年的 137.9 万人增加了 18.2%和 75.8%。在强化政策情景下，2030 年的过早死亡人数达到 154.1 万人，相比政策情景可避免 8.8 万人过早死亡，凸显了减排的贡献；2050 年由减排带来的健康效益进一步提升，与 $PM_{2.5}$ 相关的过早死亡人数相比政策情景减少了 54.5 万人。在政策情景和强化政策情景下，2030 年和 2050 年的过早死亡人数均有所增加，表明在这 2 种情景下空气质量改善带来的健康效益不足以抵消人口老龄化导致的健康损失。

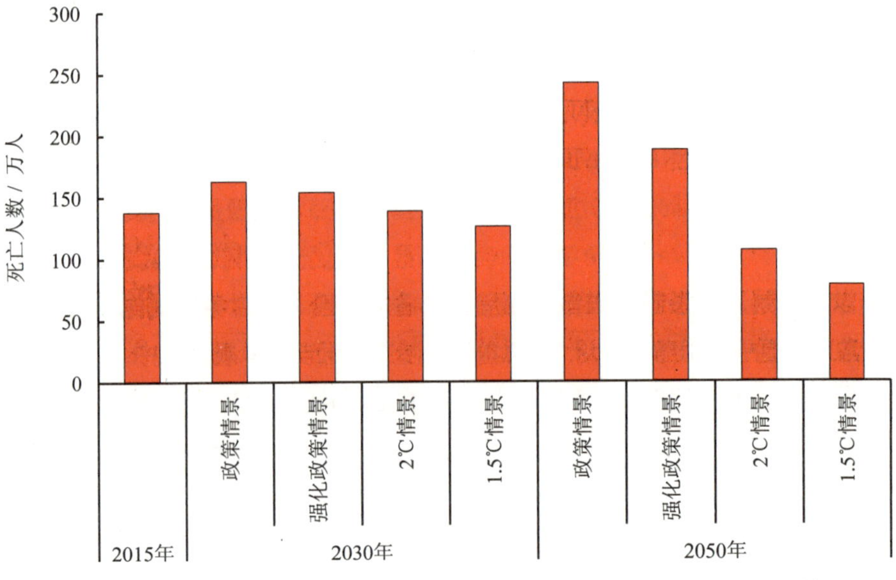

图 5-7　不同情景下 2030 年和 2050 年因 $PM_{2.5}$ 暴露导致的过早死亡人数

在 2℃情景和 1.5℃情景下，2030 年因 $PM_{2.5}$ 暴露导致的过早死亡人数分别为 138.7 万人和 126 万人，较 2015 年分别增加了 0.8 万人和减少了 11.9 万人，相比政策情景分别下降了 14.9%和 22.7%；2050 年因 $PM_{2.5}$ 暴露导致的过早死亡人数分别下降至 106.5 万人和 78.2 万人，与 2030 年相比减少了 23.2%和 37.9%。以上数据表明，随着能源结构的深度转型和末端控制措施的加严，空气质量改善带来的健康效益可以抵消大部分人口老龄化和人口分布变化带来的健康损失。

5.4　政策建议及措施

1. 实施经济发展、环境保护和 CO_2 减排多方共赢的协同对策

中国在经济新常态下始终坚持贯彻新发展理念，努力实现创新发展、协调发展、绿色发展、开放发展和共享发展，以创新发展转换发展动力，以绿色发展转变发展方式。绿色发展的核心理念在于促进人与自然的和谐共生，走绿色低碳的发展路径，促进经济社会与资源环境承载力相协调和可持续发展，这与《巴黎协定》所倡导的实现气候适宜型低碳经济发展路径相契合。中国节能降碳和经济转型所取得的巨大成效，也是把应对气候变化和国内可持续发展相结合，打造经济、民生、能源、环境和 CO_2 减排多方共赢的局面，已成为推动世界能源变革和经济低碳转型的重要贡献者和引领者。

绿色低碳发展路径的关键在于推动能源体系的变革和经济发展方式的转型。伴随中国的工业化和城市化进程，经济的快速增长面临着资源环境的严重制约。推动能源生产和消费革命，节约能源、提高能效，控制能源消费总量，同时大力发展新能源和可再生能源，促进能源结构的低碳化将可以有效减少常规污染物和 CO_2 排放。国内保护生态环境、推进生态文明建设的进程与应对气候变化、保护地球生态安全的目标和措施相一致，有广泛的协同效应，要统筹部署、协同推进，在立足国内可持续发展的同时，强化长期低碳发展和减排 CO_2 的目标导向。当前，在强化污染防治措施以及煤炭、石油等化石能源在利用过程中的常规污染物排放标准和管控措施的同时，应更加注重减少和替代煤炭、石油的终端消费量，如在终端消费中扩大电力的比例，同时加快可再生能源电力的发展，增加一次能源消费中用于发电的比例，在能源总需求趋缓的情况下，为可再生能源电力的快速发展提供更大的空间。用非化石能源电力取代煤炭、石油的终端消费可以取得改善环境质量和减排 CO_2 的双重效果。

2. 能源结构优化是实现低碳发展的重要任务和长期目标

在政策情景下，2030 年的非化石能源占比为 22.4%，2050 年将进一步提高到 36.3%；煤炭消费在 2030 年前后达到峰值，2050 年占比将下降到 34.9%。在强化政策情景下能源结构进一步改善，与政策情景相比，2030 年煤炭、石油的占比将分别下降 1.6 个百分点和 1.7 个百分点，天然气和非化石能源占比将分别提高 1.5 个百分点和 1.8 个百分点。煤炭消费在 2020 年前后达到峰值，峰值水平为 28.4 亿 tce 左右，2050 年占比下降到 25.3%；非化石能源在一次能源消费中的比例到 2050 年将提高到 51.5%，从而在一次能源消费中占主导地位。在 2℃情景下，2040 年后配备 CCS 技术的煤电、天然气发电和生物质能发电将逐步得到发展，能源结构转变为以非化石能源和配备 CCS 技术的化石能源（简称去碳能源）为主导；2030 年非化石能源在一次能源消费中的比例为 28.6%，2050 年这一比例将提高到 73.2%。在 1.5℃情景下，2035 年后配备 CCS 技术的煤电、天然气发电和生物质能发电已经得到了发展；2030 年非化石能源在一次能源消费中所占的比例为 38.7%，2050 年这一比例将提高到 86.1%。

按照当前的建设情况，"十三五"时期结束时煤电装机容量将达到 11 亿 kW 左右，未来足以支撑电力需求的增长。从长远来看，煤电装机容量必然会减少，因此新上煤电机组应当非常慎重。除了原则上不再新增煤电装机以避免造成浪费，还需要考虑如何实现煤电功能的转变，充分利用存量煤电。在 2030 年之前对存量煤电机组大力实施灵活性改造，在 2030 年之后对煤电的功能定位将逐渐由基本负荷向调峰负荷转变。在 2℃情景和 1.5℃情景下，部分煤电机组需要在未达到使用寿命时提前退役，从而造成大量的社会资源浪费和煤电机组投资浪费，因此需要建立存量煤电机组的有序退出机制，妥善应对煤电机组退出问题。

3. 产业结构升级和技术创新是推动能源革命的强有力支撑和保障

在全面实现现代化目标的进程中，中国难以复制发达国家的发展道路和发展模式，必须探索新的生产方式，培育新的现代化发展动力。中国传统的经济增长方式导致资源配置效率低下、运行风险不断加大，而产业结构的调整升级能够大幅减轻低碳发展所带来的经济影响，因此加快转变发展方式是实现中国经济现代化的必由之路。与此同时，全球能源变革的发展趋势将引发世界范围内经济社会发展方式的重大变革，从而导致国际经济技术竞争格局的变动。占领先进能源技术的竞争优势和制高点也是大国参与气候变化领域博弈的重要动因和战略目标。只有增强关键低碳技术的突破和大规模应用，推动科技创新、制度创新，才能有效降低实现低碳发展的难度。

首先，要通过多种技术手段的组合来保障高比例可再生能源消纳。随着风电、光伏并网发电比例的增加，电网运行逐渐呈现电力电量平衡概率化、运行方式多样化、灵活性资源稀缺化、稳定机理复杂化等特征。电网运行的挑战加剧，需要采取多种技术手段来保证电网的正常运行。当间歇性可再生能源发电量的占比低于 50%时，应增加调峰调频以及备用容量，并进行合理的配置技术组合，其中最优组合取决于电源电网结构以及各类技术的成熟度和经济性；当间歇性可再生能源发电量的占比高于 50%时，需要在可再生能源发电设备上引入虚拟同步技术和季节性储能技术，这两种技术目前尚处于研发或示范阶段，需要进一步加大研发和投资力度，并通过技术、政策、市场等多种手段促进技术成熟和成本降低，为规模化应用做好准备。

其次，要积极开展储能技术的研发和应用，加强跨区域电力交换通道建设，继续推进电力市场改革。随着间歇性可再生能源发电量的提高，电力系统需要提供更多的灵活性来满足逐时的电力调峰需求。在 2030 年之前，依靠火电灵活性改造进行调峰和电网互联互济足够支撑间歇性可再生能源消纳；在 2030 年之后，随着碳排放加速以及可再生能源份额的进一步提高，再加上可提供部分灵活性的煤电装机规模逐渐下降，需要通过新建储能机组来保证消纳，尤其是在内蒙古、新疆、山东和西北地区。因此，需要积极部署储能技术的研发、示范和应用，建立绿色融资手段，以为大规模的跨区域电力交换通道建设提供资金。未来的电力系统深度脱碳在政策上取决于电力市场机制的建立，需要继续推进电力市场改革，通过市场手段实现社会总成本的最小化。

最后，要加强先进能源技术的研发和产业化，除大力发展太阳能和风能等可再生能源技术、核能技术、氢能技术、储能技术、智能电网技术外，中国应特别重视 CCS 技术和先进核能技术的发展，需加大研发力度和示范工程的进展。研究结果表明，在没有革命性技术突破的情况下，电力系统无法实现 1.5℃情景下的零碳路径转型。因此，应将 CCS 技术作为重大技术，积极开展研发和应用示范，并为大规模应用做好准备。由于煤炭在中国一次能源构成中长期占据主导地位，2020 年的比重仍可达到近 60%。在全球紧迫的减排目标下以及碳价较高的情况下，在加强煤炭清洁、高效利用的同时，2040 年前后 CCS 技术将是重要的备选技术，每年 CO_2 封存量可达数亿吨到 10 亿 t 的规模，对实现 CO_2 长期减排目标将发挥重要作用。由于化工、水泥等部门所用的化石能源难以替代，BECCS 技术作为目前可预见的负排放技术，在未来实现超低排放目标中将发挥至关重要的作用。

4. 完善市场机制，发挥价格信号的低碳发展导向作用

研究显示，中国低碳能源转型必须依靠强有力的政策法规进行推动，包括配套的法律法规、可再生能源发展和天然气利用等专项政策，以及碳市场等市场机制和体制机制改革等。除可再生能源发展和天然气利用专项政策之外的其他所有政策可以用碳价激励机制进行融合，在政策情景下，2030 年 CO_2 的边际减排成本约为 100 元/t，2050 年达到 265 元/t；在强化政策情景下，2030 年 CO_2 的边际减排成本约为 106 元/t，2050 年达到 510 元/t。在 2℃情景和 1.5℃情景下，2050 年 CO_2 的边际减排成本将大幅提高，分别达到 1 364 元/t 和 5 701 元/t。

低碳发展需要明确的政策引导，尤其是长期市场信号的导向。要从实际出发，深化能源价格改革，在抑制不合理消费、促进节能的同时，保障低收入家庭公平获得优质的能源服务，促进社会的和谐发展，特别要加强能源市场机制改革，还原能源商品属性，建立公正公平、有效竞争的市场结构和市场体系。

碳市场将成为促进中国 CO_2 排放早日达峰的重要制度保障，更是中国生态文明制度建设的重要环节。当前，中国在“五市两省”[1]碳交易试点的基础上，已启动了全国统一的碳排放权交易市场，并将不断加以扩充和完善。碳市场以全社会减排成本最小化为目标，是在政府主导下以市场机制实现国家碳减排目标的重要政策工具。它可以体现以碳排放空间和环境容量作为紧缺公共资源和生产要素的价值，使资源环境损失的社会成本内部化，有利于促进化石能源的节约，激励新能源和可再生能源的发展，促进能源结构转型。基于全国统一的碳市场建设而发展的碳排放统计、监测、上报和核查体系，是中国构建绿色低碳循环发展经济体系的主要制度保障，要把各项节能减排的指标和考核加以统筹，如企业的用能权制度与碳排放配额制度可以统一实施。与用能权制度相比，碳排放配额制度在强调节能的同时，更突出能源替代，鼓励企业开发利用分布式可再生能源，重点减少煤炭、石油等化石能源消费，更全面地反映了建立清洁低碳、安全高效的能源供应体系和消费体系的能源革命目标。

---

[1] 2011 年 10 月，国家发展改革委发布了《关于开展碳排放交易试点工作的通知》，批准北京市、天津市、上海市、重庆市、深圳市、广东省、湖北省为首批开展碳排放交易试点的省市。

参考文献

[1] 新华社．中共中央　国务院关于全面加强生态环境保护　坚决打好污染防治攻坚战的意见[EB/OL]．[2018-06-24]. http://www.gov.cn/zhengce/2018-06/24/content_5300953.htm.

[2] 环境保护部．环境空气质量标准：GB 3095—2012[S]．北京：中国环境科学出版社，2012.

[3] 清华大学气候变化与可持续发展研究院．环境与气候协同治理——中国及其他国家的成功案例[R]．北京：清华大学，2019.

[4] Liu J，Han Y，Tang X，et al. Estimating adult mortality attributable to $PM_{2.5}$ exposure in China with assimilated $PM_{2.5}$ concentrations based on a ground monitoring network[J]. Science of The Total Environment，2016，568：1253-1262.

第 6 章

非 CO_2 温室气体排放

6.1 非 CO_2 温室气体的范围及排放现状

当前，世界各国提交到《联合国气候变化框架公约》（以下简称《公约》）秘书处的 NDC 与实现 2°C 和 1.5°C 温升控制目标的要求尚存在明显差距。若将升温幅度控制在 2℃以内，2030 年的碳排放量必须在各国 NDC 目标的基础上再减少 150 亿 t CO_2e；若要实现 1.5℃温升控制目标，则须减少 320 亿 t CO_2e。这意味着 2020—2030 年，实现 2℃温升控制目标对应着每年 2.7%的碳减排量，实现 1.5℃温升控制目标则每年须减少 7.6%的碳排放量[1]。CO_2 作为排放占比最高的温室气体，是全球气候变化的重要成因，但也有大量研究强调非 CO_2 温室气体的影响亦不容忽视。IPCC 第五次评估报告显示，非 CO_2 温室气体在温室气体总排放量中的占比稳定在 25%左右。包括美国国家环保局（Environmental Protection Agency，EPA）在内的诸多国际机构均预测，未来非 CO_2 温室气体排放将持续增长，若不加以管控将抵消 CO_2 减排的努力成果。研究表明，非 CO_2 温室气体减排作为重要的备选减排方案，具有成本低、灵活度高、响应迅速和存在协同效益等优势，因此在发达国家得到广泛应用。为了缩小排放差距，非 CO_2 温室气体减排在全球应对气候变化进程中受到的关注日益提升。

为了有效减缓温室气体排放以应对全球气候变化，《公约》第 4.1 条和第 12 条规定，缔约方均有义务提交本国气候变化国家信息通报，其中最重要的组成部分是温室气体排放源与吸收汇的国家清单。2010 年、2011 年召开的《公约》第十六次和第十七次缔约方大会通过了第 1/CP.16 号[2]和第 2/CP.17 号[3]决定，要求非附件 I 国家按照获得国际支持的水平，自 2014 年起每两年提交一次关于国家温室气体排放清单、减缓行动、资金技术和能力建设需求的更新报告，并接受国际磋商和分析。

本章界定的非 CO_2 温室气体主要包括甲烷（CH_4）、氧化亚氮（N_2O）和含氟气体，涉及的主要排放源和部门如表 6-1 所示（工业过程的 CO_2 排放已在第 3 章的工业部门中进行阐述）。

表 6-1　本书界定的非 CO_2 温室气体范围

排放源		CH_4	N_2O	含氟气体
能源活动	煤炭开采	●		
	油气逸散	●		
	交通部门	●	●	
	生物质燃烧	●	●	
工业过程	己二酸		●	
	硝酸		●	
	电解铝			●
	氢氟烃（HFCs）			●
	六氟化硫（SF_6）			●
农业部门	水稻种植	●		
	农用地		●	
	动物肠道发酵、粪便管理	●	●	
废弃物处理	城市生活垃圾	●		
	生活污水	●	●	
	工业废水	●		

本章汇总了《中华人民共和国气候变化初始国家信息通报》[4]、《中华人民共和国气候变化第二次国家信息通报》[5]、《中华人民共和国气候变化第一次两年更新报告》[6]和《中华人民共和国气候变化第二次两年更新报告》等官方排放清单给出的非 CO_2 温室气体排放数据，具体结果如图 6-1 所示。

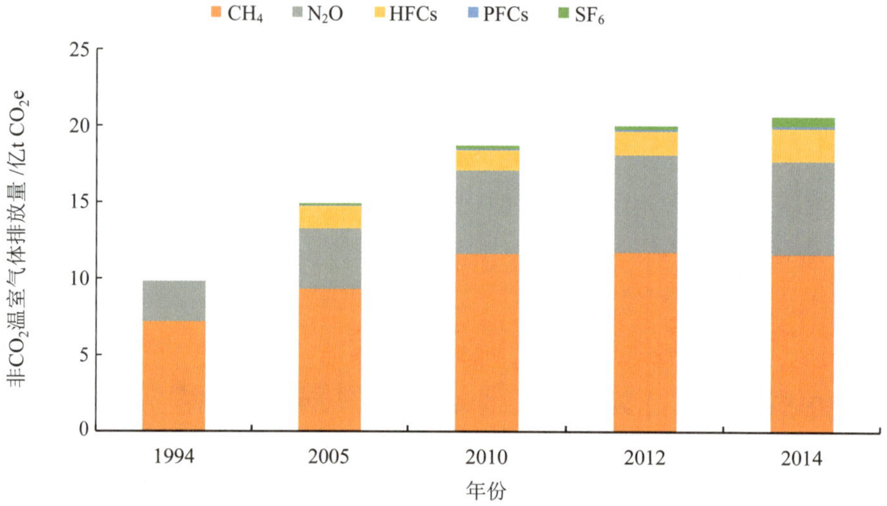

图 6-1　中国近年非 CO_2 温室气体排放

中国 1994 年非 CO_2 温室气体排放量约为 9.8 亿 t CO_2e，2005 年约为 14.9 亿 t CO_2e，2014 年超过 20.6 亿 t CO_2e。2014 年，中国非 CO_2 温室气体占国家温室气体排放总量的 16%（图 6-2）。其中，甲烷在整个非 CO_2 温室气体排放中的占比达到 56%，主要来自能源活动和农业活动排放，是 1994 年甲烷排放量的 3 倍左右。

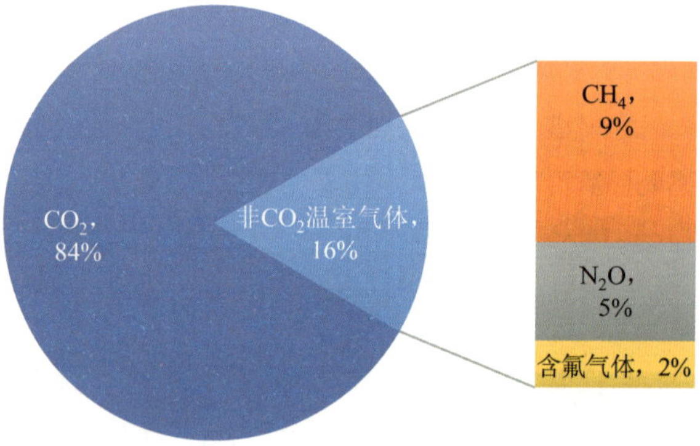

图 6-2　2014 年温室气体排放占比

废弃物处理排放的温室气体总量为 1.95 亿 t CO_2e。其中，固体废物处理（填埋、焚烧和生物处理）排放了 1.0 亿 t CO_2e，占 52.4%；废水处理排放了 0.91 亿 t CO_2e，占 47.6%。HFCs 于 20 世纪 80 年代末由发达国家率先引入市场，主要用作制冷剂、发泡剂、灭火剂、气雾剂和化工产品的原料，涉及多个工业领域。SF_6 排放主要涉及 4 个部门：电力传输和分配设备（以下简称电力设备）、镁冶炼、半导体生产、SF_6

生产。目前，中国半导体生产和镁冶炼已经基本停止了 SF_6 气体的使用[7-8]，电力设备是 SF_6 排放的主要来源。研究表明，全球增加的 SF_6 排放主要来自非附件 I 国家，特别是中国[9]。全氟化碳（PFCs）的全球增温潜势（GWP）是 CO_2 的 6 500～9 200 倍，其主要排放源来自电解铝生产和半导体制造[10]，其中 95%以上来自电解铝生产。因此，来自工业过程中的非 CO_2 温室气体排放是中国应对气候变化总体战略中不可忽视的部分。

6.2　非 CO_2 温室气体排放的情景与结果

本章设定了 4 种情景用于分析非 CO_2 温室气体排放和减排潜力，基准年设定为 2015 年，目标年为 2050 年（表 6-2）。以政策情景作为比较基础，首先构建了强化政策情景，主要考虑进一步强化当前政策的情况下非 CO_2 温室气体的减排力度；其次，构建了 2℃情景，主要考虑在目前可以预见的非 CO_2 温室气体减排政策与技术潜力下的排放趋势；最后，构建了 1.5℃情景，主要考虑在应用各种减排政策和所有可能的减排技术情况下的潜力。

表 6-2　各种情景下非 CO_2 温室气体排放

单位：亿 t CO_2e

情景	2020 年	2030 年	2050 年
政策情景	24.4	29.7	31.7
强化政策情景	24.4	27.8	23.7
2℃情景	24.4	24.9	17.6
1.5℃情景	24.4	19.4	12.7

注：不含土地利用变化及林业（LULUCF）。

各种情景之间的差异，一方面体现在活动水平的变化上，另一方面体现在减排技术的推广程度上。各行业活动水平的变化主要结合经济发展水平的变化，如煤矿开采的 CH_4 排放将随着中国控煤政策的不断推出和煤炭生产量的不断下降而逐渐得到抑制。在各行业减排途径上，主要考虑的环节包括完全消减需求、替代原有需求以及后期末端回收利用、末端处置分解措施的推广这 4 个方面。在 4 种情景的设置上，后一种情景均设置了比前一种情景更加积极的减排目标与技术推广程度，且在未来的推广比例、需求减量等方面都比前一种情景有所加强与深化。

6.2.1 政策情景下非 CO_2 温室气体排放情况

如图 6-3 所示，在政策情景下，中国非 CO_2 温室气体排放将从 2015 年的 21.7 亿 t CO_2e 增加到 2050 年的 31.7 亿 t CO_2e，增长了 46.1%，年均增长率约为 1.1%；2015—2050 年，非 CO_2 温室气体排放量的增长主要来源于制冷剂（HFCs）以及农业部门，废弃物领域的非 CO_2 温室气体排放基本保持稳定，与能源相关的 CH_4 排放由于煤炭消费达峰也不再增加。

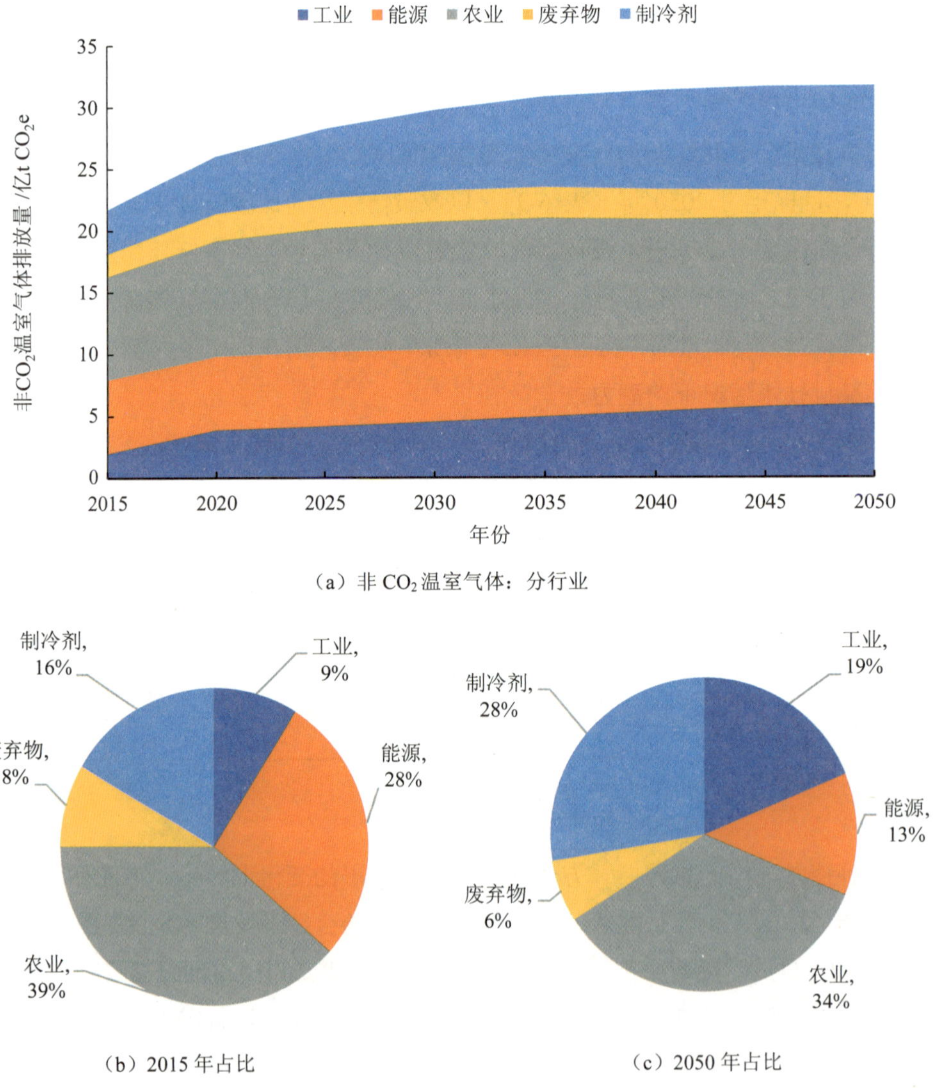

图 6-3 政策情景下非 CO_2 温室气体排放

1. CH_4

在政策情景下，2015年的 CH_4 排放量约为12.2亿t CO_2e，2030年增长了14.2%，达到13.9亿t CO_2e，在此期间年均增速接近0.9%；2030—2050年的 CH_4 排放量年均下降约0.7%，2050年回落至12.0亿t CO_2e。

从部门分布来看，煤炭开采是 CH_4 排放最主要的来源，其排放量从2015年的5.4亿t CO_2e 缓慢下降，2020年降到5.3亿t CO_2e，2050年降到3.1亿t CO_2e。2015—2030年，煤炭开采过程排放占 CH_4 总排放的比例分布在38.8%～44.2%的区间，此后逐步降低，到2050年减少至25.5%。农业部门中的动物肠道发酵和水稻种植也是十分重要的 CH_4 排放源，从2015年接近4.7亿t CO_2e 的水平增加到2030年的5.8亿t CO_2e，2050年进一步提高到6.3亿t CO_2e，其排放量在 CH_4 总排放量中的占比在2015—2030年基本稳定在38.5%～42.4%，至21世纪中叶提高到52.8%，相对基准年提高了近10个百分点。废弃物处理部门中的固体废物填埋处理方式对 CH_4 排放也有一定的贡献，其排放量保持增长趋势：2015年为0.8亿t CO_2e，占比为6.8%；2030年和2050年分别达到1.04亿t CO_2e 和0.8亿t CO_2e，2030年的占比提高到7.5%。

在排放增量构成的阶段性变化方面，2015—2030年的 CH_4 排放量增加约1.67亿t CO_2e，其中最主要的驱动因素依次为肠道发酵、油气逸散和固体废物填埋，分别贡献了1.2亿t CO_2e、0.3亿t CO_2e 和0.2亿t CO_2e。2030—2050年的 CH_4 排放量减少约1.8亿t CO_2e，此阶段由于煤炭消费量下降导致开采过程的 CH_4 排放量持续下降，而动物肠道发酵过程导致的 CH_4 排放量则是持续上升的，增量水平为0.4亿t CO_2e。

2. N_2O

在政策情景下，2015年的 N_2O 排放量约为4.9亿t CO_2e，2030年增长了42.9%，达到7.1亿t CO_2e，在此期间年均增速为2.4%；2030—2050年的 N_2O 排放量增速显著放缓，2050年的排放水平维持在不到7亿t CO_2e 的水平。

从排放源来看，农用地管理过程中的氮肥和粪肥施用是 N_2O 排放最主要的来源。在政策情景下，氮肥施用产生的 N_2O 排放量从2015年的3.6亿t CO_2e 稳步上升至2020年4.5亿t CO_2e 的峰值水平，随后进入平台期开始缓慢增长，并一直延续至2050年，基本满足了中国NDC中提出的2020年后农业氮肥使用零增长的要求。氮肥施用和粪便施用产生的 N_2O 排放量占 N_2O 总排放量的比例从2015年的74.0%逐步下降至2050年的66.9%。N_2O 的排放源具有明显的分散性，除最主要的农用地外，工业过程中的硝酸与己二酸生产、废弃物处理中的废水处理以及农业部门的动物粪便管理均对其有所贡献，其中己二酸的贡献最大。在政策情景下，己二酸生产过程中

的 N_2O 排放量于 2025 年达到峰值（2.1 亿 t CO_2e），其在 N_2O 排放中所占的比重从 2015 年的 14.1%增长到 2030 年的 27.7%，随后小幅降低至 2050 年的 24.2%。

在排放增量构成方面，2015—2030 年的 N_2O 排放增量约为 2.2 亿 t CO_2e，其中最主要的驱动因素依次为己二酸、氮肥及粪便管理和粪肥，分别贡献了 1.3 亿 t CO_2e、和 0.8 亿 t CO_2e。2030—2050 年的 N_2O 排放增量明显减少至 0.2 亿 t CO_2e，此阶段的增量主要来源于粪便管理和粪肥以及能源活动。由于其他排放源的排放量有所降低，因此所有增量均由上述排放源贡献。

3. 含氟气体

在政策情景下，2015 年的含氟气体排放量约为 4.5 亿 t CO_2e，2030 年增长了 93.3%，达到 8.7 亿 t CO_2e，在此期间年均增速为 4.5%；2030—2050 年的含氟气体排放量增速显著放缓，约为 1.9%，2050 年的排放水平相对于基准年增加了 182%，达到 12.7 亿 t CO_2e。

从部门分布来看，HCFC-22（二氟一氯甲烷）生产过程和空调制冷环节是含氟气体最主要的排放源。HCFC-22 生产过程中的含氟气体排放量从 2015 年的 1.1 亿 t CO_2e 稳步上升，至 2030 年达到峰值水平（2.0 亿 t CO_2e），随后进入平台期。与此同时，房间、汽车和商用空调制冷产生的含氟气体排放量则呈现出迅猛增长的势头，2015 年的排放水平为 2.2 亿 t CO_2e，至 2030 年相对基准年增长了近 1 倍，达到 4.3 亿 t CO_2e，在此期间年均增速约为 4.5%。2030—2050 年，房间、汽车和商用空调制冷环节的排放增速放缓，回落至 2.3%左右，相对于 2015 年增幅高达 213%，增至 6.9 亿 t CO_2e。受空调制冷环节排放量大幅增长的影响，HCFC-22 生产过程中的 HFC-23（三氟甲烷）排放量占含氟气体总排放量的比例从 2015 年的 38.8%分别显著下降至 2030 年和 2050 年的 23.9%和 16.9%。房间、汽车和商用空调制冷环节排放的含氟气体所占份额由 2015 年的 50.9%先后跃升至 2030 年的 66.4%和 2050 年的 76.4%。

在排放增量构成方面，2015—2030 年的含氟气体排放增量为 4.2 亿 t CO_2e，其中最主要的驱动因素为房间、汽车和商用空调制冷环节与 HCFC-22 生产过程，分别贡献了 2.1 亿 t CO_2e 和 0.9 亿 t CO_2e，累计占总增量的份额为 71.4%，其中前者的贡献度高达 50%。2030—2050 年的含氟气体排放增量回落至 4.0 亿 t CO_2e，此阶段最主要的增量来源为房间、汽车和商用空调制冷环节，增量水平为 2.6 亿 t CO_2e，占总增量的比例超过 65%。房间和商用空调是最重要的增长点，其增量接近 2.1 亿 t CO_2e。

4. 碳汇

森林碳汇和草地碳汇/碳排放是全球陆地生态系统碳循环的组成部分，主要通过光合作用、呼吸作用、生物质燃烧和腐烂以及土壤和其他有机物的分解等过程进行。

森林生态系统中储存着大量的碳，其生物量与成长阶段的关系最为密切，其中碳的累积速度在中龄林生态系统中最大，而成熟林/过熟林由于其生物量基本停止增长，碳素的吸收与释放基本平衡。在对森林碳汇变化的研究分析中，由于政策情景与强化政策情景所涉及的政策类似，因而将其合并为一种情景，因此共统计了 3 种情景。在 3 种情景下，至 2050 年中国森林蓄积量都呈连续增长的趋势，同时森林碳储量的变化趋势与森林蓄积量完全一致。碳汇量可以反映一定时间内（一年或多年）森林碳储藏量的变化速率，进而可以反映出不同时间的碳汇能力。

在政策/强化政策情景下，主要考虑适度推行新增造林面积、加快中幼林抚育管理以及强化成/过熟林开采等措施，2030 年的森林蓄积量将比 2015 年增长 20%以上，其碳汇能力增长不到 1 倍，达到 4.12 亿 t CO_2，至 2050 年碳汇能力可缓慢增长到 4.24 亿 t CO_2，基本上是 2015 年的 2 倍；在 2℃情景下，将采取更为精细与强化的政策措施，包括新增造林面积、甄选优良造林树种和改善森林林龄结构等，2030 年的碳汇能力可达 6.54 亿 t CO_2，至 2050 年略微下降至 5.02 亿 t CO_2；在 1.5℃情景下，2030 年的碳汇水平超过 9 亿 t CO_2，2050 年的森林蓄积量比 2015 年增加 90%，其碳汇能力增加 1.7 倍，达到 5.76 亿 t CO_2（图 6-4）。

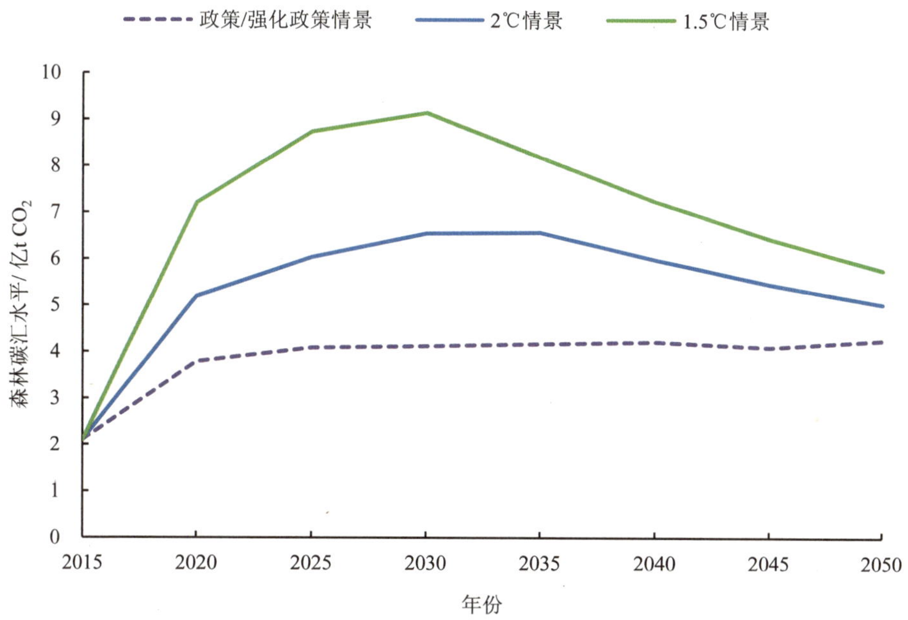

图 6-4　不同情景下的森林碳汇水平

草地碳排放和碳吸收是生态系统碳循环的重要组成部分，草地的碳储量主要包括植被碳储量和土壤有机碳储量两个部分。中国草地类型众多，不同类型草地的碳储量存在很大差异，气候、植被地带性对草地碳储量的影响巨大。草地碳汇量与草地面积变化与2020年之后草地管理政策和措施等密切相关。湿地、森林与草地并称为全球陆地三大生态系统类型，湿地中的碳主要储存在土壤和植物体内，其中土壤的碳储存量可占湿地总碳储量的90%以上。不同情景分析显示，中国草地和湿地的碳汇水平至2050年将维持在约2亿t CO_2的水平。

综合各情景分析与相关研究可知，中国林业、草地和湿地的碳汇水平至2050年大约能够实现7亿t CO_2的吸收水平。

6.2.2 其他情景下非 CO_2 温室气体减排潜力

在强化政策情景下，预计非 CO_2 温室气体约在2030年前后达到峰值，之后进入平台期并缓慢下降，其峰值水平约为27.80亿t CO_2e，在此期间年均增长率约为1.7%；2030—2050年，非 CO_2 温室气体排放量缓慢下降到23.67亿t CO_2e，年均下降率约为0.8%，排放量比政策情景下降约25%（表6-3、图6-5）。因此，在该情景下，非 CO_2 温室气体排放预计可与 CO_2 排放在2030年同步达峰。未来，在中国NDC中可以适当考虑增加非 CO_2 温室气体排放达峰的目标，以显示出非 CO_2 温室气体也是中国应对气候变化总体战略中不可忽视的部分。目前，发达国家接近1/3的减排量通过非 CO_2 温室气体减排实现，因此非 CO_2 温室气体减排需要引起广泛重视。

表6-3 强化政策情景下2030年和2050年非 CO_2 温室气体排放

单位：亿t CO_2e

年份	排放源	CO_2	CH_4	N_2O	含氟气体	小计
2030年	能源活动		5.84			5.84
	工业过程			1.50	2.05	3.55
	农业活动		5.80	4.38		10.18
	废弃物管理		2.12	0.38		2.50
	制冷剂				5.73	5.73
	小计（不含碳汇）		13.76	6.26	7.78	27.80
	LULUCF碳汇	−6.12				−6.12
	总计（含碳汇）	−6.12	13.76	6.26	7.78	21.68

年份	排放源	CO_2	CH_4	N_2O	含氟气体	小计
2050 年	能源活动		4.00			4.00
	工业过程			0.52	2.84	3.36
	农业活动		6.22	4.56		10.78
	废弃物管理		1.68	0.34		2.02
	制冷剂				3.51	3.51
	小计（不含碳汇）		11.90	5.42	6.35	23.67
	LULUCF 碳汇	–6.24				–6.24
	总计（含碳汇）	–6.24	11.90	5.42	6.35	17.43

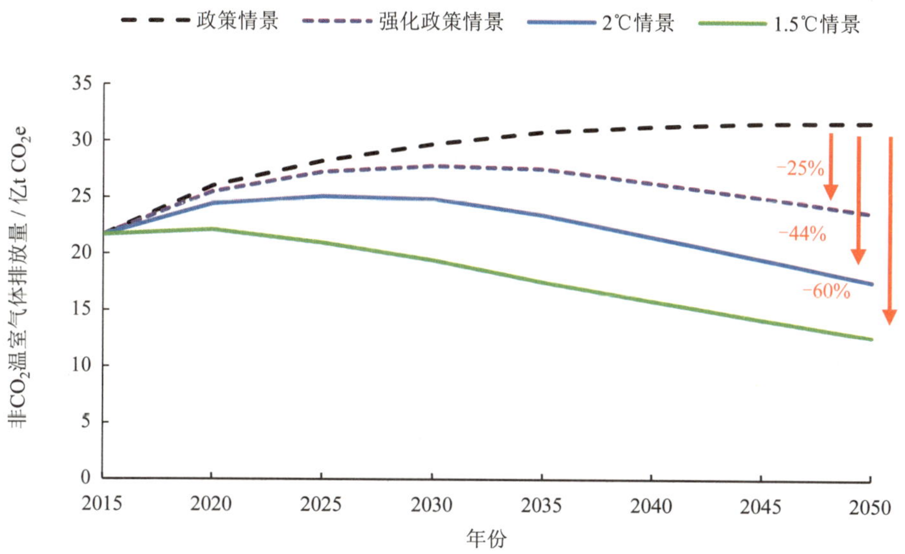

图 6-5　不同情景下非 CO_2 温室气体排放量

在 2℃情景下，预计非 CO_2 温室气体排放大约在 2025 年达到峰值，峰值水平约为 25.1 亿 t CO_2e，其间年均增长率约为 1.5%，之后逐年下降至 2050 年的 17.60 亿 t CO_2e，年均下降率为 1.4%。相比政策情景，在 2℃情景下 2050 年非 CO_2 温室气体排放量大幅下降至 17.60 亿 t CO_2e（表 6-4），降幅约为 44%（图 6-5）；在 1.5℃情景下，非 CO_2 温室气体排放在 2020 年达到峰值（约为 23.8 亿 t CO_2e），至 2050 年下降到 12 亿 t CO_2e，约为峰值水平的一半，降幅约为 60%（图 6-5）。总的来看，即使在减排技术全部实施的条件下，非 CO_2 温室气体最激进的减排效果到 2050 年也不能实现近零排放，而且其实现近零排放的技术成本非常昂贵，预计至少还有 12 亿 t CO_2e 的减排量难以实现。因此，非 CO_2 温室气体减排需要抓住早期的减排机遇，而后期的减排则需要依靠更多负排放技术的大力实施。

表 6-4　2℃情景下 2030 年和 2050 年非 CO_2 温室气体排放

单位：亿 t CO_2e

年份	排放源	CO_2	CH_4	N_2O	含氟气体	小计
2030 年	能源活动		4.77			4.77
	工业过程			1.24	1.90	3.14
	农业活动		5.15	4.15		9.30
	废弃物管理		1.97	0.37		2.34
	制冷剂				5.32	5.32
	小计（不含碳汇）		11.89	5.76	7.22	24.87
	LULUCF 碳汇	−8.54				−8.54
	总计（含碳汇）	−8.54	11.89	5.76	7.22	16.33
2050 年	能源活动		2.01			2.01
	工业过程			0.19	2.14	2.33
	农业活动		4.66	4.06		8.72
	废弃物管理		1.34	0.29		1.63
	制冷剂				2.91	2.91
	小计（不含碳汇）		8.01	4.54	5.05	17.60
	LULUCF 碳汇	−7.00				−7.00
	总计（含碳汇）	−7.00	8.01	4.54	5.05	10.60

如图 6-6 所示，2015 年，非 CO_2 温室气体排放量约为 21.7 亿 t CO_2e，其中 CH_4、N_2O 和含氟气体的占比分别为 56.3%、22.8%和 20.9%。在政策情景下，2050 年各种温室气体排放量均有所增加，但是增长的速度不同，其中含氟气体排放迅速增加，占比增至 40.1%，CH_4 的排放占比下降至 37.9%，N_2O 的排放占比基本保持不变。在强化政策情景和 2℃情景下，2050 年 CH_4 仍然是排放占比最高的温室气体，分别为 50.3%和 45.5%，含氟气体由于排放量增长快，其占比分别为 26.8%和 28.7%，均比 2015 年有所提高。在 1.5℃情景下，CH_4 的排放占比相比含氟气体略高出 5 个百分点，达到 40.5%，依然是排放占比最高的温室气体，N_2O 的排放占比也保持小幅增长，达到 25.0%，但是三者之间的占比差距有所缩小。

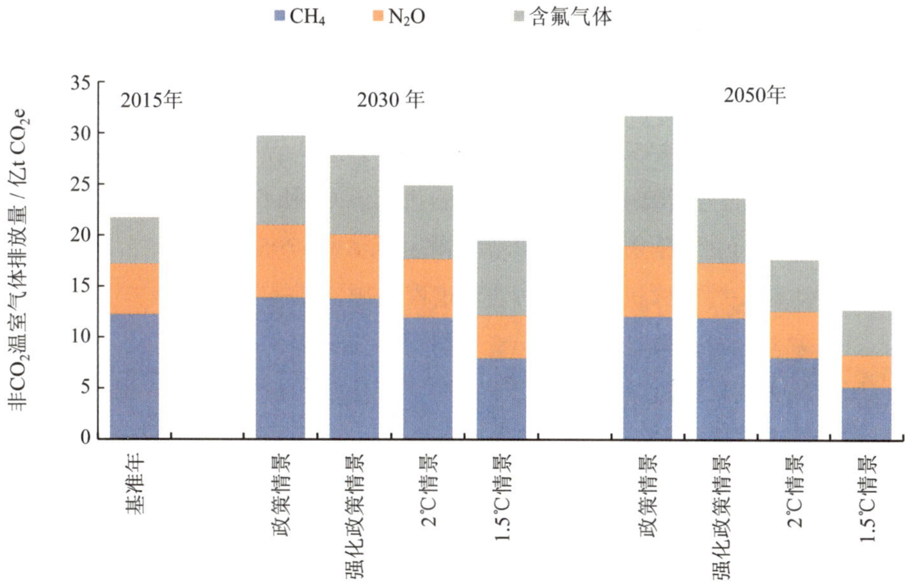

图 6-6　不同情景下非 CO_2 温室气体排放量

基于各情景的比较结果，预计随着社会经济的发展和能源转型的加速，CO_2 排放量会大幅减少，而非 CO_2 温室气体排放量占全部温室气体排放量的比例会逐年增加。2015 年，非 CO_2 温室气体的排放占比约为 18%（中国温室气体净排放量为 112 亿 t CO_2e）；2050 年，在强化政策情景下非 CO_2 温室气体的排放占比将增至 37%，在 2℃情景下预计非 CO_2 温室气体的排放占比会增至 58%，而在 1.5℃情景下非 CO_2 温室气体的排放占比则会增至 95%。因此，尽早考虑控制非 CO_2 温室气体排放，对中国加快实现低碳转型发展至关重要。

1. CH_4

强化政策情景下的 CH_4 排放量相对政策情景有一定下降。在强化政策情景下，CH_4 排放于 2030 年达峰，峰值水平为 13.7 亿 t CO_2e；在 2℃情景下，CH_4 排放的达峰时间提前到 2020 年，峰值水平降至 12.2 亿 t CO_2e；在 1.5℃情景下，CH_4 排放的达峰时间提前至 2015 年前后，峰值水平为 12.2 亿 t CO_2e。2015 年，CH_4 排放量为 12.2 亿 t CO_2e；2030 年，在强化政策情景、2℃情景以及 1.5℃情景下，CH_4 排放量分别为 13.8 亿 t CO_2e、11.8 亿 t CO_2e 和 7.9 亿 t CO_2e，相对于政策情景的减排率分别为 0.7%、14.2%和 43.0%。

从减排量的部门分布来看，在 2℃情景下，2030 年的 CH_4 减排量为 2.0 亿 t CO_2e，其中贡献度最高的部门依次为煤炭开采、固体废物处理、水稻种植、动物肠道发酵和动物粪便管理，减排量分别达到 1.4 亿 t CO_2e、0.2 亿 t CO_2e、0.2 亿 t CO_2e 和 0.2 亿 t CO_2e；2050 年的 CH_4 减排量进一步提高到 4.0 亿 t CO_2e，其贡献部门主要来自煤炭开采、动物肠道发酵、水稻种植和固体废物处理，减排量依次为 1.9 亿 t CO_2e、1.7 亿 t CO_2e 和 0.1 亿 t CO_2e。在 1.5℃情景下，非 CO_2 温室气体的减排力度得到加强，2030 年和 2050 年的减排量分别达到 5.9 亿 t CO_2e 和 6.8 亿 t CO_2e。各情景结果比较发现，2030 年的减排增量来自煤炭开采过程，而 2050 年的减排增量主要来自煤炭开采、动物肠道发酵和固体废物处理过程的额外减排努力。

2. N_2O

在强化政策情景、2℃情景和 1.5℃情景下，N_2O 排放量相对政策情景均呈现下降趋势，整体降幅超过 CH_4。在强化政策情景下，N_2O 排放于 2020 年达峰，之后进入缓慢下降阶段，2030—2050 年的排放量维持在 5.6 亿～6.5 亿 t CO_2e；在 2℃情景下，N_2O 排放的达峰时间为 2020 年，峰值水平为 6.5 亿 t CO_2e；在 1.5℃情景下，N_2O 排放的达峰时间仍为 2020 年，峰值水平小幅回落至 5.8 亿 t CO_2e。在以上 3 种情景下，2030 年的 N_2O 排放量分别为 6.3 亿 t CO_2e、5.7 亿 t CO_2e 和 4.2 亿 t CO_2e，相对于政策情景的减排率依次为 11.9%、18.9%和 40.6%。

从减排量的部门分布来看，在 2℃情景下，2030 年的 N_2O 减排量为 2.4 亿 t CO_2e，其中贡献度较高的部门依次为氮肥施用、动物粪便管理和粪肥施用，减排量分别为 0.77 亿 t CO_2e、0.23 亿 t CO_2e 和 0.2 亿 t CO_2e；2050 年的 N_2O 减排量为 1.5 亿 t CO_2e，贡献部门主要来自氮肥施用、生物质燃烧和移动源等能源活动，减排量分别为 0.8 亿 t CO_2e 和 0.64 亿 t CO_2e。在 1.5℃情景下，N_2O 的减排力度有所加强，2030 年和 2050 年的减排量分别上升到 2.8 亿 t CO_2e 和 3.8 亿 t CO_2e，增量部分主要由己二酸生产和氮肥施用等环节的减排努力来实现。

3. 含氟气体

在强化政策情景下，含氟气体排放大约在 2035 年达峰，之后开始缓慢下降，而在 2℃情景和 1.5℃情景下，其增速均在 2030 年后开始放缓，峰值水平为 7.3 亿 t CO_2e，相比政策情景的减排率为 16.3%；2050 年，在 2℃和 1.5℃情景下，含氟气体排放量分别为 5.1 亿 t CO_2e 和 4.4 亿 t CO_2e，减排率进一步提高到 60.3%和 65.5%。

从部门分布来看，相比政策情景，在 2℃情景下 2030 年的含氟气体减排量为 1.4 亿 t CO_2e，其中贡献度最高的部门依次为家用空调、HCFC-22 生产和汽车空调，减排量分别为 0.8 亿 t CO_2e、0.3 亿 t CO_2e 和 0.3 亿 t CO_2e；2050 年的含氟气体减排量提高至 7.6 亿 t CO_2e，贡献部门主要来自家用空调和汽车空调的制冷剂替代，产生的减排量分别为 4.7 亿 t CO_2e 和 2.9 亿 t CO_2e。在 1.5℃情景下，2030 年、2050 年的含氟气体减排量分别上升到 1.5 亿 t CO_2e 和 8.3 亿 t CO_2e。通过比较发现，含氟气体 2030 年的减排增量主要由 HCFC-22 生产过程贡献（1.2 亿 t CO_2e），而 2050 年的减排增量主要来自 HCFC-22 生产（20%）、家用空调（19%）和汽车空调（19%）等环节。

4. 土地利用变化及林业（LULUCF）碳汇分析

与土地利用相关的温室气体排放贡献了全球 25%的温室气体排放量，其中与农业生产直接相关的占 10%～14%，另外的 12%～17%则是由植被变化所致，包括森林退化[11]。2014 年，中国 LULUCF 温室气体清单报告的范围包括林地、农地、草地、湿地、建设用地和其他共 6 种土地利用类型的温室气体排放和碳吸收汇。土地利用的巨大温室气体减排潜力一直被忽视，通过对土地利用的可持续管理、调节土地的碳循环等措施，不仅能够减少单位土地面积的碳排放，还能够增加土地的碳储存。

停止毁林、大规模植树是最有效的方式之一。健康的森林能够通过确保水安全增强土壤健康，帮助调节气候以支持当地的经济发展。在强化政策情景下，中国 2030 年的林业碳汇可以实现减排 4.12 亿 t CO_2，在降低气候风险的同时还可以提高气候变化的适应能力；而在 2℃情景下则可以实现减排 6.54 亿 t CO_2，其减排潜力不容忽视。

与森林生态系统相比，草原的碳汇/碳吸收受自然因素的干扰较大，温度、降水和蒸发是影响草地生态系统碳循环的主要气候要素。人类对草原的保护和修复措施对其提高碳汇潜力至关重要，以中国现有草地来说，围封、种草和退耕还草 3 种措施的固碳潜力达到 39.06 Tg/a [12]，相当于 1.4 亿 t CO_2 的固碳能力。

林业、草原、湿地是中国减排行动的重要方面，国际社会对林业和草原在全球减排中的作用也日益重视。同时，林业和草原在应对气候变化方面具有特殊性，既可以是碳源，也可以是碳汇，主要取决于人类采取什么样的行动与措施。

6.3　非 CO_2 温室气体减排的技术与措施

6.3.1　非 CO_2 温室气体减排的重要技术

1. 工业过程

工业过程的温室气体排放大多是由物理和（或）化学变化过程所导致的，因而可以应用的减排技术大多局限于原材料替代或溶剂和还原剂的选择，因此技术选择的局限性较大，需要结合下游其他生产工艺的节能减排技术才能更好地发挥行业节能减排的技术效果。

（1）N_2O

工业过程的 N_2O 减排技术按照其发生作用的环节或工段可以分为源头控制技术、过程控制技术和末端治理技术。在己二酸行业，中国目前主要采用环己烷法生产技术，环己烷法的己二酸产能占全国己二酸总产能的95%以上。

己二酸生产行业的 N_2O 源头控制技术主要是采用其他原料路线或方法来替代环己烷法的己二酸产能，如由日本旭化成公司首次使用的环己醇法，虽然其使用的原料与环己烷法类似，但对氢气和硝酸的消耗大大减少，因此具有 N_2O 减排效果。此外，还有文献报道了可以完全避免 N_2O 排放的己二酸生产方法[13]，即以 30%过氧化氢在钨酸钠及催化剂的作用下直接将环己烯氧化为己二酸，收率达 90%，但此方法只有在过氧化氢价格不高且对 N_2O 排放有严格控制要求的政策环境下才有吸引力，目前尚未实现工业化。丁二烯[14]、臭氧加紫外线照射[15]等方法因没有硝酸氧化环节而可以避免 N_2O 排放，但目前都处于实验室研究阶段。

己二酸生产行业基本没有可以减少 N_2O 排放的过程控制技术，只有催化分解法的末端控制技术，其 N_2O 减排机理与硝酸行业的末端控制技术类似。但限于该方法的催化剂成本较高、寿命较短等缺点，在中国更多地使用热分解法[16]进行末端治理。热分解法直接将 N_2O 尾气送入焚烧炉，经高温分解为 N_2、O_2 和 NO，不使用催化剂并可回收一部分硝酸，还能进行余热利用，但缺点是消耗燃料，并且燃料燃烧会产生额外的 CO_2 排放。还有文献提出了将化工生产过程中的 N_2O 直接进行提纯后回收利用，以生产苯酚、医用笑气麻醉剂等，这些方法都与下游产品的需求侧价格关系较大，目前尚未实现商业化。

（2）含氟气体

作为消耗臭氧层物质（Ozone Depleting Substance，ODS）CFCs（氯氟烃）和 HCFCs（含氢氯氟烃）的替代品，HFCs 在全球的消费量和排放量在淘汰 ODS 的进程中显著增长，目前主要用作制冷剂、发泡剂、灭火剂、气雾剂和化工产品的原料，涉及多个工业领域。

①制冷剂

在制冷空调行业中，含氟气体作为制冷剂通过自身热力状态的变化与外界发生能量交换，从而达到制冷的目的。

对于小型汽车空调，目前的制冷剂替代物质主要有 HFO-1234yf（2,3,3,3-四氟丙烯）、CO_2、HFC-152a（1,1-二氟乙烷）和 Mexichem AC6（技术不太成熟）。HFO-1234yf 是一种具有轻微可燃性的制冷剂，先后通过了美国重要新替代品政策（Significant

New Alternatives Policy，SNAP）、欧洲化学品注册、评估、许可和限制（Regulation，Evaluation and Authorization of Chemicals，REACH）和中国新化学物质登记等评估，已经得到广泛的商业化应用。至 2018 年，全球已有超过 6 000 万辆汽车采用这种制冷剂，在部分中国品牌车型，尤其是出口欧美的车型中也已启动使用。天然工质 CO_2 作为制冷剂已被成功应用，对于小型和轻型系统，如车用空调和移动式空调来说，使用 CO_2 具有开发前景。HFC-152 a 作为制冷剂具有节省燃油、价格低、系统效率高以及可利用减速达到制冷等潜力，但目前 HFC-152a 的美国汽车工程师协会（Society of Automotive Engineers，SAE）标准尚不完善。

房间空调制冷剂的替代品主要为二氟甲烷（HFC-32）和丙烯（R290）。HFC-32 是一种轻微可燃的制冷剂，其制冷性能与 HFC-410A 接近，在相同制冷量的条件下，HFC-32 的灌注量小于 HFC-410A，该产品在日本、欧美地区已经市场化。R290 的物性参数与 HCFC-22 极其相近，属于非常接近的直接替代物，其 GWP 小于 20，能效比传统系统高 15%。然而，由于 R290 的可燃性，美国并不允许碳氢化合物作为 HFCs 的替代品，但在中国已有多家企业建立了 R290 空调生产线。未来，如果 R290 的安全性可以提高（包括安全意识的提高以及相关法规的制定和完善），其在空调方面的应用可以进一步加大。

对于工商制冷空调，由于产品差异大，可以采用的替代产品也相对多样化。除前文提到的 CO_2 和碳氢天然工质制冷剂（HCs 技术）外，天然工质氨的臭氧层破坏系数（ODP）和 GWP 均为 0，是一种环境友好的制冷剂，具有热物理性能优良、单位容积制冷量较大、黏度较小、价格低廉、运行效率高等优点。氨制冷剂至今仍在许多大型工业系统中被应用，目前国内大中型冷库多用氨做制冷剂，但由于氨气具有毒性和可燃性，其使用的安全性一直被关注。

②发泡剂

HCs 发泡剂中最具实用价值的是环戊烷。与其他 HCs 发泡剂相比，环戊烷的导热系数最低，因而泡沫的保温隔热性能最好。目前，碳氢技术已经相对成熟，在聚氨酯（PU）泡沫行业已有广泛应用。水可以说是 PU 泡沫的通用发泡剂。在各种替代技术中，水具有环保、安全、不需要对发泡设备进行改造的优点，在经济性方面，如果综合考虑设备和工厂改造费用、产品生产成本变化，水也是最优的替代品。HCFO-1233zd（1-氯-3,3,3-三氟丙烯）和 HFO-1336mzz（六氟-2-丁烯）具有不易燃、低 GWP 值、高能效、所发泡沫的绝热性能好等特性，是极具潜力的新一代发泡剂，已获得美国 SNAP 和欧盟 REACH 认证。目前，霍尼韦尔和阿科玛公司已注册 HCFO-1233zd 发泡剂的生产专利，HFO-1336mzz 发泡剂的专利则归杜邦公司所有，两种发泡剂均未在全球范围内进行大规模推广。

③HFC-23

HFC-23 主要有 3 种减排方法。一是焚烧处置。该方法是目前国内外企业处理 HFC-23 的主流方法，包括热氧分解和等离子体消解等技术。由于中国参与清洁发展机制（Clean Development Mechanism，CDM）项目的实施，HCFC-22 的相关生产企业基本都采用焚烧分解的方式处置 HFC-23，现该技术已相对成熟。二是降低副产率。发达国家通过改进 HCFC-22 的生产工艺，将 HFC-23 的副产率控制在 1.5%～3%的水平，平均在 2%以内。目前中国企业由于工艺、设备或管理等因素的制约，HFC-23 的副产率大多仍处于 3%左右的较高水平。三是资源化利用，即通过化学反应将 HFC-23 转化为具有经济价值的含氟化合物，实现氟资源的有效利用。

2. 农业生产

农业温室气体排放的主要来源包括动物肠道发酵、动物粪便管理、水稻种植和农用地，其排放占比分别为 24%、16%、19%和 40%。

（1）稻田

稻田 CH_4 减排技术主要分为品种选育、水分管理、肥料管理、耕作管理和新型技术五大类[17-19]，如表 6-5 所示。

表 6-5　稻田 CH_4 减排技术体系

技术种类	具体技术
品种选育	低排放品种
水分管理	控制灌溉 浅湿灌溉 间歇灌溉 生长期间歇式排水与烤田相结合
肥料管理	减少氮肥施用 沼渣替代农家有机肥
耕作管理	稻油、稻麦等水旱轮作
新型技术	包膜控释肥 甲烷抑制剂 生物炭

研究表明，如果稻田氮肥施用量能够从 225～450 kg N/hm^2 减少到 90～200 kg N/hm^2，则稻田 N_2O 排放量能减少 42%；氮肥每减少 10%～70%可以促使 N_2O 排放量减少 8%～57%，但是不会对稻田 CH_4 排放和土壤有机碳固定有任何显著影响[20]。浅湿灌

溉、控制灌溉、间歇灌溉、覆膜旱作等节水灌溉技术已经得到大面积推广，这些节水灌溉技术不仅大大节省了水稻用水，而且能够减少温室气体排放。也有研究表明，控制灌溉能够有效降低 GWP，在控制灌溉条件下，稻田排放的 CH_4 总量可减少 80%以上[21]。在间歇灌溉条件下，稻田 CH_4 排放量是持续淹水条件的 5.4%，虽然 N_2O 排放量增加了 6.5 倍，但是间歇灌溉条件下的综合温室效应却减少了 90%[22]。

（2）旱地

旱地 N_2O 减排技术可以总结为品种选育、肥料管理、耕作技术和新型制剂四大类（表 6-6）。

表 6-6　旱地 N_2O 减排技术体系

技术种类	具体技术
品种选育	低排放品种
肥料管理	降低氮肥施用 有机肥（农家有机肥、沼渣、秸秆等）与化肥混施 测土配方施肥 氮肥深施
耕作技术	保护性耕作（少耕、免耕、轮耕、秸秆覆盖或还田等）
新型制剂	硝化抑制剂 缓控释肥

氮肥减施是减少旱地 N_2O 排放最直接的途径。研究表明，如果氮肥施用量能够减少 10%～30%，小麦、玉米和蔬菜的 N_2O 排放量能够分别减少 11%～22%、17%～30%和 27%～45%[20]。分析表明，对不同类型的农田，包括小麦、玉米和蔬菜地，添加硝化抑制剂均可以将 N_2O 的排放系数降低 40%左右，缓控释肥中的氮素通过缓慢释放可以在作物生长过程中被作物持续吸收，是传统速效肥料的最佳替代品，也是提高化肥利用率、降低化肥环境影响的优选产品。

（3）畜禽养殖

畜禽养殖业排放的温室气体主要来源于畜禽肠道的 CH_4 和粪便管理过程中产生的 CH_4 和 N_2O。目前，畜禽养殖业温室气体减排技术包括养殖模式、口粮管理、改良育种、粪便收集和储存、粪便处理五大类[17-18,23-24]（表 6-7）。

表 6-7 畜禽养殖业温室气体减排技术体系

技术种类	具体技术
养殖模式	种养结合 低碳生态养殖 发酵床养殖
口粮管理	秸秆青贮和氨化 新型饲料添加剂 合理搭配日粮精/粗料比 全混合日粮技术（TMR）
改良育种	培育高产品种
粪便收集和储存	干清粪 粪尿分离技术 粪便干燥处理 粪便集中收集和储存 调节粪便碳氮比
粪便处理	养分综合管理 厌氧消化池 好氧堆肥直接还田 沼气工程

有研究表明，饲料转换大约可以使 CH_4 排放量减少 4%～6%，提高对饲料或能量摄入量的相关管理可以促进 CH_4 减排 11%（以肉牛为例，相当于每头牛每年减排 CH_4 142.7 kg CO_2e）；改变反刍动物的饲料结构，尤其是增加脂类添加剂，可以显著减少 15%左右的 CH_4（以肉牛为例，相当于每头牛每年减排 CH_4 193.5 kg CO_2e）[20]。

（4）碳汇

表 6-8 给出了农田土壤和草地固碳技术体系。近 30 年来，中国农田表层土壤有机碳库总体增加，发挥了碳汇功能。其中，农田年固碳量在 20 cm 深度为 9.6～25.5 Tg，在 30 cm 深度为 11～36.5 Tg；单位耕地面积的年固碳速率在 20 cm 深度为 74～184 kg C/hm^2，在 30 cm 深度为 85～281 kg C/hm^2 [25]。

表 6-8 农田土壤和草地固碳技术体系

技术种类	具体技术
耕作	免耕、少耕
土壤管理	退化土壤修复 土地复垦
肥料管理	有机肥使用
牧场植物管理	改良的草地品种/草地组成
牧场动物管理	适当的放牧密度（载畜量）

高载畜强度会显著减少土壤有机碳含量，通过调整放牧密度可以在避免土壤有机碳损失和促进土壤固碳放牧中发挥重要作用。研究表明，如果放牧密度由高强度减少到中等强度或者低强度，土壤有机碳含量每年会增加 0.77 t CO_2/hm^2；休牧可以使土壤有机碳每年提高 1.48%，即每年增加 1.06 t CO_2/hm^2；修复退化土地能够使土壤每年多固碳 4.22 t CO_2/hm^2。

图 6-7 给出了 1.5℃情景下 2030 年和 2050 年按照部门加总的非 CO_2 温室气体减排量，由此得出中国非 CO_2 温室气体减排的关键环节。其中，煤炭开采、HCFC-22 生产、家用空调、动物肠道发酵、氮肥施用、汽车空调 6 个环节的减排努力贡献最大。2030 年上述关键环节分别贡献了 4.1 亿 t CO_2e、2.0 亿 t CO_2e、0.9 亿 t CO_2e、0.6 亿 t CO_2e、0.6 亿 t CO_2e 和 0.3 亿 t CO_2e 的减排量，累计占比达到 82.6%；2050 年分别减排 5.2 亿 t CO_2e、1.7 亿 t CO_2e、3.0 亿 t CO_2e、2.2 亿 t CO_2e、1.1 亿 t CO_2e 和 1.6 亿 t CO_2e，累计占比小幅下降至 78.3%。

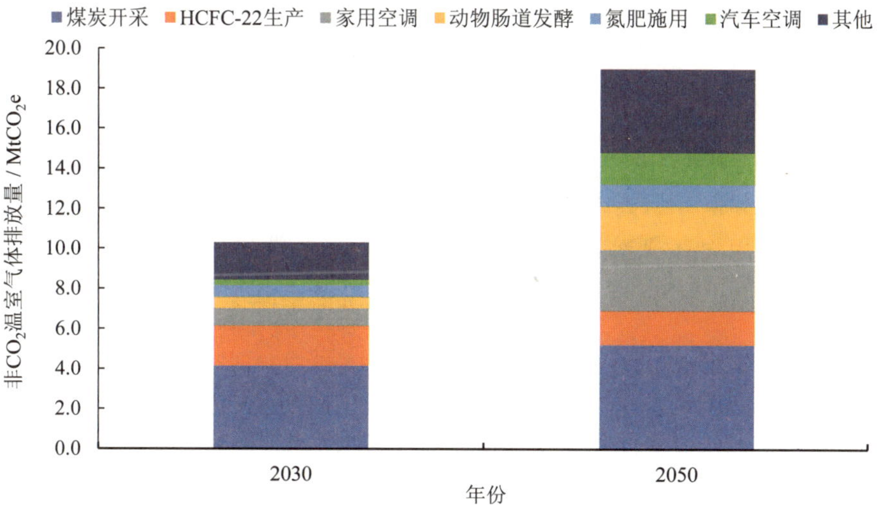

图 6-7 中国非 CO_2 温室气体减排关键环节

6.3.2 非 CO_2 温室气体减排的主要措施

表 6-9 按照减排行为发生的阶段和方式将各类减排措施划分为前期、中期和后期 3 个阶段。

表 6-9 非 CO_2 温室气体减排措施分类

阶段	类型	排放源	具体措施
前期	完全消减需求	煤炭开采	能源系统转型
		动物肠道发酵	改良和推广高生产力牲畜品种、改善饮食结构
		动物粪便管理	改良和推广高生产力牲畜品种、改善饮食结构
		农用地	降低氮肥施用
		固体废物处理	焚烧处理
	替代原有需求	电力系统	SF_6+N_2 混合气体替代
		半导体制造	碳酰氟（COF_2）替代
		汽车空调	HFO-1234yf 替代
		房间空调	R290 替代
中期	生产方式改良	水稻种植	湿润灌溉和间歇灌溉（种植过程）、间歇式排水与烤田相结合（生长期）
		动物肠道发酵	合理搭配日粮精/粗料比
		铝冶炼	自动熄灭阳极效应、无效应铝电解工艺
	提高利用效率	农用地	测土配方施肥（配方肥）
后期	末端回收利用	煤炭开采	回收发电
		动物粪便管理	堆肥产沼气
		固体废物处理	回收利用、回收发电
		废水处理	回收发电
	末端处置分解	煤炭开采	封闭燃烧、氧化处理
		固体废物处理	排空燃烧
		HCFC-22 生产	热分解处理
		硝酸生产	二级处理法、三级处理法
		己二酸生产	催化分解法

前期代表非 CO_2 温室气体排放产生前，该阶段的减排措施包括两类：完全消减需求和替代原有需求。完全消减需求指从源头控制并减少相应排放源的活动水平，如通过能源系统转型降低煤炭消费量，进而减少煤炭开采过程中的排放活动水平；引导居民改变饮食结构，减少对红肉的消费量，由此间接导致对应牲畜品种存栏量

的降低；对于固体废物的处置，将填埋处理改为焚烧处理可以从根本上减少固体废物的填埋处理量，进而在填埋气产生前就实现了排放量的减少。替代原有需求是对原有需求或活动水平的替代，如在汽车空调领域以低 GWP 值的 HFO-1234yf 替代较高 GWP 值的 HFC-134a（1,1,1,2-四氯乙烷）作为制冷剂；在房间空调中用 R290 工质替代新冷媒（R410a）作为制冷剂等。

中期代表非 CO_2 温室气体产生的过程，该阶段的减排措施包括生产方式改良和提高利用效率。前者的典型措施有在水稻种植过程中推广湿润灌溉和间歇灌溉、在生长期将间歇式排水与烤田相结合；在牲畜饲养过程中合理搭配日粮精/粗料比；在铝冶炼行业中采用自动熄灭阳极效应、用无效应铝电解工艺替代原有阳极效应较为明显的生产线。后者的减排措施主要有在氮肥施用中推广测土配方施肥以提升氮肥的使用效率。

后期代表非 CO_2 温室气体产生后的阶段，此时的减排措施主要有末端回收利用和末端处置分解。其中，煤炭开采、固体废物填埋处理等环节的 CH_4 排放均可回收用于发电，而 HCFC-22、硝酸和己二酸生产等环节排放的温室气体需要采用热处理或催化处理等方法予以消除。

6.3.3　非 CO_2 温室气体减排成本

研究显示，非 CO_2 温室气体的边际减排成本曲线呈现前半部分平缓、后半部分非常陡峭的趋势（图 6-8）。这表明，尽管非 CO_2 温室气体的减排率受到减排技术的物理限制，但通过引入合理水平的碳税可以在减排方面取得一定的效果。然而，超过一定的减排率之后，其减排边际成本将快速上升，这一拐点在 2030 年为 40%～50%、在 2050 年为 50%～70%。同时，由于减排技术的限制，非 CO_2 温室气体难以实现零排放，预计在 1.5℃情景下仍然有大约 40%难以减排。

若碳价保持在 20 元/t CO_2e 的水平，2030 年约可实现减少 N_2O 31.2%、减少含氟气体 12.9%、减少 CH_4 14.5%，2050 年可实现减少 N_2O 50%、减少含氟气体 21.5%、减少 CH_4 42.5%，即在 2030 年和 2050 年可分别减少 0.53 亿 t CO_2e 和 1.3 亿 t CO_2e。在强化政策情景下，2030 年的减排成本为 38.5 亿元，2050 年为 160.5 亿元；而在 2℃情景下，2030 年的减排成本为 105.8 亿元，2050 年为 306.2 亿元。然而，最大经济上可实现的减排量会受到减排技术物理约束的限制，一旦碳价水平超过 200 元/t CO_2e（约 30 美元/t CO_2e），减排量将不再随着价格的增加而增加。在假设减排技术成本不变的条件下，1.5℃情景下非 CO_2 温室气体的减排成本比 2℃情景下的减排成本至少增加 3～5 倍。未来，随着研发及技术进步可能会导致减排技术成本下降，但是由于缺乏有关非 CO_2 温室气体减排技术成本下降的数据，本书并没有考虑技术进步导致的未来减排成本的下降。

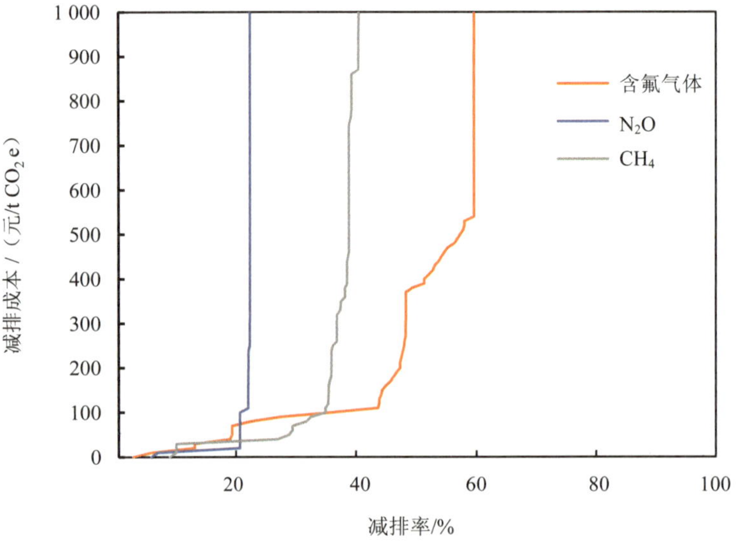

（a）2030 年

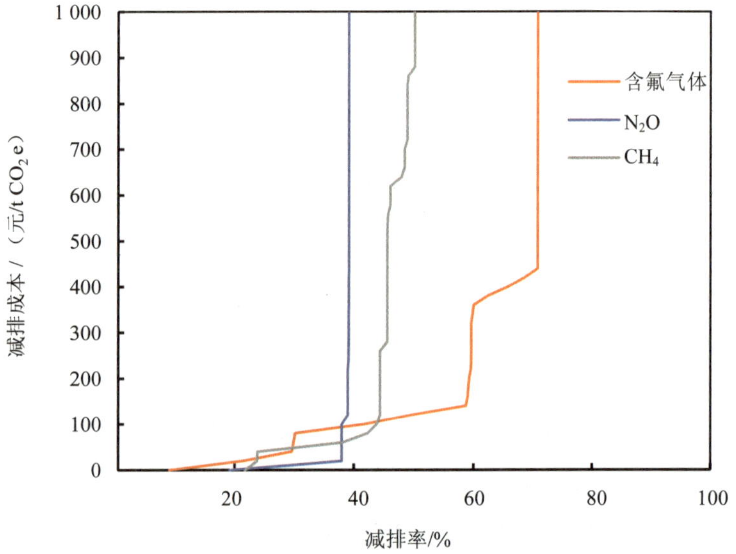

（b）2050 年

图 6-8　非 CO_2 温室气体减排成本曲线

综上所述，可得出结论：①非 CO_2 温室气体，如 CH_4 是一种强势的温室气体，其 20 年的温室效应相当于 CO_2 的 80 倍左右，因此必须重视非 CO_2 温室气体的减排，需要在国家长期低碳发展战略中增加相应的减排战略；②非 CO_2 温室气体的减排潜力在初期可以通过成本较低的技术来实现，也可以结合价格机制的实施实现进一步的减排，但是在达到一定的减排率之后，进一步的深度减排只能通过行为改变来降低活动水平，从而使减排难度增大；③非 CO_2 温室气体减排在通过拐点之后，其减排成本和减排难度呈现非线性变化，表示剩余的排放量需要通过负排放技术才能在 2050 年实现温室气体的净零排放。

6.3.4　基于自然的解决方案

基于自然的解决方案（NbS）最早出现于 2008 年世界银行发布的报告——《生物多样性、气候变化和适应：世界银行投资中基于自然的解决方案》，强调保护生物多样性对于气候变化减缓与适应的重要性。NbS 是一种受自然启发、支撑并利用自然的解决方案，以有效和适宜性的手段应对社会挑战、提高社会韧性，并带来经济、社会和环境的综合效益。

NbS 根据对生态系统的不同利用方式可分为 3 类：①直接利用未经干预或最小化干预的生态系统，如以自然通风净化空气、以城市绿地管理雨洪等；②修复生态系统，如土壤治理、恢复土壤生态系统功能；③模仿自然规律创造生态系统，如通过新建绿色屋顶和绿墙外立面等设施调节微气候。NbS 兼具经济与高效的双重优势，充分说明以树木和土壤为代表的自然元素在应对气候变化方面的重要性，它提供了一条可以使人类与自然协调发展的道路，有望激发各个国家针对气候变化问题采取更积极、更有效的行动，同时合理利用各项资源。

林业碳汇是 NbS 在应对气候变化工作中在林业和草原方面的具体实践，利用森林的储碳功能，通过造林、加强森林经营管理、减少毁林、保护和恢复森林植被等活动来提高森林碳汇。在政策/强化政策情景下，中国 2030 年的森林蓄积量可以达到 208 亿 m^3、2050 年可以达到 262 亿 m^3，林业碳汇大致稳定在每年 4 亿 t CO_2 的水平；在 2℃情景下，2030 年和 2050 年的森林蓄积量可以增加到 227 亿 m^3 和 300 亿 m^3，对应的碳汇在 2030 年可以达到 6.5 亿 t CO_2、在 2050 年回落到 5.0 亿 t CO_2。

结合相关研究分析与判断，草地、湿地及林产品碳汇约为 2 亿 t CO_2，到 2050 年中国的碳汇总量为 7 亿～8 亿 t CO_2。由于非 CO_2 温室气体排放源比较分散，同时其减排成本在达到一定减排率后会迅速呈现非线性上升，减排难度非常大，因此增加碳汇潜力是实现近零排放的重要途径之一。建议与农林业和农村发展战略相协调，充分挖掘基于技术与基于自然相结合的解决方式的潜力，发挥LULUCF的增汇潜力，以抵消其他部门在技术上难以实现的减排。

参考文献

［1］ UNEP. The emissions gap report 2019[R/OL]. https://www.unenvironment.org/resources/emissions-gap-report-2019.

［2］ UNFCCC. Decision 1/CP.16，the Cancun Agreements[EB/OL]. [2018-02-26]. http://unfccc.int/resource/docs/2010/cop16/eng/07a01.pdf.

［3］ UNFCCC. Decision 2/CP.17，outcome of the work of the Ad Hoc Working Group on Long-term Cooperative Action under the convention[EB/OL]. [2018-02-26]. http://unfccc.int/resource/docs/2011/cop17/eng/09a01.pdf#page=4.

［4］ 国家发展和改革委员会．中华人民共和国气候变化初始国家信息通报[EB/OL]. 2004. http://unfccc.int/resource/docs/natc/chnnc1c.pdf.

［5］ 国家发展和改革委员会．中华人民共和国气候变化第二次国家信息通报[EB/OL]. 2014. http://www.ccchina.org.cn/archiver/ccchinacn/UpFile/Files/Default/201302181420 20138656.pdf.

［6］ 生态环境部．中华人民共和国气候变化第一次两年更新报告[EB/OL]. 2016. http://www. mee. gov.cn/ywgz/ydqhbh/wsqtkz/201904/P020190419522735276116.pdf.

［7］ Xuekun Fang，Xia Hu，Greet Janssens-Maenhout，et al. Sulfur Hexafluoride（SF_6）emission estimates for China：an inventory for 1990–2010 and a projection to 2020[J]. Environ. Sci. Technol，2013，47：3848-3855.

［8］ 高峰，曹艳翠，刘宇，等．中国原镁生产温室气体排放的影响因素分析[J]．环境科学与技术，2016，39（5）：195-199.

［9］ Emission Database for Global Atmospheric Research（EDGAR）. Emission Datebase for Global Atmospheric Research（EDGAR），release version 4.2. European Commission，Joint Research Centre（JRC）/Netherlands Environmental Assessment Agency（PBL）[EB/OL]. 2011. http://edgar.jrc.ec.europa.eu（accessed April 9，2018）.

［10］相震．减排全氟化碳应对全球气候变化[J]．三峡环境与生态，2011，33（4）：15-18.

［11］Paustian K，Lehmann J，Ogle S，et al. Climate-smart soils[J]. Nature，2016，532（7597）：49.

［12］郭然，王效科，逯非，等．中国草地土壤生态系统固碳现状和潜力[J]．生态学报，2008，28（2）：862-867.

［13］康莉．生产己二酸的“绿色”路线[J]．石油与天然气化工，1999（2）：118.

［14］郝敬泉，华卫琦，查志伟，等．己二酸生产技术进展及市场分析[J]．现代化工，2012，32

（8）：1-4.

［15］石华信．不产生 N_2O 的合成己二酸新技术[J]．石油石化节能与减排，2015，5（2）：40.

［16］江屿，徐烨琨，艾晓欣．己二酸生产中 N_2O 减排技术综述[J]．化工设计通讯，2018，44（9）：56-57.

［17］董红敏，李玉娥，陶秀萍，等．中国农业源温室气体排放与减排技术对策[J]．农业工程学报，2008（10）：269-273.

［18］米松华，黄祖辉．农业源温室气体减排技术和管理措施适用性筛选[J]．中国农业科学，2012，45（21）：4517-4527.

［19］王晓萌，孙羽，王麒，等．稻田温室气体排放与减排研究进展[J]．黑龙江农业科学，2018（7）：149-154.

［20］Nayak D，Saetnan E，Cheng K，et al. Managing opportunities to mitigate greenhouse gas emissions from Chinese agriculture[J]. Agriculture，Ecosystems and Environment，2015，209：108-124.

［21］Peng S Z，Yang S H，Xu J Z，et al. Field experiments on greenhouse gas emissions and nitrogen and phosphorus losses from rice paddy with efficient irrigation and drainage management[J]. Science China Technological Sciences，2011，54（6）：1581.

［22］李香兰，马静，徐华，等．水分管理对水稻生长期 CH_4 和 N_2O 排放季节变化的影响[J]．农业环境科学学报，2008（2）：535-541.

［23］郭娇，齐德生，张妮娅，等．中国畜牧业温室气体排放现状及峰值预测[J]．农业环境科学学报，2017，36（10）：2106-2113.

［24］李顺江，刘静，杜连凤，等．规模化畜禽养殖污染减排的技术模式[J]．世界环境，2018（3）：56-58.

［25］王充，于东升，张海东，等．典型黑土区农田土壤碳库及其影响因子显著性变化特征研究[J]．土壤学报，2014，51（4）：845-852.

第7章 实现长期深度脱碳的技术支撑

2018年10月发布的《IPCC全球温升1.5℃特别报告》指出，实现1.5℃温升控制目标需要在21世纪中叶实现净零排放。为此，需要在相关领域开展颠覆性关键技术的创新探索和应用。

实现全球和中国的长期深度脱碳需要多种中长期减排技术的支撑。为实现全球1.5℃温升控制目标，对深度脱碳技术的潜力和成本进行分析非常重要。深度脱碳技术的成本效益综合分析是技术选择和排放战略的基础。本章首先对多项能效和低碳技术进行了技术成熟度、经济影响、社会影响、环境影响和生态影响等多方面的综合分析，并在此基础上提出了重要技术发展路线图，然后对10余项深度脱碳技术进行了包含研发进展、成本效益、发展潜力和政策需求等在内的分析评价。

7.1 成本效益综合分析

7.1.1 研究背景

中国正加快由技术“追赶者”向“引领者”转变，传统技术的减排潜力相对收窄，而合理引导需求、结构调整优化的贡献不断上升。目前仍存在大量负成本节能降碳潜力，伴随技术进步和结构升级，今后的减排潜力可能更大。其中，终端部门为实现深度减排目标需要研发低碳或零碳工艺、技术和产品，通过能源技术变革与新材料、信息化等的协同来创新产品，推动先进技术与绿色消费理念、行为模式转变等的深度融合。

一系列国内外研究认为，CCS 技术、核能技术、氢能技术、地球工程技术以及建筑、交通、工业和储能等行业领域的某些技术都是重要的中长期减排技术(图 7-1)。多数研究是基于行业需求和技术经济性分析来制定减排技术发展规划和部署路线图的，而对技术的环境生态影响等综合成本效益的分析却并不全面，需要开展进一步的研究。

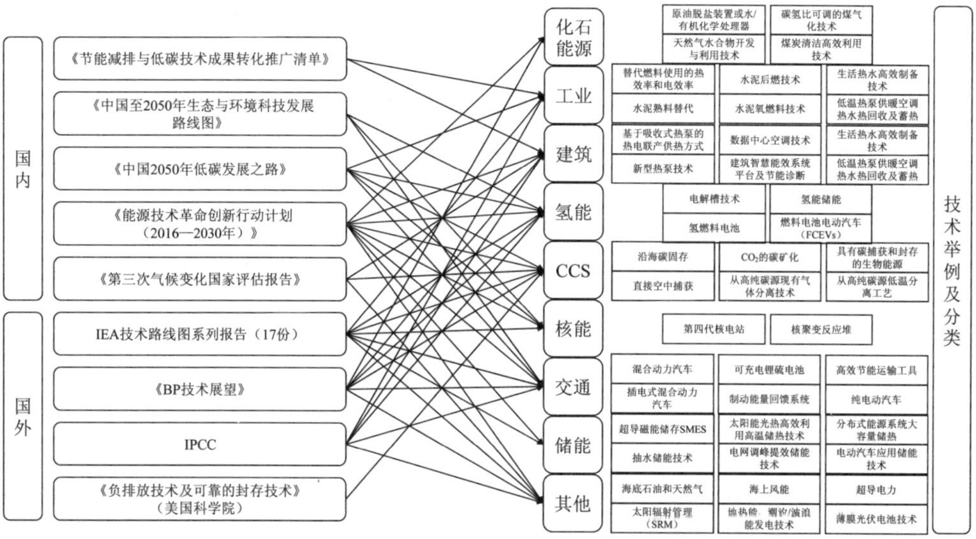

图 7-1　国内外研究中关于中长期减排技术的举例及分类

如图 7-2 所示，已有研究主要关注新技术的研发和已有减排技术成本的降低。其中，国内研究主要关注技术细节和已有技术的改进与推广，而国外研究则重点关注一些新技术的发展方向和减排潜力。目前，对中长期减排的战略认识多是定性判断，更多关注已有技术的改进、系统优化、成本降低、普及推广，对于未来可能出现的新技术以及技术减排潜力的定量分析还不够；同时，多以技术经济成本评估为基础，而对于技术在大规模应用之后的生态环境及社会影响评估，尚缺乏目标反推、兼顾生态和社会影响的中长期技术战略和部署。

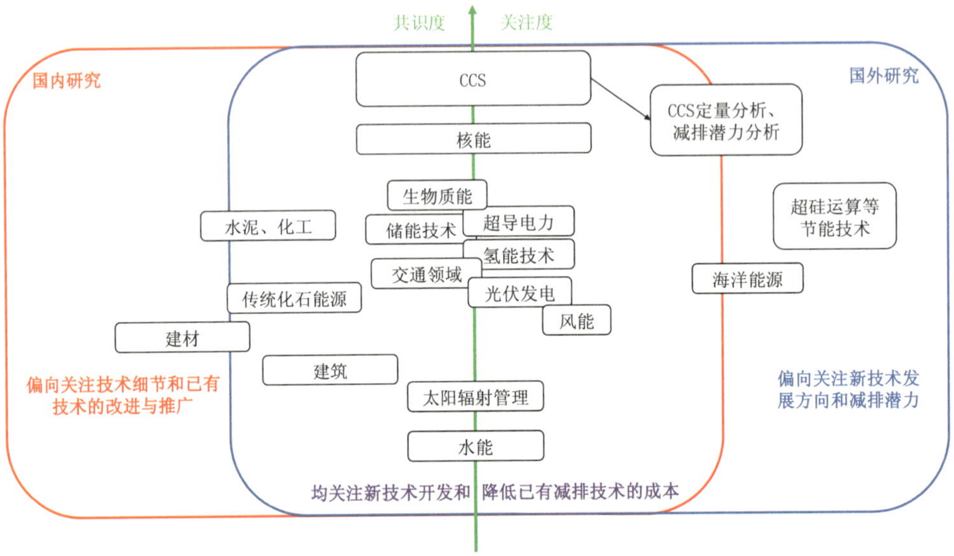

图 7-2 国内外研究中关于中长期减排技术的对比分析

7.1.2 主要分析维度

本章选取了可再生能源（以风能和光伏为代表）发电、生物质能、CCS、氢能、核能、需求侧管理和能效提升等技术，并对其在已有研究中综合影响分析的确定性进行了总结（表 7-1）。

表 7-1 已有研究中关于中长期减排技术综合影响分析的确定性

技术类型	技术成熟度	经济影响	社会影响	环境影响	生态影响
需求侧管理	尚未成熟	较确定	较确定	较确定	较确定
能效提升	成熟	较确定	较确定	较确定	较确定
风能、光伏等可再生能源发电	成熟	较确定	较确定	较确定	不确定
生物质能	较成熟	不确定	不确定	较确定	不确定
氢能	尚未成熟	较确定	较确定	较确定	较确定
核能	较成熟	较确定	不确定	较确定	不确定
CCS	尚未成熟	不确定	不确定	较确定	不确定

在这些技术中，对于需求侧管理技术成熟度的认识并不统一。有研究认为此类技术已相对成熟，在日常生活中也较为常见，但从气候变化的角度来看仍有较大提

升空间，如共享汽车将带来汽车需求量的相对减少。需求侧管理技术的突破在对需求量变化的研究方面仍有较大缺口，但其经济、社会、环境、生态方面的影响相对确定。对于能效提升技术的成熟度，普遍认为已成熟，但从应对气候变化的需求来看还存在一定分歧，在其他方面的影响相对确定。

本章突破了传统的技术经济分析，主要针对风电和光伏发电、生物质能、CCS、氢能等技术的成本效益进行了较为细致的梳理，提出了综合考量的评价结论，可以为中长期减排技术的综合评价提供参考。图 7-3 展示了对中长期减排技术进行综合成本效益评估的 6 个维度。

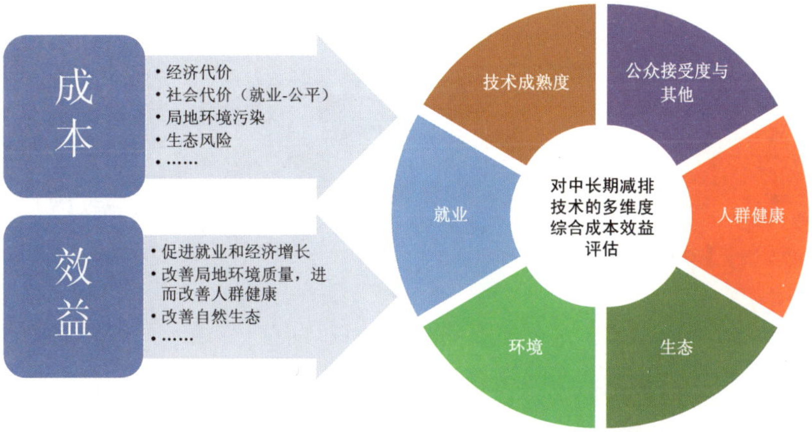

图 7-3　中国中长期减排技术大规模应用的成本与效益综合评估

7.1.3　关键技术横向比较及优先序排列

表 7-2 从 6 个维度对 7 类关键技术进行了综合成本效益的横向对比。尽管这些评估可能存在较大争议，但还是从总体上完成了半定量化的分析。

表 7-2　各项关键技术的综合成本效益横向对比

技术类型	技术成熟度	就业影响	局地环境效应	生态效应	人群健康	公众接受度
需求侧管理	+－±	+	++	++	++	++
能效提升	++	+	++	++	++	++
风能、光伏等可再生能源发电	++	++	++	－	++	++

技术类型	技术成熟度	就业影响	局地环境效应	生态效应	人群健康	公众接受度
生物质能	+	+	±	–	±	++
氢能	–	+	+	±	+	+
核能	+	+	+	–	+	–
CCS	–	+	–	±	–	–
示例	++：成熟 +：较为成熟 –：尚未完全成熟	++：显著增加就业 +：增加就业	++：显著利于局地环境改善 +：利于局地环境改善 ±：对局地环境影响不确定 –：对局地环境造成潜在破坏	±：对生态影响不确定 –：对生态造成潜在风险	++：显著有益于人群健康 +：有益于人群健康 ±：对人群健康影响不确定 –：对人群健康有潜在不利影响	++：公众接受程度高 –：公众接受程度目前较低

注：表中“+”和“–”表示对技术影响的主观定性判断。其中，“+”表示有正向影响，“–”表示有负向影响，“+”的数量表示影响程度。

对于需求侧管理技术的成熟度具有较大争议。有研究表示，这方面的技术已经相对成熟，因为在日常生活中较为常见，但从气候变化的角度来看仍有较大的提升空间。就其他维度而言，需求侧管理技术对环境、生态和人群健康都有正面效益。能效提升技术已较为成熟。总体来看，需求侧管理和能效提升技术在可持续发展方面具有普遍的积极效益，是未来低碳发展中需要着力推进的优先领域，但二者的潜力和规模具有不确定性，这取决于未来技术上的发展和突破，同时也取决于政策的部署情况。

风能和光伏等可再生能源发电技术在就业、环境、健康方面具有正面效益，技术成熟度和公众接受度也相对较高。此类技术可以作为中长期减排技术的优先领域，但其高比例应用也会给生态友好的空间布局带来一些影响，如将相关设施建设在高风险发展区可能会给当地带来生态破坏，因此需要考虑如何避免这样的生态风险。

生物质能总量相对较小，技术相对较为成熟，但由于其种类和应用方法较多，对环境和人群健康的影响不能确定，如沼气发电可以减少煤电的环境污染，但在室内焚烧生物质燃料也可能导致室内空气污染进而影响人体健康。就其生态影响而言，仅依赖于边界土地和雨水灌溉、不考虑水和土地影响的能源作物种植无法满足中国生物质能减排的需求，因为生物质能的快速发展将会利用更多的土地资源和水资源，如果突破边际土地并进行大量人工灌溉，就有对生态系统造成负面影响的风险。因此，从近期和远期发展来看，可以将生物质能技术发展与其他领域相结合，如交通、电气化等，尽量将生物质能集中使用而不是分散使用，以避免对健康造成影响。

根据专家判断，目前中国的氢能技术还有待进一步提高，亟待政策支持和技术上的突破；核能技术的利用问题主要在于其所具有的生态风险以及较低的公众接受度。

CCS 技术目前还不成熟，如果电力系统没有实现低碳或零碳转型，而是高比例地依赖于煤炭，那么 CCS 技术可能会带来负面的环境影响。此外，这类技术还存在生态和商业上的风险以及公众可接受度方面的障碍。

图 7-4 展示了其中的 5 种关键技术在考虑生态和健康影响的情况下减排成本的变化情况。可以看出，能效提升技术能够带来各方面的收益；风能、光伏等可再生能源发电技术的发展具有较好的局地环境与人群健康效益，总体上也具有一定的综合效益；生物质能、氢能和 CCS 技术则鉴于其潜在的生态风险或环境影响，减排成本均较高。

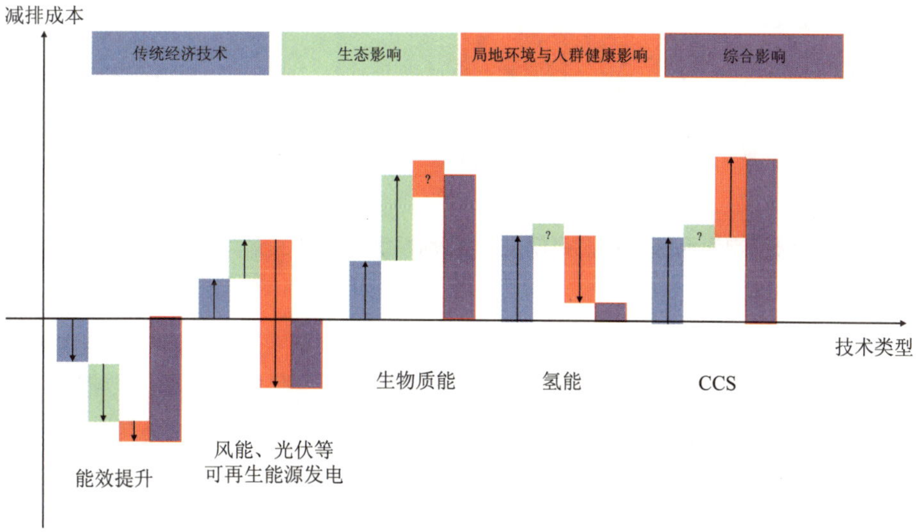

图 7-4　5 种关键技术在生态和健康影响下的减排成本变化

值得一提的是，根据综合影响的减排成本可以看出，能效提升、风能和光伏等可再生能源发电、生物质能、氢能和 CCS 技术是依次提高的，但这仅是当前的一个定性判断。可以预期的是，随着电力系统的低碳化或零碳化发展，这几类技术的成本效益分析和对比情况还会进一步发生变化。

7.1.4 先进低碳技术发展对实现深度脱碳的战略支撑

如图 7-5 所示，在电源系统、能源系统和技术创新系统中各种战略性技术可以相互支撑。实现深度脱碳，需要以先进的低碳技术发展作为战略支撑。技术创新系统与能源系统之间的相互作用十分紧密，技术甄选、技术管理以及技术突破都与能源系统的同步发展状态息息相关。

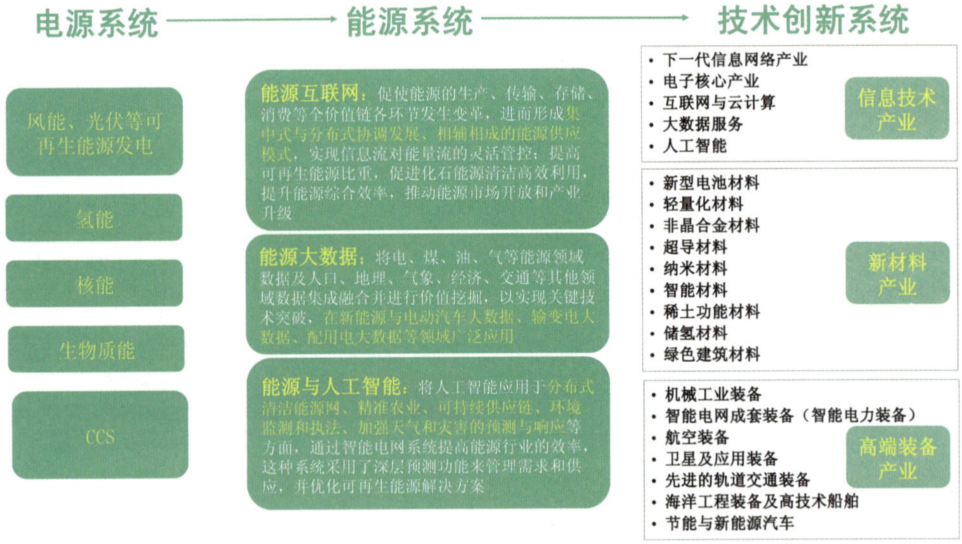

图 7-5 电源系统、能源系统和技术创新系统中战略性技术相互支撑情况

总体来看，能源系统的低碳技术发展将与全社会的技术创新变革相辅相成。具体来说，电源系统的各项低碳技术与能源系统的能源互联网、能源大数据、能源与人工智能等技术相互关联，并进一步与信息技术、新材料以及高端装备等产业的发展密切相关。

7.1.5 主要分析结论和发展建议

综合考虑低碳技术的就业、环境、生态、健康影响及公众可接受度等因素，有助于提升技术潜力、成本有效性和空间布局等评估的系统性和可操作性，有利于促进碳减排目标与可持续发展目标实现过程中的协同增效。

需求侧管理和能效提升技术在可持续发展方面普遍具有积极影响，是未来低碳发展战略中需要着力促进的优先领域，但其潜力和规模具有不确定性，取决于未来技术的发展和突破。风能、光伏等可再生能源发电技术可作为中国中长期减排技术的优先选项，但其高比例发展需要考虑生态友好的空间布局，避免潜在的生态风险。

仅依赖边际土地和雨水灌溉种植能源作物无法满足中国的深度减排需求。近期的能源作物发展主要服务于交通行业，但因其可能带来占用土地资源、增加水资源压力等风险，可作为促进交通行业低碳甚至零碳化的过渡技术，最终还要依赖交通行业的电气化；远期的能源作物发展主要服务于电力系统的电力和热力供应，应在末端加上 CCS 技术。

氢能技术预计到 2050 年能够提供较高比例的终端能源需求，且具有较大的减排潜力。中国的氢能市场潜力巨大，其发展的关键在于能否在有效需求大规模增长的情况下实现成本的快速降低。

负排放技术目前尚未成熟。如果电力系统没有实现低碳或零碳，负排放技术的发展就会带来负面的局地环境影响，同时考虑其生态和商业风险、公众接受度等方面的阻碍，可将其作为实现中长期减排目标的储备技术，并继续加大研发力度。

核能技术在保障清洁、安全、可靠的电力供应方面起到了重要作用，同时具有积极的就业红利，是实现温升控制目标下电力系统深度脱碳的重要组成部分。中国的核电具有较大的发展潜力，但同时也面临来自供应链建设、经济性、核安全、政治因素等诸多方面的挑战，因此在发展上仍需有力的政策支持。

关于未来发展，本章提出以下建议：

①强化对减排技术成本效益的多维度、系统性研究，识别不同技术在未来多种情景、不同约束下的空间分异规律；

②加速构建市场导向的绿色技术创新体系，重视发挥各类市场对减排技术发展的推动作用；

③系统并持续地建设需求侧管理和能效提升技术的创新体系，通过政策设计、科技研发、教育、宣传等综合性手段推动公众意识的提升、新产品/新技术的使用、消费模式的创新与需求结构的优化；

④保障绿色技术产业供应链的战略安全，加快突破“卡脖子”技术；

⑤探讨通过强化知识产权保护、优化知识产权利益的平衡机制来促进技术发展与技术扩散的方案；

⑥构建针对战略性技术研发的多元投融资保障机制和针对储备性技术的风险分担机制；

⑦通过“一带一路”倡议、南南合作等框架，深度参与全球绿色技术合作与贸

易，推动世界各国的减排技术合作，打造技术创新“命运共同体”。

7.2 深度脱碳技术评价

本节对 4 大类 12 项深度脱碳技术进行了包含研发进展、成本效益、发展潜力和政策需求等方面的分析评价。

7.2.1 能源与电力系统深度脱碳技术

在未来大比例间歇性可再生能源电力上网的情况下，电力系统的安全稳定运行需要大规模储能技术、智能电网技术和分布式可再生能源网络技术的支撑。

1. 电化学储能技术

截至 2018 年年底，全球已投运储能项目的累计装机规模达到 181.0 GW。其中，抽水蓄能的累计装机规模最大，为 170.7 GW，占比 94.3%；电化学储能的累计装机规模紧随其后，为 6 625.4 MW。在各类电化学储能技术中，锂离子电池的累计装机规模最大，为 5 714.5 MW。

表 7-3 分别列举了一些储能技术的关键运营指标与经济性参数的对比。近年来，储能技术，尤其是电化学储能技术得到广泛的研究，在大规模可再生能源并网、用户侧、联合火电调频等领域得到商业示范应用[1]，但尚未实现规模化应用。一方面，虽然近年来锂电池成本呈现不断下降的趋势，但其成本与抽水蓄能技术相比仍存在不小的差距[2,3]，大规模推广还需克服技术、成本、商业模式等一系列问题。超导磁储能、超级电容器、飞轮等储能技术的单位输出功率成本低，但在单位能量方面价格仍然较高，因此通常应用于大功率和短时间的场合[4,5]，也未得到大规模应用。储能技术的发展动力在于可获得持续的收益，目前由于其成本仍然较高，多数技术都没有得到规模化应用，经济性较差。相关研究表明，电化学储能技术的成本目前正呈现快速下降的趋势，将有望达到与抽水蓄能技术相当的水平。

随着安全、长寿命、能量转换效率高等性能的改善，锂电池在电力储能领域的应用规模越来越大。目前，国内锂电池技术主要分为磷酸铁锂体系、三元体系和钛酸锂体系 3 个主流路线。在储能系统的应用中，考虑到投资回报率，现阶段磷酸铁锂体系锂电池的商业化进度较快，三元体系锂电池的安全性和稳定性一般，钛酸锂体系锂电池在比能量上虽然没有另外两种锂电池高，但在低温下性能优异，在大倍率充放电条件下的寿命可达万次以上。电池储能技术近年来在世界范围内均发展较快，是当前储能技术发展的一个重要方向。

表 7-3　储能技术关键指标与经济性对比

对比项	抽水蓄能	化学电池	超导磁能	飞轮储能	超级电容
效率/%	75	85	90	90	90
比能量/（W·h/kg）	—	10～200	—	5～100	5～30
比功率/（W/kg）	低	低	高	高	高
功率费用/（美元/kg）	60～2 000	300～2 500	300	350	300
循环寿命	很长	中	长	长	长
放电时间	数小时	数小时	数秒	数秒	数秒

锂电池储能技术的“瓶颈”在于其循环利用和安全性仍有待突破。当三元体系锂电池在碰撞、针刺、过充或短路的情况下，其内部温度会升到 200～300℃，使正极材料发生反应并导致出现电池鼓胀甚至爆炸等安全问题，而且危险发生时的可控性低。

2. 氢储能技术

氢燃料作为跨季节、跨地区的储能手段备受关注。与传统的电池储能技术不同，氢储能技术是通过电解水制氢的方式将能源以气态燃料的方式存储起来，可以用于化工、氢燃料电池汽车、加气站等多种场合。使用这种技术，一方面有利于就地应用，另一方面可借助天然气管网技术实现远距离运输。氢储能技术是电转气（Power-to-Gas，PtG）技术中重要的一类。PtG 技术是将电能转化成燃气，一般会转化成氢气并注入天然气管道中，或通过甲烷化转化成 CH_4。

PtG 的核心概念早在 19 世纪就已经提出，但目前的实际应用规模很小，且主要集中在德国和其他一些欧洲国家，由其转化的气体可输入天然气管网或者直接用于交通和发电领域。

在德国，PtG 技术被寄予厚望。有研究认为，该技术将是完成德国能源转型的关键。德国的风电厂主要集中在北部，而用电中心集中在南部。为了缓解这一矛盾，德国将电力转化为氢气，然后再进入能源环节，以氢储能的方式来替代直接输电[1]。

相关研究表明，由于氢储能技术尚处于研发示范阶段，未来的成本判断非常模糊。考虑到氢储能技术相比电化学储能技术具有更多的能量转换环节，能量损失和

[1] http://www.juda.cn/news/19716.html。

设备资金投入更大，其成本下降的难度也将更大。

目前已经运行的 PtG 示范工程整体效率约为 60%，每个具体的 PtG 示范工程的转换效率取决于其所采用的 PtG 技术。如表 7-4 所示，不同 PtG 技术的投资成本和寿命存在差异，PtG 容量越大，单位容量的投资成本越小。碱性水电解（Alkaline Water Electrolysers，AWE）比质子交换膜电解（Proton Exchange Membrane Electrolysers，PEME）更适于规模化应用，而生物甲烷技术（BM）虽然具有相对较高的效率和较低的成本，但是其自身的技术条件决定了它更适于小规模的 PtG 工程，而大容量的 PtG 工程则应采用化学甲烷技术（CM）作为甲烷化的手段。普遍认为，PtG 厂站的年运行/维护成本一般为固定投资成本的 5%左右。有研究测算，AWE+CM 的组合技术日均运行成本为 3 500～5 300 美元，PEME+BM 的组合技术日均运行成本为 1 400～2 300 美元。

表 7-4　不同 PtG 技术的技术经济参数

技术类型	转化效率/%	使用寿命/年	固定投资成本/（美元/kW）	能源消耗/（$kW\cdot h/m^3$）*
AWE	70～80	20～30	800～1 500	5～7.5
PEME	75～90	3～5	1 500～3 000	5.8～6.3
CM	70～85	3～8	500～1 500	
BM	95～100		500～800	

* 这组数据与额定功率有关系，功率不同，数据也就不同。

中国对于 PtG 技术的研究高度重视。早在“十二五”期间就启动了“基于可再生能源制/储氢的 70 MPa 加氢站研发及示范项目”，重点研究 PtG 技术在燃料电池汽车加氢站方面的应用，部署了“风电直接制氢及燃料电池发电系统技术研究与示范项目”，重点研究风电制氢及燃料电池集成系统的关键技术。然而，相比先进国家氢储能技术的战略规划及发展速度，中国的关键技术和应用差距仍然较大。

目前 PtG 技术中的氢储能技术成本依然居高不下，主要原因有两个：①电解制氢装置的价格较为昂贵，只有在利用率较高，即年运行时长较长的情况下才能较为经济地运行；②能源在转化过程中损失较大。因此，氢储能技术发展的关键在于降低成本和提高效率。解决氢能在综合能源应用方面的问题，仅仅专注于解决技术问题本身是不够的，还应该寻求更新、更多的应用方法，以使新的商业模式成为可能。

3. 核能制氢技术

核能制氢就是利用核反应堆产生的热作为一次能源，从含氢元素的物质水或化石燃料中制备氢气。核能制氢可以实现氢气的高效、大规模、无碳排放制备。

核能制氢技术的发展路线需考虑技术特性（包括产氢能力、产品氢气纯度、终端用户和废物管理）、成本（氢气价格、技术经济评价和研发费用等）和风险（技术发展现状与成熟度、研发风险）等因素。要实现核能—氢能的高效转化，必须利用反应堆提供的工艺热，主流技术包括热化学循环（硫碘循环和混合硫循环）和高温蒸汽电解这两类技术路线。将热化学循环与高温蒸汽电解两种技术进行对比可以发现，前者主要涉及化工技术，过程较为复杂，但放大较为容易，适合大规模制氢；后者主要涉及材料技术，过程简单，适合中小规模制氢。

目前，广泛用于发电的压水堆由于出口温度相对较低，主要用于发电领域。高温气冷堆因其固有的安全性、高出口温度和功率适宜等优势，被认为是最适合于制氢的堆型之一。

过去几十年，国际上一直在进行核能制氢技术的相关研究。从 20 世纪 80 年代至今，日本原子能研究开发机构（Japan Atomic Energy Agency，JAEA）一直在进行高温气冷堆和碘硫循环制氢的研究。2004 年，其开发的 30 MW 高温气冷堆（HTGR）的反应堆出口温度提高到 950℃。目前，该机构已经结合其商业反应堆（GTHTR300C）研发了基于硫碘循环制氢的热电联产，现已完成包括成本估算在内的基本设计。美国主要研究硫碘循环、混合硫循环、高温固体氧化物电解制氢技术。2003 年，美国相关机构对 HTGR 结合硫碘循环制氢技术进行了初步评估和成本估算，发现影响成本的最主要因素在于核热成本和制氢装置电价。加拿大则在发展超临界水冷堆（SCWR），因为其最高出口温度达不到碘硫循环的要求，所以提出并研制了一种新的循环——铜-氯循环，使反应温度仅在 400～500℃，净投入水，净产出氢气和氧气。目前，该技术已通过实验证实了循环的可行性，并针对可能发生的问题对模型提出了修正方案。阿根廷于 20 世纪末提出了铁氯、钴氯、钒氯和钒氯循环制氢方案。据估计，这 4 种方法的制氢能量效率分别约为 26%、25%、27%和 71%。中国清华大学核能与新能源技术研究院开发设计了硫碘循环和高温蒸汽电解系统，建成产氢能力（标况下）为 100 L/h 的集成实验室规模台架。2013 年年底，该院实现了 I-S 封闭循环的设施验证，产氢速率（标况下）达到 60 L/h，计划到 2020 年完成 HTGR 制氢关键设备技术的研究，到 2025 年完成 HTGR 制氢的中试工程验证，到 2030 年开展超高温堆—核能制氢—氢冶金的工程示范。

国际原子能机构（International Atomic Energy Agency，IAEA）于 2012 年成立了协调研究项目（CRP），旨在评价核能制氢的技术经济性。CRP 致力于通过成员国之间的信息交流以及比较不同方案的制氢技术，综合评估核能制氢技术与其经济潜力。

目前，已有来自中、美、德、日等 11 个国家的成员参与该项目。该项目确定的可用于制氢的核电类型包括 SCWR、球床模块堆（PBMR）、HTGR 等，可实现的制氢技术包括硫碘循环、铜氯循环、混合硫循环、蒸汽甲烷重整和高温电解。

国际原子能机构基于 2014 年的项目数据使用 HEEP 软件对 4 种已经可投入生产的技术进行了成本估算，包括加拿大 CANDU 压水堆、中国 INET HTR-PM 高温示范堆、德国 HTR-modul 高温堆、日本 GTHTR300C 超高温堆，分别对应 CASE Ⅰ、CASE Ⅱ、CASE Ⅲ和 CASE Ⅳ。CRP 估算出 4 种条件下氢的平均成本（不考虑存储和运输的成本）都在 2～3 美元/kg，其中约 40%的成本来自氢气生产环节、60%的成本来自核热生产环节。考虑到不同地区特有的经济因素，波动在 20%左右。

相关研究表明，未来核能制氢成本的下降依赖于大规模的产业化发展。预测到 2030 年前后，核能制氢成本将下降到可与常规工艺相竞争的水平。

4．电力系统深度脱碳技术

发展智能电网技术、加强电网侧储能和需求响应的互动、发展全球能源互联网、统筹优化全球和各个区域可再生能源的开发利用将是支撑电力系统实现净零排放的关键技术。

智能电网技术和全球能源互联网是电力系统重要的深度脱碳技术，主要包括 5 项关键技术，与可再生能源发电技术相结合可实现 100%清洁能源的零碳电力系统。

（1）全球能源互联网技术

全球能源互联网是以特高压电网为骨干网架、实现全球互联的坚强智能电网，是清洁能源在全球范围内大规模开发、输送、使用的基础平台。全球能源互联网可以在全球范围内灵活配置资源，为可再生能源消纳提供传输通道，大幅提高了电网对清洁能源的消纳潜力。一般而言，电力系统的碳减排量与清洁能源的发电占比呈正相关关系。

根据 2018 年全球能源互联网大会的报告，2018—2050 年，全球能源互联网总投资预计为 270 万亿元，其中电源投资 185 万亿元、电网投资 85 万亿元。

（2）虚拟同步技术

虚拟同步技术主要通过模拟同步发电机的本体模型、有功调频以及无功调压等特性，使并网逆变器从运行机制和外部特性上可与传统同步发电机相比拟。分布式电源，如储能、风电、光伏发电、电动汽车等，多以逆变器为接口形式接入配电网，为虚拟同步发电机提供了良好的应用场景。虚拟同步技术可以增加新能源接入的稳定性，提高电网对清洁能源的消纳潜力。

根据相关研究，风电场虚拟同步机的改造成本约为 100 元/kW，新建风电场标配虚拟同步机基本不增加成本；光伏电站虚拟同步机的改造成本约为 600 元/kW，新建光伏电站标配虚拟同步机将增加成本 200 元/kW；集中式虚拟同步机的成本为 220 元/kW，随着储能价格的下降其造价还将持续降低，预计 2050 年可实现 100 元/kW 左右的建设成本。

（3）光热发电技术

太阳能光热发电是通过反射太阳光到太阳能集热器来进行太阳能的采集，再通过换热装置提供高压过热蒸汽来驱动汽轮机进行发电的。太阳能加热的储热介质可以储存在巨大的容器中，在太阳落山后几个小时仍然能够带动汽轮发电。由于风电、光伏发电的工作方式受天气因素影响极大，因此其提供的绿色电力具有随机不确定性，致使电网接纳这种绿色电力具有上限。太阳能光热发电技术可以提供可控、低随机性的清洁绿色电力，可以提高电网对清洁能源的消纳潜力。

根据专业人士预测，未来光热发电的投资成本将以每年 10%的速度下降。目前，中国太阳能光热发电的单位造价为 12 000～14 000 元/kW，2050 年可降至 9 000～11 000 元/kW；光热电站的平准化发电成本在 2020 年可降至 0.67～0.76 元/（kW·h），2050 年可降至 0.50～0.56 元/（kW·h）。

（4）电网侧储能技术

发电侧与用户侧的储能容量较小、安装分散、不接受电网统一调管，因此难以充分发挥储能的系统性和全局性效益。与之相反，电网侧储能通常规模较大并可接入各级调度中心调管，在电力系统运行中能够在调峰、调频、缓解阻塞、电压支撑与无功控制、故障紧急备用等方面发挥“四两拨千斤”的作用。电网侧储能可以削峰填谷，实现可再生能源的时空转移，还可以配合火电机组调频参与各类电力辅助服务，从而大幅提高电网对清洁能源的消纳潜力。

研究表明，现有储能技术的发电成本为 0.62～0.82 元/（kW·h），未来通过进一步改进电池的结构和工艺、提高材料利用率，可将系统循环寿命提高至 7 000 次以上，到 2050 年发电站的发电成本可降至约 0.3 元/（kW·h），能够满足容量型储能大规模商业化应用的目标要求。

（5）需求响应技术

需求响应指用户主动改变其固有的用电习惯，通过减少或者推移某时段的用电负荷来响应电力供应，从而保障电网的稳定性、经济性的行为。需求响应主要分为两大类，即价格型需求响应和激励型需求响应。需求响应技术能够弥补电源侧常规机组调度灵活性差、响应速度慢的不足，极大地丰富电网可调度资源，提高电网调度的灵活性。需求响应技术可以在一定程度上削峰填谷，实现负荷侧用能的灵活调整，从而等效提高电源侧对新能源的接纳以及电网对清洁能源的消纳潜力。

研究表明，由于所需的硬件、软件投入较少，需求响应技术的实现成本极低，目前为 0.001～0.004 元/（kW·h），未来随着输配电价改革、市场机制的成熟以及通信技术成本的降低，2050 年电力需求响应技术的成本仍有约 20%的下降空间。

7.2.2 工业过程深度脱碳技术

钢铁、化工和水泥等工业过程中的 CO_2 减排是深度减排工作中比较困难的部分，需要推广深度脱碳技术。

1. 氢能炼钢技术

一般来说，长流程钢铁生产主要包括 3 个生产过程：①将铁矿石还原成铁（俗称生铁）；②将生铁进一步脱碳生成粗钢；③将粗钢成型加工成不同类型的钢材。由于钢铁工业的温室气体排放主要来自生铁和粗钢的生产过程，基于氢气的直接还原技术和 CCS 技术是减少钢铁生产过程中 CO_2 排放的两种重要的技术选择。与 CCS 技术这种末端解决方案相比，氢气炼钢技术可实现对利用焦炭等化石燃料还原铁矿石成为生铁工艺的替代，可以从根源上解决 CO_2 的排放问题，成为钢铁工业当前已知的最佳减排技术之一。

如果氢气本身以零碳的方式生产，无论是通过电解水，还是通过将 CCS 技术应用于甲烷蒸汽重整或煤化工制氢，氢气直接还原铁都可以帮助实现钢铁生产的零碳化。

目前，欧洲有 HYBRIT、SALCOS 和 H2Future/Susteel 共 3 个基于氢能炼钢技术的项目。前两个项目主要基于现有的还原技术，而后一个项目则利用了等离子熔融还原技术，三者不需要利用 CCS 和 CCUS（碳捕集、利用与封存）等技术。瑞典 SSAB 钢铁公司已经开展了氢气直接还原铁（DRI）的试点工厂建设，并计划在 21 世纪 40 年代初达到零碳钢铁生产的目标，德国 Salzgitter 钢铁公司也在进行试点工程建设，全球最大的钢铁公司——安塞乐米塔尔（Arcelor Mittal）公司目前正在考虑应用此项技术。日本、韩国、美国和中国也有一些氢能炼钢项目在规划或示范建设过程中。2019 年，中国宝武钢铁集团与中国核工业集团、清华大学在核能制氢炼钢方面开展合作，并将与力拓（Rio Tinto）集团在低碳冶金创新方面开展合作。

相关研究表明，关于氢能炼钢的成本判断比较模糊。参考 JAEA 的直接还原项目参数，清华大学核能与新能源技术研究院（INET）的研究者对核能制氢炼钢的成本进行了估算。虽然氢还原炼钢还没有实现商业化，但可以从直接还原炼钢的价格进行推算。以 2000—2010 年钢的 10 年平均价为参考，设定焦炭高炉工艺为 670 美元/t

钢、天然气还原法为675美元/t钢，由此可估算得到核能制氢成本为2.45美元/kg氢气，核能制氢炼钢成本为628美元/t钢，届时将可以与常规工艺相竞争。

从全球主要氢能炼钢技术项目的进展情况来看，该技术未来的进步空间较大，但是实施成本也比较高（表7-5），预计到2030年进行大规模推广的可能性较小，发展潜力释放将延至2050年前后。

表7-5　全球主要氢能炼钢项目信息汇总

项目	技术手段	减排效果	投资需求	备注
瑞典HYBRIT项目	氢还原炼铁工艺	有望减少瑞典10%的CO_2排放总量[1]，降低芬兰7%的CO_2排放总量[2]	中试阶段的投资将花费14亿瑞典克朗（瑞典能源署出资近半）	该技术的生产成本比传统炼钢工艺高20%～30%，随着可再生能源成本的下降和CO_2排放成本的增加，预计这一成本差距会随之缩小；该技术需要大量廉价的可再生电力，工艺特点是所有氢气均利用电解方式将电流通过水中而获得，虽然属于能源密集型，但是如果所需电力可再生，那么整个工艺的碳排放可以忽略不计
德国SALCOS项目	氢还原炼铁工艺	减排50%～85%[3]		
奥钢联项目	通过研发突破性的绿色氢气替代焦炭冶炼技术	最终目标是到2050年减少80%的CO_2排放量	1 800万欧元	项目周期是4.5年
日本4家大型钢铁企业项目	应用氢的试验高炉作业	与普通的高炉作业相比减少碳排放近10%[4]		如果将其与现有技术中的细煤粉喷吹设备设计为相同规模，推测每座高炉将需要几十亿日元的投资[5]
韩国项目	氢还原炼铁工艺	降低15%以上的碳排放[6]	研发费用为9.15亿元人民币；每座高炉投资约为2.5亿元人民币	
美国MIDREX H_2®	氢还原炼铁工艺	减排80%		

注：[1] http://www.worldmetals.com.cn/viscms/bianjituijianxinwen1277/20180906/245527.html；
[2] http://www.sohu.com/a/293905313_313737；
[3] https://salcos.salzgitter-ag.com/en/index.html?no_cache=1；
[4] http://www.worldmetals.com.cn/viscms/bianjituijianxinwen1277/20170112/240018.html；
[5] http://www.sohu.com/a/231443680_313737；
[6] https://mp.weixin.qq.com/s/SXiB_i95fhcH8Rl5zTEYXA。

2018 年，全球钢铁产量约为 18 亿 t，按照单位钢铁产品 CO_2 排放强度为 1.8 t/t 钢计算，钢铁工业的碳排放量约为 32 亿 t。若按照目前直接还原技术可以实现减排 50% 计算，至少可以实现减排 16 亿 t CO_2；若进一步采用电弧炉（EAF）与零碳电力的技术组合，则整体上可以实现减排 80%（25 亿 t CO_2）。

在氢能需求方面，2018 年中国粗钢产量约为 9 亿 t（其中长流程炼钢 8 亿 t 左右），按照还原每吨铁需要 50 kg 氢气计算，若全部长流程炼钢均采用氢能炼钢技术则大约需要 4 000 万 t 氢气。

2. 基于电力和氢能的低碳化工技术

石化行业的 CO_2 排放主要来自常减压、催化重整、催化裂化、制氢、乙烯、合成氨等装置和动力工程[6]。在碳排放构成中，来自热力和电力消费的碳排放占比达 60%以上，化石能源的碳排放占比不到 40%[7]。石化行业的 CO_2 排放不同于其他任何制造业，化石原料贡献的碳排放并非全部来自燃烧释放的能量，在化学反应和能源转化的耦合过程中也会有大量的碳通过化学反应进入产品中。

未来石化领域的碳减排主要有 3 种途径：①原料路线的结构调整，包括热力、电力的来源，原材料和相应工艺的更新，也就是从工艺上减少碳排放的来源；②提高能源效率，从根本上减少消耗，即节能减排；③由于石化生产过程中部分工艺（如煤制氢过程、乙二醇生产、丙烯腈生产、甲醇生产等）的 CO_2 排放浓度较高，可以采用 CCUS 技术将排放的 CO_2 收集后封存或利用。

总之，发展基于电力和氢能的低碳化工技术，实施以电力和氢气为原料进行甲醇、烯烃、合成氨以及成品油等石化产品生产的技术工艺路线，减少或取代煤炭、石油等化石能源作为化工原料的应用，对实现深度减排有重要的作用。相关技术路线具体包括以下内容：

（1）基于电力制氢的甲醇技术路线

基于电力制氢的甲醇技术路线就是利用氢气和纯 CO_2 来制备甲醇，与传统石化技术路线相比，其在碳减排方面具有显著优势（表 7-6）。

表 7-6 基于电力制氢的甲醇技术路线与传统石化技术路线对比

每吨甲醇	传统石化技术路线	基于电力制氢的甲醇技术路线
总能耗/GJ	37.5	39.7
原料导致的碳排放/t	0.97	–0.79
过程碳排放/t	0.52	0.123
总碳排放/t	1.49	–0.67

与传统石化技术路线相比，目前基于电力制氢的甲醇技术路线的经济成本仍然较高，主要在于电解槽固定成本较高，约占总固定成本的 75%。基于不同的电解技术，目前甲醇合成成本在 6 000～13 000 元/t，远高于当前的传统技术路线。据预测，至 2050 年该技术路线的成本有望降低到 4 400 元/t。

（2）基于氢气和纯 CO_2 制甲醇的烯烃 MTO/MTP 技术路线

甲醇制烯烃（Methanol to Olefins，MTO）和甲醇制丙烯（Methanol to Propylene，MTP）是两个重要的化工新工艺。目前，中国的 MTO 和 MTP 技术已经比较成熟，在当前的工艺中，乙烯和丙烯等低碳烯烃的收率可达 80%以上。

基于氢气和纯 CO_2 制甲醇的烯烃 MTO/MTP 技术路线实现零碳目标主要依赖于甲醇的合成环节。如果进一步考虑降低前序甲醇合成路线的碳排放，则该技术路线也可以实现负排放。不过，与基于电力制氢的甲醇技术路线类似，该技术路线的经济成本同样较高，关键在于如何控制电解槽成本。考虑煤炭和石油的价格波动，现有通过煤制甲醇生产烯烃的成本在 4 000～5 000 元/t 的水平，传统混合石油的蒸汽裂解成本在 5 000～8 000 元/t 的水平，该技术路线的成本在 10 000 元/t 以上。若按照目前甲醇的市场价格 1 600 元估算，即使未来基于氢气和纯 CO_2 制取甲醇的成本有望降低到 4 400 元/t，该技术路线的烯烃成本仍将提高 2 000 元/t 以上。

（3）基于电力和氢气的合成氨技术路线

氮和氢在高温高压和催化剂的共同作用下生成的产物即为合成氨。当前，在合成氨生产过程中，所需氢气的既有技术路线是以煤炭或者天然气为原料来制取，因此合成氨碳排放的最主要来源即为氢气制备。基于电力和氢气的合成氨技术路线就是以电力制氢来取代煤炭或天然气制氢。

表 7-7 给出了该技术路线与传统石化技术路线的能耗与排放技术参数对比，可以看出，基于电力和氢气的合成氨技术路线在碳减排方面具有显著优势。与传统石化技术路线相比，目前该技术路线的经济成本仍然较高，约为传统技术路线成本的 2 倍或以上。有研究认为，在智利和阿根廷该技术路线的合成氨成本为 460～700 美元/t，略高于智利现有进口蒸汽甲烷重整技术路线的合成氨价格（300～600 美元/t）。2050 年，北欧地区该技术路线的成本可能在 431～528 欧元/t，与市场价格接近。

表 7-7　基于电力和氢气的合成氨技术路线与传统石化技术路线对比

每吨氨	传统石化技术路线	基于电力和氢气的合成氨技术路线
总能耗/GJ	35.04	45.1
原料导致的碳排放/t	1.33	—
过程碳排放/t	0.5	0.12
总碳排放/t	1.83	0.12

（4）氢气和纯 CO_2 经 FT 合成再制成油品技术路线

对于原油炼制和煤制油两种技术，由于原油和煤炭中的氢元素含量不足以满足后续轻质油品的氢需求，因此都需要加入氢气。如果通过水煤气变换技术制备 1 t 氢气，就需要排放 1 t CO_2。

传统原油炼厂每生产 1 t 石脑油和汽油就需要排放 0.4～0.5 t CO_2；每生产 1 t 柴油就需要排放 0.17～0.2 t CO_2[8]。对于以煤为原料的煤制油技术，在不考虑 CCS 技术的情况下，其单位油品的碳排放为 5.5～6.9 t CO_2[9]。

氢气和纯 CO_2 经费托（FT）合成再制成油品技术路线就是依靠电力制氢，再通过逆水气转换反应利用氢气和 CO_2 制备合成气，进而合成油品的过程。由于不再需要水煤气变换环节生产氢气，因此可以大大降低碳排放。考虑到制氢环节的碳排放量约占传统石化技术路线的 25%以上，该技术路线单位产品中的碳排放量可降低 25%以上。

与传统石化技术路线相比，目前该技术路线的经济成本仍然较高，主要在于电解成本较高。以柴油为例，基于不同电解技术的油品合成成本的估值差异很大，有些研究认为当前的成本为 4 100～7 000 元/t，接近于传统石化技术路线；更多研究认为，当前的成本为 11 000～22 500 元/t，远高于传统石化技术路线 4 000 元/t 左右的水平，到 2050 年成本有望降低，但仍高于 1 万元/t。

3. 基于原料替代的低碳水泥技术

生产水泥时在将生料煅烧为熟料的过程中会释放 CO_2。其中，将石灰质原料、黏土质原料以及少量校正原料（有时还加入矿化剂、晶种等，立窑生产时还要加入煤）按比例配合再粉磨至一定细度的物料称为水泥生料。水泥生料的原料替代是水泥低碳生产的重要技术。

水泥生料中只要各化学组分配比合适，就能生产出符合标准的各种功能的水泥熟料，传统水泥生料配料情况见表 7-8。

表 7-8 传统水泥生料配料中各组分主要化学物质含量及烧失率

配料	化学组分含量/%					烧失率/%
	SiO_2	Al_2O_3	Fe_2O_3	CaO	MgO	
石灰石	5.58	0.42	0.31	50.58	1.51	39.75
矿渣	34.72	10.86	1.85	38.4	9.67	1.2
砂岩	66.09	8.9	4.06	6.66	3.5	8.37
硫酸渣	10.51	2.84	65.21	8.69	3.64	5.52
铝矾土	39.18	32.00	12.38	0.92	0.14	14.35

采用原料替代方法生产的水泥熟料可以节约原料的开采成本并减少排放，同时能够解决各种工业副产品污染环境的问题，从而节约很大一部分费用。目前，可采用的替代材料见表 7-9，包括电石渣、铁质尾矿、钢渣、硅钙渣、石英污泥和造纸污泥。

表 7-9　可采用的替代材料中主要化学物质含量及烧失率

替代材料	化学组分含量/%					烧失率/%
	SiO_2	Al_2O_3	Fe_2O_3	CaO	MgO	
电石渣	2.29	2.45	0.36	68.35	0.78	23.48
铁质尾矿	37.67	4.11	30.67	7.72	2.99	9.07
钢渣	12.00	2.83	23.57	42.16	10.48	—
硅钙渣	22.07	2.41	5.00	57.75	0.81	10.84
石英污泥	85.96	3.73	1.57	0.51	0.26	4.51
造纸污泥	28	20	2.7	40.8	5.4	49.64

各种替代材料的化学成分及含量都是符合原料替代要求的，某些材料甚至在校正元素含量方面相较于原本的校正材料更加优秀。使用替代材料时需要注意各种原材料的配比，并适当对后续工艺流程做出调整。

目前，以下问题限制了原料替代技术在水泥工业中的广泛和持续使用：

一是原料供应。全球范围内可替代材料的储量是限制水泥原料替代技术被广泛利用的一个难点。例如，2007 年和 2008 年全球颗粒状高炉矿渣和粉煤灰的产量约为每年 10 亿 t，这对于全球和水泥工业的高利用率来说是不够的。

二是水泥产品的性能。与化石燃料产生的灰渣相比，某些替代材料的灰分具有不同的组分和含量，因此由其产生的熟料成分波动很大。如果熟料中的磷元素超标，就会降低所生产水泥的早期强度并导致更长的凝固时间。此外，使用替代材料也会影响水泥的长期强度。

三是经济难点。原材料采购、处理和运输等费用方面的调整可能带来额外支出。

总之，发展基于原料替代的低碳水泥技术、研发和应用替代材料、优化水泥生料的原材料配比均具有较好的 CO_2 减排潜力，但这些技术目前的成本都比较高，亟待实现技术上的突破。

7.2.3　交通部门深度脱碳技术

对于交通部门而言，以电力和氢能取代化石燃料的利用是重要的深度脱碳技术，因此应加快发展和推广电动汽车技术以及氢燃料电池汽车技术。

1. 电动汽车技术

电动汽车主要包含纯电动汽车和插电式混合动力汽车两类。其中，前者靠电机驱动，以电力为动力来源；后者由内燃机和电机单独或同时驱动，动力源自汽、柴油或电力。许多国家正在积极采取措施推动传统汽车的战略转型，并大力发展电动汽车。

电动汽车的相关技术水平和性能进步较快，但综合成本尚不具备优势。当前，电动汽车的电机、电控和电池管理系统等关键零部件技术不断取得突破，系统集成、整车性能以及舒适性不断提升，电耗也不断下降。目前，车用锂离子动力电池的体积能量密度为 200～300 W·h/L，电池循环寿命达到 1 000 次，轻型车电池市场以能量密度较高的三元体系锂电池为主，中重型车辆中具有更高循环寿命和安全性能的磷酸铁锂体系锂电池仍是主流。整体而言，当前电动汽车的总成本高于传统内燃机汽车，其中电池成本较高是主要原因。随着关键电池材料技术的不断突破，电池成本也将随之下降。

未来，电动汽车的技术水平和综合性能将大幅提升，主要表现为动力系统的综合效率和整车的能量效率显著提升，整车电耗大幅下降，行驶里程与燃油车相当；车身和零部件轻量化水平显著提升，铝镁合金、高强度钢、碳纤维等材料的使用逐步广泛；锂离子动力电池的能量密度、安全性能大幅提升，新体系电池将会逐步实现应用并大规模商业化。此外，随着互联网、大数据和人工智能等领域的突破进展及向汽车行业的迅速渗透，车联网、车辆与电网互动（V2G）、自动驾驶、车路协同、智能制造等新技术、新模式将得到快速发展和应用。

未来电动汽车的综合成本将不断降低，与燃油车的差距逐渐减小。随着全球汽车排放法规的不断加严以及传统内燃机技术的进一步复杂化，燃油车成本将会不断上升；同时，随着动力电池能量密度的提升、性能的改进以及综合研发、制造成本的不断降低，电动汽车的成本将不断下降。2025 年前后纯电动汽车综合成本相比传统燃油车将初步显现优势，2035 年前后相比天然气汽车、混合动力汽车开始呈现一定优势，2050 年达到最优。

电动汽车的充电基础设施发展迅速。随着电动汽车销售量和保有量的快速提升，充电设施也呈持续上涨的趋势。不同国家对于充电基础设施的支持重点不同：美国主要以减免税收和直接投资为主；日本以支持技术的研发创新为主；中国的政策体系相对完备，涵盖规划、财政、基建、技术、电力等多个方面。总体来看，各国充电技术水平参差不齐、标准各异，充电设施商业运行模式多样，大功率充电技术已经开始全面推广。

在电动汽车保有量增加的基础上，汽车充放电与电网的关系成为另外一个热点。电动汽车储能可以通过参与辅助服务和需求侧响应两种方式满足电力系统的调峰、调频以及可再生能源并网需求，特别是随着未来电力系统中可再生能源发电比重的不断提高，电动汽车储能将成为电力系统中重要的灵活调节资源。

总之，当前电动汽车技术和产业化正在迅速推广，成本不断下降，充电基础设施也在快速发展，综合成本与燃油车相比逐渐趋近，从而为交通部门深度脱碳提供了重要支撑。然而，电动汽车发展过程中仍然存在以下需要重点关注的问题：

一是电动汽车市场目前仍以政策驱动为主，亟须向市场驱动转换，基础设施与车辆发展存在培育先后的问题，产业基础仍很薄弱。

二是随着电动汽车渗透率的不断提升，动力电池所需的锂、镍和钴等关键资源的可持续供应面临严峻考验，动力电池的回收处理及其引起的环境污染问题亦不容忽视。以中国为例，目前中国锂资源储量约为 320 万 t，约占全球总储量的 20%，但资源禀赋和产业竞争力不佳，锂资源进口率超过 70%；镍和钴资源严重匮乏，储量仅分别占全球储量的 3.4%和 1%，对外依存度分别超过了 60%和 90%。未来，随着电动汽车大规模的推广和应用，动力电池关键资源的稀缺性问题将更加突出。此外，动力电池在生产和报废回收过程中还可能对环境造成严重污染，如生产过程中的废水、废气和废液排放，回收处理过程中的电解液泄漏、重金属扩散以及材料破拆引起的粉尘等。目前，动力电池回收技术和市场尚不成熟，处理工艺有待提高，回收利用体系刚刚开始建设，法律法规尚不完善。

2. 氢燃料电池汽车技术

氢燃料电池汽车技术是交通部门低碳转型的关键技术路线，涉及车用氢能制取、存储、运输、加注及最终使用等各个环节，主要包括氢能供应、燃料电池系统与电堆、燃料电池汽车等相关技术。

首先，在氢气制备、存储、运输、加注技术和相应基础设施建设等方面，各国依据各自的资源禀赋确定了制氢技术路线并制定了相应的基础设施建设规划，与氢燃料电池汽车的推广应用计划相互配合。

氢气制备的主要技术路线有化石燃料重整制氢、工业副产氢（氯碱工业、煤化工、焦炉气生产）、生物质气化/发酵制氢、水电解制氢等，其中煤制氢、天然气制氢、碱性电解水制氢技术与设备已经具备了商业化推广的条件，目前化石燃料制氢占绝对主流。中国的氢气产能超过 2 000 万 t/a，其中，煤气化、天然气重整等化石燃料直接制氢约占 70%，工业副产氢和水电解制氢约占 30%，其中水电解制氢不到

1%[10,11]。目前，全球超过 90%的氢气都用在石油化工和合成氨工业上，随着氢燃料电池汽车发展带来的需求增长，氢气制备的技术结构或将发生较大变化[12]。

氢气存储的主要技术路线有压缩气态储氢、液化储氢、金属氢化物储氢和吸附储氢等。相比液态储氢等其他储氢技术，压缩气态储氢已相对成熟，但与产业化相比仍有差距。目前，中国 45 MPa 以下的气态储氢钢制氢瓶技术已经非常成熟，而国际上的研发和示范已向 70 MPa 发展。储运效率较高的液态储氢是世界各国的研发重点，但由于液氢储运需要超低温设备，具有一定的技术壁垒，目前民用领域的液氢主要在欧洲、日本和美国得到应用，而中国主要应用在航天和军事领域。

根据储氢方式的不同，氢气可采用道路、水路和管道等手段进行运输。道路、水路运输取决于储氢技术的发展，相对适用于短距离、小规模运输；气氢管道运输适用于大规模、长距离运输，可有效降低运输成本。国外的管道运输较为成熟，欧洲和美国已分别建成 1 500 km、2 400 km 的输氢管道。中国目前的氢气管网仅有 300～400 km，最长的输氢管线为巴陵—长岭氢气管道，全长约 42 km，压力为 4 MPa [13]。

氢气加注方面，根据德国有关机构的统计结果（H2Stations.org），2018 年年底全球共有 369 个加氢站投入运营，其中，273 个面向公众开放，其他属于研究所/企业的内部加氢站。德国、日本和韩国都提出了在 2030 年之前建设数百座加氢站的规划，并各自建立了合资企业负责相关建设工作。中国处于运营中的加氢站有 17 座，在建的有 38 座。

其次，在燃料电池系统及电堆技术方面，当前的技术水平已经可以满足车用要求。目前，氢燃料电池汽车主要采取动力电池-燃料电池混合动力系统。除此之外，常压/变压气体技术、电池管理技术、制动能量回收技术、动力电池热管理技术也扮演着重要角色。

最后，在燃料电池汽车技术方面，其车辆性能已经整体满足了商业化推广的需求。其中，燃料电池客车、卡车均已开始进入示范运行阶段，氢燃料电池汽车在重型车领域将有较大的发展潜力。中国汽车工程学会组织专家编写的最新汽车技术路线图也提出，到 2035 年氢燃料电池汽车保有量将达到上百万辆。

总之，氢燃料电池汽车的发展需要形成从氢气制备、存储、运输、加注到燃料电池及车身的生产与管理等全产业链发展，并对相应基础设施进行完善。当前，燃料电池系统和电堆技术可以满足车用要求，燃料电池车辆的性能也总体上可满足商业化推广的需求，燃料电池客车、卡车也进入了示范运行阶段。未来，随着技术成熟和成本降低，氢燃料电池汽车将有更宽广的发展前景。

当前，氢燃料电池汽车技术的发展仍存在以下主要问题：

一是氢能制备过程的成本、能耗和碳排放较高。由于 CCS 技术尚未投入大规模应用，化石燃料制氢所带来的碳排放与化石燃料直接制氢相比优势并不明显。工业副产氢的纯度不能直接满足燃料电池的需求，需要经过变压吸附（PSA）等分离技术进行提纯，而在提纯过程中需要消耗大量的能量。在中国以火力发电为基础的大背景下，电解水技术的清洁性尚待提高。

二是氢能存储、运输、加注产业的基础薄弱、发展缓慢，技术仍有待提升。世界各国的加氢站、运氢管路等基础设施建设严重不足。据估计，实现氢能基础设施的完备化至少需要 2 万亿美元。目前，世界各国的投资仍处在实验阶段，大规模投资尚未开始。现有的氢气储运设备在效率和安全性上仍有待提高，以双层真空球形储氢设备为例，日蒸发率在 0.2%～0.5%；车载储氢材料也需要进一步发展，其容量重量比有待提高。

三是中国燃料电池的关键技术亟须进步，关键部件的国产化率有待提高。氢燃料电池在商业化的同时，离真正的规模化生产仍有一定的距离。电堆设计需要进一步优化，电池成本居高不下，再加上电池功率密度、转化效率和运行寿命等因素，这些都阻碍着车用氢能的产业化进程，亟须进一步突破。中国车用氢能的关键材料和部件的国产化率不高，膜电极催化剂、质子交换膜、空气压缩机与氢气回流泵的关键部件等也受到国际约束，因此中国燃料电池企业的技术实力仍有待提高。

7.2.4　CO_2 负排放和地球工程技术

CCS 技术和地球工程技术是实现全球深度脱碳的重要备选技术。在深度减排目标下，CCS 技术可用于化石能源发电、煤化工及石油化工领域，以实现化石能源利用的深度脱碳；BECCS 技术可以将生物质燃料发电和热利用过程排放的 CO_2 进行捕集和封存，是 CO_2 负排放技术。

1. CCS 技术

CCS 技术由捕集、运输和封存三个步骤组成：①碳捕集技术最早应用于炼油、化工等行业，是将 CO_2 分离并提纯至高浓度状态，目前普遍认可的 3 种碳捕集技术分别是燃烧前捕集、燃烧后捕集和富氧燃烧；②运输是将高浓度的 CO_2 通过密封性强的运输方式送至规定的封存地点，主要有管道运输和低温储罐运输两种方式；③封存是将高浓度 CO_2 注入较深的地层进行埋存，使之与大气完全隔离，主要有咸水层封存、深部不可开采煤层封存和废弃油气藏封存等方式。

有关 CCS 技术成本的研究和示范项目表明，该技术项目投资规模巨大、运营成本较高，需要进一步发展才能具备竞争力。

尽管中国的CCS技术发展起步较晚，但国家对其研发和示范非常重视，在过去十几年中投入了大量的科研经费用以推动CCS技术水平的不断提升。在碳捕集、利用和封存各个环节的技术水平上，中国都已经与发达国家处于同一水平线上。未来，随着示范力度的进一步加大和技术应用成本的不断下降，CCS技术的规模化应用将逐步实现，这不仅有助于中国在低碳技术领域占据国际制高点，更能带动相关低碳产业的发展和壮大。

虽然中国的碳排放量巨大，但是具有量大、集中、易捕获的特点；同时，中国幅员辽阔，极易寻找到能够满足碳封存特性的地理位置，因此具有很大的碳封存潜力。有数据表明，理论上中国的碳封存潜力可达30 880亿t，封存到深部咸水层的能力为30 660亿t，占理论封存总容量的99%。Sun等对中国沉积盆地的CO_2理论储存量进行了评价，认为中国CO_2封存前景广阔，预计可达1 841亿t左右，是2015年中国CO_2排放总量的190多倍[14]。李小春等利用溶解度法计算出中国咸水层的CO_2储存容量约为$1.435\ 05\times10^{11}$ t[15]。

影响CCS技术未来发展的主要因素包括以下几个方面：

一是高成本。CO_2的捕集成本高昂，CCS技术成本的高低主要取决于这一部分。要想进一步降低CCS技术的成本，关键在于技术的发展与成熟度。未来应充分利用国内外研发互动的机会，采取自主研发和引进吸收并重的方式，不断发展CCS技术[16]。

二是缺乏相关政策和法律制度。目前CCS技术的相关政策及法律制度较少，政府必须加强相关政策及法律的制定与实施。

三是存在泄漏风险。当CO_2的质量分数超过8%时能够迅速危及人的健康和生命，因此CO_2泄漏是需要重点考虑的安全性问题。虽然CO_2泄漏发生的概率很低，但是仍应做好各个环节的防漏工作[16]。

四是公众认知不足。目前，CCS技术对中国大多数公众来说还是一个陌生的概念，需要加强相关知识的普及与宣传，通过介绍和推广一些国内外的成功案例减轻公众对CCS技术泄漏风险的忧虑，巩固公众的支持力度，为后期大力发展CCS技术做好准备[16]。

五是缺乏完善的评估体系。CCS技术的很多环节都需要进行评估，如CO_2地质封存时的选址就需要依据已有的评估体系进行整体评估，通过评估后才能选出最优的封存地点，如果评估体系不统一、不完善，很可能会导致一系列问题。

2. BECCS技术

BECCS技术是结合生物质能和CO_2的捕集与封存来实现温室气体负排放的技

术。BECCS 技术与 CCS 技术的区别是，CCS 技术仅能做到零排放，而 BECCS 技术可以实现负排放。BECCS 技术的发展包括生物质能利用和 CCS 技术两个部分。规模化的生物质能利用技术，如生物质发电、生物质集中供热、纤维素乙醇生产和 FT 合成等，均可以加装 CO_2 捕集装置，是潜在的 BECCS 技术。

到目前为止，可收集到信息的 BECCS 示范项目在全球共有 27 个，其中很多已经取消或搁置。这些项目大多分布在美国和欧洲，主要基于现有的乙醇工厂、水泥厂、制浆造纸厂以及生物质混燃和生物质纯发电厂[17]。美国伊利诺伊州迪凯特市正在实施的 BECCS 项目（IL-ICCS）是目前规模最大的 BECCS 项目。该项目于 2017 年 4 月开始运行，在将玉米转化为乙醇的过程中每年可捕获约 100 万 t CO_2，捕获的 CO_2 经过压缩和脱水后注入位于 Simon 山约 2.1 km 深的砂岩地层中进行永久封存[18]。目前，中国尚未开展 BECCS 示范项目。

很多先进的规模化生物质能利用技术，如纤维素乙醇、FT 合成生物燃料和生物质气化联合循环发电（BIGCC），都尚处于研发示范阶段，未来的发展存在较大的不确定性。同样地，很多 CCS 技术也处于示范工程阶段，技术的大规模实施也存在众多挑战。

BECCS 技术的发展面临四大不确定因素——生物质可供应量、技术成熟度、大规模实施的经济性和对社会、生态影响的不确定性，这些都将极大地影响 BECCS 技术作用的发挥。

BECCS 技术的成本主要在于生物质能成本和 CCS 技术成本两部分。当前 BECCS 技术仍处于技术示范阶段，在全球范围内尚未开始大规模部署，因此其成本分析主要基于一定的假设条件开展。

有关研究表明，鉴于 CO_2 捕集的成本，无法在小型生物质能源装置上实施 CCS 技术，未来需要进行规模化的技术研发和示范。首先，考虑到生物质能源和 CCS 技术的成本，碳链将很长；其次，生物质能源和 CCS 技术的种类较多，不同种类之间的成本差异较大；最后，种植能源作物将导致粮食生产所需的土地资源短缺，进而导致粮食价格上涨。但是，生物质发电结合 CCS 技术仍是有可能实现大规模应用的技术路径。

考虑到 BECCS 技术本身发展的不确定性，相关研究[19]以生物质可利用量为基础，对 2050 年中国 BECCS 技术减排潜力的低值、中值、高值和上限值进行了估算。结果表明，中国 2050 年利用秸秆移除的 CO_2 上限值为 8.30 亿 t，利用林业剩余物移除的 CO_2 上限值为 9.57 亿 t，利用能源植物移除的 CO_2 上限值为 9.63 亿 t。总的来看，通过 BECCS 技术移除的 CO_2 上限值为 27.50 亿 t。可以预计，中国未来在实现

2℃/1.5℃温升控制目标下，BECCS 技术的年减排潜力为 0～27.51 亿 t CO_2，其中，中值到高值为 6.5 亿～10 亿 t CO_2。

关于中国 BECCS 技术的未来发展，以下几方面工作需要加强：

一是需要增强对BECCS技术在2℃/1.5℃温升控制目标下减排作用的科学认识。大规模实施 BECCS 相关负排放技术能够有效降低减排成本，有助于实现全球温升控制目标，但需进一步加强对于 BECCS 技术的科学理性认识，并采取适当措施降低技术发展中的潜在风险。

二是推进 BECCS 技术的研究示范，提高相关科学认知水平和公众接受度。中国应通过增强 BECCS 技术的示范研究来强化技术储备。目前，中国在生物质能和 CCS 技术两方面已有商业化示范，如何将二者结合起来实现负排放是未来的主攻方向，应高度关注 BIGCC+CCS 等领域的研究示范以应对未来的减排压力。

三是将 BECCS 技术纳入中国应对气候变化战略框架。BECCS 技术是一种长期的减排技术，其未来发展和应用情况还有很大的不确定性，但是按照现有发展路径来看，实现 2℃/1.5℃温升控制目标极有可能需要大规模地应用 BECCS 技术。这就需要将 BECCS 技术作为减缓气候变化的可能选项，正视其潜在风险，并对其应用保持客观理性和相对开放的态度。

3. 地球工程技术

对于地球工程，普遍将其定义为为了应对全球气候变化而对气候系统采取的有计划、大规模的人工干预活动。国际上越来越多的文献用"气候工程"（climate engineering）或"气候干预"（climate intervention）来替代地球工程，以区别于其他目的的大规模人类活动。

一般来说，地球工程技术包括碳移除（CDR）和太阳辐射管理（SRM）两大类。其中，CDR 是通过生物、物理或化学的方法移除或转化大气中的 CO_2，降低大气中的温室气体浓度的，主要技术有造林和森林生态系统恢复、BECCS、利用生物炭提高土壤碳含量、增强风化或海洋碱化、直接空气捕集和存储（DAC）、海洋施肥等；SRM 并不直接减少大气中 CO_2 含量，而是通过减少到达地面的太阳辐射来缓解地球升温。

《IPCC 全球温升 1.5℃特别报告》对 CDR 和 CCS 进行了区分：CDR 特指从空气中移除 CO_2 的技术，可直接从大气中移除，也可通过人为增加海洋或陆地碳汇来减少大气中的 CO_2；能源和工业部门应用的 CCS/CCUS 技术均应归为减排技术，不属于地球工程中的 CDR 技术。BECCS 技术是比较特殊的 CDR 技术，是结合生物质能和 CCS 技术来实现温室气体负排放的技术。

目前，在全球范围还没有大规模实施地球工程的实例。各类具体技术的机理和特点不同，技术成熟度差别也很大，尚处于不同的发展阶段。SRM 中争议最大的 SAI 技术仍处于理论和计算机模拟研究阶段，户外实验高度敏感。在一些 NGO 的强烈反对下，户外实验均被迫延迟或停止。SAI 技术研发进展缓慢的主要原因是该技术一旦大规模应用将人为改变气候系统并可能造成全球性影响，具有高风险和高不确定性，因此加强地球工程国际治理的呼声日益高涨。SRM 的其他技术偶见小规模实验，但影响有限。

相比较而言，CDR 相关技术的研究开发比较活跃，部分技术已经出现了商业性示范。目前，全球 BECCS 技术有 6 个运营项目和超过 12 个建设计划。美国哈佛大学 David Keith 教授积极支持和推进 DAC 的商业化应用，并作为合伙人成立了 Carbon Engineering 公司，开展 DAC 技术的应用。加拿大的 Carbon Engineering 公司自 2015 年以来一直运营一家 CO_2 萃取实验室，并开展 DAC 运作。该公司使用氢氧化物溶液捕获 CO_2，再将该混合物加热至高温以释放 CO_2，这样既可以储存 CO_2，又可以循环使用氢氧化物。该过程使用了现有技术，成本相对较低。根据其设计方案和经济假设，从大气中捕获 1 t CO_2 的成本为 94～232 美元。瑞士 Climeworks 公司建设了一个商业设施，在小型模块化反应器中使用胺吸附剂。有专家认为，DAC 技术已开始商业化竞争，一旦突破成本限制将会迅速得到广泛应用。

意大利、英国等国的学者在 2019 年 7 月的《自然 • 通讯》杂志上发表的文章认为，尽管两种技术路线不同，但直接将 CO_2 从大气中捕获再将其深埋地下也是一种可行的方法。DAC 技术的使用意味着在 2050 年以前全球的 CO_2 排放量可能会保持在较高水平，然而到 21 世纪后期将大量出现负排放，2080 年每年的负排放量约为 300 亿 t，接近当前全球的年排放量（约 400 亿 t），这将意味着需建设约 30 000 个大型的直接碳捕集和封存（DACCS）工厂。相比之下，目前世界上只有不到 10 000 个燃煤发电站。该技术在 2100 年将需要多达 1/4 的全球能源供应，每年高达 300 EJ（10^{18} J），相当于中国、美国、欧盟和日本当前每年的能源需求总和，或 2018 年全球煤炭和天然气的能源供应总和。

此外，海洋施肥也是一种争议较大的 CDR 技术。《生物多样性公约》出于生态安全和伦理安全的考虑，在 2010 年明确做出规定，除了小规模的科学研究外，不得从事影响生物多样性与气候的地球工程活动。

国际上关于地球工程存在着不少争议，特别是对于 SRM 具有的高风险和高不确定性。CDR 是在 1.5℃温升控制目标下近中期难以避免的减排路径，对其加快研发示范势在必行。虽然 CDR 已经进入商业化示范阶段，但大规模应用也可能带来土地利用、水资源和粮食安全等方面的风险，因此需要加强国际治理。

中国中长期低碳发展战略必须重视地球工程问题。首先，要从认识上重视地球工程技术。这并不意味着支持实施地球工程，放松或削弱减缓和适应气候变化的努力。其次，将加强对地球工程的研究作为科学决策的基础，倡导自然科学与社会科学的互补和融合，从科学、技术、政策、伦理、法律等诸多方面加强综合性研究和人才队伍的培养。再次，区别对待地球工程中 CDR 和 SRM 不同类别的关键技术，着眼长远、精心部署地球工程的技术发展战略。最后，积极参与地球工程的国际治理。中国可以发挥重要参与者、贡献者和引领者的作用。

参考文献

［1］ 彭政，崔雪，王恒，等．考虑储能和需求侧响应的微网光伏消纳能力研究[J]．电力系统保护与控制，2017，45（22）：63-69.

［2］ 廖强强，陆宇东，王栋，等．发电侧备用电池储能系统的技术经济分析[J]．电力建设，2014，35（1）：118-121.

［3］ 叶季蕾，陶琼，薛金花，等．风电并网集成应用中的储能经济性进展分析[J]．化工进展，2016，35（增刊 2）：137-143.

［4］ 肖立业．超导电力技术的现状和发展趋势[J]．电网技术，2004，28（9）：33-37.

［5］ 王超，苏伟，等．超级电容器及其在新能源领域的应用[J]．广东电力，2015，28（12）：46-52.

［6］ 王禹．我国石化行业二氧化碳减排与低碳产业开发途径浅析[J]．资源节约与环保，2014（1）：3.

［7］ 温倩，等．我国化学工业碳减排：责任与贡献[J]．化学工业，2014（4）：1-11.

［8］ 陈宏坤，等．我国炼油行业碳排放估算与分析[J]．油气田环境保护，2012，22（6）：1-3.

［9］ 张媛媛，等．典型现代煤化工过程的二氧化碳排放比较[J]．化工进展，2016，35（12）：4060-4064.

［10］中国汽车技术研究中心有限公司．中国车用氢能产业发展报告（2018）[M]．北京：社会科学文献出版社，2018.

［11］刘坚，钟财富．我国氢能发展现状与前景展望[J]．中国能源，2019，41（2）：32-36.

［12］Hydrogen Generation Market by Generation. Application（petroleum refinery，ammonia production，methanol production，transportation，power generation），technology（steam reforming，water electrolysis，& others），storage，and region - global forecast to 2023[R]. Market and Market，2018：9-10.

［13］中国标准化研究院，全国氢能标准化技术委员会．中国氢能产业基础设施发展蓝皮书（2016）[M]. 北京：中国标准出版社，2016：22.

［14］Sun L，et al. Assessment of CO_2 storage potential and carbon capture，utilization and storage prospect in China[J]. Journal of the Energy Institute，2018，91（6）：970-977.

［15］李小春，等．中国深部咸水含水层 CO_2 储存优先区域选择[J]．岩石力学与工程学报，2006（5）：963-968.

［16］李莎．我国 CCS 技术发展现状及问题分析[J]．山西化工，2015，35（4）：32-34，39.

［17］Kemper J. Biomass and carbon dioxide capture and storage：a review[J]. International Journal of Greenhouse Gas Control，2015，40：401-430.

［18］International Energy Agency. Technology roadmap：delivering sustainable bioenergy[R]. Paris：IEA，2017.

［19］常世彦，郑丁乾，付萌．2℃/1.5℃温控目标下生物质能结合碳捕集与封存技术（BECCS）[J]. 全球能源互联网，2019（3）：277-287.

第 8 章

实现低排放战略的投资与成本分析

资金议题是全球气候治理中最受关注的重要议题之一[1]，气候资金的规模、来源及其管理模式是影响气候治理的重要因素。中国在进行中长期低排放战略路径的选择时，需要尽可能地量化不同路径下气候资金所需的规模，从而更好地开展不同路径的成本与收益分析。本章在参考国内外相关研究的基础上，从投资和能源成本两方面来加以分析。

8.1 投资需求分析

参考国际能源署发布的《全球能源投资展望》等国内外相关研究，本章所定义的实现低排放战略的投资既包括能源供给侧投资，也包括能源需求侧投资[2]。

8.1.1 能源供给侧投资

能源供给侧投资可以通过“中国能源基础设施投资分析模型”（China Energy Infrastructure Investment Model）来进行核算。该模型以能源中长期供需数据为输入参数，结合能源基础设施转型发展的路径选择、布局调整和流向优化，给出了不同情景下支撑并保障能源需求、适应高质量发展要求的能源基础设施的产能规模、投资需求、资金来源结构等（图 8-1）。

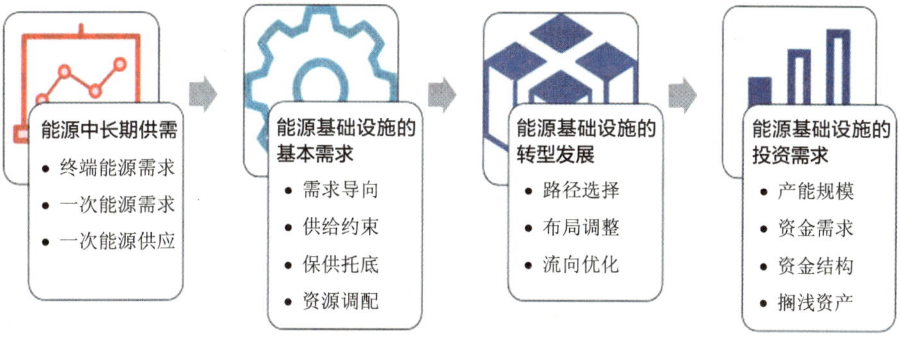

图 8-1 “中国能源基础设施投资分析模型”框架

实现长期深度脱碳需要相应的能源转型，能源基础设施体系也需要实现相应调整。能源基础设施投资的重点将从燃煤电站、运煤通道、运煤港口、煤炭储备基地过渡到煤炭、油气、非化石能源协调互补的综合能源基础设施，并转变为可再生能源电站、输配电网、储能设施、储热设施和储氢设施等。能源基础设施投资更加注重处理好长期和短期的关系，在能源供给多元化阶段以共建共享、多方参与的思路打造更为包容、更富韧性的能源基础设施体系。

能源基础设施投资主要涵盖煤炭、石油、天然气和电力在确保需求、供给、输配和储备 4 个方面的投资（图 8-2）。

图 8-2 能源供给侧投资测算涵盖的主要项目

能源基础设施投资需求主要按照新增投资和存量改造投资来测算（表 8-1），是由能源基础设施转型发展带动的投资增量。

表 8-1　能源基础设施投资需求类型

投资需求类型	分领域	基础设施类型
新增投资	电力	燃煤电站
		燃气电站
		核电
		常规水电
		抽水蓄能
		陆上风电
		海上风电
		光伏发电
		光热发电
		生物质发电
		电化学储能
		输配电网
	石油	油化结合型炼厂
		燃料型炼厂
	天然气	LNG 接收站
		天然气管网
		地下储气库
		小型 LNG 储罐
	CCS	燃气电站 CCS
		BECCS
	热力	热力管网
	其他	氢能与其他能源
存量改造投资	电力	存量煤电灵活性改造
	天然气	现有 LNG 接收站扩建
	CCS	存量煤电 CCS 改造
		存量气电 CCS 改造

从能源基础设施的新增投资来看，主要以电力和油气领域为重点。一是根据不同类型发电设施的成本变化及其在不同阶段的规模需求，分别测算各个时期新增投资的资金需求。二是以发电设施投资与输配电设施投资的经验关系为基础，推演各

时期对应的常规电网设施的投资需求，并在此基础上将可再生能源接入的额外成本、电化学储能、抽水蓄能、跨区输电等作为衔接发电与电网设施的额外新增投资需求。其中，可再生能源接入的额外投资与高比例可再生能源发展对配电网改造的需求相对应，跨区输电投资主要是为满足跨区电力流需求而对特高压电网进行的投资。三是在天然气需求、供给、盈亏和流向分析的基础上，分别测算天然气管网、储气库、LNG 接收站新增投资的资金需求。

从能源基础设施的存量改造投资来看，主要从适应低碳转型新要求、以低成本满足新需求两个方面来考虑，具体类型：一是为促进高比例可再生能源发展而进行的存量煤电设施的灵活性改造；二是为满足碳排放控制目标而进行的化石能源发电设施的 CCS 改造，主要包括存量煤电、存量气电的 CCS 改造；三是为满足新增天然气需求和储气能力而进行的现有 LNG 接收站扩建，其中，LNG 储气投资包含在 LNG 接收站的建设投资之中，不同时期新增的储气需求按照“地下储气库→扩建现有 LNG 接收站储罐→新建 LNG 接收站储罐→新建小型 LNG 储罐”的成本排序进行投资。

综合各个情景来看，低碳转型将带动更多的能源基础设施投资需求。如图 8-3 所示，从总量来看，按 2015 年不变价，在政策情景、强化政策情景、2℃情景和 1.5℃情景下，2020—2050 年累计能源基础设施投资需求从 54 万亿元攀升到 138 万亿元。其中，强化政策情景下的能源基础设施投资需求约是政策情景的 1.5 倍，2℃情景和 1.5℃情景下的能源基础设施投资需求则分别约是政策情景的 1.8 倍和 2.6 倍。

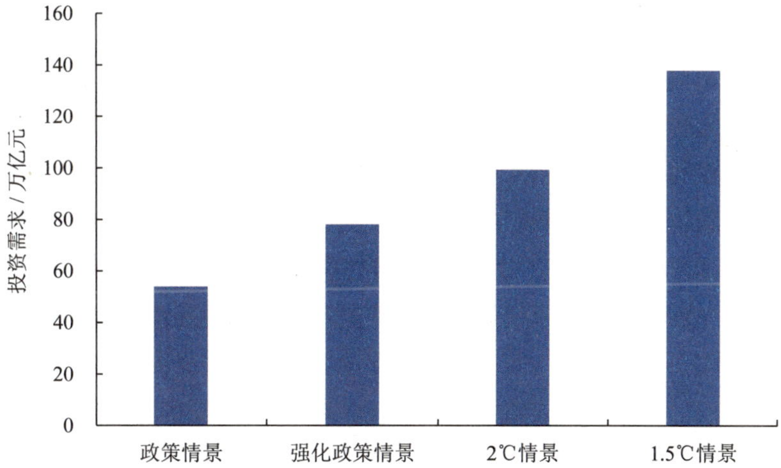

图 8-3　不同情景下 2020—2050 年累计能源基础设施投资需求

8.1.2 能源需求侧投资

能源需求侧投资可以分别从工业部门、交通部门和建筑部门进行考虑。

1. 工业部门

整体来看，工业部门的节能降碳潜力来自节能提效、结构优化、电气化、原料燃料替代、提高产品质量等途径。同时，挖掘节能降碳潜力的投资需求，一部分可以明确界定为针对节能降碳的投资，但大部分包含在新建项目的建设、设备更换、工艺革新等投资中，难以准确界定与节能降碳直接对应的投资规模。此外，高耗能行业和非高耗能行业在节能降碳潜力和途径方面存在较大差别，并且对于不同的细分工业行业，由于产品、技术、工艺路线的不同，各种途径的节能量、降碳量及对应的投资需求也会有较大差异。本节针对高耗能行业和非高耗能行业采用了不同的方法来估算其投资需求。

对于钢铁、水泥这类产品和工艺较为明确的行业，考虑到其项目寿命约为 30 年，可采用产能重置的方法估算 2020—2050 年的累计投资需求，其节能降碳潜力可归纳为“先进工艺应用”、“能源效率提升”和“低碳能源替代”三类，分别考虑不同类型途径的节能降碳潜力和投资需求。

对于化工、石化、有色金属这类产品和工艺较为复杂的行业，主要参考已有的节能降碳实践案例、先进和前沿技术设备工艺的经济性分析等，通过单位节能量投资变化趋势来估算不同情景下的投资需求增量。

对于非高耗能行业及制造业等，主要参考已有的电能替代、锅炉窑炉能效提升、电机系统节能改造案例，通过单位节能量投资变化趋势估算不同情景下的投资需求增量。

如图 8-4 所示，工业部门实现强化政策情景、2℃情景和 1.5℃情景所需的增量投资分别为 3 937 亿元、22 708 亿元和 45 176 亿元。从分路径来看，“先进工艺应用”和“低碳能源替代”是增量投资的主要来源，同时这两个路径也将创造大部分的节能降碳效果。“能源效率提升”的增量投资为负数，一方面是由于能效提升的潜力递减，难以在这一领域拉动大规模投资；另一方面是由于需求减量途径大幅压缩了高耗能产品的产能，尽管单位产能所需投资增加，但总投资仍然出现下降趋势。

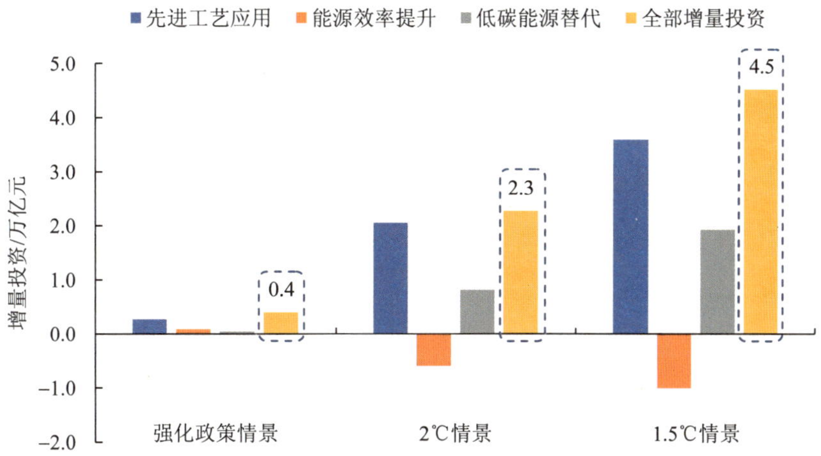

图 8-4　不同情景下分路径增量投资情况

注：强化政策情景的增量投资指相比政策情景的增量，2℃情景的增量投资指相比强化政策情景的增量，1.5℃情景的增量投资指相比 2℃情景的增量。

钢铁、水泥、化工和石化这四大高耗能行业是节能降碳投资的主要来源，在强化政策情景下，其增量投资占比分别为 24.1%、7.6%、19.1%和 22.1%；在 2℃情景下，其增量投资占比分别为 39.2%、4.5%、19.4%和 24.2%；在 1.5℃情景下，其增量投资占比分别为 29.8%、5.3%、20.4%和 22.6%（图 8-5）。

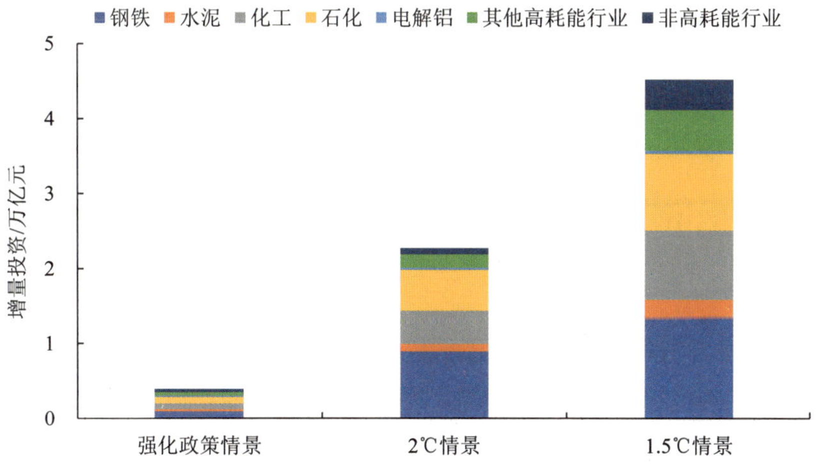

图 8-5　不同情景下分行业增量投资情况

注：强化政策情景的增量投资指相比政策情景的增量，2℃情景的增量投资指相比强化政策情景的增量，1.5℃情景的增量投资指相比 2℃情景的增量。

钢铁、水泥、化工和石化行业在不同情景下的增量投资如图 8-6 所示。钢铁行业的增量投资主要来自以氢能炼钢技术为代表的先进工艺应用；水泥行业的增量投资主要来自以 CCUS 技术为代表的低碳能源替代；化工行业的增量投资主要来自以绿氢替代灰氢为主的低碳能源替代；石化行业的增量投资主要来自轻烃制烯烃等先进工艺应用。

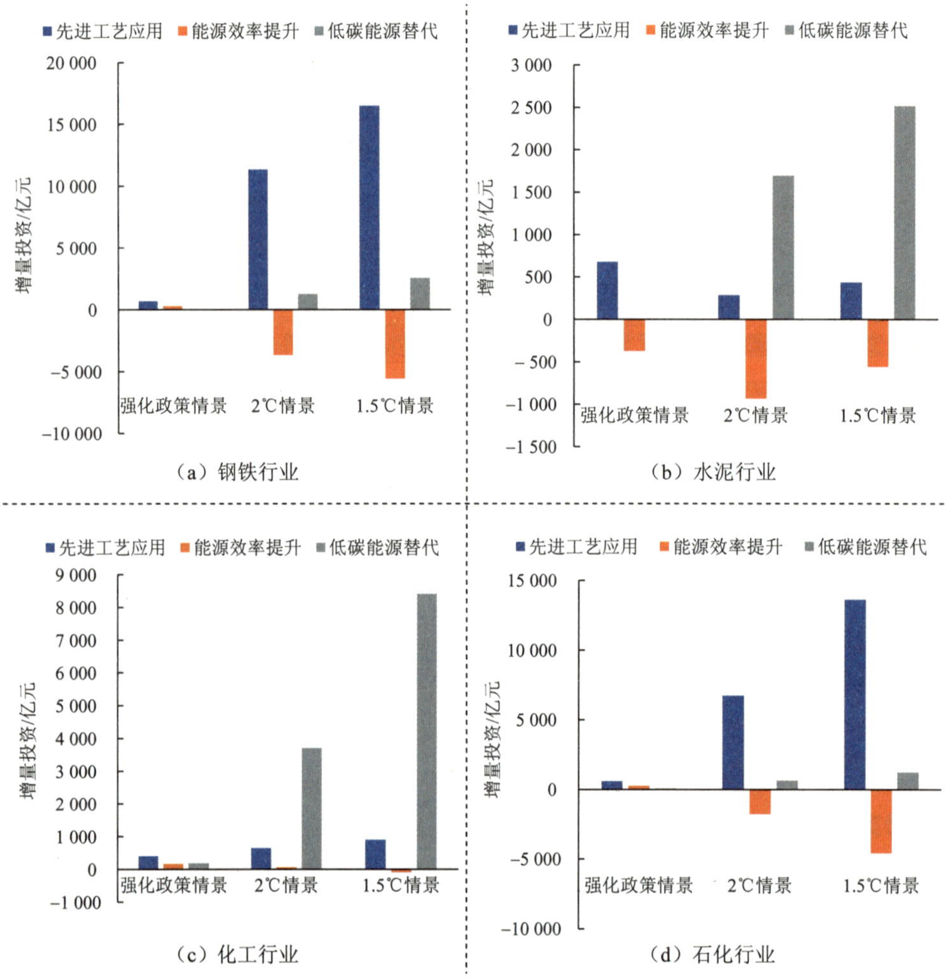

图 8-6 不同情景下主要高耗能行业增量投资情况

注：强化政策情景的增量投资指相比政策情景的增量，2℃情景的增量投资指相比强化政策情景的增量，1.5℃情景的增量投资指相比 2℃情景的增量。

需要强调的是，由于不同情景下高耗能产品的产能存在较大差距，一般而言，节能降碳的约束越强，高耗能产品的产能越小。尽管节能降碳投资带来了单位产能投资的显著提升，如在强化政策情景、2℃情景和 1.5℃情景下，钢产能投资分别为 4 106 元/t、6 844 元/t 和 10 750 元/t，水泥产能投资分别为 840 元/t、1 230 元/t 和 1 590 元/t，但是由于总产能在缩小，一些行业出现了增量投资为负数的情况。

2. 交通部门

交通部门的新增投资来自两个方面：一是电动汽车相对于传统汽车的成本有所增加，这是基于电动汽车新增量和不同车型的利用比例进行的估算；二是充电桩建设，这是基于车桩比和不同类型的充电桩占比进行的估算。当前，车桩比已从 2015 年的 7.8∶1 提升至 2019 年的 3.1∶1 [3,4]。从长期来看，车桩比约可达到 1∶1。

关于电动汽车的新增投资，据测算，2020 年电动汽车的平均生产成本约为 12.6 万元/辆，与对应的汽油车差值为 6.2 万元/辆[5]。在对细分车型生产成本下降趋势进行判断的基础上，预计到 2050 年电动汽车的平均生产成本将降至 8.3 万元/辆，与对应的汽油车之间的差值将降至 1.6 万元/辆。在政策情景、强化政策情景、2℃情景和 1.5℃情景下，2020—2050 年电动汽车的总投资成本分别约为 9.0 万亿元、11.9 万亿元、15.0 万亿元和 18.6 万亿元。

关于充电桩的新增投资，综合公共直流、公共交流和私人充电桩的比例及其成本的变动趋势可以测算出 2020 年、2025 年充电桩建设的平均成本分别为 4 400 元/台和 3 300 元/台，假定之后不变。2019 年，中国充电基础设施的累计数量达到 122 万台。在政策情景、强化政策情景、2℃情景和 1.5℃情景下，2020—2050 年充电桩建设的总投资成本分别约为 1.5 万亿元、2.1 万亿元、2.5 万亿元和 3.0 万亿元。

3. 建筑部门

建筑部门的减排潜力主要来自保持绿色节能的使用模式、提升建筑围护结构性能、提升设备系统效率、优化能源结构、加强可再生能源利用等方面。目前，关于建筑部门低碳发展潜力的投资需求有多种估算方法，其边界和定义各不相同。本节主要从建筑本体与北方供热系统入手，考虑了提升建筑围护结构性能和优化北方供热系统两方面所需的成本。

提升建筑围护结构性能包含新建建筑由于设计标准提升而增加的成本以及既有建筑围护结构改造所带来的成本。其中，对于农村地区的既有建筑节能改造，考虑到当地居民“部分空间”的使用特性，优先进行了经济性改造[6]。

优化北方供热系统分别考虑了城镇地区与农村地区的不同情况。城镇地区的建筑主要考虑优先采用各类热电联产与工业过程的低品位余热，以及为了利用这些余热进行长输供热管道的建设，而在难以采用这些余热的地区，则优先采用高效热泵。农村地区需大幅降低散煤与低效生物质的使用，同时鼓励采用新型高效的生物质锅炉与热泵。

本节的成本核算数据主要参考了工程调研以及相关案例数据[6-9]。估算结果显示，对于以上所考虑的两大类措施，到2050年，强化政策情景与政策情景相比需多投入1.1万亿元，2℃情景比强化政策情景需多投入0.5万亿元，1.5℃情景比2℃情景略减少投入约0.06万亿元。

在提升建筑围护结构性能方面，在节能降碳目标更为激进的情景下，新建建筑的规模将显著下降，所需的成本投入也将有所减少，但与此同时，既有建筑的节能改造成本却会不断增加。到2050年，强化政策情景、2℃情景和1.5℃情景需增加的成本投入分别为0.65万亿元、0.15万亿元和–0.18万亿元。

在改造北方供热系统方面，北方城镇地区由于余热利用改造、热泵安装、淘汰各类锅炉等，各情景需要的资金投入将逐渐增加；对于农村地区，大部分情景的资金投入也呈增加趋势，但对于1.5℃情景，由于提前进行了电气化推进，由散煤或低效生物质改为燃气壁挂炉，因而进行二次改造的居民有所减少，故整体投资有一定程度的下降。在强化政策情景、2℃情景和 1.5℃情景下，北方供热系统改造的投入差异在2050年分别为0.48万亿元、0.37万亿元和0.12万亿元。

具体来说，不同情景下各项措施到2050年的投资差异如表8-2所示。

表8-2 不同情景间的投资差异

单位：万亿元

措施	强化政策情景 → 政策情景	2℃情景 → 强化政策情景	1.5℃情景 → 2℃情景
提升建筑围护结构性能	0.65	0.15	–0.18
新建	0.10	–0.11	–0.31
改造	0.55	0.26	0.13
改造北方供热系统	0.48	0.37	0.12
城镇	0.48	0.33	0.13
农村	0.00	0.04	-0.01
合计	1.13	0.52	-0.06

8.1.3 总投资需求分析

综合能源供给侧投资和需求侧投资，在不同情景下，2020—2050年累计能源投资分别为70.51万亿元、99.69万亿元、127.24万亿元和174.38万亿元（表8-3、图8-7）。相比政策情景，强化政策情景、2℃情景和1.5℃情景的累计投资将分别增加 29.18 万亿元、56.73 万亿元和 103.87 万亿元。不同情景下 2020—2050 年的年均投资分别为 2.4 万亿元、3.3 万亿元，4.2 万亿元和 5.8 万亿元。

表 8-3　2020—2050 年不同情景下总投资需求分析

单位：万亿元

情景	能源供应	工业	建筑	交通	总计
政策情景	53.71	0.00	6.29	10.51	70.51
强化政策情景	77.89	0.39	7.42	13.99	99.69
2℃情景	99.07	2.66	7.94	17.57	127.24
1.5℃情景	137.66	7.18	7.88	21.66	174.38

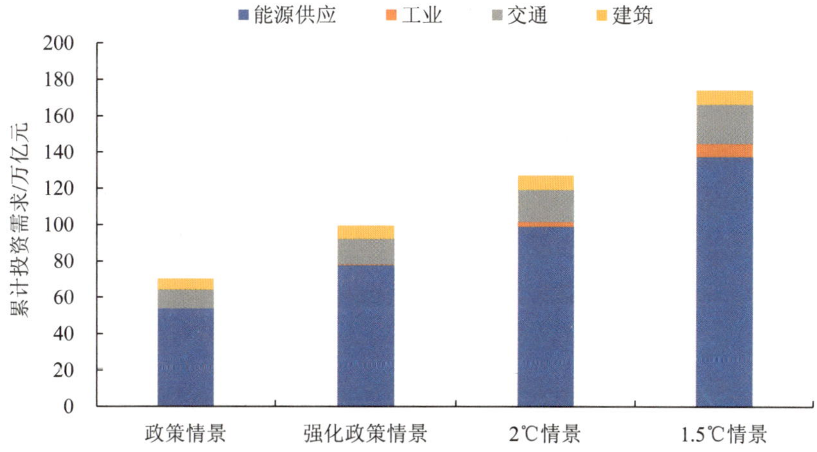

图 8-7　不同情景下的能源投资需求

8.2　能源成本分析

8.2.1　电力供应成本

电力供应成本是生产及生活的重要成本之一。一般来看，电价为电力供应成本和利润之和。所谓电力供应成本指各种发电技术的发电量加权平均后的单位发电成本。从长期来看，各情景下电力供应成本的变化趋势差异较大。在政策情景下，电力供应成本总体呈下降趋势；在强化政策情景下，电力供应成本在较长一段时间内比较平稳并略有上升，在 2028 年后显著下降；在 2℃情景和 1.5℃情景下，电力供应成本都呈先上升后下降的趋势，并且在 2028 年和 2033 年达到最高，分别为 2018 年的 1.4 倍和 1.42 倍（图 8-8）。电力供应成本总体呈下降趋势，在政策情景、强化政策情景、2℃情景和 1.5℃情景下，2050 年的电力供应成本分别为 2018 年的 69%、66%、75%和 90%。从 2050 年的电力供应成本构成来看，2℃情景和 1.5℃情景下的电力供应成本显著高于政策情景和强化政策情景，主要原因是这两种情景下的固定投资成本、运行维护成本和电力传输成本都更高（图 8-9）。[1]

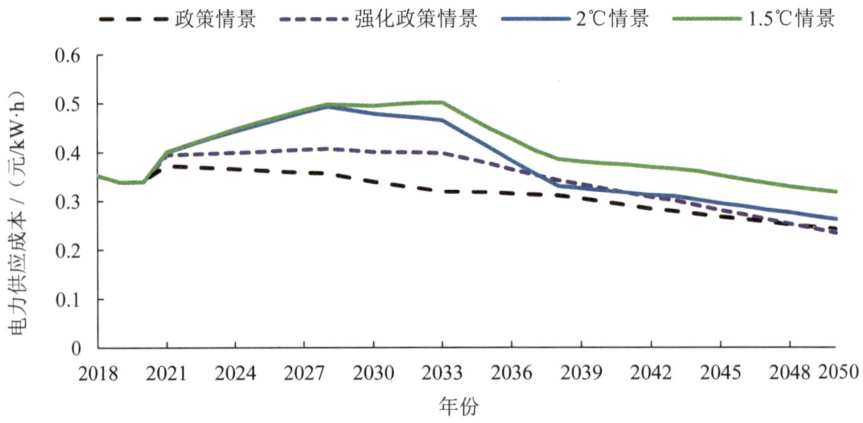

图 8-8 电力供应成本变化趋势

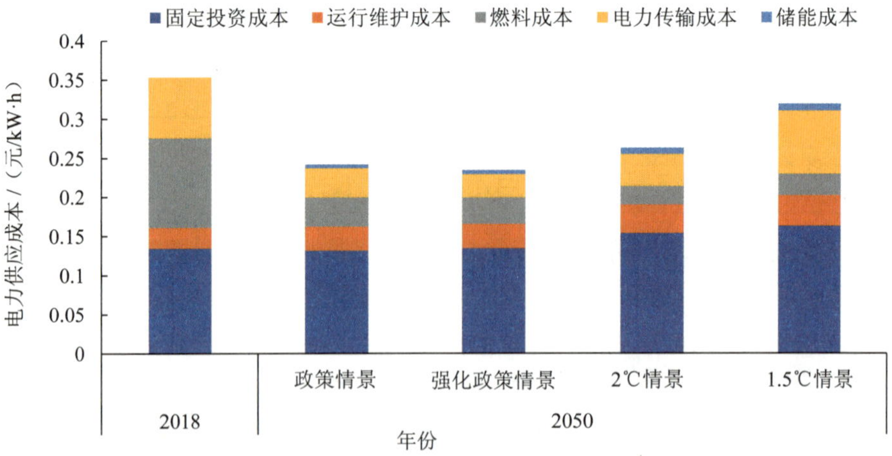

图 8-9 2050 年电力供应成本构成

[1] 本节中各类发电技术的单位建设投资成本参考中国电力企业联合会发布的《中国电力行业年度发展报告 2018》中的电力造价数据。

未来电力供应成本降低的原因在于燃料成本的降低。从 2018 年的数据来看，燃料成本约为电力供应成本的 29%；而在强化政策情景和 2℃情景下，随着燃煤发电机组容量的减少，燃料成本占比将分别下降至电力供应成本的 8.4%和 8.5%。尽管远期的电力供应成本中运行维护成本、电力传输成本和储能成本都略有增加，但是燃料成本的下降幅度很大，抵消了这类成本的增加。

8.2.2　全社会用能成本

本节根据分品种能源消费情况核算了全社会用能成本，见式（8-1）：

$$EC_j = \sum_{i}^{5} E_{ij} \times EP_{ij} \tag{8-1}$$

其中，EC_j——第 j 年全社会用能成本，元；

i——5 种能源消费品种，即煤炭、石油、天然气、电力和其他；

E_{ij}——不同能源品种在不同年份的消费量，tce；

EP_{ij}——不同能源品种在不同年份的价格，元/tce。

能源价格的基期数据为文献调研数据[10]，其随时间的变动趋势是基于不同能源品种的成本变动趋势而进行的假设。初步核算结果如表 8-4 所示，在 4 种情景下，全社会用能成本在 2020—2030 年持续增加；在政策情景、强化政策情景和 2℃情景下，全社会用能成本在 2030—2050 年有所下降；在 1.5℃情景下，全社会用能成本在 2020—2050 年将持续升高。在 4 种情景下，2050 年全社会用能成本为 11 万亿～14 万亿元。

表 8-4　全社会用能成本

单位：万亿元

情景	2020 年	2030 年	2050 年
政策情景	9.1	11.7	11.3
强化政策情景	9.1	12.5	10.7
2℃情景	9.1	13.3	12.2
1.5℃情景	9.1	13.1	13.5

8.3 小结

综合来看，不同情景下的投资成本具有较大差异。2020—2050 年，政策情景、强化政策情景、2℃情景和 1.5℃情景下的累计能源投资分别为 70.51 万亿元、99.69 万亿元、127.24 万亿元和 174.38 万亿元。从 2020—2050 年的年均投资来看，在 4 种情景下分别为 2.4 万亿元、3.3 万亿元、4.2 万亿元和 5.8 万亿元。相比 2℃情景，1.5℃情景的累计投资将增加 47 万亿元，年均投资将增加 1.6 万亿元。

从平均供电成本来看，2℃情景和 1.5℃情景下的电力供应成本都呈现出先上升后下降的趋势，并都在 2028 年达到最高。在 2℃情景和 1.5℃情景下，2050 年的电力供应成本显著高于政策情景和强化政策情景。全社会用能成本在 2020—2030 年将持续增加，在 2030—2050 年可能有所下降，在 2050 年达到 11 万亿～14 万亿元。

参考文献

［1］ 柴麒敏，等. 中国实施 2030 年应对气候变化国家自主贡献的资金需求研究[J]. 中国人口 •资源与环境，2019，29（4）：1-9.

［2］ IEA. World energy investment[R]. 2016.

［3］ 中国电动汽车充电基础设施促进联盟．2019 年 12 月充电桩运营数据[EB/OL].（2020-01-14）[2020-04-24]. http://www.china-nengyuan.com/news/151232.html.

［4］ 中国电动汽车充电基础设施促进联盟．2019 年全国电动汽车充电基础设施运行情况[R]．2020.

［5］ 欧阳丹华．EV 用户消费者决策因素及总拥有成本分析[D]．北京：清华大学，2020.

［6］ 清华大学建筑节能研究中心．中国建筑节能年度发展研究报告 2020[M]．北京：中国建筑工业出版社，2020.

［7］ 清华大学建筑节能研究中心．中国建筑节能年度发展研究报告 2019[M]．北京：中国建筑工业出版社，2019.

［8］ 清华大学建筑节能研究中心．中国建筑节能年度发展研究报告 2016[M]．北京：中国建筑工业出版社，2016.

［9］ 清华大学建筑节能研究中心．中国建筑节能技术辨析[M]．北京：中国建筑工业出版社，2016.

［10］ 王庆一．2019 能源数据 [R/OL].（2020-04-13）[2020-08-18]. https://www.efchina.org/Reports-zh/report-lceg-20200413-zh.

第 9 章 中国长期低碳发展的路径选择

前文系统地分析了不同情景下终端能源消费部门、电力系统、能源系统和非 CO_2 温室气体的减排途径及相应的经济影响分析。在全球应对气候变化的紧迫形势下，基于国家的发展阶段和需要，中国应努力探索低碳转型的发展路径。一方面，要强化 NDC 目标和行动力度，全面落实 2030 年自主减排承诺；另一方面，要研究和确定到 2050 年适合自身的长期低碳发展目标和实现途径。在前文分析的基础上，我们提出在 2030 年之前，应以强化政策情景为基础，研究并提出更新 NDC 目标的推荐方案；在 2030 年之后，应进一步强化深度脱碳的力度和行动，以《巴黎协定》提出的控制全球温升在工业化前水平基础上不超过 2℃并努力控制在 1.5℃以内的目标为导向，分别研究和探讨 2050 年与 2℃和 1.5℃温升控制目标相契合的深度脱碳发展路径。

9.1 落实和强化 2030 年 NDC 目标与行动

9.1.1 强化 NDC 目标下的能源消费与 CO_2 排放

进入新常态以来，随着经济的高质量发展，中国经济的发展方式由以量为主的粗放型发展模式转向以质为主的集约型发展模式，产业结构转型升级加速，发展动力转换加剧。经过“十二五”的努力和“十三五”的部署，第一产业、第二产业和第三产业在 GDP 中的比重分别从 2010 年的 9.3%、46.5%和 44.2%进一步优化到 2019 年的 7.1%、39.0%和 53.9%，有效抑制了能源消费的快速增长[1]。从长期来看，经济增速将逐渐回归到中低增速水平。根据之前国内主流研究机构的分析和预测，2030 年中国经济的增速将由“十三五”期间的约 6%增速逐步回落，2030 年可降至 4.5%～5.0%的水平。

中国在 2015 年巴黎气候大会上提出的 NDC 目标中，有关 CO_2 排放有几个最重要的指标：①到 2030 年，单位 GDP 的 CO_2 排放强度比 2005 年下降 60%～65%；②非化石能源在一次能源消费中的比重达到 20%左右；③ CO_2 排放量在 2030 年前后达到峰值并努力早日实现达峰。上述 NDC 目标是在 2015 年之前进行论证并提出的，以实现 2009 年哥本哈根气候大会上提出的到 2020 年单位 GDP 的 CO_2 排放强度比 2005 年下降 40%～45%、2020 年非化石能源比重达到 15%的减排目标为基础，同时也是基于当时经济社会发展水平和预期提出并经过努力可实现的减排目标。《中国统计摘要 2020》的数据显示，截至 2019 年年底，中国一次能源消费总量达到 48.6 亿 tce；能源结构优化的速度超出预期，煤炭在一次能源消费中的比重进一步下降到 57.7%，非化石能源和较为清洁的天然气在一次能源消费中的比重分别较上年增长 1.0 个百分点和 0.3 个百分点，达到 15.3%和 8.1%，石油在一次能源消费中的比重为 18.9%，与 2018 年基本持平[2]。按此测算，中国已于 2019 年年底提前实现了哥本哈根气候大会上提出的单位 GDP 的 CO_2 排放强度比 2005 年下降 40%～45%的减排目标，非化石能源在一次能源消费中的占比也超过了 15%的目标，这为进一步落实和强化 NDC 目标奠定了坚实的基础。

受 2020 年新冠肺炎疫情的影响，世界经济受到重创，各国的社会稳定面临着巨大挑战。新冠肺炎疫情持续的时间和所造成的影响目前还难以评估，但在疫情的冲击下地缘政治问题也更为突出，石油价格出现新一轮调整，全球能源市场也面临着新一轮冲击。为了抗击新冠肺炎疫情，全球短期内对刺激经济增长和保持社会稳定的呼声更加强烈，但越来越多的学者提出，在疫情下的经济复苏要更加注重绿色和可持续性，要将近期抗击疫情与长期应对全球气候变暖紧密结合起来。在新冠肺炎疫情的影响下，本书也在一定程度上调低了近期低碳转型趋势下中国经济的增长预期。

根据国家发展改革委和国家能源局联合发布的《能源生产和消费革命战略（2016—2030）》（发改基础〔2016〕2795 号）[3]，2030 年中国非化石能源发电量在总电量消费中的占比将达到 50%左右。从当前的发展趋势来看，到 2030 年中国一次能源用于发电的比例也将达到 50%以上，这意味着在未来电气化水平不断提升的趋势下，2030 年非化石能源有望在一次能源消费中的占比达到 25%左右[4]。随着中国对能源结构低碳化转型工作的重视，非化石能源在一次能源消费中的占比也已初具规模，但与发达国家相比仍有一定的差距。去煤化措施在短期内难以完全实现用新增的非化石能源满足新增的总能源需求，天然气作为比煤炭更清洁的能源短期内仍有一定的增长空间，在向非化石能源为主体的能源体系转型中发挥着过渡作用。

到 2030 年，中国的煤炭、石油、天然气和非化石能源在一次能源消费中的占比将分别由 2019 年的 57.7%、18.9%、8.1%和 15.3%进一步优化为 45%、17%、13%和 25%。其中，非化石能源在一次能源消费中的占比将在当前 NDC 目标提出的 20%的基础上再提升 5 个百分点，通过提升天然气在一次能源消费中的比例可以进一步减少煤炭的消费量。能源结构优化可使单位能耗的 CO_2 排放强度从当前的 2.085 kg CO_2/kgce 下降到 1.75 kg CO_2/kgce，降低约 16%，为单位 GDP 的 CO_2 排放强度进一步下降提供了一定的空间。

由于受到新冠肺炎疫情的影响，2020 年的经济增长远低于预期，综合来看，“十三五”期间 GDP 的年均增速已回落至 5.7%左右，但基于当前抗击疫情的进展，“十四五”时期 GDP 的年均增速有望达到 5%以上的水平。“十四五”时期将进一步贯彻落实新发展理念，新经济增长点和新基建投资将更多地转向数字经济和高新技术产业，对钢铁、水泥等高能耗原材料产品的需求将趋于饱和或开始下降，能源消费弹性也将呈下降趋势，届时单位 GDP 能耗的下降幅度可大体与“十三五”时期相当，保持在不低于 14%的水平。能源消费总量也将在 2025 年和 2030 年分别达到 55 亿 tce 和 59.8 亿 tce 的水平。基于上述经济增速预期以及对能源消费总量和能源结构的预判，预计 2030 年全国能源消费的 CO_2 排放量将达到 104.6 亿 t，单位 GDP 的 CO_2 排放强度也将比 2005 年下降 68.2%，高于中国 NDC 目标中所提出的下降 60%～65%的目标上限。CO_2 排放量到 2025 年将进入峰值平台期，2030 年之前可实现稳定达峰。通过进一步采取强化的节能降碳政策和措施，中国在 2030 年之前的能源消费及其 CO_2 排放水平如表 9-1 所示，将全面超额实现 2030 年的 NDC 目标。

表 9-1 强化 NDC 目标下的能源消费及其 CO_2 排放测算

项目		2005 年	2010 年	2015 年	2020 年	2025 年	2030 年
GDP 年增长率/%		—	11.3	7.9	5.9	5.3	4.8
5 年中能源强度的下降幅度/%		—	19.1	18.5	14.3	14.0	14.0
能源消费量/亿 tce		26.1	36.1	43.4	49.4	55.0	59.8
能源消费结构	煤炭/%	72.4	69.2	63.7	57.0	51.0	45.0
	石油/%	17.8	17.4	18.3	18.5	18.0	17.0
	天然气/%	2.4	4	5.9	8.5	11.0	13.0
	非化石能源/%	7.4	9.4	12.1	16.0	20.0	25.0

项目	2005 年	2010 年	2015 年	2020 年	2025 年	2030 年
单位能耗的 CO_2 排放强度/（kg CO_2/kgce）	2.32	2.25	2.16	2.03	1.90	1.75
CO_2 排放量/亿 t CO_2	60.6	81.3	93.7	100.3	104.5	104.6
单位 GDP 的 CO_2 排放强度 5 年中的下降幅度/%	—	21.5	21.2	19.7	19.5	20.6
较 2005 年的下降幅度/%	—	—	—	50.3	60.0	68.2

9.1.2 强化 NDC 目标和行动的政策与措施

根据《巴黎协定》的要求，各国应于 2020 年年底前通报和更新各自的 NDC 目标。这不仅包括各国的减排力度目标，也包括实施应对气候变化的战略措施和政策以及相应的目标和行动。结合中国在应对气候变化方面已经取得的成绩和进展，在强化 2030 年 NDC 目标和力度方面，可以重点考虑如下几项内容：

一是努力超额实现 2030 年 NDC 目标。近年来，中国非化石能源发展势头较快，具有到 2030 年实现其在一次能源消费中的比重从 20%提升到 25%的潜力，能源结构的低碳化进程将有助于中国单位 GDP 的 CO_2 排放强度的下降幅度进一步增大。基于中国当前的减排努力以及“十四五”“十五五”两个五年规划的积极部署，在 2030 年前后可实现单位 GDP 的 CO_2 排放强度比 2005 年下降 65%以上，CO_2 排放总量可确保在 2030 年之前实现达峰。

二是提出控制能源消费总量和 CO_2 排放总量的指导性指标。“十三五”期间已提出并实施了控制能源消费总量的目标，“十四五”时期应进一步提出控制 CO_2 排放总量的目标，并与 2030 以前实现碳达峰的政策措施相衔接，以逐渐整合或取代能源消费总量控制制度。对 CO_2 排放总量的控制不是给地方和企业设置能源消费量的“天花板”，而是激励其更多地开发利用新能源和可再生能源，推进能源生产和消费革命，同时可与正在建立的全国统一的碳排放权交易市场相衔接，用企业的碳排放额度管理制度逐渐取代用能权管理制度，进一步提升国内应对气候变化行动的能力。由于未来的经济发展和能源消费尚有较大的不确定性，特别是在新冠肺炎疫情的影响下“十四五”时期的 GDP 增速将有很大的不确定性，因此碳排放总量指标的选取要留有一定的余地。建议“十四五”时期能源消费总量的控制指标选取为 55 亿 tce，CO_2 排放总量控制在 105 亿 t，在 2030 年之前实现碳达峰，峰值排放量控制在 110 亿 t 以内，并推动建立以强度下降为主、总量控制为辅的“双控”机制。

三是东部沿海较发达地区的 CO_2 排放率先达峰。“十三五”规划中曾提出“支持优化开发区域率先实现碳排放峰值目标”。中国在 2025 年以后总体上可进入 CO_2 排放峰值平台期，东部沿海经济发达地区有条件在全国率先达峰，有些城市可在 2025 年以前实现达峰；东南部可再生能源、资源丰富的省市也可充分发挥可再生能源资源的优势争取尽早达峰。总体而言，要因地制宜，根据不同地区所处的发展阶段特征，鼓励东部沿海优化开发区域在“十四五”期间制定碳达峰目标，进而带动中西部地区转变发展方式，鼓励相应省市制定和实施相关目标与政策措施，以碳达峰目标倒逼经济社会的低碳转型。

四是推动高耗能重化工业部门的 CO_2 排放在 2025 年之前达峰。工业部门是能源密集型行业聚集的部门，尽管当前在 GDP 中的比重稳步下降，但其终端能耗占全国终端总能耗的比例仍高达 60%以上。随着产业结构的调整和转型升级，“十四五”期间重化工业产品的产量在饱和的基础上将呈现出一定的下降趋势，这将促使工业部门的 CO_2 排放早于交通、建筑等其他部门率先达峰。中国应在“十四五”期间积极部署高耗能重化工业部门 CO_2 排放达峰的目标，以重化工业部门的碳达峰带动整个工业部门的率先达峰，进而为 2030 年以前全国碳达峰奠定基础。

五是控制与能源相关的 CO_2 排放以外的其他温室气体排放。非 CO_2 温室气体多为短寿命温室气体，尽管其在长寿命期内的温室效应有所减弱，但由于排放源种类复杂，从长期来看减排技术和减排成本都较高，是未来净零排放目标下减排的难点。当前中国的减排对象和对外承诺主要针对与能源相关的 CO_2 排放，对非 CO_2 排放的管理和控制仍有待进一步提升，因此应从“十四五”时期开始加强对工业过程、农林业、废弃物管理等其他领域的 CO_2 及非 CO_2 温室气体排放的管理和控制，特别是对于含氟气体的生产与使用，并逐步建立起对全部温室气体排放的监测、报告和核查体系，进一步加强实施减排措施和行动的能力建设，以适应《巴黎协定》长期目标的实施进程。

六是深化能源和碳排放管理体制及市场化改革。当前，能源技术和产业创新发展迅速，加快了能源产业的业态变革，但同时仍要克服一些体制、机制和政策障碍。未来，要深化能源管理体系和价格体系改革，促进分布式可再生能源的发展。同时，还要加强碳市场建设，在“十四五”期间尽快把全国统一的碳市场覆盖范围扩展到预定的八大高耗能行业，做好碳排放配额管理，以市场化手段促进能源和经济的低碳转型。

9.2 2℃温升控制目标导向下的长期低碳转型路径分析

从前文的分析来看，当前的经济社会发展仍需要一定的碳排放空间和低碳转型时间，近期难以快速转向 2℃情景下的减排路径。要在保障近期经济发展的前提下实现 2℃温升控制目标下的长期低碳发展情景，一种可行的方案是在 2030 年之前以强化政策情景为基础加大减排力度，尽可能为向 2℃情景过渡打下良好的基础；同时，在 2030 年之前实现 CO_2 排放达峰，然后进一步加大减排力度，以 2050 年实现 2℃情景为倒逼目标，加速向 2℃情景跨越。本节构建了 2℃温升控制目标导向下的长期低碳转型情景（简称 2℃导向转型情景）。

9.2.1 2℃导向转型情景分析

《巴黎协定》将控制全球温升在工业化前水平基础上不超过 2℃并努力控制在 1.5℃以内作为长期低碳发展目标。在新时代“两步走”战略目标的指引下，中国逐步向社会主义现代化强国迈进，在应对气候变化的国际事务中也应承担与国家发展阶段相称的减排努力和贡献。中国长期低碳发展战略应以落实《巴黎协定》的长期目标为导向[5]，首先考虑和研究实现 2℃温升控制目标的长期低碳转型路径。综合前文关于强化政策情景和 2℃情景的分析可以得出，在中国经济向高质量转型的过程中，可以分为 2 个阶段逐步实现向 2℃情景跨越：2030 年之前，以强化政策情景为基础，努力实现比强化 NDC 目标更大力度的减排行动，在早日实现碳达峰的同时，为向 2℃情景的过渡打下坚实的基础；2030 年之后，以能源结构低碳化和能效提高来加速驱动向 2℃情景下的减排路径过渡，努力到 2050 年实现 2℃情景下的减排目标和成效。按此思路，本节提出了 2℃导向转型情景（图 9-1），主要年份的经济增长、能源结构预期及与能源相关的 CO_2 排放等数据如表 9-2 所示。

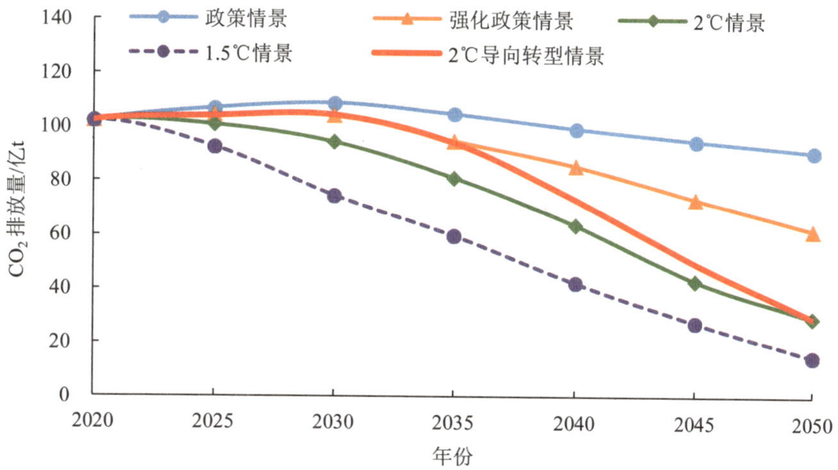

图 9-1　2℃导向转型情景与 4 种情景的 CO_2 排放路径比较

表 9-2　2℃导向转型情景下的经济、能源与 CO_2 排放

项目		2005 年	2010 年	2015 年	2020 年	2025 年	2030 年	2035 年	2040 年	2045 年	2050 年
GDP 年增长率/%			11.3	7.9	5.9	5.3	4.8	4.4	4.0	3.6	3.2
GDP 指数		1	1.71	2.50	3.33	4.31	5.45	6.75	8.22	9.81	11.48
能源消费量/亿 tce		26.1	36.1	43.4	49.4	55.0	59.8	60.6	58.9	55.8	52.0
能源结构	煤炭/%	72.4	69.2	64	57	51	45	36	28	19	9.1
	石油/%	17.8	17.4	18.1	18.5	18	17	17	13	9	7.7
	天然气/%	2.4	4	5.9	8.5	11	13	15	14	12	10
	非化石能源/%	7.4	9.4	12	16	20	25	32	45	60	73.2
单位能耗的 CO_2 排放强度/（kg CO_2/kgce）		2.32	2.25	2.16	2.03	1.90	1.75	1.55	1.24	0.88	0.56
单位能耗的 CO_2 排放强度年下降率/%			0.58	0.83	1.27	1.30	1.59	2.46	4.38	6.50	8.62
CO_2 排放量/亿 t CO_2		60.6	81.3	93.8	100.3	104.5	104.6	93.8	72.9	49.3	29.2
单位 GDP 能耗年下降率/%			4.15	3.82	3.09	2.97	2.97	3.96	4.39	4.53	4.44
单位 GDP 的 CO_2 排放强度下降率/%			4.72	4.62	4.33	4.23	4.57	6.32	8.58	10.74	12.74
较 2005 年下降幅度/%			21.5	38.0	50.3	60.0	68.3	77.1	85.4	91.7	95.8

在 2030 年之前，以上一节提出的强化 NDC 方案作为低碳发展的目标，以更低碳的能源结构来支撑经济社会的预期增长。与此同时，通过提高技术效率可以增加对减排的贡献，在产业结构优化的同时进一步降低能源消费的弹性，努力在 2030 年

之前取得超过强化 NDC 目标预期的更大减排力度，为 2030 年之后向 2℃目标情景过渡奠定基础。2030 年与能源相关的 CO_2 排放量可降至 104.6 亿 t，可实现 CO_2 排放在 2030 年之前达峰，并呈现出开始下降的趋势。2030—2050 年，能源结构的低碳化步伐将进一步加大，非化石能源在一次能源消费中的占比将由 2030 年的 25%提升到 2050 年的 73.2%，煤炭、石油和天然气也将分别由 2030 年的 45%、17%和 13%下降到 2050 年的 9.1%、7.7%和 10.0%（图 9-2），届时以非化石能源为主体的新型能源体系将成为经济社会发展的重要支撑，经济增长与能源消费的脱钩态势越发显著。到 2050 年，与能源相关的 CO_2 排放量将降至 29.2 亿 t，考虑到工业过程排放、CCS 技术和碳汇吸收量等的影响，届时 CO_2 的净排放量可达到 21.8 亿 t，人均 CO_2 排放量为 1.5 t 左右，将低于 2℃情景下当时的世界人均水平。2℃导向转型情景下的能源消费及 CO_2 排放的部门构成如表 9-3 所示。

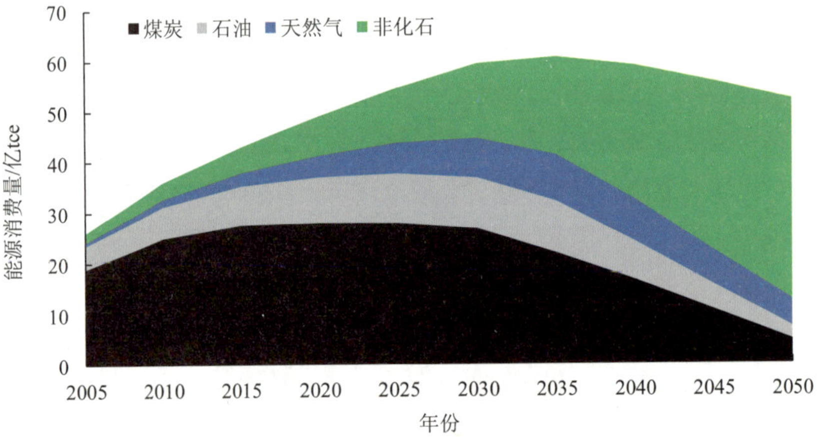

图 9-2　2℃导向转型情景下的一次能源消费及构成

表 9-3　2℃导向转型情景下分部门一次能源直接消费和 CO_2 排放

终端部门	2020 年		2030 年		2050 年	
	能耗/亿 tce	排放量/亿 t CO_2	能耗/亿 tce	排放量/亿 t CO_2	能耗/亿 tce	排放量/亿 t CO_2
工业	16.1	37.7	18.8	41.5	6.9	11.9
建筑	5.5	10.0	5.1	8.8	2.6	3.1
交通	4.9	9.9	5.4	10.9	3.0	5.5
电力	21.7	40.6	28.3	39.5	39.2	8.3
其他部门	1.2	2.1	2.2	3.8	0.3	0.4
总计	49.4	100.3	59.8	104.6	52.0	29.2

注：因四舍五入，分项加总与总计有可能不一致。

2030—2050 年，工业部门和电力系统的直接 CO_2 排放仍是与能源相关的 CO_2 排放的最主要部门。到 2050 年，在能源结构低碳化的驱动下，电力系统直接排放的 CO_2（不包括 CCS 技术碳埋存量）将比 2020 年下降约 80%，从而为终端部门提供了更加清洁的电力。能源消费直接产生的 CO_2 排放量为 29.2 亿 t，工业过程的 CO_2 排放量约为 4.7 亿 t，森林碳汇量和 CCS 技术碳埋存量到 2050 年将分别达到 −7.0 亿 t 和 −5.1 亿 t，2050 年全部 CO_2 净排放量为 21.8 亿 t，比峰值年份下降约 80%。2℃导向转型情景下全部 CO_2 的排放量及构成见表 9-4 和图 9-3。

表 9-4　2℃导向转型情景下全部的 CO_2 排放量及构成

单位：亿 t

构成	2020 年	2030 年	2050 年
能源消费的 CO_2 排放量	100.3	104.6	29.2
工业过程的 CO_2 排放量	13.2	9.4	4.7
CCS/BECCS 技术碳埋存量	0.0	0.0	−5.1
碳汇量	−5.8	−6.1	−7.0
净排放量	107.7	107.9	21.8

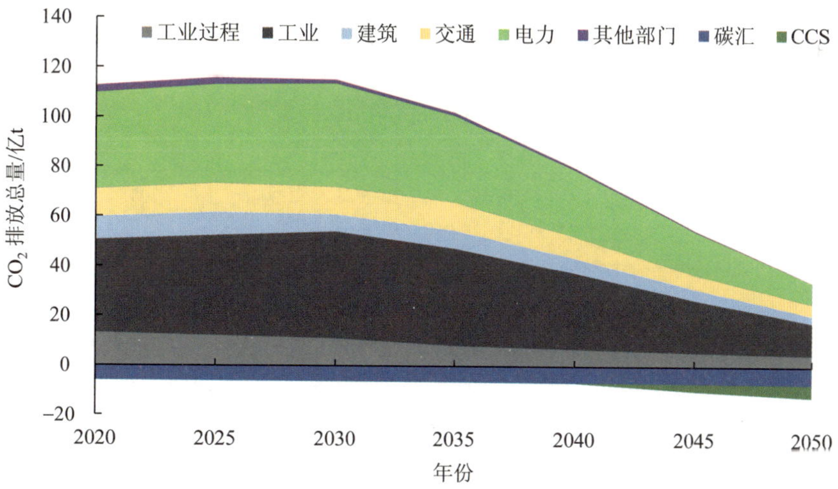

图 9-3　2℃导向转型情景下的 CO_2 排放量及构成

9.2.2　2℃导向转型情景下的低碳转型路径分析

将 2℃导向转型情景与 4 种情景下的 CO_2 排放路径进行比较（图 9-1）可以发现，

该情景的排放路径介于强化政策情景和 2℃情景之间，符合中国当前的发展阶段和特征，即在 2030 年之前，确保经济社会的低碳转型仍需要一定的碳排放空间，但能源结构的低碳化进程有望进一步加强；在 2030 年之后，整个经济社会向 2℃情景转型的力度需要进一步加大，才能到 2050 年实现以 2℃温升控制目标为导向的深度减排路径。

基于 2℃导向转型情景（图 9-4），到 2050 年中国 GDP 总量将达到 2020 年的 3.5 倍左右，能源消费总量也将在 2035 年前后达到峰值，之后呈一定的下降趋势；与此同时，新能源和可再生能源仍将保持快速发展的态势。单位能耗的 CO_2 排放强度将进一步加速下降，由于 2030 年以前已实现了 GDP 增长与 CO_2 排放的脱钩，2030 年以后单位 GDP 的 CO_2 排放强度的年下降速度将更快，到 2040 年以后可达 10%以上，其中能源结构变革的贡献率将越来越大。

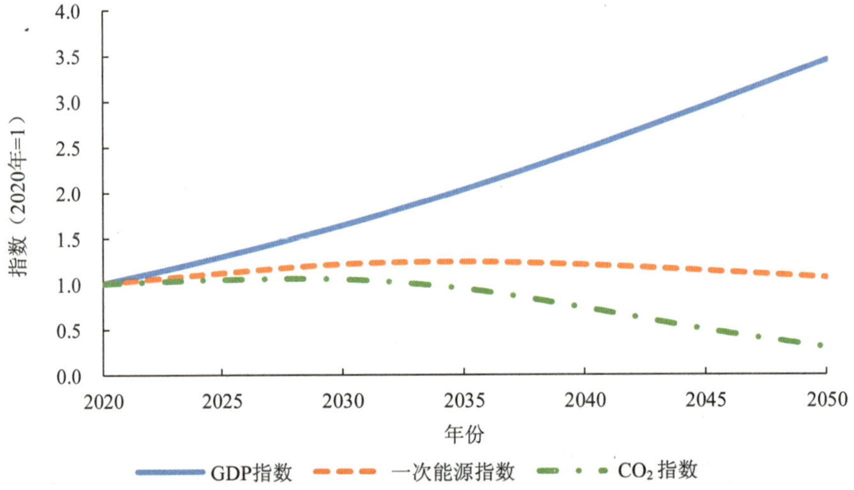

图 9-4　2℃导向转型情景下 GDP、一次能源消费和 CO_2 排放指数

在 2℃导向转型情景下，节能和能源替代在单位 GDP 的 CO_2 排放强度下降中的逐年趋势如图 9-5 所示。在忽略二阶无穷小量的情况下[6]，单位 GDP 的 CO_2 排放年下降率可近似表达为能源强度年下降率（可称为节能作用）和能源消费的 CO_2 排放强度年下降率（可称为能源替代作用）二者之和。图 9-5 中的数据显示，在 2030 年之后，随着向 2℃情景的快速转型，单位 GDP 的 CO_2 排放强度年均下降速度将快速攀升，从 2025—2030 年 4.5%的水平快速上升到 2045—2050 年的 12.7%；同时，随着能源结构低碳化的快速推进，非化石能源将替代煤炭逐渐成为一次能源构成中的主力能源，能源替代发挥的降碳效果将越发显著。随着节能技术的普及和推广，未来能源强度下降幅度可能会维持在 4%～5%的年均水平。由此来看，在 2040 年之后，能源替代在单位 GDP 的 CO_2 排放强度下降中的作用将超过节能所产生的作用。该情景下的 GDP 增速预期与单位 GDP 的 CO_2 排放强度年下降率两条曲线相交于图 9-5 中的 A 点，该点意味着 CO_2 排放峰值出现的年份；B 点是能源消费年增长率与能源消费的 CO_2 排放强度年下降率两条曲线的焦点，意味着能源消费的碳排放强度年下降率将大于能源消费的年增长率，从能源视角来看，CO_2 排放的峰值将在此时出现；C 点是能源消费年增长率为 0 的年份，意味着经济增长与能源消费的正式脱钩，即经济增长不再需要额外的能源消费增加就可以实现，也意味着经济增长进入内涵式增长的新阶段。总体来看，在该情景下，2035—2040 年有望实现经济增长与能源消费的脱钩，能源技术的快速进步和经济结构的深度调整所节约的能源消费可满足经济增长对能源的需求，在整体上表现出随着经济的增长能源总消费量将呈持续下降的趋势。

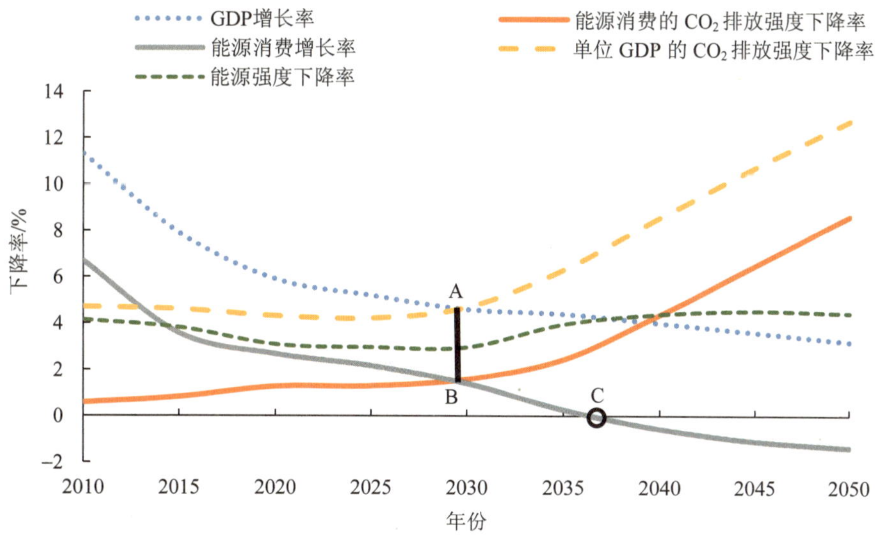

图 9-5　GDP 增长率与 CO_2 排放强度下降率分析

与政策情景相比，2℃导向转型情景下各终端部门与电力系统均实现了大幅减排，各自的贡献率如表 9-5 所示。

表 9-5 2℃导向转型情景与政策情景相比各部门 CO_2 减排量

单位：亿 t

部门	2020 年	2030 年				2050 年			
		政策情景	2℃导向转型情景	减排量	贡献率/%	政策情景	2℃导向转型情景	减排量	贡献率/%
工业	37.7	45.4	41.5	3.9	45.3	36.9	11.9	25.0	34.7
建筑	10.0	9.7	8.8	0.9	10.5	8.3	3.1	5.2	7.2
交通	9.9	11.6	10.9	0.7	8.1	11.1	5.5	5.6	7.8
其他	2.1	4.0	3.8	0.2	2.3	1.6	0.4	1.2	1.7
电力	40.6	40.1	39.5	0.6	7.0	32.9	8.3	24.6	34.2
工业过程	13.2	11.7	9.4	2.3	26.7	9.2	4.7	4.5	6.3
森林碳汇	−5.8	−6.1	−6.1	0	0.0	−6.2	−7	0.8	1.1
CCS/BECCS 技术	0	0	0	0	0.0	0	−5.1	5.1	7.1
CO_2 排放总量	107.7	116.4	107.8	8.6		93.8	21.8	72.0	

与政策情景相比，到 2050 年 2℃导向转型情景下的 CO_2 减排量为 76.7%，其中贡献率最大的部门为工业部门和电力系统，分别达到 34.7%和 34.2%，CCS 负排放技术的贡献率则达到 7.1%。

9.2.3 不同核算方法对长期低碳转型的效果分析与评价

本书在对可再生能源消费量进行计算的过程中，把水能、风能、太阳能等可再生能源发电量按照传统化石能源的发电能耗折算成一次能源，这是中国传统的统计口径。有些国家和国际机构（如 IEA）则把可再生能源发电量按照电热当量折算为一次能源。在传统化石能源的发电效率为 40%左右的情况下，两种算法对可再生能源折合成一次能源的数量相差约 60%。在当前可再生能源在一次能源消费中占比较少的情况下，两种不同算法的影响不大。但未来随着可再生能源的快速发展，在占比不断提高的情况下，两种算法将对未来能源消费总量以及节能和能源替代效果的评价有很大影响，应该进一步比较分析。表 9-6 为水能、风能、太阳能等可再生能源折合为一次能源的两种核算方法比较[7]。

表 9-6　可再生能源折合为一次能源的两种核算方法比较

项目	2005 年		2020 年		2030 年		2050 年	
	发电煤耗	电热当量	发电煤耗	电热当量	发电煤耗	电热当量	发电煤耗	电热当量
水、风、光发电量/（万亿 kW·h）	0.5		2.1		3.6		9.6	
折合成一次能源/亿 tce	1.6	0.7	6.2	2.5	10.7	4.4	28.8	11.8
非化石能源/亿 tce	1.9	1.0	7.9	4.2	14.8	8.6	38.1	21.1
总能源需求/亿 tce	26.1	25.2	49.4	45.7	59.8	53.5	52.0	35.0
煤炭/%	72.4	75.1	57.0	61.6	45.0	50.3	9.1	13.5
石油/%	17.8	18.5	18.5	20.0	17.0	19.0	7.7	11.4
天然气/%	2.4	2.5	8.5	9.2	13.0	14.5	10.0	14.9
非化石能源/%	7.4	3.9	16.0	9.3	25.0	16.1	73.2	60.2
CO_2 排放量/亿 t	60.6		100.3		104.6		29.3	
单位能耗的 CO_2 排放强度/（kg CO_2/kgce）	2.32	2.41	2.03	2.19	1.75	1.96	0.56	0.83
单位能耗的 CO_2 排放强度下降率/%			0.89	0.62	1.44	1.12	5.52	4.18
单位 GDP 能耗年下降率/%			3.69	3.96	2.97	3.29	4.30	5.63
单位 GDP 的 CO_2 排放强度下降率/%			4.55	4.55	4.40	4.40	9.60	9.60

上述两种核算方法在能源总需求量以及节能和能源替代对减排 CO_2 的贡献评价方面都将产生较大影响。以电热当量法把可再生能源电力折算成一次能源，与传统发电煤耗法相比，将导致能源总需求量降低，同时随着可再生能源在一次能源中占比的持续增加，单位 GDP 能耗的下降速度也随之变大，从而使单位能耗的 CO_2 排放强度下降幅度变小，因此导致能源替代对 CO_2 减排的贡献归结到了节能方面，扩大了节能对减排 CO_2 的贡献率。

2030—2050 年，水电、风电、太阳能发电量将由 3.6 万亿 kW·h 增加到 9.6 万亿 kW·h，占总电量的比例将由 38.9%提升到 73%。以两种核算方法计算，2050 年能源总需求分别为 52 亿 tce 和 35 亿 tce，电热当量法比发电煤耗法低 17 亿 tce，减少了 32.7%，两者之间的差额并非由于更大力度的节能，而是核算口径不同所产生的差异。从表 9-7 中可以看出，2030—2050 年，按发电煤耗法计算，单位 GDP 能耗下降了 58.7%，单位能耗的 CO_2 排放强度下降了 67.9%；而按电热当量法计算，则分别为 68.9%和 57.3%。同期，能源消费的 CO_2 排放总量将减少 75.3 亿 t，下降 72.0%。按发电煤耗法计算，节能的贡献率约为 10%，能源替代贡献率约为 90%；而按电热当量法计算，则分别为 33%和 67%。从以上数据可以看出，后一种算法会造成更大节能贡献的假象。因此，在与国际类似研究和国际数据进行比较分析时应注意其采用的核算方法，不同核算方法的结果和结论往往具有较大的不可比性。

表 9-7 2030—2050 年两种核算方法的比较评价

项目	发电煤耗法	电热当量法
能源消费总量下降率/%	13.0	34.6
单位 GDP 能耗下降率/%	58.7	68.9
单位能耗的 CO_2 排放强度下降率/%	67.9	57.3
单位 GDP 的 CO_2 排放强度下降率/%	86.7	86.7
CO_2 排放总量下降率/%	72.0	72.0

9.2.4 全部温室气体排放转型分析

在 2℃导向转型情景下，全部温室气体排放的构成和总量如表 9-8 和图 9-6 所示。至 2030 年，温室气体总净排放量始终保持在高排放的平台期，约为 135.7 亿 t CO_2e，与能源消费相关的 CO_2 排放量将达到 104.6 亿 t CO_2e，工业过程的 CO_2 排放量将达到 9.4 亿 t CO_2e，非 CO_2 温室气体排放量为 27.8 亿 t CO_2e，森林碳汇保持在 6.1 亿 t CO_2e 的水平，与能源相关的 CO_2 排放仍是温室气体排放中最主要的来源。到 2050 年，随着能源结构的快速低碳化，与能源消费相关的 CO_2 排放量、工业过程的 CO_2 排放量和非 CO_2 温室气体排放量将分别降至 29.2 亿 t CO_2e、4.7 亿 t CO_2e 和 17.6 亿 t CO_2e，分别在 2030 年的基础上下降了 71.9%、57.3%和 36.7%。在 7.0 亿 t CO_2e 森林碳汇和 5.1 亿 t CO_2e CCS/BECCS 碳封存量的预期下，2050 年温室气体的净排放量将为 39.4 亿 t CO_2e，比 2030 年减少 71%。到 2050 年，不计农林业碳汇吸收量和 CCS 技术碳封存量，在全部温室气体排放中，非 CO_2 温室气体占比将升高至 34%，远高于当前 16%的比例。非 CO_2 温室气体减排已成为控制温室气体排放的重要部分，需要提前进行技术部署。

表 9-8 2℃导向转型情景下未来全部温室气体排放构成

单位：亿 t CO_2e

构成	2020 年	2030 年	2050 年
能源消费的 CO_2 排放量	100.3	104.6	29.2
工业过程的 CO_2 排放量	13.2	9.4	4.7
非 CO_2 温室气体排放量	24.4	27.8	17.6
农林业等增汇	–5.8	–6.1	–7.0
CCS/BECCS 技术碳封存量	0	0.0	–5.1
净排放技术	132.1	135.7	39.4

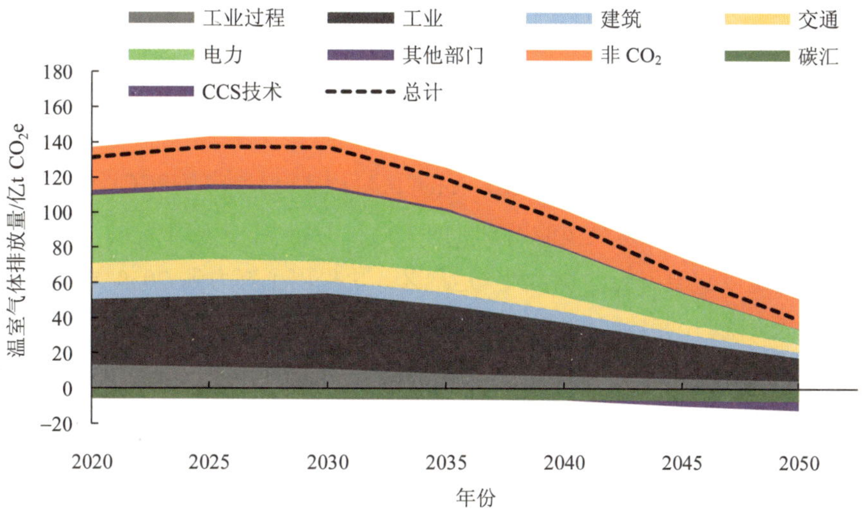

图 9-6　2℃导向转型情景下全部温室气体排放量

从长期来看，非 CO_2 温室气体的减排技术还有待进一步突破，亟须开发有效的新替代品或者驱动减排成本迅速下降。在 2℃导向转型情景下，要超前部署对非 CO_2 减排技术的研究，探索通过碳市场等更为有效的市场机制来加速实现非 CO_2 温室气体的减排。

在 2℃导向转型情景下，2050 年全部温室气体总排放量在不包括 CCS 和碳汇的情况下将比政策情景下降 61%；在包含 CCS 和碳汇的情况下，全部温室气体净排放量将比政策情景下降 69%（表 9-9）。

表 9-9　2℃导向转型情景与政策情景全部温室气体排放比较（2050 年）

单位：亿 t CO_2e

项目	政策情景	2℃导向转型情景
能源消费的 CO_2 排放量	90.8	29.2
工业过程的 CO_2 排放量	9.2	4.7
非 CO_2 温室气体排放量	31.7	17.6
农林业等增汇	–6.2	–7.0
CCS/BECCS 技术碳封存量	0	–5.1
净排放量	125.5	39.4

9.3 1.5℃温升控制目标导向下的 CO_2 净零排放路径分析

当前，确立并实现 1.5℃温升控制目标的呼声日益强烈。自《IPCC 全球温升 1.5℃特别报告》发布以来，越来越多的国家开始布局和谋划 21 世纪中叶的净零排放战略和目标，特别是以欧盟为代表的欧洲发达地区，更提出了努力到 2050 年成为第一个实现碳中和的大陆，以引领全球应对气候变化的进程。中国是全球最大的温室气体排放国，到 2050 年要建成社会主义现代化强国，需要承担与不断上升的综合国力和国际影响力相称的减排义务，体现负责任大国的责任担当。在上一节详细分析 2℃导向转型情景的基础上，本节进一步研究和探讨了在 1.5℃温升控制目标导向下，2050 年努力实现 CO_2 净零排放、其他温室气体深度减排的转型路径（简称 1.5℃导向净零情景）。

9.3.1 1.5℃导向净零情景分析

为实现 2050 年能源系统的 CO_2 净零排放和其他温室气体深度减排，要努力争取在 2030 年之前实现 CO_2 排放早日达峰，并尽快向 1.5℃情景下的排放路径转型，如图 9-7 所示。与 2℃导向转型情景相比较，1.5℃导向净零情景在 2030 年之后其能源系统的 CO_2 直接排放量将呈现更为显著的下降趋势。该情景下，2030—2050 年 CO_2 排放的年均下降速度将达到 9.3%，比 2℃导向转型情景下 6.1%的年均下降率还要高出 3.2 个百分点，这也意味着 2030—2050 年能源结构的低碳化进程仍将进一步提升，每年新增的非化石能源消费量需再提高 0.5 个百分点，达到年均 5.5%的增速。

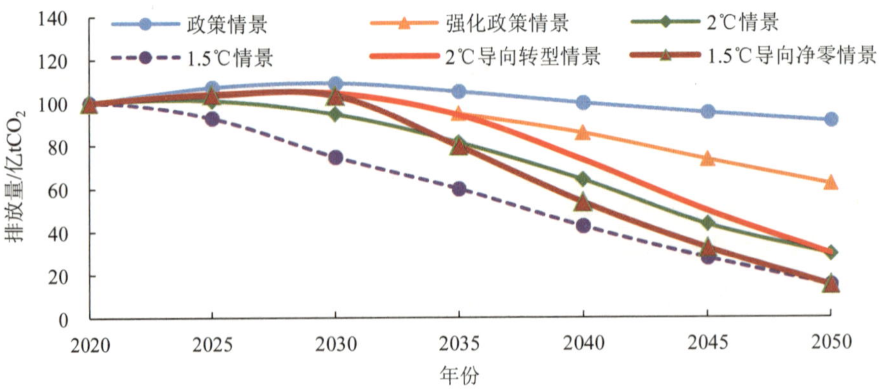

图 9-7 1.5℃导向净零情景和其他情景比较

实现 1.5℃导向净零情景下的转型路径，最主要的抓手是在努力控制能源消费总量的同时，加速提升非化石能源在一次能源消费中的占比。在 2℃导向转型情景的基础上，进一步加大能源结构的低碳化进程，实现 2050 年 CO_2 的净零排放，相关经济、能源和 CO_2 排放的分析数据见表 9-10。

表 9-10　1.5℃导向净零情景下的经济、能源与 CO_2 排放

项目		2005 年	2010 年	2015 年	2020 年	2025 年	2030 年	2035 年	2040 年	2045 年	2050 年
GDP 年增长率/%			11.3	7.9	5.9	5.3	4.8	4.4	4.0	3.6	3.2
GDP 指数		1	1.71	2.50	3.33	4.31	5.45	6.75	8.22	9.81	11.48
能源消费量/亿 tce		26.1	36.1	43.6	49.4	55.0	59.8	56.5	54.3	52.2	50.0
能源结构	煤炭/%	72.4	69.2	64	57.0	51.2	45.0	35.5	24.0	14.1	5.4
	石油/%	17.8	17.4	18.1	18.5	17.8	17.0	13.6	9.6	6.1	3.0
	天然气/%	2.4	4	5.9	8.5	10.7	13.0	11.2	9.0	7.2	5.5
	非化石能源/%	7.4	9.4	12	16.0	20.3	25.0	39.7	57.4	72.7	86.1
单位能耗 CO_2 排放强度/（kg CO_2/kgce）		2.32	2.25	2.16	2.03	1.90	1.75	1.40	0.98	0.62	0.29
单位能耗 CO_2 排放强度年下降率/%			0.58	0.83	1.24	1.37	1.59	4.37	6.92	8.85	13.76
CO_2 排放量/亿 t CO_2		60.6	81.3	93.8	100.3	104.5	104.6	79.3	53.3	32.1	14.7
单位 GDP 能耗年下降率/%			4.15	3.82	3.09	2.97	2.97	4.93	4.60	4.26	3.92
单位 GDP 的 CO_2 排放强度下降率/%			4.72	4.62	4.33	4.23	4.57	9.08	11.20	12.77	17.10
比 2005 年下降幅度/%			21.5	38.0	50.3	60.0	68.3	80.6	89.3	94.6	97.9

为了实现 2050 年 CO_2 的净零排放，能源系统总消费量将需要提前到 2030 年前后达峰，峰值水平控制在 58.7 亿 t，并且在 2030 年之后呈现一定的下降趋势。与此同时，能源结构优化的进程也将加快，2030 年在一次能源消费结构中，煤炭、石油、天然气和非化石能源的占比将分别达到 45%、17%、13%和 25%，到 2050 年将进一步优化到 5.4%、3.0%、5.5%和 86.1%，非化石能源在能源结构低碳化中的贡献凸显。2030—2050 年，单位 GDP 能耗的年均下降率可保持在 4%～5%的水平，能源结构低碳化带来的能源消费的碳排放强度下降率可从 2030 年的 4.4%提升到 2050 年的 13.7%，为实现 2050 年 CO_2 净零排放发挥了至关重要的作用。在该情景下，中国一次能源消费量及构成如图 9-8 所示。2030 年之后，中国化石能源特别是煤炭的消费量将

急剧减少，煤炭等化石能源发电装机也将面临大规模的提前退役和巨大的搁浅成本风险。

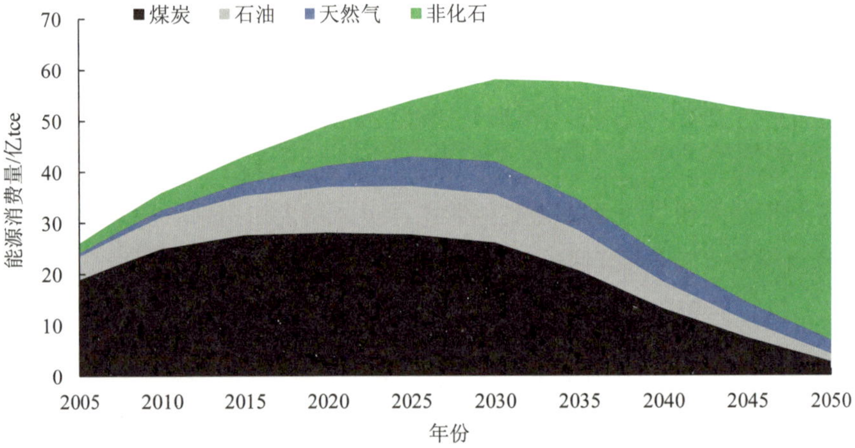

图 9-8　1.5℃导向净零情景下一次能源消费量及构成

1.5℃导向净零情景下主要部门的 CO_2 排放如图 9-9 所示。2030 年之后，各部门的去碳化进程将更加显著，特别是工业部门和电力系统，需要付出更大的减排努力。到 2050 年，在森林碳汇 7.8 亿 t CO_2 和 CCS（BECCS）碳封存量 8.8 亿 t CO_2 的贡献下，全经济尺度的 CO_2 排放量将减少到 0.6 亿 t 左右，基本实现了 CO_2 的净零排放。

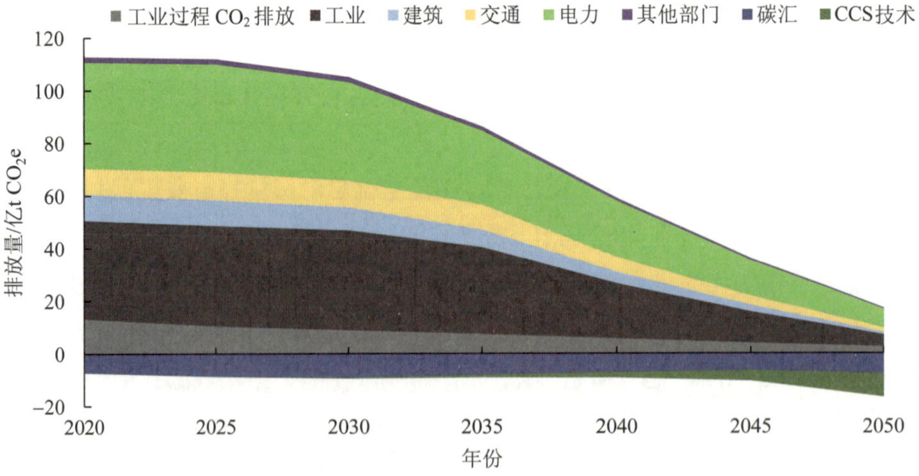

图 9-9　1.5℃导向净零情景下分部门 CO_2 排放构成

9.3.2　1.5℃导向净零情景下全部温室气体排放综合分析

1.5℃导向净零排放情景下，未来中国全部温室气体排放及构成情况如表 9-11 和图 9-10 所示。与 2℃导向转型情景相比，在全部温室气体口径下，1.5℃导向净零情景下 2050 年总温室气体排放量可下降到 13.3 亿 t CO_2e 水平。其中，与能源相关的 CO_2 排放量约为 14.7 亿 t CO_2e，工业过程 CO_2 排放量约为 2.5 亿 t CO_2e，农林业森林碳汇、CCS/BECCS 技术碳埋存量基本可以抵消能源消费和工业过程的 CO_2 排放，进而基本实现 CO_2 净零排放，其他温室气体也将比峰值排放量减少 50%以上，为 2050 年以后最终实现全部温室气体的净零排放奠定了坚实的基础。

表 9-11　1.5℃导向净零情景下全部温室气体排放量及构成

单位：亿 t CO_2e

构成	2020 年	2030 年	2050 年
能源消费的 CO_2 排放量	100.3	103.1	14.7
工业过程的 CO_2 排放量	13.2	8.8	2.5
非 CO_2 温室气体排放量	24.4	26.5	12.7
农林业增汇	−7.2	−9.1	−7.8
CCS/BECCS 技术碳封存量	0.0	−0.3	−8.8
总排放量	130.7	129.0	13.3

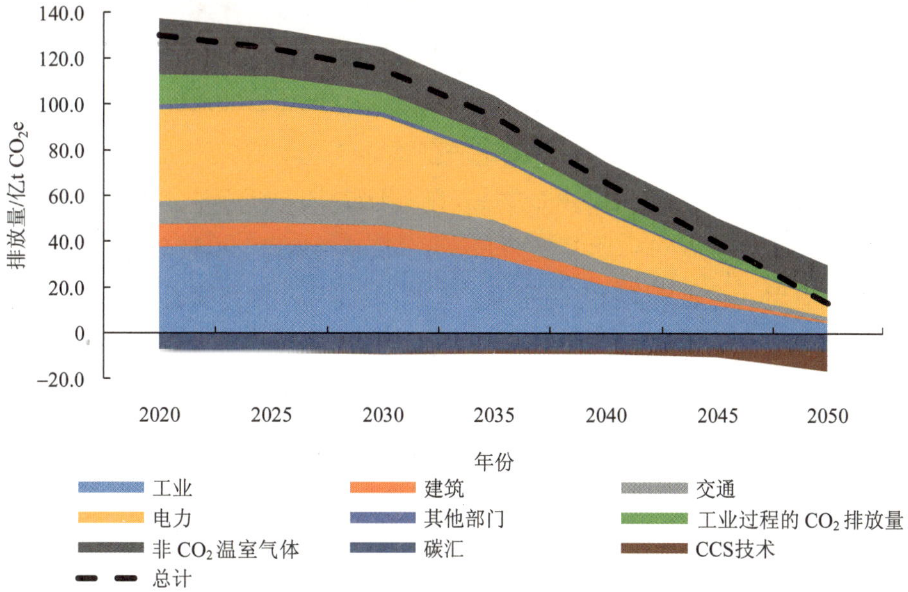

图 9-10　1.5℃导向净零情景下全部温室气体排放量及构成

9.3.3 2℃导向转型情景向 1.5℃导向净零情景转变分析

2050 年，2℃导向转型情景下，CO_2 的净排放量为 21.8 亿 t，净温室气体排放量为 39.4 亿 t CO_2e；而要实现 1.5℃导向净零情景，需在 CO_2 基本实现净零排放的同时，全部温室气体的排放量下降到 13.3 亿 t CO_2e 的水平。根据图 9-11，工业部门的温室气体排放将大幅下降，建筑部门和交通部门的减排也将发挥极致，剩余的 CO_2 排放将通过进一步部署 CCS/BECCS 技术来抵消。在 1.5℃导向净零情景下，非 CO_2 排放量在技术突破的情况下有望进一步下降，但剩余排放量仍然有 13.3 亿 t CO_2e，成为全部温室气体净零排放的核心挑战，因此超前部署非 CO_2 温室气体减排的技术攻关将对中国全面实现温室气体净零排放发挥至关重要的作用。非 CO_2 温室气体初期的减排成本较低，可较快实现排放量的下降；但深度减排成本将呈陡峭上升趋势，需要新的技术突破。同时，期待 CDR 技术的突破和发展，争取 2050 年以后尽快实现全部温室气体的净零排放，进而结束经济发展对气候变暖的贡献。

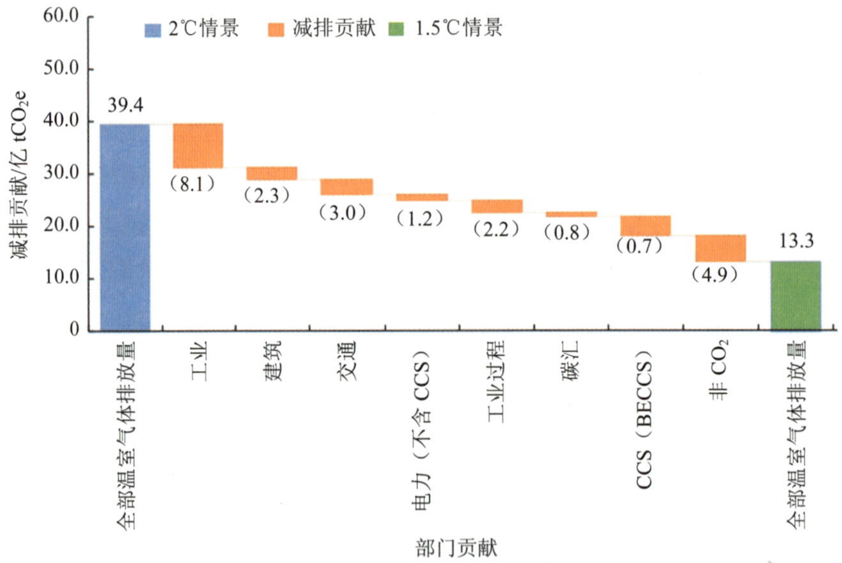

图 9-11 2050 年 2℃导向转型情景向 1.5℃导向净零情景转型下各部门的减排贡献

9.4 对策建议

9.4.1 实现深度脱碳目标的困难和挑战

全球努力实现 1.5℃温升控制目标越来越得到人们的关注，2050 年实现 CO_2 净零排放已成为当前越来越多的国家面向 21 世纪中叶的低碳发展目标。2018 年年底，欧盟委员会提出了努力到 2050 年实现碳中和的目标，并在 2019 年年底出台了《欧洲绿色协议》系列政策[8]，以努力确保欧盟长期碳中和目标的实现。英国于 2019 年重新修订了《气候变化法》，将 2050 年实现碳中和纳入其中，为英国进一步实现深度脱碳奠定了法律基础[9]。发达国家积极推进以 1.5℃温升控制目标为导向的 CO_2 净零排放目标，在加速自身经济社会低碳转型的同时，也给广大发展中国家和欠发达国家的低碳转型带来了挑战和压力。

从前文的分析可以看出，中国长期低碳发展路径兼顾了近期的经济社会发展和统筹《巴黎协定》规定的全球长期温升控制目标，到 2050 年努力实现 CO_2 净零排放和其他温室气体深度减排。这不仅需要在“十四五”“十五五”两个关键的五年规划中进一步寻求温室气体的减排空间，而且还要进一步研究和部署 CCS/BECCS、大规模储能、氢能、智能电网等颠覆性技术，以加速在 2030 年之后实现更深度的脱碳。

2050 年如果要实现本章提出的 1.5℃导向净零情景目标，就需要在 2℃导向转型情景的基础上付出更大的努力。煤炭、石油和天然气的消费量将基于 2℃导向转型情景进一步下降 42.9%、62.5%和 47.0%，非化石能源要再增加 13.2%，其在一次能源消费中的占比将达到 86.1%。要实现更深度的减排，除了考虑在电力系统和工业过程中应用必要的 CCS 技术以外，还要考虑 BECCS 技术在电力系统中的部署，可再生能源制氢以及氢能作为清洁的二次能源应在燃料电池货运、炼钢过程中发挥减缓温室气体排放的作用。然而，上述新技术不仅面临着技术发展的“瓶颈”，而且在市场化推广中也存在众多的不确定性，这些因素都为实现更深度的减排带来了巨大挑战。

9.4.2 长期低碳发展工作部署

中国长期低碳发展路径既要与经济社会发展阶段和特征相一致，又要与社会主义现代化建设进程相衔接，需要统筹国内、国际两个大局，进行超前部署。在 2030

年之前，要以强化 NDC 目标统筹经济社会发展和节能降碳工作，以 CO_2 减排的强度和总量“双控”目标来倒逼经济社会的高质量发展转型；同时，要大力加强温室气体减排的技术研发和能力建设工作，为 2030 年之后的深度脱碳奠定更全面和更坚实的基础。2030 年以后，要以到 2050 年实现 CO_2 净零排放、其他温室气体深度减排的发展路径为目标，统领国内经济社会发展的各项指标，努力到 2050 年履行与中国综合国力相称的大国责任和担当。

中国长期低碳发展要注重如下几个方面：

一是强化战略导向。以战略为导向引领未来经济社会发展转型工作，将低碳发展战略融入经济社会发展的方方面面，将低碳战略与国家长期发展战略相结合，并适时和逐步将该长期战略分解到国家的每个五年发展规划和各省市的政府工作任务中去，进而将长期低碳战略与近期经济社会发展工作紧密结合，形成长期战略和近期经济社会工作相互促进、统筹发展的新局面。

二是注重技术引领。未来技术的发展和变革将直接影响全球低碳转型的进度与成效，因此要更加注重技术的研发和投入，做好低碳技术的储备，为全面低碳转型提供技术依托，特别要重视未来诸如大规模可再生能源并网、氢能、储能、智能电网、CCS/BECCS/DACCS 等前瞻性技术的研发和示范，实现该类技术的“瓶颈”突破并促进其产业化，进一步提升中国先进技术的国际竞争力，展现中国在全球低碳事业进程中的贡献。

三是加强能力建设。随着中国综合国力的提升，应对气候变化工作要逐步向全经济尺度、所有温室气体的减排方向拓展，以体现中国在全球气候治理领域负责任大国的形象。这需要全面提升中国应对气候变化的能力建设，包括提升温室气体的统计、核查和报告能力，提升政府应对气候变化的管理能力，加强企业积极参与和实践的能力等。

四是完善制度体系。加强制度体系建设，推进气候变化立法，增加应对气候变化相关工作的法律基础，促进应对气候变化和环境质量改善工作的协同效益；加强和完善碳排放权交易市场的建设，进一步发挥市场机制在减少碳排放中的作用；促进气候政策与经济社会发展、环境保护相关政策的协调和统一，发挥政策体系的综合效能。

五是全面积极参与。加大教育、宣传和培训力度，进一步强化广大群众对应对气候变化的认知、理解和支持，促进消费方式和生活理念的低碳转变；营造更好的低碳参与环境，为不同利益相关者积极践行低碳行动创造更广阔的空间。

参考文献

[1] 中国统计局．中国统计年鉴 2020[M]．北京：中国统计出版社，2020.

[2] 中国统计局．中国统计摘要 2020[M]．北京：中国统计出版社，2020.

[3] 国家发展改革委，国家能源局．能源生产和消费革命战略（2016—2030）[EB/OL]. [2020-04-05]. https://www.ndrc.gov.cn/fggz/zcssfz/zcgh/201704/t20170425_1145761.html.

[4] Wang Hailin，He Jiankun. China's pre-2020 CO_2emission reduction potential and its influence[J]. Frontiers in Energy，2019，13（3）：571-578.

[5] 何建坤．《巴黎协定》后全球气候治理的形势与中国的引领作用[J]．中国环境管理，2018，10（1）：9-14.

[6] 何建坤．我国 CO_2 减排目标的经济学分析与效果评价[J]．科学学研究，2011（1）：9-17.

[7] 江亿，刘兰斌，杨秀．能源统计中不同类型能源核算方法的探讨[J]．中国能源，2006，28（6）：5-8.

[8] European Commission. A European green deal [EB/OL]. [2020-03-29]. https://ec.europa.eu/info/strategy/priorities-2019—2024/european-green-deal_en#documents.

[9] Committee on Climate Change. Net zero the UK's contribution to stopping global warming [EB/OL]. [2020-04-10]. https://www.theccc.org.uk/publication/net-zero-the-uks-contribution-to-stopping-global-warming/.

第 10 章 中国长期低碳发展的战略要点与政策保障

10.1 中国长期低碳发展的政策和措施

1. 基本建立和形成了门类齐全、覆盖面广的政策体系

从 20 世纪末开始，中国政府即把气候变化政策视为可持续发展政策的一部分，特别是视为能源变革和经济发展政策的一部分，但由于对气候变化重要性的定位不清晰，目前尚缺乏明确的气候变化减缓和适应政策[1]。“十一五”时期，中国政府首次建立起以约束性节能指标为核心、以目标责任考核机制为保障的节能政策体系，在降低了能源强度的同时也达到了温室气体减排的效果。其中，大部分节能政策经过一定调整后延续到“十二五”和“十三五”时期，如节能范围从工业部门拓展到交通部门和建筑部门，节能目标从国家层面的能源强度目标扩展到能源消费总量和行业节能目标，节能目标的省级分解更加科学，更加注重市场机制的应用等[2-3]。进入“十二五”以后，中国开始在气候变化领域建立更多的独立政策，且首次提出了明确的、具有法律约束力的碳排放强度控制目标，各类低碳试点、碳排放交易试点、温室气体核算与核证能力建设等工作也全面铺开。“十二五”时期，中国首次提出了 CO_2 排放强度下降目标，即 2010—2015 年单位 GDP 的 CO_2 排放强度下降 17%，并且延续了目标责任制的执行机制。“十三五”时期又进一步提出了 CO_2 排放强度下

降 18%的目标。

在已经建立的门类齐全、覆盖面较为广泛的气候政策体系中，不仅包括具有中国特色的行政指令性政策和试点示范的优良实践，还包括经济激励类（价格政策、总量-交易政策、财税补贴政策等）、规制类（以法律法规和标准为主）、低碳研发科技类政策，以及与气候政策密切相关的电力市场化改革、税费改革等相关政策。目前，中国在应对气候变化方面的立法工作正在逐步推进。第十一届全国人民代表大会常务委员会第十次会议于 2009 年 8 月 27 日通过了《全国人民代表大会常务委员会关于积极应对气候变化的决议》，提出要把加强应对气候变化的相关立法作为形成和完善中国特色社会主义法律体系的一项重要任务纳入立法工作议程。随后，加强应对气候变化立法被纳入国家发展改革委 2010—2015 年的立法规划。2011 年，应对气候变化法律起草工作领导小组成立，由全国人大环资委、全国人大法工委、国务院法制办和 17 家部委组成。国家发展改革委牵头开展立法研究、立法调研和法律草案起草工作，广泛征求各利益相关方的立法意见。《应对气候变化法》草案的主要内容包括总则、原则、监督管理、减缓、适应、宣传教育等方面[4]。目前，各方就《应对气候变化法》草案尚未形成共识，对该法的立法框架、核心制度设计、与相关法律的协调等基本问题仍存在争议。

在地方层面上，山西、青海、石家庄等省市相继开展了地方应对气候变化和低碳发展的专门立法工作。其中，青海省于 2010 年颁布了《青海省应对气候变化办法》，明确了青海适应和减缓气候变化的法律制度；山西省于 2011 年颁布了《山西省应对气候变化办法》，结合其省内实际情况，强调了减缓和适应气候变化重点领域的主要工作内容，并在监测环境温室气体浓度、编制温室气体清单、核定区域和企业温室气体排放量、降低气候变化风险等方面提出了具体措施；石家庄市于 2016 年颁布了《石家庄市低碳发展促进条例》，严格规定了对煤炭、燃油的经营、流通和使用管理，鼓励开发利用新能源和可再生能源，并制定了有关建筑、交通、照明、室内温度调节、减少日用品消耗等居民生活与日常消费方面的倡导性、支持性、鼓励性条款。

2. 规划目标引领、行政手段先行、市场机制跟进

与西方国家以立法、执法、司法为核心的基于规制的治理体系不同（rule-based governance），中国应对气候变化政策的总体特点是基于规划体系的目标治理（goal-based governance），集中表现为规划目标引领、行政手段先行、市场机制跟进[5]。尽管关于应对气候变化的专门立法尚处于草案拟定的过程中，但中国已经形成了以“五年规划”为核心，以地方层面、分行业、分领域的规划和工作方案为具体部署的较为全面的低碳规划体系[6]。“五年规划”是国家宏观调控的基础手段之一。

中国将应对气候变化作为实现社会经济可持续发展的一项长期战略任务，从“十二五”起将碳排放强度下降目标作为约束性指标纳入国民经济和社会发展规划，出台了国家、地区和部门层面的应对气候变化规划、方案和战略，以国家层面单位 GDP 碳排放下降约束性目标为核心推动能源和经济的低碳转型。2014 年，《国家应对气候变化规划（2014—2020 年）》（发改气候〔2014〕2347 号）发布；“十二五”时期、“十三五”时期均有独立的控制温室气体排放工作方案出台，另外还有各行业的低碳发展方案。这些规划和方案的制定对于中国的应对气候变化工作起到了重要的推动作用。

行政手段是最具中国特色的政策手段。尽管当前中国的气候政策已经日趋丰富，但以目标考核为核心的行政手段仍具有基础性地位[7-8]。在一系列的行政手段中，针对地方政府和重点用能企业的碳减排、节能目标考核以及淘汰落后产能的政策具有非常典型的代表意义。这些政策手段适应了中国当前的体制和机制，确保了中国应对气候变化目标的实现。然而，单纯依赖行政手段也有不足和负面影响。首先，行政手段大多成本较高，经济效益较差；其次，这种“自上而下”的压力传递机制难以真正内化为地方政府和企业开展节能降碳工作的自发性动力；再次，由于节能降碳目标的层层分解，县级及以下政府承担了与其行政管理权限并不匹配的责任，在强大的政治压力下，基层政府为了实现目标可能选择采取拉闸限电等较为极端的手段，进而导致不良后果[9]。

在国际机制的推动下，应对气候变化的市场化政策经历了从起步期到加速发展的过程，其中最典型的当属碳市场的建立。总体而言，中国应对气候变化的市场建设大体经历了 3 个阶段[10]。第一个阶段是 1992—2008 年的探索阶段，这个阶段的市场机制主要是项目层、收益性、单向的国际交易。作为发展中国家，中国可以通过 CDM 项目将“核证的温室气体减排量”出售给发达国家，以帮助发达国家实现其减排目标。第二个阶段是 2009—2015 年的碳市场培育阶段，主要体现在“自下而上”、基于配额的地方试点创新。2011 年，中国政府在“十二五”规划中明确提出“逐步建立碳排放权交易市场”，首次在国家层面认可了碳市场在节能减排中的重要作用。随后，为了有效落实“十二五”规划提出的目标，国家发展改革委在 2011 年年底发布了《关于开展碳排放权交易试点工作的通知》（发改办气候〔2011〕2601 号），批准北京市、天津市、上海市、重庆市、湖北省、广东省及深圳市（以下简称“五市二省”）开展碳排放权交易试点。2013—2014 年，“五市二省”先后发布了各自的碳排放权交易管理办法，7 个碳市场试点正式启动。在试点建设中，国家发展改革委给予各省市发展改革委较大的空间，因此 7 个碳市场试点的设计各有特色，覆盖范围、配额发放、市场交易的规则都不尽相同，为全国碳市场的建立积累了丰富的实践经验。随着 2015 年《巴黎协定》的达成和碳排放峰值目标进入政策议程，中国当前正步入应对气候变化市场建设的第三阶段。2017 年 12 月，《全国碳排放权交易市场建设方案（发电行业）》（发改气候规〔2017〕2191 号）印发，明确以发电行业为突破口启动全国碳排放权交易体系。首批纳入全国碳市场的 1 700 余家发电企业，年排放总量超过 30 亿 t CO_2e，约占全国碳排放量的 1/3。截至 2018 年年底，中国碳排放权交易量累积接近 8 亿 t。2019 年 3 月，生态环境部发布《碳排放权交易管理暂行条例（征求意见稿）》，该征求意见稿是全国碳市场制度建设的重要进展，为中国碳市场的建设提供了政策基础和立法保障。

3. 强化环境与气候变化协同治理

近年来，环境与气候变化协同治理的趋势及优势逐渐凸显。“十二五”中后期，以 $PM_{2.5}$ 和臭氧为代表的大气环境质量问题引起了国内外的高度关注，促使中国政府在短期内迅速出台了《大气污染防治行动计划》（国发〔2013〕37 号）、《打赢蓝天保卫战三年行动计划》（国发〔2018〕22 号）、《“十三五”节能减排综合工作方案》（国发〔2016〕74 号）等一系列强有力的大气污染防治政策。这些政策旨在通过优化能源结构、发展清洁能源、提高能源效率，达到最终减少化石燃料使用的目的，以实现大气污染与气候变化的协同治理[11]。例如，中国政府制定了控制和减少煤炭消费的政策，从污染最严重的地区入手，严格限制煤炭的使用，再逐步扩大到更大的范围，最终覆盖全国。在一系列控制煤炭消费量措施的干预下，中国 2005—2020 年由关闭小火电机组带来的煤炭节约量超过 9.5 亿 t；同时，由煤炭消耗的减少相应带来的二氧化硫减排量约为 1 518 万 t、CO_2 的减排量超过 20 亿 t[12]。2018 年 3 月，在新一轮的组织机构调整中，国家发展改革委承担的应对气候变化和减排的职责被整合到新组建的生态环境部中，这一职能转隶将进一步推动环境与气候变化的协同治理。

10.2　中国长期低碳发展战略的重点内容

应对气候变化工作涉及经济、社会、环境各个领域，应对气候变化战略也必须与国家总体发展战略相结合，并且融入经济社会发展的各个领域和部门战略之中，打造经济、社会、环境和应对气候变化协调治理、协同共赢的局面。中国到 2050 年的长期低碳发展战略首先应立足于发展，支撑富强民主文明和谐美丽的社会主义现代化强国建设目标的实现，同时还应加强生态文明建设，走绿色低碳循环发展的道路，促进人与自然和谐共生与可持续发展，实现与控制全球温升在工业化前水平基础上不超过 2℃并努力控制在 1.5℃以内的目标相契合的深度脱碳目标。从国家宏观战略的角度分析，中国应对气候变化的战略和政策需要突出如图 10-1 所列的几个方面。

图 10-1　实现长期低碳发展的战略框架

1. 明确应对气候变化的国家战略定位，把全球温升控制目标下的深度脱碳路径纳入新时代中长期现代化建设总体发展目标和战略之中

党的十九大把生态文明建设纳入新时代社会主义建设基本方略，并做出了分两步走的战略部署：①2020—2035 年，基本实现社会主义现代化，生态环境根本好转，美丽中国目标基本实现；②从 2035 年到 21 世纪中叶，建成富强民主文明和谐美丽的社会主义现代化强国，生态文明全面提升，建成美丽中国。中国需要与社会主义现代化建设两个阶段目标相结合，制定相应的应对气候变化长期战略和中近期规划，并将其纳入经济、社会、环境的综合战略之中。在 2020—2035 年的第一阶段，在国民经济和社会发展规划中要把提升环境质量目标和 CO_2 减排目标统筹部署，发挥协同效应，在实现全国主要城市和地区 $PM_{2.5}$ 浓度低于 35 μg/m^3 目标的同时，实现中国应对气候变化对外承诺的 NDC 目标，打造经济、能源、环境和应对气候变化协同治理和多方共赢的局面。因此，要把推动 CO_2 排放尽早达峰作为该阶段重要的战略目标和举措，并提出峰值排放量的控制目标和措施，推动能源革命和经济转型。争取到 2035 年 CO_2 排放量比峰值年份有显著下降，进入绝对量持续减排的轨道，实现经济社会持续发展与 CO_2 排放的绝对脱钩，并与第二阶段实施更为强化的减排目标相衔接[13-14]。

2035 年中国基本实现现代化之后，在生态环境质量根本好转的情况下，应对气候变化、减排温室气体的形势将更加紧迫，任务也更为艰巨。实现 2℃温升控制目标，需要全球温室气体的年减排率提升到 7%以上，远高于 2030 年之前发达国家的减排速度。因此，在 2035—2050 年的第二阶段，应对气候变化战略要超越国内节约资源、保护环境的内在需要，更多地考虑在保护地球生态安全目标下所采取的减排路径的需求，从为人类做出新的更大贡献的历史使命出发，以控制全球温升在工业化前水平基础上不超过 2℃并努力控制在 1.5℃以内的减排目标为导向，制定全经济尺度、所有温室气体绝对量深度减排的目标、战略和实施途径，到 21 世纪中叶实现 CO_2 的近零排放和其他温室气体的深度减排。能源系统的深度脱碳化进程将有效减少常规污染物的排放，对保障到 2050 年全国主要地区和城市实现 $PM_{2.5}$ 浓度低于 15 μg/m^3 的环境质量达标发挥关键作用。随着综合国力和国际影响力的不断提升，中国应主动承担与现代化大国相匹配的责任和义务，把应对气候变化目标作为社会主义现代化强国建设总目标的重要组成部分，引领全球走上气候适宜型的低碳经济发展路径。这体现了中国对全球生态文明发展和人类共同利益的责任担当，也展现了中国在全球实现应对气候变化目标过程中世界领先的影响力和领导力，并为保护地球生态安全和人类的生存与发展做出历史性贡献。

当前实施低碳发展战略的关键在于转变各级政府和领导的思想观念，坚持新时代的新发展理念，以创新为驱动，转换发展动力，转变发展方式；实现人与自然和谐共生，走上绿色低碳循环的高质量发展路径。各级政府和领导必须重视发展观念的转变，切实从片面追求 GDP 增长的数量和速度转变为更加注重经济增长的质量和效益，制定并实施各项节约资源、保护环境和减排 CO_2 的约束性指标和政策“红线”。各级政府要统筹经济增长、增加就业、改善民生与资源节约、环境保护、减少碳排放之间的关系，权衡 GDP 增长的收益与相应资源环境的损失，从“两难”变“双赢”。要把应对气候变化作为生态文明建设的重要核心内容和关键领域，把实现绿色低碳转型的可持续发展战略目标置于各项经济发展目标的前位，要改变各级领导政绩观的导向和考核衡量标准，强化节能降碳和生态环境保护的目标责任制。

各级政府和领导要充分认识全球合作应对气候变化的重要性和战略定位，人为活动引起全球气候变化是不争的科学事实，应对气候变化是全球合作保护地球生态安全和人类生存发展的共同事业。习近平总书记强调“气候变化关乎人民福祉，关乎人类未来”。中国实施应对气候变化、促进低碳转型的战略，既是国内可持续发展的内在需求，也是主动承担国际责任、为全人类进步事业做出新贡献的重要举措，必须从全人类的共同利益出发，制定相应的低碳转型战略目标和路线图，顺应并引领全球应对气候变化的低碳发展趋势和潮流，打造自身先进的低碳技术和低碳发展能力的竞争优势，并使之成为社会主义现代化强国的重要标志。

2. 坚持新发展理念，促进产业结构调整升级和经济向绿色低碳循环发展转型

中国经济进入新常态以来，中央提出了创新、协调、绿色、开放、共享的新发展理念，以创新发展转换发展动力，以绿色发展转变发展方式。党的十九大又把加强生态文明建设、建设美丽中国作为中国特色社会主义现代化建设的一项基本方略，要求建立绿色低碳循环发展的产业体系，构建清洁低碳、安全高效的能源体系，推进资源的全面节约和综合利用，这将有利于加快经济结构的战略性调整，促进产业的转型升级、提质增效和高质量发展，同时也是减排 CO_2 的重要战略举措。

“十一五”以来，中国的节能降碳成效显著，能源强度和 CO_2 排放强度呈快速下降趋势。然而，由于当前工业化和城市化发展阶段特有的经济结构与能源结构特征，中国的能源强度和 CO_2 排放强度仍然保持较高水平。中国能源转换利用的技术效率和单位产品能耗与发达国家差距不大，在很多领域已达到世界先进水平，但是单位 GDP 能耗在 2017 年仍为世界平均水平的 1.6 倍、发达国家的 2～4 倍，主要是由第二产业特别是重化工产业比重过高的经济结构性因素所致，工业部门能耗占全国终端总能耗的 2/3，而发达国家一般不高于 1/3。同时，中国制造业产品长期处于国际价值链中低端，能耗高、增加值低，这些产业和产品的结构性因素是导致单位 GDP 能耗高的主要原因[15]。

当前，以数字化和智慧化为标志的新一轮工业革命在世界范围内蓬勃发展，经济绿色转型和数字化转型两大趋势相互交叉、彼此影响。在数字化转型中，大量数据中心的建设将会增加电力需求，但也将极大地提高经济增长的效益，提高资源利用效率，总体上有利于降低单位 GDP 能耗的增加值，因此要把握和加快以数字化为标志的新经济发展，优化资源配置，加快人工智能、5G、云计算及物联网等数字技术在能源和经济低碳转型中的推广使用。

在 2005—2018 年导致能源强度下降的贡献率中，能源技术效率的提高导致的技术节能贡献率约占 1/3，而产业结构、产品结构的变化和升级等结构节能的贡献率约占 2/3。未来，要加快经济结构的战略性调整，大力发展高新技术产业和现代服务业，降低工业特别是高能耗重化工业的比重，促进制造业产品向全球产业价值链高端发展，提高其增加值率，这些都是促进经济低碳转型的重要战略。

此外，还应建立并形成节能低碳的产业体系。坚持走新型工业化道路，大力发展循环经济，优化产业结构，修订产业结构调整指导目录，严控高耗能、高排放行业的扩张，加快淘汰落后产能，大力发展服务业和战略性新兴产业，制定重点行业的碳排放控制目标和行动方案，研究制定重点行业的温室气体排放标准。通过节能提高能效，有效控制电力、钢铁、有色、建材、化工等重点行业的排放，加强新建项目的碳排放管理，积极控制工业过程的温室气体排放。推动产业园区的循环改造，构建绿色低碳循环的产业体系。

当前，中国的对外贸易以制造业产品出口为主，服务业出口占比较低。制造业产品出口多为中低端产品，能耗高、增加值低。货物出口隐含的能源和 CO_2 排放量一直处于较高水平，2005—2014 年达到国内总排放量的 20%以上，近几年有所下降。2018 年出口货物隐含的 CO_2 排放量占国内总排放量的 15.3%，而进口隐含的 CO_2 排放量为 5.42 亿 t，净出口隐含的 CO_2 排放量占国内总排放量的 10.8%。因此，要改变以不断增加投资、扩充重化工业产能、扩大制造业产品出口为驱动的粗放扩张型的经济增长方式，优化出口产品结构，控制和减少高耗能产品出口，使出口产品向价值链高端发展，减少出口产品隐含的碳排放对外转移，同时鼓励和促进高新技术产业和现代服务业出口，努力实现进出口隐含的碳排放趋于平衡，这是降低国内 CO_2 排放的重要手段，应成为中国低碳发展战略的重要一环。在当前经济全球化的趋势下，中国应发展外向型经济，提升制造业产品和技术的国际竞争力，向国际产业价值链高端发展，这也是中国减少 CO_2 排放、实现低碳转型的重要对策[16-17]。

发展循环经济、提高资源利用效率对减少能源消费和 CO_2 排放具有重要意义。资源利用效率是连接绿色低碳循环发展的重要桥梁，它强调通过资源利用的减量化、再利用和再循环，以更少的资源消耗和环境排放获得更多、更高附加值和更可持续的产品与服务，这也是绿色低碳转型和可持续发展的重要领域。

按目前通行的口径计算，中国当前物质资源消耗量巨大。2017 年，中国资源开采量占全球的 1/3，从人均强度来看，中国人均物质资源开采量为 23.6 t，排名世界第三，约为世界人均水平（12.2 t）的 2 倍。中国经济系统的资源产出率还不到德国、日本的 1/10，其原因有二：一是结构性原因，中国正处于大量消耗物质资源的快速城市化和大规模基础设施建设阶段，而发达国家早已进入后工业化时期；二是技术性原因，中国在原生资源减量化、高效加工转化、废弃物再资源化等方面的技术和管理水平与发达国家相比仍存在差距。在未来相当长时期内，中国各类资源消耗总体上将维持高位，城镇化水平持续提高将使社会物质资源的存量继续高速增长，城市废弃物将迎来爆发式增长，因此应加快废旧汽车、家电、光伏发电组件、电动车电池等的回收和利用，使“城市矿产”部分替代自然界矿产成为金属、非金属物质资源的重要来源，凸显循环利用对部分战略性资源的保障作用。要把发展循环经济、提高资源利用效率作为长期低碳发展战略的重要组成部分，争取实现到 2035 年主要资源产出率倍增、到2050年资源利用效率达到世界先进水平的目标，正如《欧洲绿色协议》中提出的实现经济增长与资源利用脱钩那样，逐步走上绿色低碳循环的可持续发展路径[18]。

3. 强化终端部门节能提效，推进电力和氢能对化石能源直接利用的替代

工业部门是最主要的终端用能部门，其2018年的能耗约占全国终端总能耗的65%，其中，高耗能原材料产业占70%左右，钢铁、水泥、家电等产品的产量均达到世界总产量的半数左右。在加快工业部门产业结构调整和转型升级的同时，也要注重淘汰落后产能，加快产业技术升级，提高能源效率，特别是对于钢铁、水泥、煤化工和石油化工等难减排领域，要发展革命性深度脱碳技术，如氢能炼钢、氢化工等工艺技术，并在终端消费中扩大电能和氢能的比重，实现工业部门终端能源消费的深度脱碳。中国是制造业大国，到21世纪中叶将继续保持制造业大国和强国的战略定位，在未来的现代化进程中不会完全沿袭欧美等发达国家和地区将制造业向发展中国家转移的路径，因此工业部门增加值占GDP的比重不会低于现在发达国家的一般水平。虽然随着城镇化的发展进程，未来建筑部门和交通部门的能源消费和CO_2排放的增长速度会超过工业部门，占比也将持续增长，但工业部门终端能耗的占比仍将高于建筑和交通部门。由于工业部门有较大的节能降碳潜力，通过加强产业转型升级、提高能效和电能替代，其CO_2排放有望在2030年之前率先达峰[19]。

2017年，建筑部门终端能耗占全国终端总能耗的16%。下一步，要充分释放建筑部门的节能潜力，健全建筑节能政策，到2020年全部新建建筑要推行65%的节能标准；优化建筑终端用能结构，到2020年可再生能源要占全部建筑能耗的25%。同时，加快既有建筑节能和供热计量改造，实施公共建筑能耗限额制度，除了政府部门要带头节能，更重要的是控制公共和民用建筑总量。2015年，建筑部门总能耗约为864 Mtce，约占全国总能耗的20%。未来，建筑总面积应控制在约750亿m^2，能耗控制在约11亿tce。北方采暖要强化电力和工业部门余热余压的综合利用，加强分布式可再生能源利用及电能替代，加强生物质能源在农村地区的清洁高效利用，争取在2030年前后使建筑部门CO_2排放达到峰值，从而支撑全国CO_2排放达峰目标的实现，到21世纪中叶实现建筑部门近零排放[20]。

要全面构建绿色低碳的交通运输体系，优化运输结构，发展铁路、城市轨道交通、水运等低能耗运输方式，优化交通需求管理。全面提升车船的燃料消耗限制标准，制定淘汰燃油车的时间表；倡导绿色出行，提高公共交通的出行比例；优化车用燃料构成，发展生物燃料，特别是发展电动汽车和氢燃料电池汽车，大规模利用电力和氢能替代油气燃料；加强交通运输智能化管理，发展陆海联运，提高

运输效率。2018 年，交通运输能耗为 5.09 亿 tce，占全国总能耗的 10.7%，其中货运占 60%以上。未来交通能耗的占比还将持续上升，其中货运比例将呈下降趋势，如果措施到位，交通部门的 CO_2 排放有望在 2035 年前后达到峰值，到 21 世纪中叶实现近零排放[21]。

在终端部门的低碳转型战略中，强化电力和氢能对化石能源直接燃烧和原材料利用的替代是一项非常重要的措施。在以新能源和可再生能源为主体的近零排放能源体系的支持下，以零碳电力和电力制氢取代化石能源是终端部门未来实现近零排放的重要举措。中国的电力在终端消费中的比重在 2019 年约为 24%，2030 年将提升到 30%以上，2050 年在 2℃情景下将提升到约 55%；非化石能源在一次能源中的比重也将由 2019 年的约 15.3%提升到 2030 年的 25%和 2050 年的 70%以上。在非化石能源电力占社会总用电量的比重不断大幅提升的情况下，终端部门加强电能替代对 CO_2 减排将发挥重要作用。此外，氢能作为清洁、零碳的二次能源，既可以在工业过程中作为原料取代煤炭、石油、焦炭、天然气等化石能源，又可以作为储能手段取代和减少化石能源燃烧及其在终端部门的直接利用，因此需要将其作为重要的战略目标和取向纳入中国长期低碳发展战略中[22]。

4．加快能源结构的脱碳化进程，保障清洁、安全、经济的能源供应

自“十一五”以来，中国加快发展新能源和可再生能源，促进能源结构的低碳化，煤炭占比从 2005 年的 72.4%下降到 2019 年的 57.7%，非化石能源占比从 7.4%上升到 15.3%，2019 年单位能耗的 CO_2 排放强度比 2015 年下降了 13.3%。但以煤为主的能源结构仍未发生根本转变，单位能耗的 CO_2 排放强度仍比世界平均水平高 20%以上、比欧盟高 35%。加快发展新能源和可再生能源、降低单位能耗的 CO_2 排放强度是在保障能源安全、高效供应的前提下降低 CO_2 排放的重要举措。到 21 世纪中叶，基本建成以新能源和可再生能源为主体的近零排放能源体系，积极发展 CCS 技术和 BECCS 技术，在 2030 年之后进入工业化大规模发展阶段，到 2050 年努力实现每年超过 5 亿 t 的 CO_2 捕集与封存，为争取早日实现碳中和奠定基础。

到 2030 年，要实现非化石能源电力在总发电量的构成中占 50%左右，非化石能源在一次能源构成中占 25%左右。到 2050 年，在 2℃情景下，非化石能源电力在总发电量的构成中约占 90%，非化石能源在一次能源的构成中占比超过 70%；在 1.5℃情景下，非化石能源在一次能源消费中的占比将增加到 85%以上，非化石能源电力在总电量中的占比超过 90%。以上目标应成为中国长期低碳发展战略中的重要内容。当前中国的水电、风电、太阳能发电装机规模和新投产容量均居世界第一，2030 年都将超过 4 亿 kW。在确保安全的基础上，应安全、规模化地发展核能，使核电装机到2030年超过1亿kW，到2050年达到2亿～3亿kW。核电负荷因子高，对大比例可再生能源上网情况下的安全稳定运行能够起到基础性保障作用。随着科技创新和新能源产业的发展，风电、太阳能发电的成本将快速下降，在大多数情况下已经可以与传统化石能源发电的成本相竞争。储能、电动汽车等技术成本也呈快速下降的趋势，在技术创新的推动和政策扶持下，都具备了大规模产业化发展的条件，未来将呈加速发展的趋势。在化石能源中天然气比煤炭和石油更加清洁、高效和低碳，在能源体系低碳化转型的过渡期内，天然气仍具有特定的优势和重要作用。未来需要加大常规和非常规天然气的开采和利用，以替代和减少煤炭和石油的消费[23-24]。

当前中国石油、天然气的进口依存度高，能源供应安全存在较高隐患。在能源快速转型的形势下，未来新增的能源需求主要依靠发展新能源来满足，为实现2030年之前 CO_2 排放达峰，煤炭、石油、天然气的消费量将陆续呈下降趋势，油气进口比例也将持续下降。保障国家能源供应安全要从能源变革的大势出发，统筹近期和长远，以可再生能源替代化石能源是保障能源供应安全的根本出路，不宜过多地依赖煤制油和煤制气。以扩充煤炭消费量来减少油气进口的思路和措施有悖于世界能源转型的趋势，其技术路线在世界范围内也没有发展前景和竞争力。新能源和可再生能源快速产业化和成本下降的趋势已给传统能源市场带来越来越大的冲击，金融界和全社会的投资导向已经越来越钟情于零碳能源体系，传统能源基础设施和产能扩张在未来存在被迫提前退役和淘汰的风险，极有可能带来巨大的搁浅成本。到21世纪中叶，中国要基本建成以新能源和可再生能源为主体的可持续能源体系，既可以从根本上实现环境质量达标，又是最终实现能源供应安全的必由之路，可以彻底地改变石油和天然气主要依赖进口的局面，形成清洁、安全、经济性恰当的现代化可持续能源供应体系，从而支撑社会主义现代化强国和美丽中国目标的实现[25]。

5. 推进非 CO_2 温室气体减排，实施全经济尺度、所有温室气体减排对策

《巴黎协定》规定，发达国家要实现全经济尺度、所有温室气体的绝对量减排，同时也鼓励发展中国家逐步实现全经济尺度、所有温室气体的绝对量减排。中国在《巴黎协定》下承诺的NDC目标和行动计划，主要集中于与能源活动相关的 CO_2 排放领域，体现了在“共同但有区别的责任”原则下与发达国家的差别。今后，随着综合国力的提升和全球应对气候变化的进展，中国也要逐渐推进全经济尺度、所有温室气体的减排，控制和减少非 CO_2 温室气体的排放，并将其作为长期低碳发展战略的重要组成部分，明确目标和对策，统筹部署、协同推进。

2014年，中国的 CH_4、N_2O、含氟气体等非 CO_2 温室气体排放量占全国总温室

气体排放量的 16%左右，涉及的领域多，排放源比较分散。在一些重点领域，如油气生产过程中的甲烷泄漏、煤矿瓦斯排放、空调制冷剂替代、废弃物处理等，初期的减排成本较低，甚至具有正经济效益，应大力推进。但如果实现深度减排或近零排放，其边际减排成本大都呈非线性快速上升趋势。未来，随着能源系统 CO_2 的大幅减排，非 CO_2 温室气体的排放比例将会上升，成为最难减排的部门和领域，非 CO_2 温室气体减排在未来深度脱碳的情景下将占据越来越重要的地位。到 21 世纪中叶，实现全部温室气体近零和净零排放需要加强非 CO_2 温室气体减排技术的创新和产业化发展。“十四五”期间要部署和推进非 CO_2 温室气体的减排对策，逐渐形成全经济尺度、所有温室气体减排的政策体系和管理机制。

CH_4 是一种短寿命周期温室气体，其增温潜势按 20 年计算是 CO_2 的 84 倍（按 100 年计算是 CO_2 的 22 倍），CH_4 减排对控制近期温升有较大效果，也越来越受到重视。对煤炭、油气生产过程中的 CH_4 泄漏已有较成熟的减排技术和措施，而且成本较低，潜在的经济效益较好，要大力推广，提出减排目标和对策，制定行业标准，并将其纳入国家和地区相应的发展规划中，率先在非 CO_2 减排领域取得显著成效。

CH_4 排放是中国最主要的非 CO_2 温室气体排放源，2014 年的排放量占全部非 CO_2 温室气体排放量的比例达 56%，也是最重要和最具减排潜力并可有效实施的减排领域。未来在能源转型的大趋势下，煤炭和油气生产的活动水平将有所下降，也将促使 CH_4 排放水平的降低；同时，需要加强管理和技术进步，促进 CH_4 回收利用，加强稻田管理，改进动物饲养方式和固体废物处置方式，这些手段都能够有效控制和减少 CH_4 排放。

加强技术创新、发展替代技术和工艺、加强末端回收利用和处置分解、改进农业种植方式也将有效控制和减少 N_2O、含氟气体等温室气体的排放。多项措施结合使用，可使非 CO_2 温室气体与 CO_2 排放实现同步达峰，争取到 2050 年使非 CO_2 温室气体的排放量比峰值年份下降 50%以上。

非 CO_2 温室气体减排的初期成本较低，某些技术还具有正经济效益，但后期减排成本呈陡峭上升趋势。实现非 CO_2 温室气体的深度减排尚缺乏技术和经济可行的手段和措施，经努力非 CO_2 温室气体也可争取在 2030 年与 CO_2 排放同步达峰。但是，到 2050 年大概仍有超过 10 亿 t CO_2e 的非 CO_2 温室气体难以有效减排。如果要在 21 世纪中叶后实现全部温室气体碳中和的目标，由于非 CO_2 温室气体领域的减排极为困难，需要发展能源领域负排放技术（如 BECCS 技术）和其他 CDR 技术以抵消其剩余排放量。因此，努力发展非 CO_2 温室气体深度减排技术和手段，对实现未来的碳中和目标至为关键和重要。

6. 重视城市化节能，促进消费观念转变和低碳社会建设

随着中国工业化、城市化阶段大规模基础设施建设的完成，用于生产基础投资品和原材料产品的能耗和 CO_2 排放占比将下降，而支撑社会和公共消费品生产以及居民直接生活消费的能源和 CO_2 排放占比将增加。因此，强化城市化节能和低碳消费的政策导向，对实现长期低碳发展战略和路径将起到越来越大的作用。

城市化过程既是中国当前扩大内需、促进经济增长、提高人民福祉的强大驱动力，也是促使能源消费和 CO_2 排放增长的重要因素。中国的工业化、城市化进程要注意地区间的平衡和协调发展，注意城乡统筹，注意社会公平与和谐；同时，还要探讨以生态文明为导向的社会生产和消费模式，走新型城市化道路[26]。

习近平总书记特别强调，要“高度重视城镇化节能，树立勤俭节约的消费观，加快形成能源节约型社会”。由于城镇化基础设施建设及农村人口转入城市后生产和生活方式的转变，能源消费势必增加。因此，在城市化进程中要努力构建低碳的城市布局、基础设施、生活方式和消费导向，引导社会公众消费观念和消费方式的转变，在城市的规模与布局、交通体系与出行方式、建筑结构与节能标准、能源供应与消费方式等方面进行统筹规划。在采取注重提高建筑物节能标准、家用电器能效、汽车燃油经济性等技术节能措施的同时，也必须更加重视低碳城市建设的总体布局和规划，改变过度追求物质享受的奢侈型消费理念和追求超大面积豪华住房、大排量高档汽车等高碳的消费方式。消费观念和消费方式的转变可有效降低全社会最终能源需求服务水平，并引导经济社会发展方式的转变，因此必须避免沿袭发达国家城市建设的高碳基础设施和高碳奢侈性消费的传统发展模式，避免形成只能在宏观高能耗和高碳格局下寻求具体设施和单项技术低能耗和低碳排放的被动局面，要以建设生态文明和低碳社会的理念为指导，探索新型以低碳为特征的生态城市发展模式和绿色人居的生活方式，开辟新型生态、低碳的城市化道路。

建设生态文明，实现低碳发展转型，在重视转变发展理念和创新发展方式的同时，也要促进和加强消费观念的转变和创新，引领社会消费时尚。在满足基本物质生活需要的前提下，清洁的空气、干净的饮水、宜居的环境已变得比个人的物质享受更为重要。高水平的生活质量是公众的共同体验和公共利益，这将促进社会公共财富的积累和共享，促进世界各国和社会各阶层的公平与共赢。因此，要引导全社会从片面追求以经济产出和生产率为核心的工业文明发展理念转变到人与自然、经济与环境、人与社会和谐共生与可持续发展的生态文明发展理念，从过度追求物质享受的福利最大化消费理念转变为更加注重精神文明的健康、适度和简约的消费理念，避免奢侈消费和铺张浪费，以观念的创新引领经济社会发展方式的转型[27]。

消费方式的转变需要社会的舆论导向，要加强舆论引导和信息传播，普及和提高公众对气候变化的认识，鼓励公众的自觉行动以及基层组织、社团发起的各种倡议和共同行动。引导社会公众主动改变消费行为和生活方式，把适度、节俭的低碳消费方式和行为作为社会公德，加强低碳消费观念和行为方式的传播和教育。发挥公共机构的率先垂范作用，开展节能低碳机关、校园、医院、场馆、军营等创建活动。引导适度消费，鼓励使用节能低碳的产品，遏制各种铺张浪费现象，完善废旧商品回收体系和垃圾分类处理体系。

城市发展要建立鼓励低碳消费的政策机制，引导、规范和激励个人消费行为，形成保障居民在居住、交通、餐饮等方面低碳消费的便利条件。社会和公众消费观念与消费方式的转变也将引导生产方式的转变，社会与公众对选用低碳家用电器和日常消费品的偏好也将促进产品生产过程的节能降碳，通过对各种制造业产品的碳标识和低碳产品认证，从消费侧和生产侧共同发力，促进全社会的低碳转型。

建设智慧型城市是当前城市发展的重要潮流。城市管理和基础设施运行的信息化、智慧化发展有利于提高效率、优化资源配置、减少能源物耗，通过发展智能化、分布式能源体系，优化源-网-荷的匹配，促进城市能源互联网和能源区块链的发展，以智慧化促进和保障城市的低碳化发展。因此，要把智慧化和低碳化密切结合，作为中国新型城市化进程的两大战略取向和实施途径。

7. 平衡区域间的协调发展，因地制宜地推进差别化、包容式的低碳转型

中国地域广大，区域发展不平衡。东部沿海省市的经济比较发达，属优先开发区；中西部经济发展相对落后，有的属于重点开发区，有的属于重点生态功能区或限制开发区。不同区域的能源资源禀赋差异很大，相应的产业定位也不尽相同。例如，西北地区的煤炭资源丰富，因此高耗能原材料产业和煤化工产业的占比比较高，单位 GDP 能耗和碳排放强度也较高；西南地区的水电资源丰富，是全国水电基地，重点发展高耗能重化工业和大数据处理等高耗能智慧型信息产业；东部沿海地区的能源资源相对短缺，经济科技实力强，更要加快经济转型，大力发展高新科技产业和现代服务业。中国可再生能源资源分布不均，西北地区的风能和太阳能资源丰富，西南地区的水资源丰富，除满足自身的消费利用外，也可以作为可再生电力基础承担向中东部输送的任务，与东部地区分布式可再生能源电力相互补充，实现全国大比例可再生电力的统筹。因此，在全国能源和经济低碳转型的过程中，要根据不同地区和各省市的区域发展定位、各自的经济结构和能源资源特点统筹规划，协调各区域间的平衡和包容式发展，进而推进全国范围内的低碳发展。

要创新低碳发展模式。深化低碳省区、低碳城市试点，开展低碳城（镇）试点和低碳产业园区、低碳社区、低碳商业、低碳交通试点，探索各具特色的低碳发展模式，研究在不同类型的区域和城市控制碳排放的有效途径，促进形成空间布局合理、资源集约利用、生产低碳高效、生活绿色宜居的低碳城市。研究建立碳排放认证制度和低碳荣誉制度，选择典型产品进行低碳产品认证试点并推广。

要实施分类指导的应对气候变化的区域战略和政策。根据中国东部、中部、西北、西南和东北地区的资源禀赋和产业结构特点，以及国家对不同主体功能区的发展定位，确定差别化的减缓和适应气候变化的目标、任务和实现途径。东部优化开发的城市化地区要严格控制煤炭等化石能源消费，CO_2 排放要在全国率先达峰；重点开发的城市化地区要加强碳排放强度控制，东北老工业基地和资源型城市要加快绿色低碳转型；西南可再生能源资源丰富的地区可率先建立100%可再生能源城市，有些省市也要率先实现 CO_2 排放达峰；农产品主要产区要加强中小城镇规模建设，鼓励人口适度集中，积极推进农业适度规模化、产业化发展；重点生态功能区要划定生态红线，制定严格的产业发展目录，限制新上高碳项目，对不符合主体功能定位的产业实行退出机制，因地制宜地发展低碳特色产业。实现差别化、包容式低碳转型，同时要特别重视边缘农村地区贫困群体生产、生活条件的改善，保障清洁优质能源供应的需求，因地制宜地发展分布式可再生能源，并将经核证的减排量（CCER）作为抵消机制纳入国家或省市的碳排放权交易市场，助力贫困地区的可持续发展。

当前，要推动各区域的 CO_2 排放依序达峰。东部优化开发区各省市应于“十四五”期间陆续达峰，中部、西南和东北地区应于2030年前后实现达峰，西北地区也应于2035年前后实现达峰，总体上保证全国在2030年之前实现达峰。

到2050年实现 CO_2 近零排放目标，各区域的战略重点和措施会有所差异。要因地制宜，结合低碳城市建设试点，逐步建设一批零碳城市、零碳开发区和零碳社区。在可再生能源资源丰富的西南地区，可率先建成一批100%可再生能源城市；在东部和中部地区，也要逐渐建成大比例可再生能源支撑下的近零排放城市。

8. 实施 NbS，统筹经济发展、生态环境保护、应对气候变化和生物多样性的协同治理

《巴黎协定》强调应对气候变化与可持续发展具有内在联系。中国应对气候变化的战略也强调统筹经济社会发展、生态环境保护与温室气体减排的协同治理和协同对策，促进经济发展方式向绿色低碳循环发展转型，加强生态文明建设，实现人与自然和谐共生和可持续发展。因此，促进应对气候变化与促进经济发展、改善民生、提升环境质量以及保护生物多样性等多方面协同共赢的对策越来越受到广泛重视，其中 NbS 越来越受到世界范围的普遍关注。

应对气候变化要求加速能源和经济的低碳转型，到 21 世纪中叶建成以新能源和可再生能源为主体的近零排放能源体系，从源头上控制和减少常规污染物的排放，对实现环境质量达标发挥基础性作用。到 2050 年，保障全国主要地区的 $PM_{2.5}$ 浓度低于 15 μg/m^3 的标准，并且大部分地区达到 10 μg/m^3 以下[28]。

NbS 指遵循自然生态系统规律，通过对生态系统的保护、修复、改进和加强管理，提升其服务功能，从而有效、适应性地应对气候变化对社会的挑战，提高气候韧性，保护生物多样性，同时为人类福祉和生物多样性带来益处。通过增强森林、草原、湿地、农业用地的储碳能力减源增汇，带来新的经济增长和就业机会，提升水、土壤和空气等环境质量，改善食品安全等协同效应。2019 年 9 月召开的联合国气候行动峰会把 NbS 列为应对气候变化的九大优先领域之一，由中国和新西兰联合主办了 NbS 主题论坛，在世界范围内引起强烈反响。同时，在会议的成果文件中也肯定了 NbS 是落实《巴黎协定》的重要组成部分，在重视人与自然和谐共生和生态文明建设的同时，具有经济高效、满足可持续发展的特点，是以人为本应对气候变化的有效方式。

NbS 涉及农业、林业、草原、湿地等多个领域，具有保护生态、改善环境、防治沙漠化、增强生物多样性、提升公众生活质量和健康水平、提高自然系统的生态价值和经济价值、提升其经济产出水平等多重效益，也是一项实现人与自然和谐发展、促进多方共赢的可持续发展战略选项，正日益成为各个国家实施应对气候变化战略和政策的重要选项。

习近平总书记提出的“人与自然和谐共生”“绿水青山就是金山银山”“山水林田湖草是一个生命共同体”“良好生态环境是最普惠的民生福祉”“用最严格制度最严密法治保护生态环境”等生态文明思想，对实施 NbS 具有重要的指导意义。NbS 也正是在生态优先、人与自然和谐发展等生态文明思想的指引下，尊重自然、依靠自然生态系统的功能提升、应对全球生态危机、促进经济社会环境协调和可持续发展的新范式和重要途径。用生态文明思想来指导 NbS 的实践，并将其置于生态文明建设框架之中，可以使 NbS 更具有理论的自觉和实践的生命力；同时，还要在人与自然和谐共生的大概念下，通过提升自然生态系统的服务功能来解决应对气候变化和生物多样性等地球生态危机，切不可脱离生态文明思想孤立、片面地强调或扩展 NbS 的措施和潜力。

实现 NbS，要以生态文明思想为指导，统筹推进生态文明的制度建设以及经济、资源、环境与应对气候变化的协同治理。要把适应和减缓气候变化与节约资源、保护生态环境的各项政策措施相结合，如编制自然资源资产负债表、划定生态红线、实现山水林田湖草等生态系统的综合治理、实施生态修复工程、减源固碳，同时还要防治水土流失和荒漠化，保护生物多样性。NbS 要与农业现代化和美丽农村建设相结合，改良作物种植技术和方式，减少化肥施用量，发展生态农业，减少稻田与牲畜的 CH_4 排放；利用和改良边际土地、植树造林或种植能源作物，加强森林管理和草地修复，退耕还林还草；加强现代化农村建设、农村废弃物的综合无害化利用和生物质资源的商品化利用等。总之，要把 NbS 纳入国民经济和社会发展的总体规划及相关部门的战略和对策之中，以发挥其促进经济发展、社会进步、环境保护、荒漠化治理、生物多样性保护与温室气体减源增汇的多重协同效应，成为中国生态文明建设和可持续发展的一个重要着力点。

要努力增加碳汇。大力开展造林绿化，深入开展全民义务植树，继续实施天然林保护、退耕还林还草、京津风沙源治理、防护林体系建设、石漠化综合治理、水土保持等重点生态工程建设，着力加强森林抚育经营，增加森林碳汇。加大森林灾害防控，强化森林资源保护，减少毁林排放。加大湿地保护与恢复，提高湿地储碳功能。继续实施退牧还草，推行草畜平衡，遏制草场退化，恢复草场植被，加强草原灾害预防和农田保育，提升土壤储碳能力。

为了实现 2℃甚至 1.5℃温升控制目标，到 21 世纪下半叶或中叶要实现碳中和。NbS 对全球深度减排下实现碳中和有着非常重要的意义。在全球低碳转型的过程中，通过各项减排技术的发展和应用，能源、工业、交通、建筑等部门的 CO_2 排放可实现深度减排，但要实现净零排放，其边际减排成本将呈现非线性快速上升的趋势。CH_4 等非 CO_2 温室气体在减排初期成本较低，甚至存在负成本措施，但目前仍没有可行技术支撑其实现近零排放。因此，实施 NbS，可以发挥农林业和土地利用以及土地利用变化中的减源增汇潜力，增加固碳量，抵消难减排部门的温室气体剩余排放，从而在总体上实现碳中和。中国到 2050 年每年农林业新增碳汇可维持在约 7 亿 t CO_2e 的水平，对抵消难减排部门的剩余排放将起到关键作用。

实施 NbS 离不开科技创新的支撑，需要通过科学研究理解并把握自然生态系统的规律，以科技手段保护、修复和提升自然生态系统的服务功能，以大自然自身的力量应对以气候变化为代表的全球生态危机，而不完全依赖基于技术措施的解决方案。

当然，在全球为了应对气候变化所进行的能源和经济低碳转型的过程中，必须同时加强各种减排技术的创新和发展，要把 NbS 与技术解决途径相结合。一方面，节约能源，提升能源效率，强化能源替代的各项技术措施，这些都具有节约资源、保护环境、促进可持续发展的协同效应，是实现低碳转型目标的主要对策。同时，要将其与 NbS 相结合，协调互补、统筹推进，突出应对气候变化与可持续发展的协同效益和协同对策。另一方面，实施 NbS 也需要技术创新和产业化支撑，如农业和农村废弃物综合无害化利用技术、商品化生物质燃料、盐碱地综合治理技术、能源作物种植和管理技术、现代化生态农业技术等，都需要加强先进技术研发和产业化支撑，要密切配合、协同推进[29]。

9. 完善应对气候变化的制度建设，形成保障长期低碳发展的政策体系、投融资机制和市场体制

首先，要加强气候变化立法，以法律形式保障应对气候变化的战略、机制和政策体系的实施以及长期减排目标的实现。低碳发展制度建设是生态文明制度建设的重要核心部分，鉴于当前中国政策体系的特点，在继续发挥行政手段优势的同时，还应加强法律、市场化手段的作用。当前，要加快推进应对气候变化的立法工作，以便在全国范围内为气候变化行动提供基础性的法律依据。应对气候变化工作涉及的领域广、事项多，制定专门的法律有利于在全国范围内对气候变化行动提供确定的法律指引。尤为重要的是，需要在应对气候变化法中明确提出中长期的量化碳减排目标和战略举措，倒逼能源和经济的低碳转型进程。在国际层面，英国第一个通过了气候变化法，最新的修订已把 2050 年实现碳中和的目标列入法律保障；日本、墨西哥也通过了气候立法。《欧洲绿色协议》于 2021 年通过立法，为 2050 年欧洲实现碳中和提供了法律保障。中国节能减排的进展迫切需要立法的保障，如碳市场建设，当前只有主管部委的部门规章可作为依据，其法律层级低、管理范围有限，不能有效保障碳市场制度的建设和运行。

其次，要发展绿色金融，形成绿色投融资机制。低碳发展转型需要资金支持，在世界范围内激励资金投向低碳技术和低碳产业的导向已越来越显著。《欧洲绿色协议》提出，为实现 2030 年的气候和能源目标，需要年均 2 600 亿欧元的额外新增投资，约占 2018 年欧盟 GDP 的 1.5%。在资金来源上，将把欧盟财政预算的 25%和欧洲投资基金中至少 30%用于应对气候变化。欧洲投资银行（EIB）到 2025 年在气候相关方面的投资也将从原来的 25%提高到 50%，并将着重动员私营部门的资金进入绿色投资领域，借助新建的国际可持续金融平台动员国际投资者参与。此外，欧盟还将继续推进预算与税收体制改革，通过价格传导，正向激励、引导公共投资、消费和税收进入绿色优先领域，取消不利于绿色发展的补贴（如化石能源补贴），实现赋税来源由劳动向污染转移。

中国也十分重视绿色金融的发展，建立和实施了一系列促进绿色投融资的机制和政策。通过建立绿色投资项目指南、完善绿色信贷机制、发行绿色信贷资产证券化产品（ABS）和发行绿色债券、建立绿色贷款优惠和担保机制、完善投资项目的绿色审评和监管机制、完善政府绿色采购体系等措施，激励了企业和社会的投资导向。在碳排放权交易市场的发展过程中将逐渐增加碳排放配置的拍卖，所得资金或未来增设的碳税收入要统筹使用，以推进全国低碳发展制度建设和重大行动议程。当前，世界金融界正在形成绿色投资的准则和规范，拒绝和撤销了对煤炭、石油等高碳行业和项目的投资，各个国家也正在形成激励绿色投资的政策导向。中国能源和经济的低碳转型所需的资金量巨大，到 2030 年，实现 NDC 目标和行动计划所需的投资约为 40 万亿元；到 2050 年在实现深度脱碳的目标下，能源和电力系统的累计投资需求将达到约 100 万亿元。此外，能源和经济转型的巨大资金投入也是经济增长的强大驱动力，将开拓新的低碳经济增长点并新增绿色就业机会，促进经济的高质量发展。因此，中国要不断发展和完善绿色投融资机制，同时也要将其扩张到“一带一路”合作建设的项目和机制中[30]。

当前，在能源体制改革中要特别关注碳市场的建设。在全球应对气候变化的紧迫形势下，碳排放空间的紧缺资源和生产要素的属性越来越明显，需要通过市场机制确立碳排放空间和配额的价值，促进企业减排，提高单位碳排放的经济产出效益。目前，欧盟、美国加利福尼亚州、韩国等国家和地区已陆续建成了碳排放权交易市场，并且越来越多的国家开始着手推进碳市场建设。中国于“十二五”期间在建成“五市两省”碳排放交易试点的基础上，已启动了全国统一的碳排放权交易市场建设，强化了市场机制对低碳转型的促进作用。全国统一的碳市场先从电力行业起步，将逐渐扩大到石化、钢铁、建材、有色、造纸、民航、化工等高耗能行业，覆盖全国 CO_2 排放总量的一半左右。下一步要加快推进中国碳市场的建设，加强企业碳排放的统计、监测、报告和核查体系建设以及企业碳排放信息披露制度的建设，通过碳价信号，激励企业采取减排措施，引领社会投资导向，在保证国家减排目标实现的同时，降低全社会的减排成本。碳市场将把碳排放额度的价值显性化和货币化，各类碳金融产品也会相继产生和发展，碳市场和碳金融将发展成为国际低碳发展竞争中的重要环节[31]。

再次，要进一步强化绿色低碳发展的制度保障。强化各级政府的节能降碳目标责任制，将节能降碳指标纳入国家和地方的五年发展规划。同时，创新能源宏观调控体系，建立健全能源法制体系，改革和完善促进低碳发展的财税金融等政策体系，发展绿色金融，改革能源产品价格形成机制和资源环境税费制度。加强能源市场机制改革，建立公正公平、有效竞争、统一开放的市场结构和市场体系，既要破除某些领域的市场垄断，也要纠正和避免市场的无序竞争。当前，中国化石能源的定价机制尚未全面反映其社会成本，如煤炭燃烧所造成的大气和水环境污染、公众健康损害等社会成本相当于目前煤炭价格的 50%以上，而这些社会成本并未体现在煤炭价格之中，国家也没有完善的税费制度对相关收益进行相应的转移支付。资源、环境税费制度改革和碳市场的建设可使资源环境损失的社会成本内部化，有利于促进化石能源的节约，激励新能源和可再生能源的发展，促进能源结构转型。通过分时电价、阶梯电价等能源价格的改革，在促进节能的同时，可以保障低收入家庭公平地获得优质的能源服务，以促进社会的和谐发展。此外，还要强化节能技术标准、产品能效标识以及产业准入政策，结合全国碳排放交易市场的建设，统筹企业用能权管理和碳排放权配额管理制度。以国家中长期战略和目标为导向，强化政府的约束性指标、强制性标准和财税金融等政策，与市场机制相结合，健全推动能源革命和低碳发展的制度保障。

最后，要加强技术创新及先进技术产业化的制度建设和政策保障体系建设。技术创新是实现低碳转型的重要支撑，在先进能源技术研发的诸多领域，中国和发达国家同步开展并具有各自的特点和优势。当前，要进一步加强先进能源技术的研发和产业化力度，利用中国市场需求量大的优势，打造能源企业先进技术的竞争优势。以技术创新支撑产业技术升级和能源体系变革，在世界能源体系变革的技术竞争中争取先机，提升自身技术、产业和市场的竞争力。随着未来能源低碳转型进度的加快和减排进程的日益紧迫，在实现与 2℃温升控制目标相适应的深度脱碳情景下，大多数领域的边际减排成本将呈非线性快速上升的趋势，必须有革命性、战略性的先进技术突破。一方面，要加强 CO_2 深度减排技术的研发和推广，如大比例可再生电力上网情况下的大规模储能技术和智能电网技术，实现 CO_2 负排放的 BECCS 技术，作为清洁零碳二次能源氢能的制备、储存和利用技术，化工、钢铁、水泥、石化等原材料产品的零碳生产技术等；另一方面，也要加强对 CH_4 等非 CO_2 温室气体深度减排技术的研发和示范，实现全部温室气体的深度减排。同时，还要为初创中小型企业提供融资服务和政策优惠，鼓励各种形式的技术创新。中国要加强对这些突破性技术的超前研发和示范，尽快实现技术突破并快速产业化，以使技术更加成熟、经济成本可以接受，在应对全球气候变化和经济社会低碳变革的大趋势下，打造长期的技术竞争优势，在全球气候治理和低碳发展转型的进程中发挥引领作用[32]。

10. 引导全球气候治理和国际合作，推动全球生态文明建设和构建人类命运共同体

中国积极参与全球气候治理，引导应对气候变化的国际合作，成为全球生态文明建设的重要参与者、贡献者和引领者。习近平总书记提出，共谋全球生态文明建

设、应对气候变化是全人类的共同事业和共同利益。习近平生态文明思想和构建人类命运共同体理念，是中国对推动全球建设公平合理、合作共赢的治理制度和合作进程贡献的中国智慧和中国方案。

中国推进生态文明建设，构建绿色低碳循环发展的经济体系，建立清洁低碳、安全高效的能源体系，实现经济、能源、环境和应对气候变化的协同治理和多方共赢的理念和实践，将为全球特别是发展中国家实施低碳发展战略提供成功经验和有益借鉴。

中国坚持《联合国气候变化框架公约》和《巴黎协定》确立的目标和原则，全面平衡并有效地推动《巴黎协定》的落实和实施。遵循公平、"共同但有区别的责任"和各自能力原则，综合考虑各国国情，促进《巴黎协定》中减缓、适应、资金、技术、能力建设和透明度等各要素的平衡推进，推动世界各国的合作共赢，同时推进所有国家特别是发展中国家实现应对气候变化与自身可持续发展的协同共赢。此外，中国也积极参与非《联合国气候变化框架公约》渠道的合作行动，包括各项绿色低碳技术和产品标准的制定或行业行为准则的倡议、国际各领域激励低碳转型的联合行动等[33]。

中国积极推动应对气候变化的国际合作，特别是南南合作，推进绿色"一带一路"建设，在"一带一路"建设中突出应对气候变化的政策导向。以中国承诺的 200 亿元人民币南南合作援助基金为保障，加强绿色融资和绿色低碳技术转移。在"一带一路"国家合作项目建设中，倡导并执行较严格的环保和能效标准，避免高碳基础设施和产能扩张，共同探讨在《巴黎协定》第 6 条市场机制框架下加强双边或多边碳价机制和碳市场机制的合作，共同推进《巴黎协定》的实施及全球合作进程。同时，中国也不断加强与发达国家或地区、城市层面的合作，推进企业、民间团体、科研机构的互助合作，力求在应对气候变化领域成为构建人类命运共同体的成功范例[34]。

参考文献

[1] 齐晔，马丽. 走向更为积极的气候变化政策与管理[J]. 中国人口·资源与环境，2007，17（2）：8-12.

[2] Lo K，Wang M Y. Energy conservation in China's Twelfth Five-Year Plan period：continuation or paradigm shift? [J]. Renewable and Sustainable Energy Reviews，2013（18）：499-507.

[3] Zhao X，Wu L. Interpreting the evolution of the energy-saving target allocation system in China（2006-13）：a view of policy learning[J]. World Development，2016（82）：83-94.
[4] 常纪文.《中华人民共和国气候变化应对法》有关公众参与条文的建议稿[J]. 法学杂志，2015（2）：11-18.
[5] Zhao X，Young O R，Qi Y，et al. Back to the future：can Chinese doubling down and American muddling through fulfill 21st century needs for environmental governance? [J]. Environmental Policy & Governance，2020（2）：59-70.
[6] Young O R，Guttman D，Qi Y，et al. Institutionalized governance processes：comparing environmental problem solving in China and the United States [J]. Global Environmental Change，2015（31）：163-173.
[7] 赵小凡，李惠民，马欣．“十二五”以来中国应对气候变化的行政手段和行动评估[J]．中国人口•资源与环境，2020，30（4）：9-15.
[8] 赵小凡，李惠民．四十年节能政策中的目标管理[M]//齐晔，张希良．中国低碳发展报告（2018）．北京：社会科学文献出版社，2018：24-50.
[9] Li H，Zhao X，Yu Y，et al. China's numerical management system for reducing national energy intensity[J]. Energy Policy，2016（94）：64-76.
[10] 李俊峰，柴麒敏，马翠梅，等．中国应对气候变化政策和市场展望[J]．中国能源，2016，38（1）：5-11.
[11] UN Environment. Synergizing action on the environment and climate：good practice in China and around the globe [R]. Nairobi，Kenya：United Nations Environment Programme，2019.
[12] Yang X，Teng F. Air quality benefit of China's mitigation target to peak its emission by 2030 [J]. Climate Policy，2018，18（1）：99-110.
[13] 习近平．决胜全面建成小康社会　夺取新时代中国特色社会主义伟大胜利[M]．北京：人民出版社，2017.
[14] 何建坤．全球气候治理形势与我国低碳发展对策[J]．中国地质大学学报（社会科学版），2017，17（5）：1-9.
[15] 戴彦德，康艳兵，熊小平，等．2050 中国能源和碳排放情景暨能源转型与低碳发展路线图[M]．北京：中国环境出版社，2017.
[16] 何建坤，实施能源革命战略　促进绿色低碳发展[J]．科学中国人，2017（28）：37-39.
[17] 顾阿伦．引入碳价格后中国出口贸易成本的变化[J]．中国人口•资源与环境，2015，25（1）：40-45.
[18] 中国工程院-清华大学“中国可持续发展矿产资源战略研究”项目组．中国可持续发展矿产资源战略研究[M]．北京：科学出版社，2016.
[19] 杜祥琬．中国能源战略研究[M]．北京：科学出版社，2016.
[20] 清华大学建筑节能研究中心．中国建筑节能年度发展研究报告 2017[M]．北京：中国建筑工业出版社，2017.

［21］傅志寰，等. 中国交通部门战略研究[M]. 北京：人民出版社，2019.
［22］解振华，等. 中国低碳发展宏观战略研究总报告[M]. 北京：人民出版社，2017.
［23］何建坤. 经济新常态下的低碳转型[J]. 环境经济研究，2017，2（1）：1-6.
［24］杜祥琬. 能源革命：为了可持续发展的未来[J]. 中国人口・资源与环境，2014，24（7）：1-4.
［25］国务院发展研究中心，壳牌国际有限公司. 全球能源转型背景下的中国能源革命[M]. 北京：中国发展出版社，2019.
［26］钱易，等. 生态文明建设和新型城镇化及绿色消费研究[M]. 北京：科学出版社，2018.
［27］钱易，何建坤，卢风. 生态文明理论与实践[M]. 北京：清华大学出版社，2018.
［28］清华大学气候变化与可持续发展研究院. 环境与气候协同治理——中国及其他国家的成功案例[R]. 北京：清华大学，2019.
［29］王金南，蒋洪强，何军，等. 新时代中国特色社会主义生态文明建设的方略与任务[J]. 中国环境管理，2017，9（6）：9-12.
［30］何建坤.《巴黎协定》后全球气候治理的形势与中国的引领作用[J]. 中国环境管理，2018，10（1）：9-14.
［31］张希良，周胜. 全球碳市场研究[M]. 北京：人民出版社，2017.
［32］黄其励，袁晴棠，韩涛. 能源生产革命的若干问题研究[J]. 中国工程科学，2015，17（9）：105-110.
［33］何建坤. 全球气候治理新机制与中国经济的低碳转型[J]. 武汉大学学报（哲学社会科学版），2016，69（4）：5-12.
［34］岑可法，等. 推动能源生产和消费革命的支撑与保障[M]. 北京：科学出版社，2017.

第11章 全球气候治理与国际合作

11.1 全球气候治理的发展历程

自20世纪80年代以来，全球气候变化越来越为国际社会所关注。IPCC于1988年成立后便组织全世界数千名科学家在气候变化的科学事实、成因、影响、适应和减缓对策及成本效果等方面开展评估，至今已发布了五次评估报告，第六次评估报告正在编写当中。IPCC评估报告是基于事实和研究成果的科学报告，也是国际气候谈判与全球治理决策最重要的科学依据。

由于全球气候变化危及人类的生存和发展，全球合作应对气候变化日益成为国际社会的普遍共识。1992年，联合国环境与发展大会通过了《联合国气候变化框架公约》（以下简称《公约》），开启了全球应对气候变化的进程。《公约》提出了人类社会应对气候变化的目标：控制全球人为活动的温室气体排放，稳定大气中的温室气体浓度，防止地表温度过高地上升，保证地球的生态系统能够自然地适应气候变化，并且使粮食生产免受威胁。同时，《公约》也提出了应对气候变化的基本原则，其中有两条原则最为重要：第一条原则是“共同但有区别的责任”原则，主要是针对发达国家自工业革命以来的高排放事实，指出其是造成当前气候变化的主要原因，应负有历史责任，因此要率先减排，并对发展中国家适应和减缓气候变化提供资金、技术和能力建设方面的支持；第二条原则是可持续发展原则，即发展中国家的经济发展、消除贫困仍然是当前首要和压倒一切的优先任务，要求发展中国家把应对气候变化的需要和可持续发展密切结合起来。

根据《公约》提出的目标和原则，1997 年在日本京都召开了第 3 次缔约方大会并通过了《京都议定书》，给发达国家规定了量化的温室气体减排义务。发达国家作为一个整体，在 2008—2012 年（第一个承诺期）内年温室气体排放量至少应该比 1990 年减少 5%。这一总体减排义务已被分解落实到每个发达国家（即《公约》附件 I 国家）。《京都议定书》的签署标志着人类社会应对气候变化开始了实质性的进程[1]。

2007 年年底，在印度尼西亚的巴厘岛召开的第 13 次缔约方大会上，此时《京都议定书》的第一个承诺期即将到期，因此启动了“巴厘路线图”新的谈判进程，以确定发达国家在 2012 年第一个承诺期到期之后将如何进一步承担量化的温室气体减排义务，同时讨论发展中国家如何实质性地参与全球减排行动。通过哥本哈根、坎昆、德班和多哈这几次气候变化大会上各方的磋商和努力，最终确立了发达国家在 2012—2020 年（第二个承诺期）的减排义务，同时开启了德班平台增强减排行动的新谈判进程，以期在 2015 年年底召开的巴黎气候大会上能够就 2020 年后适用所有国家加强减排力度的国际框架达成协议。然而，《京都议定书》第二个承诺期由于美国、加拿大、日本、澳大利亚、俄罗斯等发达国家拒绝签署已失去了实质性意义，《巴黎协定》成为 2020 年后全球气候治理新的制度框架。

《巴黎协定》是根据《公约》的目标并遵循其原则，由《公约》缔约方大会一致通过的适用于所有国家并具有法律约束力的协定，对 2020 年后全球应对气候变化的合作行动做出了制度性安排，体现了各国合作应对气候变化的政治意愿和共同行动[2]。《巴黎协定》虽然淡化了发达国家和发展中国家责任义务的“两分法”，但在减缓、适应、资金、技术、能力建设、透明度和全球盘点等各要素中都体现了“共同但有区别的责任”原则，对发展中国家体现了灵活性，并做出了平衡的安排。

《巴黎协定》确立了全球长期目标，即“把全球平均温升控制在工业革命前水平以上低于 2℃之内，并努力将气温升幅控制在工业革命前水平以上 1.5℃之内”，以大大减少气候变化的风险和影响。为了实现该目标，《巴黎协定》提出要“尽快达到温室气体排放的全球峰值”，并且“在 21 世纪下半叶实现温室气体源的人为排放与汇的清除之间的平衡”，也就是到 21 世纪下半叶实现全球温室气体的净零排放。这一全球长期目标以各国 NDC 为基础，要求各缔约方在将温升控制在不超过 2℃并努力低于 1.5℃目标的指引下，“自下而上”地提出各自的 NDC 目标和行动计划。为保证全球长期目标的实现，一方面要加强各国减缓行动和国际援助的透明度，另一方面则要每五年进行一次全球行动的总结或盘点，以评估实现《巴黎协定》宗旨和长期目标的集体进展情况，促进各国进一步更新 NDC 目标，加强行动和资金援助力度，以缩小和弥补与实现全球长期温升控制目标之间的减排缺口。

《巴黎协定》确立的新国际制度框架，是全球治理模式和理念的一个重要转折。一方面，它体现了世界范围内对于“气候变化对人类社会和地球构成了紧迫且可能无法逆转的威胁”的空前共识以及合作应对的共同政治意愿；另一方面，也在机制设计上激励了各国“自下而上”地确立有雄心的目标和行动计划，而非“自上而下”地强制性分配责任和义务，体现了由“零和博弈”向“共和博弈”思维的转变。新制度框架旨在推动各国经济的低碳转型，促进应对气候变化与公平获得可持续发展机会和消除贫困的协调统一，实现发展与降碳的“双赢”，同时强调各国在可持续发展和应对气候变化行动中的共同合作，促进各国间的合作共赢。

中国为《巴黎协定》的达成和生效做出了突出贡献。在巴黎气候变化大会之前发布的中美和中法气候变化联合声明已就谈判中的核心和焦点问题凝聚了共识，最终成为《巴黎协定》各方共识的基础。美国特朗普政府退出《巴黎协定》给全球气候治理带来负面的消极影响，不仅会动摇国际社会合作应对气候变化挑战的信心和行动力度，还可能助长单边主义、保护主义的蔓延，影响其他发达国家履行气候出资及技术援助的意愿和力度。但与之相反的是，全球“自下而上”的合作行动蓬勃发展，如占美国人口和 GDP 总量 60%以上的 20 多个州成立了美国气候联盟，宣布履行美国在《巴黎协定》下的义务。由于中国在国内节能降碳方面的显著成效和在全球气候治理中负责任的建设性态度，国际社会对中国发挥领导力和引领作用充满期待。

2018 年 12 月，在马德里举办的气候变化大会（COP25）因受一些发达国家单边主义的影响，未能就卡托维兹气候变化大会（COP24）关于《巴黎协定》实施细则谈判的遗留问题（即巴黎协定第 6 条市场机制问题）达成协议，没有取得预期成果，引起了国际社会对《巴黎协定》下全球气候治理机制和治理能力的担忧。2019 年年末以来，新冠肺炎疫情在全球暴发，使各国政策议程的重心转向补短板、完善产业链方面，致力于加快经济复苏，使绿色低碳转型的步伐和进程有所放缓。与此同时，疫情也进一步强化了各国的主权意识、民族意识，中国与美国乃至其他发达国家的博弈全方位升级，“去全球化”“逆全球化”将不断加剧。这意味着全面、平衡、有效地推进《巴黎协定》的实施面临着异常艰巨的挑战。

回顾全球气候治理的发展历程，中国在全球气候治理中的战略定位经历了不断演变的过程。早在 1992 年《公约》确立之时，中国的碳排放还比较低，当时的战略定位是维护作为发展中国家的合法权益，谈判的主要任务是保障 2030 年之前拥有充分的排放空间以支持经济社会的发展。然而，伴随综合国力的不断提升，中国在全球气候治理中的定位和使命已经发生了明显变化。尤其是党的十九大召开以后，中国提出了“引导应对气候变化国际合作，成为全球生态文明建设的重要参与者、贡献者、引领者”这一全新的战略定位。中国当前以及近中期的气候战略基本是基于国内资源、环境可持续发展的需求，强调发挥碳减排和环境保护的协同效应。但是到21世纪中叶，作为全世界经济实力第一的社会主义现代化强国，中国必须承担起为全人类进步事业做贡献、保护地球生态安全的大国责任，贡献出更多的公共产品为全球服务，这也是中国共产党的历史使命所在。因此，中国的长期低碳发展战略必须超越国内可持续发展需求，主动承担起应对气候变化的国际责任。尽管中国当前的低碳发展战略能够实现NDC目标，但尚不足以实现2℃温升控制目标，无法承担起保护地球生态安全的使命。因此，必须尽快把实现2℃温升控制目标作为目标导向来倒逼转型，且在未来10年里（“十四五”“十五五”时期）强化当前政策，并在2030年之后加快转型步伐过渡到2℃情景，否则未来的减排难度及成本都将呈指数级增加。

11.2 全球气候治理的核心和焦点问题

11.2.1 关于气候公平与“共同但有区别的责任”原则

在全球合作应对气候变化的进程中，由于每个国家的国情和所处的发展阶段不同，在实现自身可持续发展中所面临的突出问题和矛盾各异，在全球气候治理中也反映出不同的视角和利益诉求。但由于应对气候变化是全球性的问题，在平衡全球整体利益和各国的局部利益时，不可避免地要涉及各国的责任和义务分担，引发国家间的利益矛盾和冲突，因此建立公平有效的国际制度框架成为全球应对气候变化多边机制的重要基石。随着气候治理进程的推进，公平获得可持续发展的理念已成为广大发展中国家在气候变化国际制度谈判中的共同利益诉求和一致坚持的原则，也是国际可持续发展制度建设的重要内容。

气候公平问题一直是气候变化谈判中的核心和焦点问题，也是全球气候治理中公平公正、合作共赢的国际治理制度的重要基础。《巴黎协定》是适用于所有国家的制度框架，仍遵循了《公约》确立的“共同但有区别的责任”原则、公平原则以及各自能力原则，尽管淡化了《京都议定书》中发达国家和发展中国家责任义务的“两分法”，但在减缓、适应、资金、技术、能力建设和透明度等各个要素中都体现了发达国家与发展中国家“共同但有区别的责任”原则，在责任和义务上也体现出对发展中国家的灵活性。例如，在减缓要素上《巴黎协定》规定，发达国家缔约方应当继续带头，努力实现全经济尺度的绝对减排目标；而发展中国家缔约方应当继续加强自身的减缓努力，并根据不同的国情逐渐实现全经济尺度的绝对减排目标。再如，在资金问题上《巴黎协定》规定，“发达国家缔约方应为协助发展中国家缔约方减缓和适应两方面提供资金，以便继续履行《公约》下的现有义务”，并提出发达国家在 2025 年之前每年至少筹集 1 000 亿美元资金援助发展中国家，同时也“鼓励其他缔约方自愿提供或继续提供这种资助”[3]。

《公约》中确立的“共同但有区别的责任”原则来自矫正正义（corrective justice）的主张，并体现了分配正义（distributive justice）。该原则全面明确了发达国家和发展中国家在全球气候变暖中所承担的责任不同，发达国家负有历史责任，同时要考虑发展中国家在可持续发展转型中对温室气体排放空间的需求，因此《公约》规定发达国家要率先减排，并为发展中国家适应和减缓气候变化提供资金、技术和能力建设支持。为了体现气候公平中责任和能力兼顾的重要性，在《公约》和后续的谈判中以及“里约+20”峰会的成果中，各自能力原则始终与“共同但有区别的责任”原则同时出现。特别是在坎昆会议之后，随着“公平获得可持续发展”这一气候公平新理念的出现，有一种发展观的视角认为侧重历史、现在和未来的全球气候治理的公平体系得以形成，即侧重于追溯历史的“共同但有区别的责任”原则主要解决的是历史责任问题，立足于现在的各自能力原则主要针对的是发展阶段的差别，面向未来的公平获得可持续发展理念主要考虑的是长期发展权的问题[4]。

《公约》是全球气候治理的根本性法律文件，是构建国际气候治理制度的基石，其确定的基本原则在《巴黎协定》下又得以遵循和重申。全球气候制度的建设必须要体现公平理念，既要求各国间的平等协商和广泛参与，全面均衡地听取和反映不同国情和发展阶段国家的利益诉求，也要在行动准则上遵循公平理念、历史责任与各自能力原则，体现“共同但有区别的责任”原则。《巴黎协定》也进一步强调了“气候变化行动、应对和影响与公平获得可持续发展和消除贫困有着内在的关系”，公平获得可持续发展是发展中国家在全球气候治理谈判中共同的利益诉求和坚持的原则，也是全球气候治理制度的核心要义[5]。

发达国家在其工业化和现代化进程中无节制地消耗地球矿物资源并排放废弃物，严重超过了地球承载力，对于近百年来的气候变化负有历史责任。发展中国家在实现工业化和现代化的进程中，已不再具备发达国家工业化进程中的资源环境条件，不可能再沿袭发达国家以高资源消耗和高生态环境损害为代价的发展模式，其现代化进程将受到地球环境和碳排放空间的严重制约，必须走资源节约、环境友好、低碳排放的发展路径，实现能源变革和经济发展的绿色低碳转型。当前和今后只有发达国家大力度率先减排，才有可能为发展中国家的经济转型和可持续发展留有必要的碳排放空间，发展中国家紧迫的低碳转型形势也需要得到发达国家资金和技术的援助，才能使发展中国家和人民在公平地获得现代优质能源服务、消除贫困、改善民生、公平获得可持续发展的同时，走上气候适宜型低碳经济发展路径。全球总体上实现碳中和的时间越紧迫，对发展中国家发展所需的碳排放空间压缩得就越紧，所以需要发达国家率先实现净零排放，同时也需要发展中国家快速跟进，努力实现深度减排，但不可能与发达国家在某个时间点同步实现碳中和。

当前在《巴黎协定》落实和实施的过程中，发达国家越来越力图淡化和抛弃“共同但有区别的责任”原则，片面强调共同的责任和行动，单纯强调各缔约方加大减排力度，而忽视发达国家对发展中国家减缓和适应气候变化应该提供的资金、技术和能力建设的支持和援助。“共同但有区别的责任”原则是建立公平合理、合作共赢的全球气候治理制度的基础，是世界各国共同实现可持续发展与应对气候危机协调共赢的制度保障，也是未来相当长时期全球气候治理和国际合作必须坚持的指导方针。中国必须坚持发展中国家的战略定位，巩固和发展广大发展中国家的战略依托，坚持和维护《公约》和《巴黎协定》所确认的基本原则，努力推进公平正义、合作共赢的全球气候治理制度建设和合作进程。

11.2.2 关于中国的发展中国家定位

在全球气候治理中，发达国家和发展中国家的区分既是政治概念，也是历史责任概念。1992 年联合国环境与发展大会通过的《公约》附件 I 中明确列出了 41 个承担发达国家责任义务的国家名单，其中除传统后工业化国家外，还包括苏联和东欧经济转轨国家。这些国家的经济比较发达，人均 GDP 较高，同时历史上和当前的人均温室气体排放量远高于发展中国家，对全球气候变化负有历史和现实责任。在全球应对气候变化的语境下，附件 I 国家属于发达国家，而非附件 I 国家则属于发展中国家。中国是非附件 I 国家，这意味着其发展中国家的地位在《公约》下得到确认。

联合国气候变化大会在 1997 年通过的《京都议定书》和 2007 年后的“巴厘路线图”谈判中都坚持要求发达国家承担具有约束力的量化的温室气体绝对减排义务，

而对于发展中国家只要求其在可持续发展的重点领域自主采取适当的减缓行动。中国作为发展中国家没有在《京都议定书》下承担量化减排的义务，也没有承担为“绿色气候基金”出资的义务。中国在“巴厘路线图”下提出的 2020 年与 2005 年相比单位 GDP 的 CO_2 排放量下降 40%～45%、非化石能源占比达 15%、森林蓄积量增加 13 亿 m^3 等自主减排承诺，都是在能源转型和生态保护等可持续发展的优先领域开展的自主减排行动，符合中国的发展中国家定位。

2015 年通过的《巴黎协定》确立了 2020 年后全球气候治理的新机制，以控制全球温升在工业化前水平基础上不超过 2℃并努力控制在 1.5℃以内的长期目标为导向，以各缔约方“自下而上”的形式确立了 NDC 目标和行动计划，这是一个对所有缔约方都适用的新制度框架，但同时也遵循了《公约》的原则，即公平原则、“共同但有区别的责任”原则和各自能力原则，并考虑到不同国家的国情。应对气候变化的减缓、适应、资金、技术、能力建设和透明度等各要素条款均体现了对发展中国家和发达国家有区别的责任和行动的灵活性。

自《公约》签署以来，发展中国家和发达国家的经济发展和温室气体排放情况也发生了很大变化。1990 年，附件 I 中发达国家的人口只占世界的 22.2%，GDP 占全球的 83%，温室气体排放则占全球的近 70%，自工业革命以来的累计排放量占全球的 82%，据此也确认了发达国家对全球气候变化负有主要责任，需承担应尽的义务。到 2016 年，附件 I 中发达国家的 GDP 在全球的占比下降到 63%，排放量下降到全球的 38%，历史累计排放量下降到全球的 68%，而发展中国家的排放量呈快速增长的趋势，人均 CO_2 排放量与发达国家相比从 12%上升到 34%。这一方面说明发展中国家随着经济的发展和排放量的增加，需要不断加强其减排努力，承担更多的责任义务；另一方面也显示了发达国家和发展中国家的历史和现实责任仍没有根本改变，“共同但有区别的责任”原则还将长期适用。

1990 年，中国的 CO_2 排放量只占全球的 10%，人均 CO_2 排放量不到世界人均水平的一半。然而，2016 年中国的 CO_2 排放量已占全球的 28%，超过美国和欧盟排放量的总和；人均 CO_2 排放量已达世界人均排放水平的 1.5 倍，超过欧盟的人均排放水平；累积 CO_2 排放量在全球的占比也由 2005 年的 5.2%上升到 12.7%，但仍远低于美国 25%的占比，人均累积排放量仍只有世界平均水平的 68%。这一方面说明，中国发展中国家的特征和地位没有发生根本改变，并在今后相当长一段时期内得以继续维持；另一方面也说明，中国等新兴发展中国家随着经济发展水平和综合国力的提升以及温室气体排放量的较快增长，必须在全球应对气候变化的合作进程中不断增强行动力度，强化 NDC 目标，做出更大贡献。

随着中国综合国力的提升和温室气体排放量在世界占比的增加，国际社会不断出现质疑和挑战中国发展中国家地位的声音。美国的气候谈判代表直接提出要建立发展中国家"毕业"机制，把中国、韩国、新加坡等新兴发展中国家从非附件 I 国家中分列出来，承担与附件 I 中的发达国家类似的责任义务，但这涉及对《公约》的修改，需要各缔约方协商一致，也难以列入谈判议程。公约附件 I 中的发达国家和非附件 I 中的发展中国家两大阵营的划分在今后相当长时期内不会也不容发生改变。当然，其中有些国家随国情的变化，其责任和义务可能会做适当调整，这也体现了灵活性。

当前《巴黎协定》"自下而上"的自主贡献减排机制和各要素条款中体现的"共同但有区别的责任"原则和灵活性有利于中国长期坚持发展中国家的战略定位，并为中国在全球气候治理中维护国家利益和发挥引领作用提供空间和机会。中国在《巴黎协定》下提出到 2030 年单位 GDP 的 CO_2 排放强度比 2005 年下降 60%～65%、非化石能源比重达 20%、CO_2 排放量到 2030 年前后达到峰值并努力早日达峰的 NDC 目标，就是依据《巴黎协定》的原则和自身发展中国家的定位，并体现中国国情和发展阶段而设定的积极、有力度的减排目标。中国的 NDC 目标只涵盖与能源相关的 CO_2 排放，是单位 GDP CO_2 排放强度下降的相对减排目标，有别于发达国家全经济尺度、所有温室气体绝对量减排的量化目标。今后随着经济的发展和综合国力的提升，中国也需要不断加大减排力度，主动承担更多的国际责任，在 2030 年之前实现 CO_2 排放达峰后，努力实现全经济尺度、所有温室气体排放的绝对量减排。

2020 年 5 月 20 日，美国白宫发布了《美国对中华人民共和国的战略方针》，进一步显示了打压和遏制中国的战略意图，特别是极力否认中国的发展中国家地位，强调中国已是"成熟经济体"，但仍依靠发展中国家头衔得到了许多美国得不到的好处；强调要把中国视为势均力敌的对手，将检视中国在国际机构、国际规则中所享受到的发展中国家待遇，并逐项提出调整要求，试图把中国变成发达国家。坚持和巩固发展中国家地位，既符合中国国情和发展阶段，维护中国在国际事务中的合法权益，也有利于扩展广大发展中国家的战略依托，化解美国等西方国家孤立和打压中国的图谋和举措。全球气候变化领域始终是发达国家和发展中国家角力和大国竞争博弈的重要领域，也将是美国等西方国家否认中国发展中国家地位、分化中国与广大发展中国家的团结、向中国施压和转嫁责任义务的重要领域。预计新冠肺炎疫情后，美国在气候变化领域要求中国与之承担同等责任义务的立场和诉求会更加强化，将持续向中国施加减排和出资压力。在全球气候治理中巩固和维护自身的发展中国家战略定位，可加强中国与广大发展中国家的团结，并为中国实现现代化建设争取相对宽松的碳排放空间，也为中国在其他领域维护发展中国家地位提供范例。

11.2.3　关于全球 1.5℃温升控制目标

《公约》于 1992 年提出了应对气候变化的目标，即“将大气中温室气体浓度稳定在防止气候系统受到危险的人为干扰水平上，这一水平应当在足以使生态系统能够自然地适应气候变化，确保粮食生产免受威胁并使经济发展能够可持续地进行的时间范围内实现”。由于当时科学研究的支撑不足，《公约》并未提出具体的温升控制目标数值。随着科学研究的进一步发展，欧盟率先提出把全球温升控制在工业化前水平基础上不超过 2℃作为全球应对气候变化的目标。2009 年哥本哈根气候大会虽未就《京都议定书》第二个承诺期达成协议，但就控制全球温升在工业化前水平基础上不超过 2℃目标达成了共识。其后，欧盟和小岛屿国家及最不发达国家又提出把全球温升控制在工业化前水平基础上不高于 1.5℃作为全球目标，而且呼声日益强烈。因此，《巴黎协定》在平衡各方面的意见后提出“把全球平均温升幅度控制在工业化前水平以上低于 2℃之内，并努力将温升幅度限制在工业化前水平以上 1.5℃以内”，并要求 IPCC 就与工业化前水平相比全球温升 1.5℃的影响以及相关的全球温室气体排放路径提交一份技术文件。

2018 年 10 月发布的《IPCC 全球温升 1.5℃特别报告》提出，实现 1.5℃温升控制目标在技术上可行，比 2℃温升控制目标能更大地降低气候风险和负面影响，并总体上有利于实现联合国 2030 年可持续发展目标[6]。但实现 1.5℃温升控制目标需要更加紧迫地推进减排进程，到 21 世纪中叶全球要实现 CO_2 净零排放、其他温室气体深度减排，其边际成本要比实现 2℃温升控制目标增加 3～4 倍。该报告发布后在全球引起广泛反响。当前英国已通过了修改气候变化法的决定，并将 2050 年实现碳中和的目标纳入其中；欧盟提出了《欧洲绿色协议》，目标是 2030 年全部温室气体比 1990 年减排 50%～55%，2050 年实现净零排放（即碳中和），并将通过立法予以保障；美国部分州（如加利福尼亚州、纽约州等）提出了 21 世纪中叶实现碳中和的目标。当前，新西兰、法国、加拿大、西班牙、瑞典、丹麦、挪威等发达国家以及智利、埃塞俄比亚、哥斯达黎加、斐济等发展中国家也都相继提出了各自在 2050 年或之前实现净零排放的目标。对于因受新冠肺炎疫情的影响而推迟到 2021 年召开的《公约》第 26 次缔约方大会（COP26）而言，强化各国的减排力度仍将成为会议的焦点，预计在 2020 年各缔约方提交的 21 世纪中叶低排放发展战略中将会有更多国家承诺在 2050 年实现净零排放的碳中和目标。

实现不超过 1.5℃的温升控制目标，需要全球的碳排放尽快达到峰值然后快速下降，CO_2 排放在 2030 年要比 2010 年下降 45%，并于 2050 年实现净零排放，其他温室气体实现深度减排。按照各国在《巴黎协定》下提出的 NDC 目标和当前趋势，预计到 2030 年全球温室气体的排放量仍呈上升趋势，距实现 2℃温升控制目标的减排路径仍存在每年 110 亿～215 亿 t 的减排缺口。全球温升在 2030—2050 年即将达到 1.5℃，到 21 世纪末将达到约 2.7℃，甚至超过 3℃。当前的减排路径尚不能支撑 2℃温升控制目标的实现，距实现 1.5℃温升控制目标更为遥远。因此，需要各缔约方较大幅度地强化和更新各自的 NDC 目标和行动力度，以激励各方增强雄心。

当前已进入全面落实《巴黎协定》的实施阶段，首要任务是遵照《巴黎协定》的目标和原则，推动《巴黎协定》全面、平衡和有效地落实和实施，激励各方强化自身的行动力度，加强国际合作行动。COP26 要力促对《巴黎协定》第 6 条市场机制达成共识，完成《巴黎协定》实施细则的谈判，推进全球市场机制下的合作；要对 2020 年之前全球减排行动和《京都议定书》第二个承诺期执行情况进行审评；要集中关注如何落实发达国家每年提供 1 000 亿美元资金的资助，以及关注发展中国家脆弱地区的气候灾害及适应等紧迫问题，避免只空谈长期愿景而回避当前的实际行动，延误全球合作应对的进程。

实现 1.5℃温升控制目标要求到 21 世纪中叶全球总体上要实现碳中和。发达国家历史和当前的高排放已是事实，到目前为止历史上累计的碳排放就可使未来全球温升 1.2℃。未来全球长期减排目标越紧迫，发展中国家实现现代化进程的排放空间就被压缩得越小，公平获得可持续发展的压力和风险就越大。要实现 2℃温升控制目标，未来的碳排放空间为 1 170 亿～1 500 亿 t，要实现 1.5℃温升控制目标，这一空间将被压缩到 420 亿～580 亿 t，比 2℃温升控制目标压缩了 1/2～2/3，而其中主要是进一步压缩了发展中国家的排放空间。发展中国家实现可持续发展需要更紧迫和更大力度的低碳转型，因此全球实现 1.5℃温升控制目标需要发达国家资金和技术援助的数量和力度要更大。在 1.5℃温升控制目标下，到 2050 年全球总体上应实现 CO_2 净零排放，但不可能要求各个国家同步实现净零排放。发达国家应该在 2035 年前后率先实现 CO_2 净零排放，到 2050 年在一定程度上实现全部温室气体的负排放，这样才能给落后的发展中国家实现现代化留有必要的碳排放空间，使之公平获得可持续发展[7]。

应对气候变化的长期目标制定是《公约》下多边政治决策的结果，《巴黎协定》对全球长期温升控制目标的描述是在统筹考虑了气候变化的影响与损失、适应与减缓、减排成本与代价，以及应对气候变化与经济、社会、环境等多方面相互影响的科学评估的基础上所形成的各方共识，是来之不易的成果。由于各国的国情不同、发展阶段不同，所面临的气候风险和可持续发展的重点领域也有差异，因此需要协调各方利益诉求与全球合作进程的关系，促进合作共赢的共同行动。中国要一如既往地发挥在全球气候治理中负责任大国的作用，积极发挥发展中大国的影响力，加强与各国及国际组织的交流和沟通，为 COP26 相关议题达成共识做好前期的铺垫和准备工作。

中国在 21 世纪中叶以前仍处于现代化建设的发展阶段，要实现碳中和目标将比发达国家面临更大的困难和更艰巨的任务，需要能源和经济体系更快速和更剧烈的转型。例如，美国燃煤发电机组的平均寿命约为 45 年，发电成本高于天然气和可再生能源发电，其自然退役和由清洁能源电力替代顺理成章。而中国燃煤发电机组寿命的中位数只有 12 年，先进超临界和超超临界大型燃煤发电机组大都是近 10 年内新建的，快速淘汰煤电将会带来巨大的基础设施搁浅成本。此外，大比例可再生能源电力将给电网、储能、调峰和稳定运行带来更大压力，需要电池储能、氢储能、智能电网等突破性技术的支撑，以及终端用能部门加速电气化替代的范围和力度，这都需要加强先进技术创新和产业化支撑，而这些先进技术也将是世界尖端技术的前沿和竞争热点，是一个国家技术创新能力和技术竞争力的标志。从本书的分析来看，中国尚不具备 2050 年实现碳中和的充分技术支撑，深度减排的成本和代价将呈非线性陡峭上升趋势。因此，未来需要进一步深入研究和分析实现碳中和的减排路径和技术选择的经济评价，研究紧迫转型的成本与代价，为参与全球长期目标论证提供中国智慧和中国方案。

11.2.4　关于碳价机制和碳边境调节税

《巴黎协定》第 6 条倡导全球碳市场合作机制，并以此促进各国减排努力和国际合作。该机制类似于《京都议定书》下的 CDM，鼓励发达国家与发展中国家合作减排，在以低成本为发达国家实现减排目标做贡献的同时，促进发展中国家的低碳转型和可持续发展。《巴黎协定》下国家间市场机制的合作将促进全球碳价机制的发展，促进各国碳排放测量、报告和核查（Measurement，Reporting and Verification，MRV）体系的建设，促进减排技术的发展和国际合作，从而以较低成本实现全球共同减排。《巴黎协定》第 6 条国际市场机制谈判的焦点问题是如何防止碳泄漏和减排量的重复计算，以保证环境完整性，以及如何与 CDM 机制衔接，协调各方利益。国际社会也广泛期待 COP26 能就第 6 条实施细则达成协议，以促进世界各国的合作和自身的能力建设。

全球低碳转型的紧迫形势和趋向也可能引发全球经济贸易规则的变动和争端。例如，一些发达国家通过提高产品能效或环保标准设置“绿色贸易壁垒”，实行贸易保护主义，打压发展中国家日益上升的贸易竞争力。欧盟、美国等发达国家和地区一直酝酿着实施碳关税等边境调节制度（Border Carbon Adjustments，BCAs）。欧盟在 2019 年 11 月 COP25 召开之前通过了《欧洲绿色协议》，提出将通过立法的形式确立欧盟 2030 年减排 50%～55%，2050 年实现净零排放目标，使欧洲成为首个气候中性大陆[8]。在相应的政策措施中也包括在 2021 年之前提出的针对选定行业的碳边境调节制度，这是《欧洲绿色协议》外交的重要内容，主导着未来的气候谈判。美国共和党和民主党的智库也都在研究美国返回《巴黎协定》时对进口产品征收碳关税并在国内实施碳福利的可能性和方案，这种全球气候治理中单边主义和保护主义的倾向，值得认真研究和高度警惕。

发达国家单方面征收碳关税，不符合《公约》的原则。《公约》第 3 条（原则）第 5 款明确指出：“各缔约方应当合作促进有利的和开放的国际经济体系，这种体系将促成所有缔约方特别是发展中国家缔约方的可持续经济增长和发展，从而使它们有能力更好地应对气候变化的问题。为应对气候变化而采取的措施，包括单方面措施，不应当成为国际贸易上的任意或无理的歧视手段或者隐蔽的限制。”发达国家基于国内采取的减排政策和行动而对进口其他国家的产品征收边境调节税的做法，明显与该条款相抵触。

对于出口产品以高能耗、低增加值的中低端制造业产品为主的新兴发展中国家而言，碳关税将严重影响其贸易竞争力[5]。基于欧盟统计局和《中国贸易外经统计年鉴》的最新进出口数据，运用投入产出法测算可以得出，中国 2018 年出口产品隐含的 CO_2 排放量为 15.3 亿 t，进口货物隐含的 CO_2 排放量为 5.42 亿 t，对外贸易隐含的 CO_2 净出口量约占全国总排放量的 10.5%。其中，出口欧盟隐含的 CO_2 排放量为 2.7 亿 t，占 17.6%；出口美国隐含的 CO_2 排放量为 2.86 亿 t，占 18.7%；从欧盟和美国进口的货物隐含的 CO_2 排放量分别为 0.31 亿 t 和 0.44 亿 t。由此可见，中国是隐含 CO_2 排放的净出口国。欧盟采取碳边境调节机制的理由是防止碳泄漏，即针对的是因进口产品的碳排放高于欧盟本土产品而导致全球碳排放的增加。欧盟拟采取碳边境调节制度的细节以及针对的国家和覆盖行业、产品的范围尚不清楚，其措施可能包括对特定行业或产品征收碳关税，也可能是强制特定进口产品在欧盟碳交易市场上购买碳排放配额，同时也可能相应地对出口产品退还已征收的国内碳税或已购买的排放配额。总之，其出发点是保护本土企业在欧盟市场和国际市场上的竞争力，对所谓“没有做出适当承诺”的国家，即发展中国家转嫁减排成本、施加减排压力。如果对中国出口欧美的产品中隐含的 CO_2 排放每吨征收 40～60 美元碳关税的话，碳税额将占出口贸易总额的 2.6%～4.0%，这将对中国出口企业造成压力。

全球经济一体化趋势加快了全球产业链的调整和分工，发达国家向发展中国家大规模转移高耗能原材料产业和低端制造业，而自身却着力发展高科技产业和现代服务业，从而在国际价值产业链中占据高端地位。而发展中国家则处于中低端位置，产品增加率低、能耗高、碳排放强度大。发达国家所需要的日常消费品和中低端制造业产品，如纺织品、家用电器、摩托车等大量从发展中国家进口。这些中低端产品的生产在发展中国家，而消费在发达国家。按现行的统计规则，生产这些产品的能源消费和 CO_2 排放都计算在生产国，而发达国家消费这些产品时对其生产过程中的 CO_2 排放不负任何责任，这实际上是发达国家的碳转移或碳泄漏，即对外转移了排放责任，减少了自身的减排义务。发达国家有义务协助发展中国家在这些产品的生产过程中提高能效、减少 CO_2 排放，降低向发展中国家转移的碳排放量，共同承担这部分转移的碳排放的减排责任。

发达国家在国内确立了积极的减排目标，实施碳税或碳排放交易政策会增加发展中国家企业的减排成本，如以保护本土企业竞争力为由对从发展中国家进口的产品征收碳边境调节税，实际上是在向发展中国家转移减排成本。发达国家把高耗能原材料产品和低端制造业产品转移到发展中国家生产，已经减少了其国内的碳排放，再向进口这些产品征收碳关税，用以补贴或激励其国内企业的技术创新和减排，实质上是由发展中国家企业来负担其国内企业的减排成本，把国内减排成本转嫁给发展中国家。目前，部分发达国家又在酝酿对出口到发展中国家的产品在国内征收的碳税实行退税政策，即把国内实施的碳税或碳市场机制下国内企业增加的成本在出口时退还，以提升其产品的国际竞争力。这是以碳价政策作为国际经济贸易的竞争工具、维护其自身利益的单边主义行为。

总体而言，发达国家单边实施碳边境调节税政策是在全球紧迫的减排目标和行动的新形势下，以应对气候变化名义实施贸易保护主义、转移减排责任和减排成本的不公平行为。这不仅不利于世界各国合作应对气候变化、促进全球技术创新、降低减排成本、共同实现全球减排目标，而且还将挑起新一轮的贸易争端和贸易摩擦，破坏 WTO 下的贸易规则，不利于形成公平公正、合作共赢的国际气候治理机制，也不利于推进全球合作应对气候变化的进程。这也势必会损害其自身形象，降低其在全球气候治理中的影响力和领导力。在全球经济和产业一体化的大趋势下，发达国家应加强向发展中国家提供技术转移和资金支持，以促进发展中国家的技术进步、节能提效、降低 CO_2 排放，从而促进全球的碳减排，打造世界各国合作共赢的局面。

欧盟等发达国家和地区实施碳关税的借口是发展中国家企业的减排力度弱，所付出的减排成本低，对其本土产业形成了不公平的竞争优势。为应对其疑虑，中国应加强和加快国内碳市场建设，逐步将主要的高排放行业纳入碳交易体系，国内高耗能产品明确的碳价信号可消除或减弱发达国家加收碳边境调节税的依据，并将在未来全球碳市场和碳价机制的发展过程中发挥引领作用。

当前，中国对外出口制造业产品大多处于国际产业链的中低端，能耗高、增加值率低，所以成为对外贸易隐含的 CO_2 排放的净输出国。当前，中国在新发展理念下加快经济绿色低碳循环发展转型的同时，也要加强外向型企业的转型升级，优化出口产品结构，控制和减少高耗能产品的出口，使出口产品向价值链高端发展，提质增效。同时，积极促进高新技术产业和现代服务业出口，提高服务业出口在总外贸中的比重，有效减少出口产品隐含碳排放的对外转移，逐步实现进出口隐含碳排放的平衡。这是中国应对国际贸易中发达国家碳边境调节措施以及提升自身产品和技术国际竞争力的根本对策，也是降低国内 CO_2 排放总量的重要措施，应成为中国实施经济绿色低碳转型和高质量发展战略的一个重要组成部分。

11.3 深度参与并积极引领全球气候治理和国际合作

1. 习近平生态文明思想对全球低碳发展转型具有重要指导意义

以习近平生态文明思想为指导，推进全球生态文明建设，实现人与自然的和谐发展，是在全球可持续发展框架下应对气候变化挑战的根本途径和必由之路。习近平总书记提出的“人与自然和谐共生”“绿水青山就是金山银山”“良好的生态环境是最普惠的民生福祉”“山水林田湖草是生命共同体”“用最严格制度最严密法治保护生态环境”等思想，对世界各国特别是发展中国家以生态文明思想为指引，构建以生态价值观念为准则的生态文化体系，统筹协调经济发展、社会进步与环境保护的关系，推动能源和经济的低碳转型，走上气候适宜型低碳经济的发展路径具有普遍指导意义。习近平生态文明思想强调要构筑尊崇自然、绿色发展的生态体系，要解决工业文明带来的矛盾，以人与自然和谐相处为目标，实现世界可持续发展和人的全面发展。习近平生态文明思想也将成为全球合作应对以气候变化为代表的生态危机、促进人类社会形态由工业文明向生态文明转型的重要指导思想，引领世界经济社会发展方式的根本变革，实现人与自然的和谐发展[9]。

习近平生态文明思想倡导建立绿色低碳循环的可持续发展经济体系，构建清洁低碳、安全高效的能源体系，发展绿色金融，建立绿色生产和绿色消费的法律制度和政策导向，为全球合作应对以气候变化为代表的地球生态危机、实现人与自然的和谐共生、建设清洁美丽世界贡献中国智慧和中国力量，将有效促进全球环境治理和生态文明建设的进程。

中国坚持以习近平生态文明思想为指导，坚定走生产发展、生活富裕、生态良好的文明发展道路，实行最严格的生态环境保护制度，建设美丽中国。中国坚持的绿色低碳循环的可持续发展理念，与《巴黎协定》所倡导的实现气候适宜型低碳经济发展路径相契合。中国把应对气候变化与国内可持续发展密切结合，打造经济、民生、能源、环境和 CO_2 减排多方共赢的局面，在能源变革和 CO_2 减排领域取得了巨大成效，并成为推动世界能源变革和经济低碳转型的重要贡献者和引领者。中国在能源和经济转型、新型城镇化建设、产业转型升级、环境治理等方面的成功经验和案例，以及节能降碳的政策体系和生态文明制度建设都可为其他发展中国家提供借鉴。中国在生态文明建设和环境保护领域所取得的显著成就和成功经验，以及生态文明经济体系、制度体系和生态安全体系的建设理念和实践，也将对全球的生态文明建设和可持续发展发挥积极的引领作用。

党的十九大报告强调，中国在新时代应坚持和平发展道路，推动构建人类命运共同体，秉持共商、共建、共享的全球治理观，积极参与全球治理体系的改革和建设，不断贡献中国智慧和中国力量。该报告还强调，中国坚持环境友好，合作应对气候变化，保护人类赖以生存的家园，为全球生态安全做出贡献。习近平生态文明思想和构建人类命运共同体理念是中国对全球环境治理贡献的中国智慧和中国方案，将对全球加强生态文明建设、实现气候适宜型低碳发展路径起到重要的指导作用。

2. 积极推进并引领全球气候治理和气候谈判进程

尽管在未来较长时间内中国依然要按照发展中国家的定位来承担责任和义务，但从长期来看中国的战略定位需要随着发展阶段的变化而调整。到 21 世纪中叶，中国即将建成社会主义现代化强国，必须主动承担应对气候变化的国际责任，积极推进和引领全球气候治理和气候谈判进程，体现大国担当。正如党的十九大报告所指出的，中国未来应当“引导应对气候变化国际合作，成为全球生态文明建设的重要参与者、贡献者、引领者”。习近平总书记还强调，中国要“实施积极应对气候变化战略，推动和引导建立公平合理、合作共赢的全球治理体系，彰显我国负责任大国形象，构建人类命运共同体”。

中国在气候变化谈判中的引领作用表现在对各缔约方立场和利益诉求的协调能力上，在寻求全球目标与各方立场的契合点以及各方利益诉求的平衡点上展现出影响力、感召力和塑造力，从而促成各方均可接受的共识和行动方案，引导全球气候治理的规则制定以及合作进程的走向和节奏，进而占据国际道义制高点，提升国际形象和领导力，更好地维护和扩展自身的国家利益，体现国家的软实力。

世界各国在长期气候谈判进程中形成了发展中国家和发达国家“两大阵营”，以及欧盟集团、以美国为首的伞形国家集团和以“基础四国”为核心的“G77+中国”发展中国家集团三股力量相互角力的格局。中国在客观上已成为发展中国家集团的“主心骨”，也与主要发达国家保持着密切的交流和对话关系，通过在气候谈判中积极协调各方分歧、促进各方互信合作使自身的影响力和领导力不断上升，成为巴黎气候大会及以后各届大会的主席国和《公约》秘书处协调各方分歧时主要倚重的对象。

中国在全球气候治理中发挥领导力和引领作用并不意味着要做出超越国情、发展阶段和自身能力的贡献，更不需要额外分担美国所放弃的义务而付出更大的代价，而是要正确把握和引领全球气候治理的原则和走向，引导公平公正的国际治理制度变革和建设。在当前全面落实《巴黎协定》的谈判和实施过程中，中国要坚持《公约》和《巴黎协定》的原则，巩固发展中国家的团结，扩大发展中国家的战略依托，加强与发达国家的协调沟通，促进《巴黎协定》中减缓、适应、资金、技术、能力建设和透明度等各个要素全面、平衡和有效地实施，敦促发达国家履行率先减排并向发展中国家提供资金和技术支持与援助的义务，维护自身及广大发展中国家的合理权益[3]。

中国倡导相互尊重、公平正义、合作共赢的全球治理新理念，把应对气候变化作为各国可持续发展的机遇，促进各方互惠合作和共同发展。这有利于扩展各国自愿合作的领域和空间，扩大各方利益的交汇点，促进气候谈判由“零和博弈”转向合作共赢。中国在气候治理理念和合作方式上展现出不同于欧美国家和地区的新型领导力和引领作用，越来越被世界各国所认同。应对气候变化是全人类的共同利益，比政治、经济、社会等其他领域的全球性风险和地区热点问题有更多的利益交汇点和合作共赢的空间，存在广阔的合作前景和政治意愿。应对气候变化为中国在全球治理改革和建设中发挥国际领导力提供了舞台，可努力将其发展成为践行新时代构建相互尊重、公平正义、合作共赢的国际关系以及构建人类命运共同体的先行领域和成功范例。

3. 积极推进应对气候变化国际合作和“一带一路”建设中的气候变化南南合作

当前，国外舆论对“一带一路”建设中如何强化应对气候变化的低碳转型非常关注，也有诸多担忧、质疑和批评。回答这些疑问，关键在于用事实说话，积极开展并加强务实行动，并取得成效，因此，“一带一路”合作要突出建设全球生态文明的思想和绿色低碳循环发展的理念，强化应对气候变化的目标和政策导向，打造应对气候变化国际务实合作行动的亮点。

“一带一路”倡议是践行构建人类命运共同体，实现合作共赢、共同发展的全球治理新理念的务实行动。中国在其中要秉承生态文明建设的指导思想和绿色发展理念，推进与沿线国家的可持续发展战略相对接，加深各国和地区的连通性，把绿色低碳发展作为促进“一带一路”建设和合作的基本原则。

绿色和低碳是消除“一带一路”倡议负面争议影响的关键（如燃煤电厂投资、高碳和高污染产能的转移）。未来，需要总结中国应对气候变化与环境和气候协同治理的最佳实践，根据沿线国家的不同需求提供因地制宜的绿色低碳技术、项目融资、商业模式等解决方案，帮助“一带一路”国家和地区实现其应对气候变化的 NDC 及可持续发展目标。此外，中国可以利用多种投融资工具拓宽气候融资渠道，为绿色“一带一路”建设提供资金保障。例如，通过创新投融资模式吸引多方资本投入“一带一路”低碳发展；通过亚洲基础设施投资银行、丝路基金、中国气候变化南南合作基金等平台，结合双边发展援助、多边发展银行投资乃至私人资本和慈善资金，相互撬动形成协同效应。各金融机构应当遵循《绿色投资原则》（Green Investment Principles），将低碳和可持续发展作为“一带一路”投资的重要导向。通过大力发展第三方市场合作、多方共赢的政府和社会资本合作（PPP）模式，获取当地政府的资金和信用支持，促进当地政府与绿色低碳项目的投资者和经营者相互协调，增强项目的气候风险管理和现金流管理。

中国气候变化南南合作是指中国与一个或多个发展中国家以及与发达国家或联合国机构联合支持与帮助发展中国家增强应对气候变化能力和推进相关项目的合作关系。作为中国对外援助的一部分，中国气候变化南南合作遵循不干涉受援国内政的原则，以互惠互利、“双赢”和自力更生为援助目标。中国以援外为主的南南合作涵盖了双边、多边、地区和地区间等多个层级规模。过去几年，中国主要在周边国家实施了一些解决实际困难的中小型项目，如中国援建马尔代夫的“安全岛”民用住宅工程，以保护当地居民免受海啸及海水侵蚀之苦；分别帮助孟加拉国和马尔代夫建立了极端天气预警系统，提升了两国对气候自然灾害的预警能力。2012 年 1 月，国家海洋局发布了《南海及其周边海洋国际合作框架计划（2011—2015）》，将海洋与气候变化、海洋防灾减灾列为主要资助领域，联合周边国家开展了“中印尼热带东南印度洋海-气相互作用与观测”和“印度洋季风爆发观测”等项目研究。中国还加强了与非洲国家的科技合作，实施100多个中非联合科技研究示范项目。从2012年起，中国气候变化对外援助开展了实施可再生能源利用与海洋灾害预警研究及能力建设、LED照明产品开发推广应用、秸秆综合利用技术示范、风光互补发电系统研究推广利用、灌溉滴水肥高效利用技术试验示范等项目，帮助发展中国家提高了应对气候变化的能力。

中国“一带一路”沿线重点合作的发展中国家应成为气候变化南南合作的重点。中国企业在这些国家开展基础设施建设和产能合作的过程中，要融入应对气候变化的意识和理念，在设计上考虑应对气候变化所引发的极端自然灾害事件的影响，同时还要尽量采用节能低碳技术，执行不低于国内的环境能效标准，推广全产业链的资源节约和循环利用产业发展模式，合作建设低碳产业园区或示范区；要选择合适的项目，努力建成当地有显示度的绿色低碳建筑、产能和基础设施，并纳入气候变化南南合作“十百千”项目，满足沿线国家在应对气候变化战略下对低碳基础设施的需求，提升其应对气候变化的能力，并增加彼此合作的领域和投资机会；要协助所在国在气候变化国际合作的框架下规划并实施适应、减缓及能力建设等项目，争取相应的国际资金（如绿色发展基金）和国际机构（如世界银行）的资助；要将合作应对气候变化作为“一带一路”倡议中的重要内容、指导思想和亮点，提升自身的国际形象和影响力。

此外，还要加强气候变化领域南南合作的科技和技术转移。广大发展中国家在低碳转型过程中的技术需求和市场潜力巨大，中国在节能和新能源等发展中国家所急需的低碳技术领域具有先进实用且成本低的优势，在企业“走出去”和产能合作过程中要更加注重技术合作与转移。中国应积极推动与所在国共建产学研的低碳技术联合研发与转移平台或科技园区，解决先进低碳技术在转移过程中本土化和产业化的关键问题，在提升所在国先进技术创新和产业化能力的同时，也提升中国先进技术的国际竞争力。在国际上率先探索在应对气候变化框架下的技术转移模式和实现互利“双赢”的机制与途径，并将其提升到两国战略合作的层面加以部署，这将势必在国际社会产生广泛影响，推动并引领应对气候变化框架下资金和技术合作机制的发展和行动进程。

要尽快落实并用好中国气候变化南南合作基金（以下简称南南合作基金）。中国已对外宣布出资200亿元人民币建立南南合作基金，并启动开展“十百千”工程，在国际社会引起广泛反响，也为广大发展中国家所期待。当前亟待落实资金来源和管理机制，并尽快启用。南南合作基金不应单独孤立运行和使用，应统筹规划，各部门协调，把其作为一个种子基金或引导性基金，发挥杠杆作用，整合其他对外渠道，引导企业、社会资金的投入和利用，把无偿援助与商业化互惠合作相结合，使南南合作基金发挥更大作用。中国对外援助和对外合作的各种渠道都可融入气候变化合作的内涵，项目的选择、设计可以增加并强化应对各种自然灾害和节能降碳的政策导向与技术选择，并将其整合到气候变化南南合作的框架之中，使其在更大范围内取得有显示度和影响力的成果，同时也要为发展中国家解决落实《巴黎协定》的紧迫问题提供技术支援和人才培训，如温室气体排放清单的编制、MRV 体系的建设、制定长期低碳发展战略等。发达国家在国际社会把对发展中国家各种渠道的资金支持都计算在气候变化的资金支持范围，严重夸大其资金援助的数量。中国也需要统筹在各种渠道下与“一带一路”沿线发展中国家合作的资金投入，突出应对气候变化的政策导向，整合各项资金来源，发挥更大的作用和影响力。

要继续加强与欧盟等发达国家和地区的合作，特别是建立碳排放权交易市场领域的合作。通过借鉴国际碳市场发展的经验和教训，完善中国碳市场的顶层设计，预判市场发展过程中可能出现的问题。另外，中国也可以依托当前发展阶段的体制基础，建设碳市场的机制设计和发展路径，并对其他发展中国家在既有条件下发展碳市场发挥重要的借鉴作用。目前，已有多个发展中国家表达了学习中国碳市场建设经验的意愿。随着中国碳市场的逐步完善，无论是以市场规模占比还是以定价权来衡量，中国在全球碳市场中的影响力都将大幅提升。未来在《巴黎协定》下全球碳价机制和市场机制将不断发展与完善，中国应在此过程中积极参与相关国际规则的制定。加强碳市场的国际合作，不仅有利于中国碳市场的长期发展，还可以使碳市场更好地服务于中国的对外开放战略，与中国推动构建人类命运共同体的各项举措更好地衔接起来。

《巴黎协定》倡导除国家层面外非缔约方社会各界的积极参与和自觉行动。当前由地方政府、城市、行业、企业和社会团体组成的各种类型的应对气候变化联盟和合作组织层出不穷，如世界低碳城市联盟、国际油气行业气候倡议组织等。这些组织一方面“自下而上”地提出并制定共同的低碳目标和行动计划，另一方面也倡导城市层面、行业和企业层面、金融投资及社会层面的行为准则，推荐先进技术标准，推广产品碳标识和低碳产品认证，强化绿色金融的投资导向，加强自律行动和相互合作，并进行交流和经验分享，成为促进《巴黎协定》落实和实施的有生力量。当前中国在各层面积极参与的情况下，要加强指导、统筹部署，要在民间组织中发挥引领作用，不断扩大中国在各方面的影响力，引领各个领域的发展趋势，同时打造自身的竞争优势，为提升国家的综合竞争力和国际影响力做出贡献。

要加强应对气候变化领域国际智库之间的交流和沟通，发挥民间公共外交的作用。智库间的交流和合作有助于相互理解、促进互信，使中国气候治理的理念、行动和成效，以及生态文明价值观在世界范围内得以传播，从而影响各国政府的决策和国际社会舆论。同时，这也是提升中国影响力和国际话语权的重要领域，体现国家软实力。中国要加强气候变化领域智库群的建设，加强不同学科领域、不同研究方向智库间的协调合作，既要在全球视野下研究中国问题，也要从中国视角研究全球问题，在全球应对气候变化的科学、政策、技术等方面均有全面系统的研究和话语权，展现出在科学和政策领域的影响力和公信力，为中国在全球气候治理中发挥引领作用提供科学和技术支撑。

4. 积极应对新冠肺炎疫情后全球治理新形势

新冠肺炎疫情是当前全球面临的公共危机，将深刻影响和重塑世界政治、经济、贸易格局，加剧百年未有之大变局的动荡。全球气候变化是人类面临的长期地球生态危机，疫情后全球应对气候变化的合作进程将面临巨大的不确定性，也势必成为国际社会普遍关注和大国间博弈与角逐的重要领域。《巴黎协定》要求各缔约方在2020年内通报各自落实和强化NDC目标和行动计划的情况，并提交2050年长期低碳发展战略，国际社会对世界主要大国充满期待，中国更是备受关注。当前中国仍处在抗击疫情并筹谋疫情后经济恢复和发展的过程当中，需要统筹自身高质量发展和经济安全与全球应对气候变化低碳转型的国内国际两个大局，引领全球能源变革和低碳经济发展趋势，展现出对全球和全人类共同利益的担当精神以及负责任大国形象，从而影响国际舆论走向，应对疫情后更加复杂的国际形势。

新冠肺炎疫情使大国关系更为复杂，美国等西方国家遏制中国和平崛起的长期战略与行动举措更为凸显。疫情带来全球经济严重衰退，各国疫情后经济复苏的首要关注领域一是加强民生保障，二是着重弥补自身产业链短板，提升重要行业的安全性和竞争力，从而使能源和经济绿色低碳转型的优先权重降低。此外，疫情后各国资金短缺也将影响应对气候变化的资金投入和行动力度。当前大国间政府、智库以及国际机构就如何协调应对当前疫情以及长期气候危机的交流和对话十分频繁，联合国秘书长古特雷斯发出呼吁，强调气候变化是全球面临的更深层次危机，要把应对气候变化放在经济恢复举措的中心位置。因此，疫情后坚持“绿色经济复苏”的政策导向、强化《巴黎协定》下自主减排承诺的目标和行动，也越来越成为国际社会的共识和备受关注的领域。

当前欧盟等发达国家和地区及部分国际组织在气候谈判中力推 1.5℃温升控制目标，欧盟在《欧洲绿色协议》中提出2050年实现碳中和战略；英国也通过修改气候变化法，把2050年实现碳中和纳入法律条款；包括加利福尼亚州、纽约州等在内的覆盖美国人口和 GDP 65%以上的州组成的美国气候联盟也提出 2050 年实现碳中和的目标；一些发展中国家如智利、埃塞俄比亚以及部分小岛屿国家和最不发达国家也提出类似的目标。不少国家和城市也提出在 2030—2050 年实现 100%可再生能源的目标，以及煤炭和煤电退出、淘汰燃油车的时间表。疫情下和疫情后世界范围深度脱碳的意愿和行动在短期内可能会有所削弱，但中长期能源和经济低碳转型的形势与趋势将会越来越紧迫。

应对气候变化领域在疫情后将越来越成为大国间竞争和博弈的重点领域。特朗普政府退出《巴黎协定》，但美国仍是《公约》的缔约方，在气候谈判中坚持美国利益优先的单边主义立场，一再要求中国等新兴发展中国家与之承担同等义务。拜登宣称美国必须重新领导世界，并在执政后重返《巴黎协定》，推动召开世界主要排放大国峰会，加速推进全球应对气候变化的进程；同时还宣称将进行大规模紧急投资，到 2050 年实现净零排放的清洁能源和经济体系，并公开宣称与有共同价值理念的民主盟友结成统一战线，采取碳边境调节政策和制定严格的投资与财政补贴标准，对中国采取强硬措施。对此，中国一方面要联合印度等新兴发展中国家和立场相近的国家积极应对，坚持“共同但有区别的责任”原则并考虑不同的国情和发展阶段，加强与不同类型、不同发展阶段的国家及国家团体开展广泛务实的合作并采取共同行动，加强与发达国家开展多层次的交流和对话，在人类共同利益的契合点上寻求合作，化解日益紧张的大国关系；另一方面也要加强国内战略部署并积极开展行动，制定到2050 年以控制全球温升在工业化前水平基础上不超过 2℃并努力控制在 1.5℃以内的目标为导向的深度脱碳的目标、战略和实施路径，以适应当前全球紧迫的减排形势，展现主动承担国际责任的大国姿态。同时，要以习近平生态文明思想和人类命运共同体理念为指导，积极推动全球气候治理制度的建设和国际合作的进程。

应对气候变化是全人类的共同利益，是大国争夺的国际道义制高点，需要各国的紧密合作和共同行动。当前全球气候治理遵循各国广泛参与、平等协商的多边机制，需要发达国家与发展中国家广泛沟通和磋商。中国在气候变化领域已经展现出日益上升的影响力和协调能力，国际社会也期待中国能够进一步发挥领导力和“搭桥”作用。因此，新冠肺炎疫情后存在着中国与美国等发达国家进行对话、磋商和合作的空间与需求，要充分发挥在自身全球气候治理中的外交优势，坚持以多边主义应对美国的单边主义，化解对自身的挑战和压力。

参考文献

[1] UNFCCC（United Nations Framework Convention on Climate Change）. Kyoto protocol to the United Nations framework convention on climate change [EB/OL]. [2020-03-29]. https://unfccc.int/documents/2409.

[2] 联合国气候变化框架公约缔约方大会. 巴黎协定[EB/OL]. (2015-12-12)[2018-05-18]. https://unfccc. int/resource/docs/2015/cop21/chi/l09c.pdf.

[3] 何建坤.《巴黎协定》后全球气候治理的形势与中国的引领作用[J]. 中国环境管理，2018，10（1）：9-14.

[4] 柴麒敏，何建坤. 气候公平的认知、政治和综合评估——如何全面看待“共区”原则在德班平台的适用问题[J]. 中国人口·资源与环境，2013，23（6）：1-7.

[5] 何建坤. 全球绿色低碳发展与公平的国际制度建设[J]. 中国人口·资源与环境，2012，22（5）：15-21.

[6] IPCC. Special report on global warming of 1.5℃[M]. UK：Cambridge University Press，2018.

[7] 何建坤. 全球气候治理新形势及我国对策[J]. 环境经济研究，2019，4（3）：1-9.

[8] European Commission. European green deal [EB/OL]. [2020-03-29]. https://ec.europa.eu/info/strategy/priorities-2019-2024/european-green-deal_en#documents.

[9] 习近平. 决胜全面建成小康社会 夺取新时代中国特色社会主义伟大胜利[M]. 北京：人民出版社，2017.

第 12 章
结论与政策建议

通过本书的研究和论证，对中国制定长期低碳发展战略的目标与路径提出如下思考和建议。

建议 1：制定并实施长期低碳发展战略是中国顺应世界经济社会变革趋势的必然选择

气候变化是当前人类社会可持续发展面临的最大威胁，保护地球生态安全、合作应对气候变化的挑战已成为国际社会的广泛共识。应对气候变化的核心是减缓人为活动的温室气体排放，其中主要是与化石能源消费相关的 CO_2 排放，由此推动了世界范围内能源体系的革命性变革和经济发展方式的低碳化转型。先进能源技术和深度脱碳技术已成为世界科技创新的热点领域，也是大国必争的先进技术制高点。能源和经济低碳转型的发展能力已成为一个国家经济、贸易和科技竞争力的体现。建立并形成清洁低碳、安全高效的能源体系和绿色低碳循环的经济体系是现代能源体系和经济体系的重要特征。

党的十九大确立了 21 世纪中叶建成社会主义现代化强国的目标和基本方略，并提出以习近平生态文明思想为指导，实现人与自然的和谐发展，建成美丽中国。走绿色低碳循环发展的道路，推进经济、社会、环境和应对气候变化的协同治理和综合战略，加快能源和经济的低碳转型，是推进生态文明建设、实现可持续发展的根本途径。中国的生态文明建设以及能源和经济低碳转型的政策行动与成功案例，将对世界能源和经济的低碳化变革提供中国智慧和中国经验，为推动全球生态文明建设、保护地球生态安全以及构建人类命运共同体、推进人类进步事业做出新的贡献。

《巴黎协定》确立了控制全球温升在工业化前水平基础上不超过2℃并努力控制在1.5℃以内的全球应对气候变化目标，这是各国政府在IPCC科学评估的基础上所形成的政治共识和共同愿景，也是全球应对气候变化合作行动的长期奋斗目标。实现这一目标的减排进程十分紧迫，需要在21世纪下半叶甚至中叶实现全球温室气体的净零排放，即实现全球“碳中和”。《巴黎协定》还要求各缔约方于2020年提交21世纪中叶温室气体低排放发展战略，为实现全球长期减排目标共同努力。当前全球已有121个国家提出到2050年实现“碳中和”的目标和愿景。不少国家和城市也提出在2030—2050年实现100%可再生能源的目标，以及煤炭和煤电退出、淘汰燃油车的时间表。

新冠肺炎疫情下和疫情后，世界范围深度脱碳的意愿和行动在短期内可能会有所削弱，但中长期能源和经济低碳转型的形势将越来越紧迫，国际社会对中国提出富有雄心的长期低碳发展目标和战略普遍存在较高期待。中国也应遵照习近平主席关于积极应对气候变化“内促发展、外树形象”的指示精神，以控制全球温升在工业化前水平基础上不超过2℃并努力控制在1.5℃以内的目标下的长期减排路径为导向，统筹兼顾国内可持续发展与全球气候治理，确定2050年低碳转型发展的目标和对策，并纳入中国21世纪中叶社会主义现代化建设的总体战略和部署之中。

到21世纪中叶，中国为实现长期深度脱碳的目标和路径，将建成以新能源和可再生能源为主体的清洁低碳、安全高效的能源体系，基本结束对化石能源的消费和利用，将从源头上有效减少常规污染物的排放，在未来末端治理技术潜力不断收窄的情况下，将对全国重点地区$PM_{2.5}$浓度达标提供根本性的保障。2050年建成的以新能源和可再生能源为主体的清洁能源体系，将有效保障绝大多数城市实现$PM_{2.5}$浓度低于15 $\mu g/m^3$的目标值，并有80%以上的城市可实现低于10 $\mu g/m^3$的高标准值。同时，智能化可再生能源供应体系的形成也从根本上保障了国家能源供应的安全，实现了经济社会的持续发展与资源环境的脱钩。

中国中长期低碳发展的目标、情景和实施路径既要以我国国情、能力和现代化进程为依据，支撑国家现代化建设目标的实现，又要为地球的生态安全和人类的共同事业承担与我国不断上升的综合国力和国际影响力相一致的国际责任和义务，并体现与发达国家有区别的责任和进程，这将是一个经过长期艰苦努力可以实现、在国际社会有较好显示度、可以提升国家竞争力和影响力的目标和愿景。

建议2：长期低碳发展战略是一个目标导向下的综合发展战略

长期低碳发展战略的核心是发展，是在保障经济社会持续发展的同时，走上绿色低碳循环和可持续的发展路径，并实现人与自然的和谐发展。因此，中国长期低碳发展战略要在确保 21 世纪中叶建成富强民主文明和谐美丽的社会主义现代化强国目标实现的同时，实现与控制全球温升在工业化前水平基础上不超过 2℃并努力控制在 1.5℃以内的目标相契合的深度脱碳发展路径。同时，长期低碳发展战略也是以国内社会主义现代化强国建设目标与全球应对气候变化长期减排目标为导向的发展战略，是新时代社会主义现代化建设总体目标和战略的重要组成部分，并被纳入总体发展战略和部署之中，以统筹兼顾国内国际两个大局，在实现中华民族伟大复兴的中国梦的同时，为地球的生态安全和人类的共同利益做出中国贡献。

长期低碳发展战略要全面统筹经济发展、社会公平繁荣、资源节约与高效利用、生态环境保护和应对气候变化等各个方面的目标和愿景，并进行协同和综合治理，打造多方共赢的可持续发展局面，而不是单一的减排温室气体战略。长期低碳发展战略在强化能源和经济转型、实施先进技术创新政策与措施的同时，更要注重实施 NbS，通过保护、修复、改进和提升生态系统的服务功能，提高气候韧性，增强森林、草原、湿地、农业用地的储碳能力，减源增汇，并发挥提供新的经济增长和就业机会，提高水、土壤和空气等环境质量，改善食品安全，保护生物多样性等协同效应。这也是生态优先、人与自然和谐发展的生态文明思想的具体体现，是促进经济、社会、环境和应对气候变化协同共赢及可持续发展的重要途径，将助推美丽中国建设目标的实现。因此，要把适应和减缓气候变化与节约资源、保护环境的各项政策相结合，实现山水林田湖草等生态系统的综合治理。要大力开展植树造林、天然林保护、退耕还林还草、防护林体系建设、沙漠化综合治理、水土保护等生态工程建设，以实现减源固碳。NbS 对未来实现“碳中和”具有重要意义，中国到 21 世纪中叶，森林等碳汇年增量可达 7 亿 t CO_2 左右，对抵消工业过程、土地利用和土地利用变化等难减排部门的温室气体剩余排放量将发挥重要作用。

建议 3：长期低碳发展战略要体现“两个阶段”的统筹

当前工业化、城市化发展阶段的特征使中国到 21 世纪中叶实现深度脱碳发展路径比发达国家面临更大的挑战和更艰巨的任务，要结合社会主义现代化建设“两个阶段”的总体目标和主要任务，提出相应的低碳转型的目标和路径。

党的十九大提出了新时代社会主义现代化建设的目标和基本方略，并综合分析了国际国内的形势和我国的发展条件，进行了“两个阶段”的安排和部署：2020—2035 年是第一阶段，要基本实现现代化，并同时实现国内生态环境根本好转和落实国际减排承诺的“双达标”，促进经济社会高质量发展，为 2050 年实现深度脱碳奠定技术和产业基础以及政策保障和市场环境；2035—2050 年是第二阶段，在建成社会主义现代化强国和美丽中国的同时，要实现与控制全球温升在工业化前水平基础上不超过 2℃并努力控制在 1.5℃以内的目标相契合的深度脱碳发展路径，并为 2050 年之后尽快实现全部温室气体的净零排放奠定基础。

在 2035 年之前的第一阶段，中国的减排目标和对策主要基于国内节约资源、保护环境、改善大气质量的可持续发展的内在需求和部署，进一步强化减排 CO_2 的政策导向，发挥协同效应，这是统筹国内国际形势而做出的决策。到 2035 年之后的第二阶段，随着中国现代化进程和综合国力的提升以及国际减排形势的日益紧迫，需要更加突出 2℃温升控制目标下减排路径的目标导向，主动承担与我国不断上升的综合国力和国际影响力相一致的国际责任，并在提升低碳转型的国际竞争力、影响力和领导力的视野下，不断加大减排力度，到 2050 年实现近零排放的深度脱碳目标，以体现我国的综合国力和国际影响力，以及世界领先的社会主义现代化强国的引领者地位。

建议 4：明确 2050 年长期低碳发展战略的目标和路径

中国 2016 年发布的《能源生产和消费革命战略（2016—2030）》提出了 2050 年非化石能源在一次能源消费中的占比超过一半的预期性目标。本书将这一目标设定为强化政策情景。在此情景下，2050 年 CO_2 排放量仍将达到 60 亿～65 亿 t，距实现 2℃温升控制目标尚有较大差距。中国到 21 世纪中叶的长期低碳发展战略需要以实现全球 2℃温升控制目标为导向，既要与当前的节能降碳政策和 2030 年 NDC 目标及实施规划相衔接，到 2030 年实现 CO_2 排放达峰，又要继续努力推进和加快 CO_2 排放量的绝对减排，由强化政策情景向 2℃情景过渡，加快发展 CCS 技术并增加农林业碳汇，实现与全球 2℃温升控制目标相契合的深度脱碳路径。

到 2050 年实现以 2℃温升控制目标为导向的深度减排路径，需要实现 CO_2 的近零排放，也就是 CO_2 的净排放量需要并有可能降低到 20 亿 t 左右，与世界届时 1～1.5 t 的人均碳排放量的平均水平相当，将比 2030 年前后 CO_2 峰值排放量减排约 80%。非 CO_2 温室气体排放也将与 CO_2 排放同步达峰，并不断加大减排力度，到 2050 年全部温室气体排放应比峰值排放量下降 70%。能源消费总量也将在 2035 年前后达到峰值，峰值消费量可控制在 65 亿 tce 以内，到 2050 年将比峰值消费量下降 20%以上。到 2050 年非化石能源占一次能源消费的比重将超过 70%，非化石能源电力在总发电量中的占比约达到 90%，基本形成以新能源和可再生能源为主体的近零碳排放能源体系，并从根本上保障能源供给安全，从源头上控制常规污染物排放。到 2050 年 GDP 总量将比 2005 年增加 10 倍以上，能源强度将比 2005 年下降 80%以上，CO_2 排放强度下降将超过 95%，实现经济社会持续发展与 CO_2 排放脱钩。

若到 2050 年要实现以 1.5℃温升控制目标为导向的深度脱碳路径，我国还需进一步加大全经济尺度、所有温室气体的减排力度和进程，CO_2 排放需努力争取在 2025 年前后达到峰值，到 2050 年要基本实现 CO_2 净零排放，全部温室气体减排约 90%。在 2050 年之后还要进一步加强非 CO_2 温室气体的减排，增加碳汇，并采用 BECCS 技术与 CDR 技术等负排放措施，尽快实现全部温室气体的净零排放，以达到“碳中和”目标。这将付出更为艰苦卓绝的努力、更大规模的投资和更大的成本代价。

确立积极明确的长期低碳发展目标和战略，既可为中国的长期低碳发展做好顶层设计，又可顺应和推动全球气候治理进程，还体现了我国与发达国家间“有区别的责任”。中国到 2050 年实现零排放的深度脱碳目标将基本形成以新能源和可再生能源为主体的清洁能源体系，也从源头上减少了常规污染物的排放，对实现全国重点地区 $PM_{2.5}$ 浓度低于 15 μg/m^3 的标准将发挥关键作用，并可使全国 80%以上的城市达到低于 10 μg/m^3 的更高标准，助推美丽中国建设。

中国到 2050 年实现深度脱碳目标，在能源基础设施转型和大比例可再生能源大规模上网的情况下，储能设施和智能电网的建设需要较大投资。实现以 2℃温升控制目标为导向的减排路径在 2020—2050 年需投入约 100 万亿元，相当于未来每年 GDP 的 1.5%～2.0%；在实现以 1.5℃温升控制目标为导向的减排路径，未来 30 年的能源系统投资则约需 138 万亿元，相当于未来每年 GDP 的 2.5%以上。但能源和电力的供应成本在能源和电力技术体系的快速转型中初期会有所上升，长期将呈下降趋势，同时快速转型会使传统能源的基础设施及燃煤电站提前退役，这将带来一定的搁浅损失和成本。总体来看，在实现 2℃甚至 1.5℃温升控制目标下，能源和经济低碳转型在技术上可行、在经济上可接受，但需要克服技术扩散、融资机制、管理体制等方面的障碍。同时，先进的能源技术发展和能源体系转型将带来新的经济增长点和新的就业机会，并使工业、交通、建筑等终端部门的电气化比例大幅提高，这将有利于提高能效，促进产业和社会的数字化、智能化发展，引领全球经济社会变革的方向。

此外，中国长期低碳发展战略也要加强对 CH_4、N_2O、含氟气体等非 CO_2 温室气体的管理和控制，实现全经济尺度、所有温室气体的深度减排。当前，非 CO_2 温室气体占总温室气体排放量的 16%，其初始减排成本较低，经努力可与 CO_2 排放同步实现达峰，但深度减排难度较大，成本呈陡峭上升趋势，到 2050 年实现非 CO_2 温室气体深度减排比 CO_2 减排难度更大，需要超前进行突破性深度减排技术的研发，并加强 CDR 等负排放技术的发展，用以抵消未来深度脱碳情景下非 CO_2 温室气体的剩余排放量。

建议 5：强化和更新 2030 年 NDC 目标

我国在《巴黎协定》下提出的 NDC 目标包括到 2030 年单位 GDP 的 CO_2 排放量比 2005 年下降 60%～65%，非化石能源占一次能源消费的比例达到 20%左右，森林蓄积量比 2005 年增加了 45 亿 m^3，CO_2 排放总量到 2030 年前后达到峰值并努力早日达峰。上述减排目标是以中国在 2009 年哥本哈根气候大会中对国际社会承诺的 2020 年 NDC 目标为基础经测算后提出的。经过"十二五"和"十三五"时期的努力，到 2019 年年底中国单位 GDP 的 CO_2 排放比 2005 年下降了 48.1%，已提前实现了对外承诺的 2020 年下降 40%～45%的目标；森林蓄积量也早已实现了到 2020 年比 2005 年增加 13 亿 m^3 的目标；非化石能源比例到 2019 年已达到 15.3%，提前实现了预定的 15%的目标。中国当前已取得的进展和成效，为落实 2030 年 NDC 目标奠定了基础，并提供了进一步强化和更新 2030 年 NDC 目标的可能性。

《巴黎协定》要求各缔约方于2020年内提交实施和更新NDC目标和行动的报告。当前已有 114 个国家宣布将强化和更新 NDC 目标，欧盟宣布 2030 年的减排目标由 40%提升到 50%～55%，国际社会普遍关注中国如何强化和更新 2030 年 NDC 目标，并对此怀有较高期待。

步入新时代的中国将坚持新发展理念，加强生态文明建设，强化建立绿色低碳循环发展的产业体系和清洁低碳、安全高效的能源体系的各项对策，在"十四五"时期强化节能和减排 CO_2 的各项指标与政策措施的基础上，"十五五"时期将延续和进一步强化低碳转型的趋势和速度。到 2035 年实现第一阶段目标，即基本实现现代化，GDP 比 2020 年翻一番，人均 GDP 按目前不变价 2 万美元测算，未来 15 年内 GDP 的年均增速约为 4.8%。在"十四五"期间，GDP 的年均增速可能会比"十三五"时期有所降低，但仍可预期超过 5%，2020—2030 年 GDP 的年均增速约保持在 5%的水平，能源强度的下降幅度可继续保持在不低于 14%的较高水平。到 2030 年能源总消费量可控制在 60 亿 tce 以下，在保障经济持续增长的同时，实现《能源生产和消费革命战略（2016—2030）》所提出的控制能源消费总量的目标。新能源和可再生能源仍将保持较快的增长速度，在满足能源总需求增长的情况下，可再生能源的发展潜能会进一步释放，其占比将有较快提升，2030 年将达到 25%左右，超过 NDC 设定的 20%的目标。届时，一次能源用于发电的比例将由目前的 45%提升到约 50%，与我国《能源生产和消费革命战略（2016—2030）》中提出的 2030 年非化石能源电力占总电量需求 50%的目标相吻合。由于节能和能源替代的双重效果，到 2030 年单位 GDP 的 CO_2 排放量将比 2005 年下降 65%～70%，届时水电、风电、太阳能发电装机都将达到 5 亿 kW 左右，成为新的经济增长点和新增就业领域。按此测算，

CO_2 排放到 2025 年即可进入峰值平台期，到 2030 年即可实现稳定达峰。根据相关的林业发展规划，森林蓄积量到 2030 年将达到 210 亿 m^3，将比 2005 年增加超过 55 亿 m^3。到 2030 年，各项 NDC 目标均存在提前和超额实现的潜力和可能。

根据以上分析，中国可以进一步强化和更新 2030 年 NDC 目标，以使对内促进能源经济的低碳转型与高质量发展、对外回应国际社会的期待，进而推进全球气候治理的进程。

建议 6：应在“十四五”规划中强化应对气候变化的目标和政策措施

中国是世界上最早控制住新冠肺炎疫情并实现经济复苏的国家，如何在“十四五”规划中体现绿色低碳发展理念、强化节能降碳的各项指标和政策导向广受国际社会的关注，并被期待成为疫情后世界实现高质量、可持续绿色复苏的“风向标”。“十四五”时期是我国推进经济转型升级和高质量发展的关键时期，“十四五”规划要与 2030 年落实和强化 NDC 目标相统筹，远近衔接、相互协调。因此，建议在“十四五”规划中强化应对气候变化的相关目标和政策措施，同时编制“十四五”时期应对气候变化的专项规划，明确阶段目标、主要任务以及政策和行动。

新冠肺炎疫情对全球产业链的冲击和供需形势的影响给未来的经济发展和能源转型带来较大的不确定性。当前要坚持新的发展理念，加快产业转型升级和高质量发展，着力发展数字经济和高新科技产业，使经济增长由规模和速度型向质量和效益型转变。在“十四五”时期 GDP 年均增速仍将保持在 5%以上的预期下，能源强度的下降幅度仍可保持在不低于 14%的水平，期末能源消费总量可控制在 55 亿 tce 以内。在当前风电、太阳能发电等可再生能源的发电成本已可以与煤电相竞争的情况下，“十四五”期间非化石能源仍可保持在“十三五”期间年均 7%左右的增长速度，相应的储能和智能电网的发展潜能较大，到 2025 年非化石能源在一次能源中的占比将达到 20%。随着新能源和可再生能源的快速发展，“十四五”时期的新增电力需求将主要依靠增加非化石能源电力来满足，从而有效抑制了煤电供给和煤炭消费的反弹。“十四五”期间，除电网调峰和区域供热等个别情况外，要严格控制新建煤电站。节能和能源结构优化的双重效果可使单位 GDP 的 CO_2 排放强度下降 19%～20%，期末 CO_2 排放总量将低于 105 亿 t。

“十四五”规划中还要继续延续“十二五”规划和“十三五”规划中节能和减排 CO_2 的各项指标，特别要继续纳入并突出单位 GDP 的 CO_2 排放强度下降的约束性指标，这是中国兑现《巴黎协定》下 NDC 目标承诺的标志性指标，并以此作为落实和实现中国对外承诺 2030 年单位 GDP 的 CO_2 排放量比 2005 年下降 60%～65%的 NDC 目标的阶段性安排，并展现中国应对气候变化政策的一惯性和不断强化政策行动的积极姿态，以回应国际社会对中国继续引领全球应对气候变化进程的期望和关切。

“十三五”规划中提出期末控制能源消费总量不高于 50 亿 tce 的预期性目标，这一目标即将实现。“十四五”期间，建议增加 CO_2 排放总量控制目标，以作为落实和实现中国对外承诺的在 2030 年前后 CO_2 排放达峰这一目标的支撑性指标和阶段性措施。实际上，确立了能源消费总量的控制目标和非化石能源占比的控制目标，也就控制了 CO_2 排放总量，增加 CO_2 排放总量的控制目标则更好地突出了强化应对气候变化的政策导向和新的行动举措。同时，“十四五”期间应开展地区和行业的 CO_2 排放达峰行动，鼓励东部沿海较发达省市和高耗能、高碳排放行业制定率先达峰目标；制定和实施《二氧化碳排放达峰十年行动计划》，并与“十四五”规划密切结合，远近衔接、区域协调，为实现 CO_2 排放的早日达峰提供政策保障。

建议 7：加强应对气候变化的制度建设

应对气候变化的制度建设是中国实现长期低碳发展战略的根本保障，也是生态文明制度建设的重要内容，要建立并形成完善的法律、法规和财税金融等政策保障体系和实施机制。

一要加强应对气候变化立法，以法律的形式保障应对气候变化战略、机制和政策体系的实施以及长期减排目标的实现。制定专门的法律有利于在全国范围内为应对气候变化行动提供确定的法律指引，以法律的形式保障应对气候变化长期战略目标和对策的实现。要加强和完善支撑长期低碳发展的财税金融政策体系，加大政府的财政投入和税收优惠，形成支持低碳转型的投融资机制，通过建立绿色投资项目指南，完善绿色信贷机制，发行绿色信贷资产证券化产品（ABS）和发行绿色债券，建立绿色信贷优惠和担保机制，激励企业、金融业和社会资金的投资导向。

二要加快推进全国碳市场建设，发挥市场机制对推进能源和经济低碳转型的基础性作用。“十三五”期间的“五市二省”碳市场试点取得了显著成果，在世界范围内产生了积极影响，也为建立全国碳市场奠定了基础。当前，要落实习近平总书记提出的关于启动和建立全国碳市场的要求，完善政策法规，早日开始实质性交易，并把覆盖范围由电力行业尽快扩展到钢铁、水泥、炼铝、石化、化工、航空等高耗能行业，发挥市场机制在温室气体减排中的基础性作用，降低全社会的减排成本。将市场机制和政府规制性措施相结合，保障国家减排目标的实现，并以市场碳价信号引导社会投资和产业技术升级，促进企业节能和 CO_2 减排。同时，结合碳市场配额分配，逐步建立对企业 CO_2 排放总量的控制制度和碳排放 MRV 制度，促进应对气候变化的制度建设。中国形成完善的碳市场制度和碳价机制，既是保障长期低碳发展的根本性制度建设，也会成为应对欧美等国家和地区计划在国际贸易中采取“碳边境调节机制”的有利制度工具，成为对冲和反制其边境调节机制的有效措施，并将在全球碳价机制的建立和发展过程中占据主动，发挥影响力和引导性作用。

三要深化改革并强化政府实施低碳转型发展战略的主导性作用。强化各级政府的节能降碳目标责任制，将节能降碳指标纳入国家和地方的五年发展规划。创新能源宏观调控体系，建立健全能源法制体系，改革和完善促进低碳发展的财税金融等政策体系、能源产品的价格形成机制以及资源、环境的税费制度。加强能源市场机制改革，建立公正公平、有效竞争和统一开放的市场结构和市场体系，强化节能技术标准和产品能效标识以及产业准入的政策。以国家中长期战略和目标为导向，强化政府的约束性目标、强制性标准和财税金融等政策，并与市场机制相结合，健全推动能源革命和低碳发展的制度保障。

四要加强技术创新和先进技术产业化的制度建设以及政策保障体系的建设。要超前部署革命性深度脱碳技术的研发和产业化，发挥中国市场需求大的优势，以技术创新支撑产业的技术升级和能源体系的变革，打造能源企业的先进技术优势和市场竞争力。未来在实现与 2℃温升控制目标相适应的深度脱碳情景下，大多数领域的边际减排成本将呈非线性快速上升趋势，必须有革命性、战略性的先进技术突破。不仅要加强 CO_2 深度减排技术的研发和推广，如在大比例可再生电力上网情况下的大规模储能技术和智能电网技术，实现 CO_2 负排放的 BECCS 技术，作为清洁零碳二次能源氢能的制备、储存和利用技术，化工、钢铁、水泥、石化等原材料产品的零碳生产技术等，也要加强对 CH_4 等非 CO_2 温室气体深度减排技术的研发和示范，实现全部温室气体的深度减排。中国要对这些革命性技术加强超前研发和示范，尽快实现技术突破并快速产业化，使技术不断成熟，经济成本可接受，在全球经济社会低碳化变革的大趋势中发挥引领作用。

建议 8：积极应对新冠肺炎疫情后全球气候治理的新形势

新冠肺炎疫情重创了世界经济，疫情后美国力图领导世界经济秩序重构、全面遏制和孤立中国的战略意图十分明显。气候变化将是大国竞争博弈的重要领域。疫情后我国也面临恢复经济、保障民生、补产业链短板的艰巨任务，国内外都面临着严峻的形势，并充满了不确定性。虽然当前和短期内受新冠肺炎疫情影响，全球应对气候变化低碳转型的行动和力度可能会有所减弱，但长期趋势将不会改变，而且将变得越来越紧迫，疫情后坚持“绿色复苏、低碳转型”的政策导向、强化《巴黎协定》下的 NDC 目标和国际合作行动越来越成为国际社会的共识和趋向。

中国实施应对气候变化战略、控制 CO_2 排放取得了举世公认的成效，对《巴黎协定》的达成和生效也做出了历史贡献，在气候变化领域发达国家与发展中国家两大阵营的博弈中成为发展中国家阵营的“主心骨”。应对全球气候危机是全人类的共同利益，也是大国必争的国际道义制高点。当前，全球气候治理遵循各国广泛参与、平等协商的多边机制，需要发达国家和发展中国家广泛沟通和协商。中国在气候变化领域已经展现出日益上升的影响力和协调能力，国际社会也期待中国进一步发挥领导力和“搭桥”作用。中国积极参与并推进全球气候治理，有助于巩固发展中国家的战略依托，通过以多边主义应对美国的单边主义可以扩展我国在气候变化领域的外交优势，争取主动，缓解自身的挑战和压力。

在新冠肺炎疫情后复杂和充满不确定性的国际形势中，中国要积极推进全球气候治理和合作进程，推进公平正义、合作共赢的全球气候治理制度建设，坚持公平、“共同但有区别的责任”和各自能力的原则，加强与各个不同国情、不同发展阶段国家和国家集团的交流与沟通，努力推动《巴黎协定》中减缓、适应、资金、技术、能力建设和透明度各要素和条款的全面、均衡和有效实施，努力促进在 COP26 上完成《巴黎协定》第 6 条谈判，全面通过《巴黎协定》实施细则，推进国际社会的务实合作行动，努力使应对气候变化成为践行习近平建设全球生态文明思想和构建人类命运共同体理念的先行领域和成功范例。

积极推动应对气候变化的南南合作，是中国在气候变化领域扩展战略依托、展现大国形象的重要举措。在绿色“一带一路”建设和项目合作中，要坚持绿色低碳的导向和标准，严格控制燃煤电站等高碳项目的输出。落实习近平主席在巴黎气候大会上提出的关于建立 200 亿元人民币的中国气候变化南南合作基金的要求，支持和帮助发展中国家的能力建设，缓解国际社会要求我国出资的压力。

综上所述，面对当前复杂的国内外形势，中国要保持战略定力，在国内加强应对气候变化的部署和行动，以习近平新时代中国特色社会主义思想为指导，统筹国内与国际、近期与长远，在向《公约》秘书处提交的关于实施和更新 2030 年 NDC 报告和 21 世纪中叶低碳排放发展战略两个文件以及国家“十四五”规划纲要中，明确不同阶段的节能和减排 CO_2 的目标、政策和措施，对内促进产业转型升级和高质量发展，打造经济发展、能源安全、环境保护与应对气候变化协同治理和多方共赢的局面，对外回应国际社会的普遍期待，化解减排和出资等诸多压力，巩固和扩展对全球共同事业负责任的发展中大国形象，不断提升国际竞争力和影响力。